Management

21世纪应用型本科管理系列规划教材
省级精品课程教材
省级精品资源共享课程教材

U0674999

5th edition

管理学

（第五版）

闫涛 孙晓红 鲁富宇 编著

东北财经大学出版社
Dongbei University of Finance & Economics Press
大连

图书在版编目（CIP）数据

管理学 / 闫涛，孙晓红，鲁富宇编著. —5版. —大连：东北财经
大学出版社，2020.4
（21世纪应用型本科管理系列规划教材）
ISBN 978-7-5654-3768-7

Ⅰ．管…　Ⅱ．①闫…②孙…③鲁…　Ⅲ．管理学–高等学校–教材
Ⅳ．C93

中国版本图书馆CIP数据核字（2020）第021217号

东北财经大学出版社出版
（大连市黑石礁尖山街217号　邮政编码　116025）
网　　址：http://www.dufep.cn
读者信箱：dufep@dufe.edu.cn
大连永盛印业有限公司印刷　东北财经大学出版社发行
幅面尺寸：185mm×260mm　　字数：461千字　　印张：19.5
2020年4月第5版　　　　　　　2020年4月第1次印刷
责任编辑：蔡　丽　　　　　　　责任校对：蓝　海
封面设计：冀贵收　　　　　　　版式设计：钟福建
定价：39.00元

➘ 第五版前言

本书紧紧围绕高等院校本科财经类专业人才培养目标，坚持改革、创新的精神，以提高学生管理素质为基础，以管理能力为本位，兼顾知识、技能与能力三者的统一，努力在内容和形式上有所突破或创新。与其他同类教材相比，本书具有以下特点：

一、内容简明适用

本书着眼于管理学的科学性、艺术性和创新性，以提高学生管理技能与管理能力为目标，以理论知识够用为原则。在内容取舍方面，本书尽可能既将国内外最新、最先进的管理成果和成熟的管理经验引入教材，又使管理理论简明适用。

二、结构新颖

本书在编写方式上，除了传统的正文阐述以外，在每章的章首提出了知识、技能和能力3个方面的学习目标，在每章的正文之前都设置了"引例"。为了方便学生自学，在每章中设置了"拓展阅读""小思考""管理小故事"等栏目，其中，"管理小故事"栏目是以二维码形式展现出来的。在每章的结尾，本书除对本章进行小结以外，还设置了"关键概念""基本训练"两项内容，力求使学生对该章重点内容的认识有一个比较清晰的轮廓。

三、重视学习能力的培养

高等教育的任务除了培养学生的专业知识、提高专业能力以外，更重要的是培养学生自主学习的能力。为此，本书在每章的"基本训练"中都设置了"图解实训""案例分析""网上调研""单元实践"部分，使学生能够自觉地挖掘学习资源，提高自主学习能力。

全书设3篇，共11章。第1篇为管理基础，介绍了管理系统、管理理论的产生与发展，其目的在于使学生掌握管理学的基础知识，能够有目的、有意识地培养管理者的素质，理解主要管理流派的管理理论。第2篇为管理载体，介绍了组织工作、组织设计和组织运行，使学生理解组织工作原理，掌握组织设计的程序与方法，培养学生团队建设的能力。第3篇为管理过程，介绍了计划工作、战略管理与决策、领导工作、激励、沟通和控制工作，使学生掌握管理活动过程各阶段的原则及管理技能。

本书第五版修订由闫涛、孙晓红、鲁富宇、冷泳林、闫薇伊、侯亚茹、花婧婧、冯小溪和曹爽在前四版的基础上共同完成。本书编著者总结多年来对管理学教学和实践的体会，对第四版各章的部分内容进行了更正和完善。在写作过程中，编著者参阅、引用了许多管理前辈的著作、教材、论文等研究成果；在本书出版过程中，编著者得到了东北财经大学出版社责任编辑的大力帮助和支持，在此，本书编著者一并表示诚挚的感谢。

由于编著者水平有限，加之本书对本科教材的写作模式作了大胆的改革尝试，因此缺点和不成熟之处在所难免，敬请广大读者指正。

编著者

2020 年 2 月

↘目　录

第1篇　管理基础

[第1章]
管理系统

学习目标

◆ 知识目标：掌握管理的含义与性质；了解管理系统的构成；掌握管理者的素质要求；掌握管理机制的含义与类型；掌握管理创新的含义与内容。

◆ 技能目标：解释说明管理的基本概念；认知并有意识地培养自己的管理素质；运用管理机制分析、解决实际管理问题。

◆ 能力目标：实地调研某类组织，分析管理者的素质状况及存在的问题；调查某家企业，分析该企业的管理机制构成。

引　例

米其林：卖轮胎的为啥评鉴美食

轮胎又不能吃，为什么一个轮胎制造商竟然莫名其妙地成为餐饮业的权威鉴定机构？

让我们回到第一版《米其林指南》出版的1900年吧！那时候的法国，举国上下只有3 000辆机动车，米其林的主要业务是生产自行车轮胎。事实上，一直到1908年福特的Model T问世，机动车才逐渐走向大众。

米其林的逻辑很简单，要提高轮胎的需求量，首先就要提高汽车的需求量；要提高汽车的需求量，当然就要鼓励大家远行，说服大家去远处更吸引人的有好吃和好玩东西的地方。为此，他们编撰了第一版《米其林指南》，免费发行了35 000册。该指南的内容包括旅行小秘诀、加油站位置、地图和更换轮胎的说明书等。针对瑞士、英国、意大利、北非等地区的旅行指南也相继发行。

1920年的某一天，安德烈·米其林在一个轮胎销售商那里发现，几本《米其林指南》竟然被用来垫工作台！米其林兄弟决定不再免费发放这些小册子，因为"人们只会尊重他们掏钱购买的东西"。

有价出售的《米其林指南》的内容就丰富多了，里面开始包含分门别类的宾馆和餐馆。接着，米其林兄弟发现人们对餐馆的指南特别感兴趣，于是又雇用了一批匿名调查者去光顾各大餐厅并给出评价。

1926年，米其林的星级标准终于诞生，起初只有一颗星。20世纪30年代之后，3个等级的评星制度出台了："一颗星"——"值得"去造访的餐厅，是同类饮食风格中特别优秀的餐厅；"两颗星"——餐厅的厨艺非常高超，是绕远路也值得去的餐厅；"三颗星"——"值得特别安排一趟旅行"去造访的餐厅。

2012年时，世界仅有106家米其林三星餐厅。而坐拥32家三星餐厅、位居"三星榜"榜首的竟然不是米其林的故乡法国，而是日本；美国有12家；中国有5家。

据业内人士介绍，按国外米其林三星餐厅的价格定位，来这里进餐，人均消费通常在3 000元~4 000元人民币。当然了，即使是米其林一星，在欧美的餐饮界也已经是很高的荣耀。

就这样，一个不按常理出牌的基于系统管理思维的营销策略，使一家轮胎制造商以美食家的身份被世人铭记了。

资料来源　佚名. 米其林：卖轮胎的为啥评鉴美食？［EB/OL］.（2015-04-28）［2019-12-05］. http://finance.china.com.cn/roll/20150428/3083561.shtml.

管理活动作为人类最重要的一项活动，广泛存在于现实社会之中，大到国家、军队、小到企业、医院、学校，只要是由两个或两个以上的人组成的、有一定活动目的的集体，都离不开管理。管理是一个系统，管理者必须从系统的观念出发，密切关注组织内外部环境的变化，整体地、联系实际地观察、分析和解决管理问题。

1.1　管理与管理系统

1.1.1　管理的含义

学者们对管理的定义作了大量的研究，并从不同的角度和侧重点提出了大量关于管理的定义。科学管理之父泰罗认为，管理就是"确切地知道你要别人去干什么，并使他用最好的方法去干"[①]；诺贝尔经济学奖获得者赫伯特·西蒙认为，"管理就是决策"[②]；管理过程理论之父亨利·法约尔认为，"管理是所有的人类组织都有的一种活动，这种活动由五项要素组成：计划、组织、指挥、协调和控制"[③]；孔茨和奥·唐纳认为，管理涉及"在经营组织中创造和保证某种内部环境，在这个内部环境中，以群体形式组织在一起的个人能有效地工作以达到群体的目标"[④]。

上述定义各有不同的侧重点，反映了管理学界在丰富的实践基础上从不同角度对管理的认识。这里，我们认为约瑟夫·M.普蒂、海因茨·韦里奇、哈罗德·孔茨三人合著的

---

① 泰罗. 科学管理原理［M］. 胡隆昶，冼子恩，译. 北京：中国社会科学出版社，1980：157.
② 西蒙. 管理决策新科学［M］. 李柱流，汤俊澄，译. 北京：中国社会科学出版社，1982：37.
③ 法约尔. 工业管理与一般管理［M］. 周安华，林宗锦，展学仲，等，译. 北京：中国社会科学出版社，1980：10.
④ KOONTZ H, O'DONNEL C. Principles of management［M］. 5th ed. New York: McGraw-Hill Book Company, 1972：1.

《管理学精要——亚洲篇》给管理学所下的定义是一个比较综合的定义:"管理是引导人力和物质资源进入动态的组织以达到这些组织的目标,亦即使服务对象获得满意,并且使服务的提供者也获得一种高度的士气感和成就感。"①

这个定义中包含了管理的以下含义:

第一,管理的载体是组织。管理是共同劳动的客观要求和产物,总是存在于一定的组织之中。首先,管理是在有序的集体中进行的。无论从改造自然还是从改造社会的任务来看,个体的能力是有限的,个体的无序组合也不能发挥作用。因此,实施管理活动需要建立一个健全的、富有生机的组织系统,保证组织各种要素的合理配置,并通过这个组织系统来有效地达成组织目标。其次,组织是动态变化的。由于组织的内部构成要素和外部环境因素都在随着时间、地点、条件的变化而变化,所以,组织也必须随之发生变化。

管理小故事1-1

第二,管理的目的是有效实现组织目标。所有的管理行为都是为有效地实现组织目标服务的,都是使组织的一切活动既有效果又有效率。一个组织一般存在组织目标和个人目标两个目标体系。组织目标既是组织为组织中的人们设置的共同目标,也往往是组织领导层根据自己的价值观为组织建立的目标;个人目标往往具有个性,由个人的价值追求所决定。组织的成功与顺利发展既取决于组织目标与环境的匹配性与适应性,也取决于组织目标和个人目标的匹配性与适应性。从外部看,组织目标使服务对象获得满意,使组织在特定领域中处于比较优势地位;从内部看,组织目标有助于完成组织的短期和长期工作任务,并使服务的提供者获得士气和高度的成就感。

第三,管理的主体是管理者。管理活动是由管理者来实施的,管理者是组织中最核心、最关键的要素,是整个组织的驾驭者和发挥组织功能、实现组织目标的关键力量。管理者既表现为单个管理者,又表现为管理者群体及其所构成的管理机构。

第四,管理的客体是以人为中心的资源和资源引导活动。管理的客体即管理对象,是指管理行为的受作用一方。管理客体既包括不同类型的组织,也包括各组织中的人、财、物、时间、信息、技术等构成要素,还包括引导这些资源进入组织的一系列职能活动。在管理活动过程中,管理者必须对这些管理客体进行综合平衡,其中人的要素尤为重要。

第五,实现组织目标的手段是管理职能。管理职能是管理者实施管理的功能或程序,即管理者在实施管理中所体现出的具体作用和实施过程。管理职能是一系列引导和达到组织目标的活动,管理者的基本职责以及履行这些职责的过程都属于管理职能的范畴。管理学界普遍接受的观点是,管理职能包括计划、组织、领导和控制。

① 普蒂,韦里奇,孔茨. 管理学精要——亚洲篇 [M]. 丁慧平,孙先锦,译. 北京:机械工业出版社,1999:27.

小思考1-1

　　西方管理学者对管理职能的表述有哪些观点？如何正确处理各管理职能之间的关系？

　　答：西方管理学者对管理职能的表述有多种观点，至今尚无完全统一的看法。

　　法约尔（1916）认为管理职能包含计划、组织、指挥、协调、控制。

　　戴维斯（1934）认为管理职能有计划、组织、控制。

　　古利克（1937）认为管理职能包括计划、组织、人事、指挥、协调、报告、预算。

　　布朗（1947）认为管理职能包括计划、组织、指挥、控制、调集资源。

　　纽曼（1951）认为管理职能包括计划、组织、调节、资源、指挥和控制。

　　孔茨和奥·唐纳（1955）认为管理职能包括计划、组织、人事、领导和控制。

　　梅西（1964）认为管理职能包括计划、组织、控制、决策和人事。

　　希克斯（1966）认为管理职能包括计划、组织、控制、激励、通信联系和创新。

　　尽管对管理职能的划分有不同的理解和分类，但大多数专家公认的基本职能是计划、组织、领导和控制。四项基本职能间的关系是：

　　第一，各管理职能之间具有顺序性和渗透性。所谓顺序性，是指在实践中管理职能一般是按照计划、组织、领导和控制的先后顺序发生作用的。所谓渗透性，是指各职能之间的顺序不是绝对的，彼此是相互融合和交叉的。

　　第二，各职能之间具有普遍性和差异性。所谓普遍性，是指管理职能广泛地存在于各类组织和管理者的管理活动中；所谓差异性，是指不同组织、不同类型的管理者在履行具体的管理职能时又有所侧重和不同。

1.1.2　管理的性质

1.管理的科学性与艺术性

管理既是一门科学，又是一门艺术，管理是科学性和艺术性的统一。

（1）管理的科学性，即管理应体现客观规律的要求，具有一般科学的属性。科学是系统化的知识，科学的方法应能通过对事物的观察而对事物的本质作出判定，并通过持续不断的观察对这些本质的确切性进行检验。管理的科学性主要表现在以下方面：

一是管理具有规律性。管理实践活动是受一定的客观规律支配的，只有认识规律、发现规律并严格按照规律办事，才会取得管理的成功。

二是管理具有理论性。管理学是人类在长期的管理实践过程中经过不断探索和总结形成的一门系统化的科学，其理论内容尽管学派众多、观点纷纭，但都从一定角度去反映管理矛盾运动的规律和特点，具有一定程度的真理性。这些管理理论有助于管理者正确认识管理矛盾、解决管理冲突、促进组织目标的实现。

三是管理具有规范性。尽管管理的实践活动各异、现场情景多变，存在大量的不确定因素，但总有各种各样的管理原则、程序、方法、标准、制度等内容使管理活动有章可循。管理者应建立井然的管理秩序，维系良好的管理关系，确保管理活动的规范化和科学化。

（2）管理的艺术性，即管理者能够熟练地运用系统化的知识，并根据实际情况，灵活地、创造性地加以运用以取得预期效果。管理的艺术性强调管理的实践性，主要表现在以下方面：

一是管理知识具有局限性。无论是管理的理论知识还是管理者的实际管理经验，都是对一部分管理情景甚至是特定管理情景的正确反映，虽然它在很多情况下都具有适用性，但在某些情况下可能无效，甚至会造成管理错误或失败。因此，结合情景、创造性地谋划出一套有效的解决办法来高效地实现目标，有助于弥补由管理知识的局限性所带来的负面影响。

二是管理的权变性。受管理知识的局限性、环境的复杂性及目标的多样性等影响，管理者运用管理理论和管理经验来解决管理问题会变得极为复杂和困难。因此，面对千变万化的管理实际，管理者必须因时、因地、因事、因人而制宜，灵活应变，才能取得管理的成效。

三是管理行为的主观能动性。"管理无定法。"管理的权变应用在相当程度上是管理者在充分、准确地分析环境和各种实际情景的基础上，依靠个人或集体的主观技能、经验、风格和魄力进行决策的。管理的生命力在于面对千变万化的管理实践的灵活运用，管理的灵魂在于处置复杂多变的管理矛盾中的不断创新。管理者自身高超的、出乎意料的甚至是大胆叛逆的非常规处置与决策艺术，往往具有决定性意义。

管理的科学性和艺术性形成相互补充的统一关系。不注重管理的科学性而只强调其艺术性，将使管理表现为随意性；不注重管理的艺术性而只强调其科学性，管理将是僵硬的教条。管理的科学性来自管理的实践，管理的艺术性要结合具体情况并在管理实践中体现出来，二者是统一的。

2. 管理的二重性

管理的二重性是指管理的自然属性和社会属性，即管理具有同生产力、社会化大生产相联系的自然属性，以及同生产关系、社会制度相联系的社会属性。管理具有二重性是由管理活动自身的特性所决定的，也是马克思主义关于管理问题的基本观点。它反映出管理的必要性和目的性。所谓必要性，是说管理是生产过程固有的属性，是由许多人进行协作劳动而产生的，是由生产社会化引起的和有效的组织劳动所必需的；所谓目的性，是说管理直接或间接地同生产资料所有制有关，反映生产资料占有者组织劳动的基本目的，体现了生产资料所有者指挥劳动、监督劳动的意志。

管理的二重性之间的关系是辩证的。一方面，二者是相互联系的，管理的自然属性总是在一定的社会形式、社会生产关系条件下发挥作用的，同时管理的社会属性不可能脱离管理的自然属性而成为没有内容的形式孤立存在。另一方面，二者又是相互制约的，管理的自然属性要求具有一定社会属性的组织形式和生产关系与其相适应；同样，管理的社会属性也必然在科学技术等方面对管理产生积极影响或制约作用。

掌握管理的二重性就要求管理者：第一，在学习和借鉴他国经验时，要注意区分合乎生产力发展规律和体现生产关系内容的不同方面，吸取精华、剔除糟粕；第二，在实际工作中，要按照社会制度、文化传统的要求和习惯，确立组织中正确的管理模式，有效地开展管理工作；第三，要懂得和了解组织是由人组成的，正确处理好人与人之间的关系，特别是管理者与被管理者之间的关系是管理工作中最为重要的问题；第四，任何一种管理方法、技术和手段的出现总有其时代背景，是同生产力水平及其他一切情况相适应的，学习和运用某些管理理论、技术和手段，必须结合本部门、本单位的实际情况，因地制宜，才能取得预期的效果。

1.1.3　管理系统的含义

根据系统的观点研究管理，管理就是一个完整的系统。管理系统是指由相互联系、相互作用的若干要素和子系统，按照管理的整体功能和目标结合而成的有机整体。

管理系统作为一个科学的概念，包括以下具体的含义：

（1）管理系统是由若干要素构成的，这些要素可以被看作管理系统的子系统，而且这些要素之间是相互联系、相互作用的。

管理小故事1-2

（2）管理系统是一个层次结构。对内，管理系统被划分成若干子系统，并组成有序结构；对外，任何管理系统又成为更大的社会管理系统的子系统。

（3）管理系统是整体的，发挥着整体功能，即其存在的价值在于其管理功效的大小，而任何一个子系统都必须是为实现管理的整体功能和目标服务的。

1.1.4　管理系统的构成

管理系统一般由以下要素构成：

（1）管理目标，是管理功能的集中体现。管理目标是管理系统建立与运行的出发点和归宿，管理系统必须围绕管理目标建立与运行。所有的管理行为都是为了有效实现管理目标。

管理小故事1-3

（2）管理主体即管理者，是管理系统中最核心、最关键的要素。配置资源、组织活动、推动整个系统运行、促进目标实现，所有这些管理行为都要靠管理者去实施。管理者是整个管理系统的驾驭者，是发挥系统功能、实现系统目标最关键的力量。作为管理主体，管理者既表现为单个管理者，又表现为管理者群体及其所构成的管理机构。

（3）管理对象。管理者对管理对象进行管理。管理对象作为管理行为的受作用一方，对管理成效以及组织目标的实现具有重要的影响作用。管理对象包括不同类型的组织，也包括各组织中的构成要素及职能活动。

（4）管理媒介，主要指管理机制与方法。管理机制与方法是管理主体作用于管理对象过程中的一些运作原理与实施方式、手段。管理机制在管理系统中具有极为关键的作用，它是决定管理功效最直接、最核心的因素；管理方法则是管理机制的实现形式，是管理的直接实施手段，具有过河所必需的"桥"与"船"的作用，也是十分重要的。

（5）管理环境，是指实施管理过程中的各种内外部条件和因素的总和。管理行为依一定的环境而存在，并受到管理环境的重要影响。所以，管理环境是管理系统的有机组成部分。

1.2　管理主体——管理者

1.2.1　管理者的含义与角色

1.管理者的含义

关于管理者的含义有传统观点和现代观点之分。传统观点认为管理者是运用职位、权力，对人进行统驭和指挥的人。这种概念强调的是组织中的正式职位和职权，强调必须拥有下属。现代观点认为在一个现代的组织里，任何一个能够运用他们的职位和知识，对组织负有贡献的责任，因而能够实质性地影响该组织经营及达成成果的人，即为管理者。这一定义强调，管理者首要的标志是必须对组织的目标负有贡献的责任，而不是权力；只要共同承担职能责任，对组织的成果有贡献，他就是管理者，而不在于他是否有下属人员。

一般认为，管理者是管理活动过程中的一批优秀人物，他们在群体中居于主导地位，有责任将群体的各种行动引向既定的共同目标，有责任完成管理的各种基本职能和具体职能，有责任运用各种方法去协调所有合作者的活动。

综合上述观点，管理者应该是指履行管理职能、对实现组织目标负有贡献责任的人。

小思考1-2

一些人认为由于工厂里的工程技术人员没有下属，因此他们不是管理者。如何看待这个问题？

答：由于工厂里的工程技术人员拥有一定的知识和技能，并且对工厂负有贡献责任，所以他们是管理者。认为有下属人员的才是管理者的观点是不全面的。

2.管理者的角色

管理者的角色实际上是指作为一般的管理者在组织体系内从事各种活动时的立场、行为表现等的一种特性归纳。著名管理学家亨利·明茨伯格经过长期研究认为，管理者扮演着十种不同但又高度相关的角色。这十种角色可以进一步划分成三个方面：人际关系、信息传递和决策制定（见表1-1）。

人际关系方面的角色通常是指所有的管理者都要在组织中履行礼仪性和象征性的义务。他们扮演着组织代表即挂名首脑的角色，还要扮演领导者的角色，要在人群中充当联络员。这三种角色的扮演在实践中有时并不是分离的。

信息传递方面的角色是指所有的管理者在某种程度上都要从外部的组织或机构等方面接收和传递信息，还要从组织内部某些方面接收和传递信息。

表1-1 明茨伯格的管理者角色理论

角 色		描 述	特征活动
人际关系方面	1.挂名首脑	象征性的首脑，必须履行许多法律性的或社会性的例行义务	迎接来访者，签署法律文件
	2.领导者	负责激励和动员下属，负责人员配备、培训和交往的职责	实际上从事所有有下属参与的活动
	3.联络者	维护自行发展起来的外部接触和联系网络，向人们提供信息	发感谢信，从事外部委员会工作，从事其他有外部人员参加的活动
信息传递方面	4.监听者	寻找和获取各种特定的信息（其中许多是即时的），以便透彻地了解组织与环境；作为组织内部和外部信息的神经中枢	阅读期刊和报告，保持私人接触
	5.传播者	将从外部人员和下属那里获得的信息传递给组织的其他成员——有些是关于事实的信息，有些是解释和综合组织中有影响的人物的各种价值观点	举行信息交流会，用打电话的方式传达信息
	6.发言人	向外界发布组织的计划、政策、行动、结果等信息；作为组织所在产业方面的专家	举行董事会议，向媒体发布信息
决策制定方面	7.企业家	寻找组织和环境中的机会，制订改进方案以发起变革，监督某些方案的策划	制定战略，检查会议决议执行情况，开发新项目
	8.混乱驾驭者	当组织面临重大的、意外的混乱时，负责采取补救行动	制定战略，检查陷入混乱和危机的原因
	9.资源分配者	负责分配组织的各种资源——事实上是批准所有重要的组织决策	高度协调、询问、授权，从事涉及预算的各种活动，安排下属的工作
	10.谈判者	在主要的谈判中作为组织的代表	参与工会进行的合同谈判

资料来源 罗宾斯. 管理学［M］. 黄卫伟，孙健敏，王凤彬，等，译. 4版. 北京：中国人民大学出版社，1997：9.

决策制定方面的角色是指所有的管理者在组织中都要从事决策工作。

拓展阅读1-1

组织的规模、组织中的管理层次对管理者角色的影响

组织的规模、组织中的管理层次对管理者的角色有很大影响，管理者在组织中的管理层次和组织规模的变化，使管理者的角色发生变动（如图1-1和图1-2所示）。

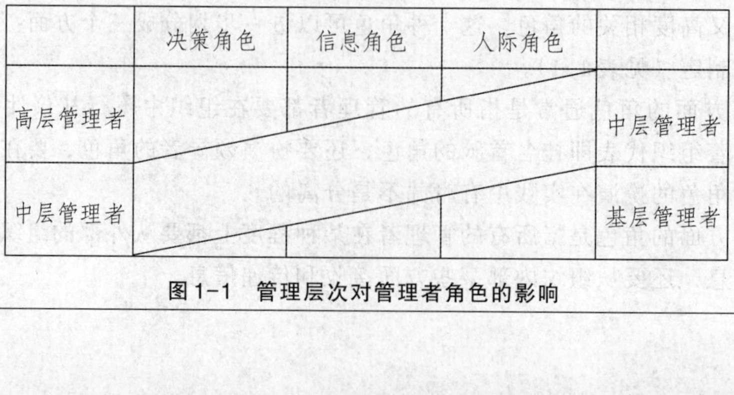

图1-1 管理层次对管理者角色的影响

角色的重要性

小组织管理者角色	高	大组织管理者角色
发言人	↑	资源分配者
企业家		联络者
	中	
挂名首脑		监听者
领导者	↓	混乱驾驭者
		谈判者
传播者	低	企业家

图1-2　组织规模对管理者角色的影响

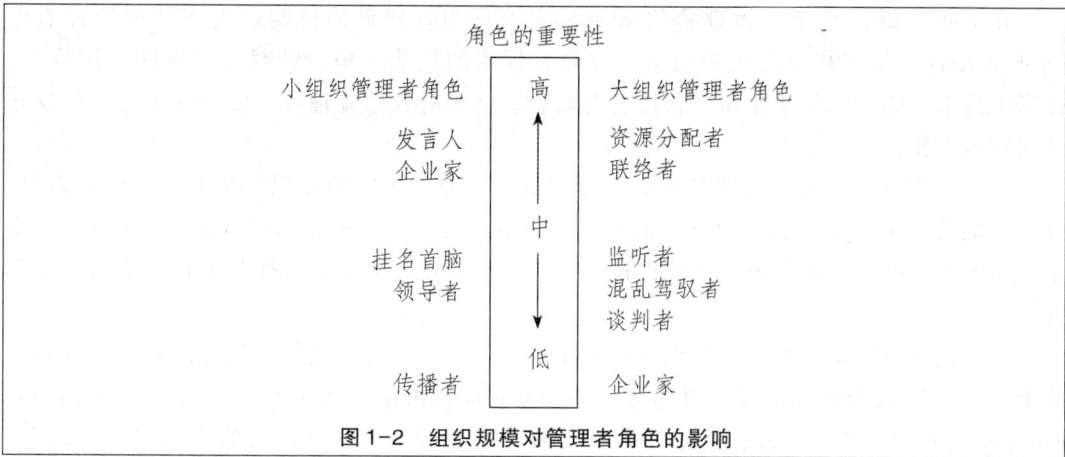

1.2.2　管理者的素质

管理者的素质是指管理者与管理相关的内在基本属性与品质。管理者的素质主要表现为品德、知识、能力与身心条件。管理者的素质是形成管理水平与能力的基础，是做好管理工作、取得管理功效的极为重要的主观条件。管理者的素质主要包括政治与文化素质、基本业务素质和身心素质三个方面。

政治与文化素质指管理者的政治思想修养水平和文化基础，包括：政治坚定性、敏感性；事业心、责任感；思想境界与品德情操，特别是职业道德；人文修养与广博的文化知识等。

基本业务素质指管理者在所从事工作领域内的知识与能力，包括一般业务素质和专门业务素质。

身心素质指管理者本人的身体状况与心理条件，包括健康的身体，坚强的意志，开朗、乐观的性格，广泛而健康的兴趣和良好的心智模式等。

拓展阅读1-2

心智模式

心智模式（mental model）是指由于过去的经历、习惯、知识素质、价值观等形成的基本固定的思维方式和行为习惯。心智模式是苏格兰心理学家肯尼思·克雷克（Kenneth Craik）在1943年首次提出的。彼得·圣吉将其定义为：根深蒂固存在于人们心中，影响人们如何理解这个世界（包括我们自己、他人、组织和整个世界），以及如何采取行动的诸多假设、成见、逻辑、规则，甚至图像、印象等。从本质上看，心智模式是人们在大脑中构建起来的认知外部现实世界的"模型"，它会影响人们的观察、思考以及行动。心智模式没有绝对的对错、好坏之分，是一把"双刃剑"。

任何一个人都有自己特殊的心智模式，管理者也是如此。管理者的心智模式如何将在很大程度上决定管理者进行管理活动时的思维、行为等，最终直接影响管理活动的效率，从而影响资源配置的效率。管理者良好的心智模式包括远见卓识、健全的心理和优秀的品质三部分内容。

资料来源　佚名. 世界是唯一的之一，您心智成熟吗？[EB/OL]. [2019-12-11]. https://www.jianshu.com/p/3fdb78a08266.

在管理实践活动中，管理者的素质常常表现为管理者的技能。美国管理学者卡茨（Robert Katz）在 1995 年发表的论文《有效管理者的技能》中，针对管理者的工作特点，提出了技术技能、人际技能和概念技能的概念，认为有效的管理者主要依赖于这三种技能开展管理工作。

（1）技术技能，是指管理者掌握与运用某一专业领域内的知识、技术与方法的能力。技术技能解决的是做什么（what is done）和与事打交道（working with things）的问题。技术技能主要包括：专业知识、经验；技术、技巧；程序、方法、操作与工具运用的熟练程度等。

（2）人际技能，是指管理者在实现组织目标的过程中与人共事、处理内外部成员关系的能力。人际技能解决的是一件事怎么做（how something is done）和与人共事（working with people）的问题。人际技能主要包括：观察人、理解人、掌握人的心理规律的能力；人际交往、融合相处、与人沟通的能力；了解并满足他人需要、进行有效激励的能力；善于团结他人，增强向心力、凝聚力的能力等。

（3）概念技能，是指管理者观察、理解和处理各种全局性的复杂关系的抽象能力。概念技能解决的是为什么做（why something is done）和将组织视为一个整体（one's view of organization as a whole）的问题。概念技能主要包括：对复杂环境和管理问题的观察、分析能力；对全局性的、战略性的、长远性的重大问题处理与决断的能力；对突发性紧急处境的应变能力等。

上述三种技能，对任何管理者来说，都是应当具备的，但不同层次的管理者，由于所处的地位、作用和职能的不同，对三种技能的需要程度也存在差别（如图1-3所示）。因此，这三种技能应有不同的优化组合：在较低的管理层次上，管理者需要的主要是技术技能和人际技能；在较高的管理层次上，管理的有效性主要取决于人际技能和概念技能；在最高的管理层次上，概念技能成为所有成功管理者工作中最为重要的技能。各个层次的管理者都需要人际技能。

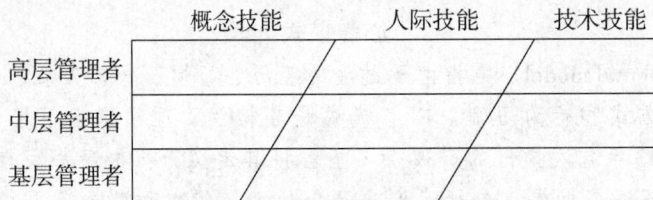

图1-3　管理层次与管理者技能的需要关系

拓展阅读1-3

现代管理者素质的核心——创新

伴随着社会化大生产的不断发展、市场竞争日趋激烈，知识经济发展迅速，时代对管理者素质提出了严峻的挑战。当代管理者要进行富有成效的管理，最重要的素质就是创新，创新是现代管理者素质的核心。管理者的创新素质主要体现在以下方面：

（1）创新意识，即管理者根据社会和个体生活发展的需要，引发创造前所未有的事物或观念的动机，并在创造活动中表现出意向、愿望和设想。管理者要真正认识到创新对组织生存与发展的重要意义，并在管理实践中时时、处处、事事都坚持创新。

（2）创新精神，即管理者要具有能够综合运用已有的知识、信息、技能和方法，提出新方法、新观点的思维能力，具有进行发明创造、改革、革新的意志、信心、勇气和智慧。管理者在工作实践中不但要想到创新，更要勇于创新，具有勇于突破常规、求新求异、敢为天下先的大无畏精神。

（3）创新思维，即管理者要以新颖独创的方法去解决问题，通过这种思维能突破常规思维的界限，以超常规甚至反常规的方法、视角去思考问题，提出与众不同的解决方案，从而产生新颖的、独到的、有社会意义的思维成果。

（4）创新能力，即管理者在管理实践活动领域中不断提供具有经济价值、社会价值、生态价值的新思想、新理论、新方法和新发明的能力。

1.2.3 管理者的道德与社会责任

道德通常是指那些用来明辨是非的规则或原则。社会责任是指企业在承担法律义务和经济义务基础之上，追求对社会有利的长期目标的义务。管理者的经营与运作处于复杂的环境之中，在经营运作过程中为了适应环境的影响，其行为必须符合社会道德的规范，承担相应的社会责任。

1.道德观

管理者在商业经营运作过程中，需要在道德的功利观、道德的权利观、公平理论道德观和综合社会契约理论观等四种道德观中选定一种，作为自己的行为道德规范。

道德的功利观认为决策要完全依据其后果或结果作出。功利主义的目标是为尽可能多的人提供尽可能多的利益。接受道德的功利观的管理者可能认为解雇其组织中20%的员工是正当的，因为这将增强组织的发展能力，使余下的80%的员工的工作更有保障，更符合股东的利益。道德的功利观积极的一面是对效率和生产率有促进作用，并符合利润最大化的目标；消极的一面是会造成资源配置的扭曲，尤其是在那些受决策影响的人没有参与决策的情况下；同时，道德的功利观会使一些利益相关者的权力受到忽视。

道德的权利观认为决策要在尊重和保护个人基本权利的前提下作出。其积极的一面是保护了个人的自由和隐私；其消极的一面是把对个人权利的保护看得比工作的完成更加重要，从而在组织中会产生对效率和生产率有不利影响的工作氛围。

公平理论道德观认为管理者应该公平地实施规则。接受公平理论道德观的管理者可能会向新来的员工支付比最低工资高一些的工资。其积极的一面是保护了那些未被充分代表的或缺乏权力的利益相关者的利益；其消极的一面是可能不利于培养员工的风险意识和创新精神。

综合社会契约理论观主张把实证（是什么）和规范（应该是什么）两种方法并入商业道德中，要求决策人在决策时综合考虑实证和规范两方面的因素。这种道德观与其他三种道德观的区别在于它要求管理者考察各行业和各公司中的现有道德标准，以决定什么是对的、什么是错的。

拓展阅读1-4

柯尔伯格道德发展阶段

　　柯尔伯格道德发展阶段是美国心理学家劳伦斯·柯尔伯格用以解释道德判断发展的理论。他认为道德判断作为道德行为的基础，可以区分出6个发展阶段，每一个阶段都比前一个阶段对伦理困境的回应更为适当。这6个阶段属于3种水平：

　　（1）前习俗水平，是指以自我为中心的道德推理水平，即根据行为的直接后果和自身的利害关系判断好坏是非。它包括道德发展的第一和第二阶段。第一阶段是"服从与惩罚定向"，个体关注行为的直接后果与自身的利害关系。第二阶段是"朴素的利己主义定向"，个体持"对我有何益处"的立场，将正确的行为定义为对自己最有利的行为，也被视为道德相对主义。

　　（2）习俗水平，是指依据行为是否有利于维持习俗秩序，是否符合他人愿望进行道德判断，人们遵守那些自己认为正确的规则。它包括道德发展的第三和第四阶段。第三阶段是"好孩子定向"，个体进入社会，扮演社会角色时关注其他人赞成或反对的态度，保持与周围社会角色的和谐一致。第四阶段是"维护权威和社会秩序的定向"，个体开始从维护社会秩序的角度来思考什么行为是正确的，认识到每个社会成员都应当遵守全社会共同约定的某些行为准则，即强调对法律和权威的服从。

　　（3）后习俗水平，又称原则水平，即个体能摆脱外在因素，着重根据个人自愿选择的标准进行道德判断。在这一水平，社会规则成为大多数行为的基础，当社会规则与内心的道德准则发生冲突时，人们的内心准则往往占上风。它包括道德发展的第五和第六阶段。第五阶段是"社会契约定向"，个体认识到法律不再是死板的、一成不变的条文，是可以通过共同协商和民主的程序来改变的。第六阶段是"普遍的伦理原则定向"，个体的认识超越了法律，认为除了法律以外，还有诸如生命的价值、全人类的正义、个人的尊严等更高的道德原则。

　　资料来源　佚名. 柯尔伯格道德发展阶段［EB/OL］.［2019-12-11］. https://wenku.baidu.com/view/0f3e166ef5335a8102d2201c.html.

2.社会责任

　　在管理者是否应承担社会责任的问题上，存在两种截然相反的观点。古典观认为管理者不应承担社会责任，而社会经济观则认为管理者应该承担社会责任。

　　反对管理者承担社会责任的理由有：①承担社会责任违反了利润最大化原则；②承担社会责任冲淡了企业提高生产率的基本目标；③许多社会责任活动不能补偿成本；④企业的权力已经很大，如果再追求社会目标，权力就更大了；⑤管理者重视经济问题，没有能力考虑社会问题；⑥管理者对社会公众没有直接的社会责任；⑦管理者缺乏广泛的公众支持。

　　赞成管理者承担社会责任的理由有：①社会对企业的期望能够越来越高，很多人支持企业追求经济效益和社会效益的双重目标；②责任行为可以带来良好的公共关系和企业形象，所以能够可靠地获取较多的长期利润；③承担社会责任不仅是道义上的要求，还符合自身的利益；④由于公众认为社会目标是重要的，管理者通过追求社会目标就能产生一个良好的公众形象；⑤参与社会活动有助于创造适合企业生存和发展的良好环境；⑥承担社会责任可以减少政府的管制；⑦依据权力和责任对等的原则，既然企业在社会中拥有很多权力，它就必须承担同样多的社会责任；⑧有社会责任的企业通常被看作风险低、透明度高的企业，从而持有该企业股票会带来较高的收益；⑨企业拥有财力资源、技术专家和管理才能，可以为那些需要援助的公共工程和慈善事业提供支持；⑩承担社会责任有利于提早预防社会问题的出现。

小思考1-3

如何评价两种社会责任观？

答：一方面，企业的目标应该是多元化的，既有经济性目标，又有非经济性目标。不能否认企业获取利润的原始冲动，利润是企业经营的基本准则；但是，传统的以短期利润最大化为核心的利润原则显然已经不能适应新的多元化的经营环境，现代企业家的崛起更促成了短期利润最大化转向长期利润最大化和销售额最大化的目标。利润原则的变化标志着企业经营进入了新时代。

另一方面，人们评价企业的标准发生了变化，由单纯注重技术转向同时注重人的因素，由企业优先转向是否受消费者拥护，由地区社会的开发转向消除公害的社会责任等。为了适应这一评价标准，企业不仅应把解决追求利润和社会责任之间的矛盾作为指导思想，而且应通过具体的经营政策使两者结合起来，企业承担社会责任已经成为企业追求经济性目标的约束条件。

拓展阅读1-5

社会责任的具体体现

企业对环境的社会责任主要体现在发挥环境保护方面的主导作用、以绿色产品为研究和开发的主要对象以及环境治理等方面；对员工的社会责任主要体现在不歧视员工、定期或不定期地培训员工、营造良好的工作环境、善待员工等方面；对顾客的社会责任主要体现在提供安全的产品、提供正确的产品信息、提供售后服务和必要的指导、赋予顾客自主选择的权利等方面；对经营者的社会责任主要体现在运用正当手段开展公平竞争方面；对投资者的社会责任主要体现在带来有吸引力的投资回报、提供及时准确的财务状况等方面；对所在社区的社会责任主要体现在尽可能为所在社区作出贡献。

1.3　管理机制与方法

1.3.1　管理机制

1.管理机制的含义

机制的原意是机器的构造及工作原理，学者将机制引入管理领域后提出了管理机制的概念。所谓管理机制，是指管理系统的结构及运行机理。

2.管理机制的特征

（1）内在性。管理机制是管理系统的内在结构与机理，其形成与运作是完全由自身决定的，是一种内在运动过程。

（2）系统性。管理机制是一个完整的有机系统，具有保证其功能实现的结构与作用系统。

（3）客观性。任何组织，只要客观存在，内部结构、功能既定，则必然产生与之相应的管理机制。这种机制的类型与功能是一种客观存在，是不以任何人的意志为转移的。

（4）自动性。管理机制一经形成，就会按一定的规律、秩序，自发地、能动地诱导和决定企业的行为。

（5）可调性。机制是由组织的基本结构决定的，只要改变组织的基本构成方式或结构，就会相应地改变管理机制的类型和作用效果。

小思考1-4

管理机制的现实应用价值有哪些？

答：（1）管理机制的研究是对管理行为内在本质与规律的揭示。有什么样的管理机制，就有什么样的管理行为和管理效果。例如，在计划经济体制下，企业是由国家直接管理和经营的，这就形成了计划经济型的企业经营机制，企业缺乏自主权，不能独立经营，干部"铁交椅"，职工"大锅饭"，管理落后，企业效益低下。在市场经济体制下，通过改革，企业转换经营机制，建立与市场经济相适应的新型企业经营机制：企业产权多元化，实行股东授权与监督，建立科学的法人治理结构，实行全员聘任制，按劳分配与多种分配形式相结合，使企业真正成为市场主体，自主经营、自负盈亏、自我约束、自我发展。

（2）管理机制是加强科学管理的依据。管理者在管理中存在何种管理关系、采取何种管理行动、达到的管理效果如何，归根结底，是由管理机制决定的。研究与改革管理机制，为实行科学管理提供了依据；利用管理机制进行管理，能收到事半功倍的效果。

（3）管理机制的转换与创新是组织（企业）改革的核心。管理机制是决定管理功效的核心问题。管理机制不改，企业改革就不能获得成功。我国改革国有企业，建立现代企业制度，其核心正是建立与市场经济相适应的现代新型企业经营机制。因此，建立科学有效的管理机制，是推行企业改革的核心内容和本质要求。

资料来源　佚名．管理机制［EB / OL］．［2019-12-11］．https://wenku.baidu.com / view / 5f66861500f69e3143323968011ca300a6c3f697.html.

3.管理机制的构成

对于一般的管理系统，管理机制主要包括运行机制、动力机制和约束机制3个子机制。

（1）运行机制是组织中最基本的管理机制，是管理机制的主体，主要指组织基本职能的活动方式、系统功能和运行原理。运行机制具有普遍性。任何组织，大到一个国家，小到一个企业、单位、部门，都有其特定的运行机制。

（2）动力机制是一种极为重要的管理机制，是为管理系统运行提供动力的机制，是指管理系统动力的产生与运作机理，主要由利益驱动、政令推动和社会心理推动三个方面构成。

（3）约束机制是对管理系统行为进行修正的机制，其功能是保证管理系统正确运行，以实现管理目标。它是指对管理系统行为进行限定与修正的功能与机理，主要包括权力约束、利益约束、责任约束和社会心理约束等。

管理小故事 1-4

1.3.2 管理方法

管理方法是管理机制的实现形式,管理机制的功能与作用是通过具体的管理方法实现的。尽管管理机制具有客观性,但选择和运用不同的管理方法具有主观性。

1.管理方法的分类

管理方法是指管理者为实现组织目标,组织和协调管理要素的工作方式、途径或手段。管理方法可按以下标准分类:

(1)按作用的原理,可分为经济方法、行政方法、法律方法和社会心理学方法(见表1-2)。

表 1-2   **经济方法、行政方法、法律方法和社会心理学方法简介**

管理方法	含 义	特 点	形 式
经济方法	指依靠利益驱动,利用经济手段,通过调节和影响被管理者的物质需要而促进管理目标实现的方法	利益驱动性、普遍性、持久性	价格、税收、信贷、经济核算、利润、工资、奖金、罚款、定额管理、经营责任制等
行政方法	指依靠行政权威,借助行政手段,直接指挥和协调管理对象的方法	强制性、直接性、垂直性、无偿性	命令、指示、计划、指挥、监督、检查等
法律方法	指借助国家法规和组织制度,严格约束管理对象,为实现组织目标而工作的一种方法	高度强制性、规范性	国家的法律、法规,组织内部的规章制度,司法和仲裁等
社会心理学方法	指借助社会学和心理学原理,运用教育、激励、沟通等手段,通过满足管理对象社会心理需要的方式来调动其积极性的方法	自觉自愿性、持久性	宣传教育、思想沟通、各种形式的激励等

(2)按管理方法适用的普遍程度,可分为一般管理方法和具体管理方法。

(3)按方法的定量化程度,可分为定性管理方法和定量管理方法。

(4)按所运用技术的性质,可分为管理的软方法(指主要靠管理者主观决断能力的方法)和硬方法(指主要靠计算机、数学模型等的数理方法)。

(5)按管理对象的范围,可分为宏观管理方法、中观管理方法和微观管理方法。

(6)按方法所应用的社会领域,可分为经济管理方法、政治管理方法、文化管理方法、军事管理方法等。

(7)按管理对象的类型,可分为人事管理方法、物资管理方法、财务管理方法和信息管理方法等。

拓展阅读 1-6

实现管理方法现代化的途径

要提高管理方法的效能，就必须实现管理方法的现代化。实现管理方法现代化的途径有：

（1）管理方法的科学化。企业要按照客观经济规律和生产技术规律的要求进行组织和管理，正确指挥，科学决策。

（2）管理方法的最优化。管理方法尽可能实行量化，通过对多种方案的比较和选择，寻求最佳方案，取得尽可能高的经济效益。

（3）管理方法的文明化。企业搞文明生产，不但要有好的厂房和设备，还要有良好的工作环境，员工要讲究文明礼貌和道德风尚，领导者要树立以人为本、尊重下属的思想，实现文明管理。

（4）管理手段的现代化。要广泛采用计算机及各种信息、网络技术，努力实现管理和办公手段的现代化。

2.管理方法的完善与有效应用

（1）注重管理方法的科学依据。在管理实践中，要不断促进管理方法的建设与完善，使管理方法更加科学有效。其中，最重要的就是要完善管理方法的科学依据，使其符合相关客观规律的要求，更好地体现管理机制的功能和作用。

（2）要弄清管理方法的性质和特点，正确地运用管理方法。管理者若决定采用一种管理方法，则必须弄清其作用的客观依据是什么，方法作用于被管理者的哪个方面，是否能产生明显的效果，以及方法本身的特点与局限，以便正确有效地加以运用。

（3）研究管理者与管理对象的性质与特点，提高针对性。管理方法是管理者作用于管理对象的方式或手段，其最后效果不但取决于方法本身的因素，还取决于管理双方的性质与特点。既要研究管理对象，又要研究管理者自身，这样才能使管理方法既适用于管理对象，又有利于发挥管理者优势，从而使管理方法针对性强、成效大。

（4）了解与掌握管理环境因素，采取适宜的管理方法。由于管理环境是影响管理成效的重要因素，因此，管理者在选择与运用管理方法时，一定要认真了解与掌握环境变量，包括时机的把握，使管理方法与所处环境相协调，从而更有效地发挥其作用。

（5）注意管理方法的综合运用。不同的管理方法各有长处和局限，各自在不同的领域发挥其优势。没有哪种方法绝对适用于一切场合，也没有哪种场合可以只靠一种方法。因此，要科学有效地运用管理方法，就必须根据目标和实际需要，灵活地选择多种方法，综合地、系统地运用各种管理方法，以实现管理方法的整体功效。

1.4 管理创新

1.4.1 管理创新的含义

1.管理创新的含义

"创新"概念的起源可追溯到1912年美国经济学家熊彼特的《经济发展概论》。他在其著作中提出：创新是指把一种新的生产要素和生产条件的"新结合"引入生产体系。它包括 5 种情况：采用一种新产品；引入一种新的生产方法；开辟一个新市场；掠取或控制原材料或半成品的一种新的供应来源；实现任何一种工业的新组织。熊彼特的创新概念包含的范围很广，如涉及技术性变化的创新及非技术性变化的组织创新。他认为社会进步并非因为资源的最优化配置，而是创新改变了资源产出。企业创新就是要运用管理知识与技术改变资源产出，并给消费者创造更高的价值与满足感。

管理创新是指创造一种新的更有效的资源整合范式，这种范式既可以是新的有效整合资源，以达到组织目标和责任的全过程管理，也可以是新的具体资源整合及目标制定等方面的细节管理。这个概念至少包括以下 5 种情况：（1）提出一种新的发展思路并加以有效实施；（2）创设一个新的组织机构并使之有效运转；（3）提出一种新的管理方式、方法；（4）设计一种新的管理模式；（5）进行一项制度的创新。

作为管理的基本内容，维持和创新对管理系统的生存和发展都是非常重要的，两者是相互联系、不可分割的。维持是保证系统活动顺利进行的基本手段，也是系统中大部分管理者（特别是中基层管理者）要花大部分精力从事的工作。创新是为了适应系统内外部变化而进行的局部或全局的调整，通过不断地改变或调整获取和组合资源的方式、方向和结果，为社会作出新的贡献。创新是维持基础上的发展，而维持是创新的逻辑延续。维持是为了实现创新的成果，而创新是为更高层次的维持提供依托和框架。任何组织系统的管理工作无不包含在维持或创新之中。有效的管理就在于适度维持和适度创新的组合，卓越的管理是实现维持和创新最优组合的管理。

拓展阅读 1-7

管理创新的分类

管理创新可以从不同的角度去考察。

（1）从创新的规模以及创新对系统的影响程度的角度来考察，其可以分为局部创新和整体创新；

（2）从创新与环境的关系的角度来分析，其可以分为消极防御型创新与积极攻击型创新；

（3）从创新发生的时期的角度来看，其可以分为系统初建期的创新和运行中的创新；

（4）从创新的组织程度的角度来看，其可以分为自发创新和有组织的创新；

（5）根据创新内容，其可以分为观念创新、手段创新和技巧创新；

（6）根据创新的程度，其可以分为渐变性创新和创造性创新。

资料来源　佚名. 管理学知识点总结 ［EB/OL］.［2019-12-11］. http://fanwen.jianlimoban.net/887422/.

---

2. 管理创新的特征

（1）创造性，即以原有的管理思想、方法和理论为基础，充分结合实际工作环境与特点，积极地吸取外界的各种思想、知识和观念，在汲取合理内涵的同时，创造出新的管理思想、方法和理论。其重点在于突破原有的思维定式和框架，创造具有新属性的、增值的东西。创造性是管理创新的本质特征。

（2）效益性，即创新是为了更好地实现组织的目标，取得效益和效率，通过技术创新、组织创新等实现新的资源整合，从而建立起企业效益增长的长效机制。

（3）风险性，即创新本身就意味着风险，其作为一种具有创造性的过程，包含许多可变因素、不可知因素和不可控因素，这种不确定性使创新必然存在许多风险。创新是打破常规、破除惯例，既可能成功，也可能失败。成功的创新能显著地提高管理的功效；反之，失败的创新会削弱管理，甚至导致管理失败，这也是创新的代价所在。因此，必须理性地看待风险，充分认识不确定因素，充分估计到创新风险的性质、大小以及对管理的影响，以便积极而稳妥地进行创新。

（4）复杂性，即管理创新是一项长期的、持续的、动态的工作过程。创新因其综合性、前瞻性、深层次性和长期性而颇为艰巨和复杂。人们习惯于传统模式和惯例，不易接受突破传统和惯例的创新。当创新来临，原有管理系统的平衡被打破，人的意识、权力、地位、管理方式和资源配置等方面发生变化，就会引发一系列的变更，进而牵涉到各个层面的利益发生变化，导致新的不平衡出现；加之管理中人的思想和情感因素的不确定性，使创新的过程极为复杂、多变，可谓"牵一发而动全身"。

1.4.2 管理创新的内容

1.目标创新

组织是在一定的环境中进行运转的，在运转过程中一定要适应环境的变化。环境的变化客观上要求组织按照特定的方式提供特定的产品和服务。当环境发生变化时，组织的目标以及组织在运行过程中与其他组织的关系就要进行相应的调整。在新的环境中，组织目标必须调整为通过满足社会需求来获取组织未来发展的资源。至于组织各个时期的具体运转目标，则更需要适时地根据环境变化、社会需求的变化及变化趋势加以整合，每一次调整与整合都是一次创新。

2.技术创新

技术创新是管理创新的主要内容，组织中出现的大量创新活动都是有关技术方面的。由于一定的技术都是通过一定的物质载体和利用这些载体的方法来体现的，因此，组织的技术创新主要表现在要素创新、要素组合方法创新以及产品创新三个方面。

（1）要素创新。

组织的运行过程是一定的人力资源利用一定的手段作用于一定的物质资源使之改变物理、化学形式或性质的过程。参与这个过程的要素包括材料、设备以及人力资源等三类内容，所以，要素创新主要包括：

①材料创新，其内容包括：开辟新的来源，以保证组织发展的需要；开发和利用量大价廉的普通材料，替代量少价高的稀缺材料，以降低组织的运行成本；改造材料的质量和性能，以保证和促进组织所提供的产品和服务的质量。

②设备创新，其内容包括：通过利用新设备，减少手工劳动的比重，以提高组织运行过程中的机械化和自动化程度；通过将先进的科学技术成果用于改造和革新原有设备，延长其技术寿命，提高其效能；有计划地进行设备更新，以更先进、更经济的设备来取代陈旧的、过时的老设备，使组织建立在先进的物质技术基础上。

③人力资源创新，其内容包括：根据组织发展和技术进步的要求，不断地从组织外部

获取合格的人力资源；注重组织内部现有人力资源的继续教育，用新的技术、新的知识去培训、改造和发展他们，使之适应技术进步的要求。

（2）要素组合方法创新。

要素组合方法创新就是利用一定的方式对不同的生产要素加以不同的组合，包括：

①生产工艺创新，其内容包括工艺过程创新、工艺配方创新和工艺参数创新。

②生产过程创新，其内容包括生产设备、工艺装备、在制品以及劳动在空间上的不同布置和时间上的不同组合。

（3）产品创新。

组织运行过程中各种要素组合的结果是形成组织向社会贡献的产品和服务。组织只有不断地创新产品，才能更好地生存和发展。产品创新主要包括：

①品种创新，其要求组织根据社会需要的变化，及时地调整组织的产出方向和产出结构，不断开发出社会欢迎的产品。

②产品结构创新，其在于不改变原有品种的基本性能，对现有生产的各种产品进行改进和改造，找出更加合理的产品结构，使其生产成本更低、性能更完善、使用更安全，从而更具有市场竞争力。

3. 制度创新

制度是组织运行方式的原则规定。组织制度包括产权制度、经营制度和管理制度，所以制度创新的内容就是产权制度创新、经营制度创新和管理制度创新三个方面。

（1）产权制度创新。产权制度是决定组织其他制度的根本性制度，它规定着组织最重要的生产要素的所有者对组织的权力、利益和责任。产权制度主要是指组织生产资料的所有制，产权制度创新主要应该解决生产资料的社会成员"个人所有""共同所有"如何最适度地组合的问题。

（2）经营制度创新。经营制度是有关经营权的归属及行使条件、范围、限制等方面的原则规定。经营制度创新就是不断寻求组织的生产资料最有效利用的方式。

管理小故事1-5

（3）管理制度创新。管理制度是行使经营权、组织日常经营活动的各种具体规则的总称，包括对材料、设备、人员及资金等各种要素的取得和使用的规定。在各项管理制度中，分配制度是极其重要的内容之一，所以，管理制度创新主要是指分配制度创新。分配制度创新在于不断地追求和实现报酬与贡献在更高层次上的平衡。

拓展阅读1-8

产权制度、经营制度、管理制度三者间的关系

产权制度、经营制度、管理制度三者之间的关系是错综复杂的。一般来说，一定的产权制度决定相应的经营制度，但是，在产权制度不变的情况下，企业具体的经营方式可以不断进行调整；同样，在经营制度不变时，具体的管理规则和方法也可以不断改进。管理制度的改进发展到一定程度，会要求经营制度作相应的调整；经营制度的不断调整，必然会引起产权制度的变革。因此，反过来，管理制度的变化反作用于经营制度，经营制度的变化反作用于产权制度。

企业制度创新的方向是不断调整和优化企业所有者、经营者、劳动者三者之间的关系，使各个方面的权力和利益得到充分的体现，使组织的各种成员的作用得到充分的发挥。

小思考1-5

从企业制度创新角度分析，我国企业制度的改革是如何进行的？

答：我国企业改革首先开始于内部的管理制度改革（企业整顿）。管理制度改革的深化引起了经营制度的调整（松绑放权，使企业从生产经营者成为相对独立的商品生产者），而经营方式的进一步改革（从日常经营权到战略经营权）则要求产权制度的完善（从相对独立的商品生产者转向完全独立的商品生产者，从纯粹的公有制趋向股份制）。

资料来源　孙渊源. 国有煤矿创新体系研究［D］. 太原：太原理工大学，2002.

4.组织机构和结构的创新

组织系统的正常运行要求具有与之相适应的运行载体，即合理的组织形式，所以，组织制度创新必然要求组织的形式发生变革和发展。组织的形式可以从组织机构和组织结构两个不同层次考察。所谓组织机构是指组织在组建时，根据一定的标准，将那些类似的或与实现同一目标有密切关系的职务或岗位归并到一起，形成不同的部门，主要涉及管理劳动的横向分工问题；组织结构则与各管理部门之间特别是与不同层次的管理部门之间的关系有关，主要涉及管理劳动的纵向分工问题。由于组织机构的设置和组织结构的形成要受到组织活动的内容、特点、规模、环境等因素的影响，因此，不同的组织有不同的组织形式，同一组织在不同时期随着组织活动的变化，也要求组织机构和组织结构不断调整。组织机构和组织结构创新的目的在于更合理地组织管理人员的工作，提高管理劳动的效率。

5.环境创新

环境创新是指通过组织积极的创新活动去改造环境，引导环境朝着有利于组织运转的方向变化。就企业来讲，环境创新的主要内容是市场创新。市场创新主要是指通过组织的活动去引导消费，创造需求。市场创新的内容主要包括产品创新、营销手段创新、营销渠道创新等。

1.4.3　管理创新的过程与组织

1.管理创新的过程

创新是管理的永恒主题。成功的创新一般要经历四个阶段：

（1）寻找机会。创新是对原有秩序的破坏。原有秩序之所以要打破，是因为其内部存在或出现了某种不协调的现象。这些不协调的现象对系统的发展提供了有利的机会或造成了某种不利的威胁。组织的创新活动往往是从密切地注视、系统地分析社会经济组织在运行过程中出现的不协调现象开始的。

（2）提出构思。观察到不协调现象以后，就要透过现象究其原因，并据此分析和预测不协调现象的未来变化趋势，估计它们可能给组织带来的积极或消极后果。在此基础上，努力利用机会或将威胁转换为机会，采用多种方法，提出多种解决问题，消除不协调现象，使组织在更高层次上实现平衡的创新构思。

（3）迅速行动。创新成功的关键在于迅速行动。提出的构思可能还很不完善，但这种并非十全十美的构思必须立即付诸行动才有意义。一味追求完美，以减少受讥讽、被攻击的机会，就可能坐失良机，把创新的机会白白地送给自己的竞争对手。从这个意义上讲，创新的构思只有在不断的尝试中才能逐渐完善，组织只有迅速地行动才能有效地利用不协调现象提供的机会。

（4）坚持不懈。构思经过尝试才能成熟，而尝试是有风险的，不可能是一帆风顺的，可能要面临失败。创新的过程就是不断尝试、不断失败、不断提高的过程，所以，创新者在开始行动以后，为取得最终成功必须坚定不移地坚持下去，绝不能半途而废，否则便会前功尽弃。

管理小故事1-6

2.创新活动的组织

组织的管理者不仅要根据创新的规律和特点，对自己的工作进行创新，而且要组织、带领下属共同创新。对于下属创新活动的组织，不仅是去计划和安排某个成员在某个时间去从事某种创新活动，更重要的是为下属的创新提供条件、创造环境，使下属能在组织系统内有效地开展管理创新。管理创新的组织一般要注意五个方面的问题：

（1）正确理解和扮演创新组织者的角色；

（2）创造促进创新的组织氛围；

（3）制订有弹性的计划；

（4）正确地对待失败；

（5）建立合理的奖酬制度。

本章小结

本章首先介绍了管理的含义与性质、管理系统的含义与构成，使学生对管理有初步的认识；其次进一步阐述了管理者的含义、角色、素质道德与社会责任；再次介绍了管理机制的含义、特征、构成，管理方法的分类、完善与有效应用；最后阐述了管理创新的含义、特征、内容、过程与组织等。

关键概念

管理　管理系统　管理者　管理者素质　管理机制　管理方法　管理创新

基本训练

◆ 知识题

一、阅读理解

1.如何理解管理的性质？

2.管理系统由哪些要素构成？

3.管理机制的构成内容有哪些？

4.管理创新包括哪些主要内容？

二、知识应用

1.不定项选择题

(1) 管理机制中最基本的机制是（   ）。

A.约束机制   B.运行机制   C.动力机制   D.自动机制

(2) 管理系统中最核心、最关键的构成要素是（   ）。

A.管理目标   B.管理主体   C.管理对象   D.管理机制

(3) 具有利益驱动性特点的管理方法是（   ）。

A.行政方法   B.法律方法   C.经济方法   D.社会心理学方法

(4) 管理创新的内容是（   ）。

A.目标创新   B.制度创新   C.组织创新   D.技术创新

(5) 组织中管理者的层次越高就越需要掌握（   ）。

A.概念技能   B.人际技能   C.技术技能   D.领导技能

(6) 管理的主体是（   ）。

A.组织   B.目标   C.管理者   D.管理职能

(7) 在管理系统中，决定管理功效最直接、最核心的因素是（   ）。

A.管理媒介   B.目标   C.管理者   D.管理职能

(8) 明茨伯格认为，管理者的人际角色是（   ）。

A.挂名首脑   B.发言人   C.领导者   D.联络者

(9) 认为决策要完全依据其后果或结果作出的道德观是（   ）。

A.功利观   B.权利观   C.公平观   D.综合社会契约观

(10) 具有强制性特点的管理方法是（   ）。

A.经济方法   B.行政方法   C.法律方法   D.社会心理学方法

2.判断题

(1) 管理的载体是管理机制。   （   ）

(2) 系统观念强调管理的整体效应。   （   ）

(3) 创新是管理的永恒主题。   （   ）

(4) 管理既是一门科学也是一门艺术。   （   ）

(5) 技术技能对高层管理者更重要。   （   ）

(6) 管理是共同劳动的产物。   （   ）

(7) 管理机制是管理系统建立和运行的出发点和归宿。   （   ）

（8）管理方法是管理机制的实现形式。　　　　　　　　　　　　　（　　）

（9）古典观认为管理者应该承担社会责任。　　　　　　　　　　　（　　）

（10）制度创新是管理创新的主要内容。　　　　　　　　　　　　　（　　）

◆ 技能题

一、规则复习

1.管理者在组织中扮演哪些角色？

2.说明管理创新的步骤。

3.分析各种管理方法的特点。

二、操作练习

1.试分析小型组织管理者的素质。

2.分析组织的管理机制。

◆ 能力题

一、图解实训

<table>
<tr><td colspan="2" align="center">创新算法</td></tr>
<tr><td>形式</td><td>集体参与</td></tr>
<tr><td>时间</td><td>10分钟</td></tr>
<tr><td>材料</td><td>如图1-4所示的测试图片</td></tr>
<tr><td>场地</td><td>教室</td></tr>
<tr><td>应用</td><td>（1）灌输创新观念
（2）训练创新能力</td></tr>
<tr><td>目的</td><td>使学生通过体验创新的过程发展其创新的思维能力</td></tr>
<tr><td>程序</td><td>发给学生每人一张如图1-4所示的测试图片，限定时间1分钟，请学生尽量多地完成试题

7+2	8÷4	6+5	8÷4	6+11
20-10	7+7	9+3	5×2	8-4
9×3	2+2	8÷4	6+6	9+2
12×2	15-5	4×3	20+2	20-10
6×5	15-3	16÷8	15÷5	5÷5
10+2	7×5	9×2	10-5	5÷1
10+10	8÷2	4×2	8+3	10-2
4-2	15-3	9÷3	16÷2	8÷8

运算规则：+代表加，-代表减，×代表乘，÷代表除

 图1-4　测试图片 </td></tr>
<tr><td>讨论</td><td>（1）已经完成的题目的正确率是多少？
（2）谁的效率最高？为什么？
（3）有一道题也没做对的人吗？原因是什么？
（4）那些始终坚持原则的人的完成速度怎么样？能在1分钟内全部完成吗？
（5）这种完全不同的状况说明了什么？</td></tr>
</table>

资料来源　众行管理资讯研发中心. 管理培训游戏全案［M］. 广州：广东经济出版社，2003：40-41.

二、案例分析

案例1

郭宁的升迁之路

郭宁最近被一家生产机电产品的公司聘为总裁。在准备去接任此职位的前一天晚上，他浮想联翩，回忆起他在该公司工作20多年的情况。

郭宁大学毕业后就到该公司工作，最初担任液压装配单位的助理监督。经过半年多时间的努力，他已有能力独担液压装配的监督长工作。可是，当时公司没有提升他为监督长，而是直接提升他为装配部经理，负责包括液压装配在内的4个装配单位的领导工作。

在他当助理监督时，他主要关心的是每日的作业管理，技术性很强。而当他担任装配部经理时，他发现自己不能只关心当天的装配工作状况，还得作出此后数周乃至数月的规划，还要完成许多报告和参加许多会议，而没有多少时间去从事自己过去喜欢的技术工作。尽管如此，他还是干得很出色。

当他担任装配部经理6年之后，他又被提升为规划工作副总裁。他在新岗位上越来越感到：越是职位上升，越难以单纯地按标准的工作程序去进行工作。但是，他还是渐渐适应这种情况，并做出了成绩，以后又被提升为负责生产工作的副总裁。到了现在，郭宁又被提升为总裁。

问题：

（1）郭宁当上公司总裁后，他的管理责任与过去相比有了哪些变化？他应当如何去适应这些变化？

（2）郭宁要成功地胜任公司总裁的工作，哪些管理技能是最重要的？你觉得他具有这些技能吗？为什么？

案例2

李氏进出口公司

李先生是李氏进出口公司的创立人和执行总裁。他成立了自己的公司，并在5年的时间里，使之由一家一个人经营的小企业发展成一家拥有50名员工、年产值为300万美元的公司。

尽管企业的规模和盈利水平都发生了变化，但李先生的管理方式并没有发生太大的变化。他埋头于企业的日常事务中，对于是否要由其下属完成某些重要任务总是犹豫不决。当他到国外进行采购而不在公司的时候，公司就会停步不前。他坚持认为自己是最了解公司的人，自己有知识和能力制定有关企业利益的所有决策。

李先生制订企业的所有计划，组织各种活动，招募员工，指挥员工的活动，解决员工遇到的问题，解决与人事有关的问题。他知道全部员工的名字，他的办公室是随时向员工开放的。

企业成长期间，李先生已不能抽出时间去制定新的策略以应付所发生的变化。员工发现当他们碰到非常重要的难题时，很难找到李先生，企业中员工的士气达到了最低点。

随着问题的增多、压力的增大，李先生正在考虑卖掉他的公司。他觉得公司给自己带来了很大的麻烦，公司使他丧失了健康和平静。

资料来源 普蒂，韦里奇，孔茨. 管理学精要——亚洲篇［M］. 丁慧平，孙先锦，译. 北京：机械工业出版社，1999：40-41.

问题：

（1）李氏进出口公司存在的主要问题是什么？

（2）评价一下李先生的领导风格。

（3）请从组织结构与管理机制上对该公司进行分析。

（4）在李先生打算解散他的公司之前，你会给他提供什么样的建议？

三、网上调研

利用电子图书馆和互联网搜集有关管理者和管理机制的资料与案例，并进行整理、归纳与分析，巩固所学的知识与技能。

四、单元实践

以小组为单位，利用课余时间选择1~2家企业进行调查研究，就该企业的管理系统构成、管理者状况、管理对象与管理环境等方面内容进行调查，形成简要的调查研究报告并进行小组交流。

［第 2 章］
管理理论的产生与发展

学习目标

◆ 知识目标：掌握古典管理理论的主要思想；掌握行为科学理论；了解管理理论丛林中各学派的主要观点；掌握当代管理理论新思潮的管理观点；了解中国古代的管理思想。

◆ 技能目标：理解主要管理流派的理论观点；运用相应的管理理论分析与解决实际管理问题。

◆ 能力目标：按照某一标准（如行业、规模或产权关系）选择若干企业，以问卷或访谈形式调查组织管理层奉行的管理理念，并分析其对组织管理的影响。

引 例

从古罗马军威到现代管理

在第一次服役时，古罗马的士兵要在庄严的仪式中宣誓，保证永不背离规范，服从上级指挥的命令，为皇帝和帝国的安全而牺牲自己的生命。宗教信仰和荣誉感的双重影响使罗马军队遵守规范。队伍金光闪闪的金鹰徽是他们最愿意为之献身的目标；在危险的时刻抛弃神圣的金鹰徽既是邪恶的，又是可鄙的。某种更有实质内容的敬畏和希望加强了这种力量，在指定的服役期满之后享有固定的军饷、不定期的赏赐以及一定的报酬等补偿了军队生活的困苦。当然，由于怯懦或不服从命令而企图逃避最严厉的处罚，那也是办不到的。军团百人队队长有权将拳打作为惩罚，司令官则有权行使死刑。古罗马军队的一句最固定不变的格言是"好的士兵害怕长官的程度应该远远超过害怕敌人的程度"。这样的值得夸奖的做法使古罗马军团的勇猛作风得到延续，凭野蛮人一时的冲动是做不到这一点的。

在西方，这种管理方法最终被总结为一句格言："胡萝卜加大棒。"拿破仑说得更形象："我有时像狮子，有时像绵羊。我的全部成功秘密在于：我知道什么时候我应当是前者，什么时候是后者。"

在东方，则有"滴水之恩，涌泉相报""视卒如爱子，故可与之俱死"等说法。又说："将使士卒赴汤蹈火而不违者，是威严使然也。""爱设于先，威严在后，不可反是也。"《孙子兵法》总结说："故令之以文，齐之以武，是谓必取。"总之是一句话："软硬兼施，恩威并济。"

资料来源 佚名. 管理理论的历史发展［EB/OL］. ［2019-12-11］. https://wenku.baidu.com/view/c206391b9b6648d7c0c74650.html.

　　管理理论的形成与管理实践活动是紧密相联的，管理理论的形成与发展是在前人管理实践的基础上实现的。管理活动是管理思想的根基，管理思想来自管理活动中的经验；管理理论是管理思想的提炼、概括和升华，是管理思想中较为成熟、系统化程度较高的内容；管理理论对管理实践有指导意义，同时要经受得住管理活动的检验。

2.1　古典管理理论

　　古典管理理论形成于 19 世纪末和 20 世纪初的欧美，主要以泰罗的科学管理理论、法约尔的管理过程理论和韦伯的理想行政组织体系理论为代表。

2.1.1　泰罗的科学管理理论

　　弗雷德里克·温斯洛·泰罗（1856—1915）生于美国一个富有的律师家庭。1875 年他从学徒工做起，一直做到工长、车间主任、总工程师，1901 年后开始转入"科学管理"即"泰罗制"的研究与宣传。1911 年，泰罗出版了重要著作《科学管理原理》，奠定了科学管理的理论基础，标志着科学管理思想的正式形成，后人称泰罗为"科学管理之父"。

1.3 项著名的试验

　　（1）搬运生铁试验。当时每个工人一天平均搬运 12.5 吨生铁。泰罗对工人搬运生铁的动作、方法进行了研究，并挑选了一个身强体壮的工人来进行试验，泰罗亲自加以指导。这个工人在第一天下午就搬运了 47.5 吨生铁，大大提高了劳动效率。通过这项试验，泰罗制定出一套最优搬运方法、最优步行距离和最优工休间歇。

　　（2）铲子试验。泰罗在工作中发现，工人铲运原材料的数量与铲子的大小有关。经过试验，泰罗发现平均每铲重量为 21 磅时，铲掘工作量最大。因此，泰罗专门设计了 10 多种不同形状的铲子用于铲运不同的东西。此举使该厂平均每人每天的铲运量从 16 吨提高到 59 吨，工人的日工资从 1.15 美元提高到 1.88 美元，为后来的标准化工作打下了雏形。

　　（3）金属切削试验。过去切削加工没有标准的加工工艺规程，都是师傅带徒弟凭经验加工。泰罗对切削加工的方法进行了试验，研究出每个金属切削工人每日合适的工作量，并制定了各种操作加工的标准，要求工人按照这些标准或规程进行加工。此试验是工时研究的开端。

2. 科学管理理论的主要内容

　　（1）科学管理的中心问题是提高效率。泰罗认为，要制定出有科学依据的工人的"合理的日工作量"，就必须进行工时和动作研究。方法是选择合适且技术熟练的工人，记录他们完成某项工作所需要的总时间，据此定出一个工人"合理的日工作量"。这就是所谓工作定额原理。

　　（2）为了提高劳动生产率，必须为工作挑选"第一流的工人"。泰罗认为能够工作而不想工作的人不能成为第一流的工人，只要工作合适，每个人都能成为第一流的工人。因此，为工人找到最合适的工作，培训他们成为第一流的工人是管理层的责任。

　　（3）使工人掌握标准化的操作方法，使用标准化的工具、机器和原料，并使作业环境标准化，这就是所谓的标准化原理。泰罗认为，必须用科学的方法对工人的操作方法、工具、劳动和休息时间的搭配，机器的安排，作业环境的布置等进行分析，消除各种不合理的因素，把各种最好的因素结合起来，形成一种最好的方法。他把这些称作管理层的首要职责。

（4）实行刺激性的计件工资报酬制度。泰罗认为克服消极怠工、调动工人积极性应该采取刺激性的计件工资报酬制度。它包含三点内容：一是通过工时研究和分析，制定一个有科学依据的定额或标准；二是采用差别计件工资制的刺激性付酬制度，即计件工资率按完成定额的程度不同而上下浮动；三是工资支付的对象是工人而不是职位，即根据工人的实际工作表现而不是根据工作类别来支付工资。

（5）工人和雇主都要来一场"心理革命"。泰罗指出，资方和工人的紧密、亲切联系和个人之间的合作，是现代科学或责任管理的精髓。每一种新管理方法的推出都需要劳资双方的相互理解与合作，需要劳资双方在思想和观念上进行一次彻底的、根本的转变。科学管理理论的实质是一场"心理革命"，它主要包含着三层含义：效率与人性的统一、以科学取代经验、以合作取代对抗。

（6）计划职能同执行职能分开。变原来的经验工作法为科学工作法，主张在企业中区分计划职能与执行职能，设置专门的计划部门和计划人员，明确管理者和工人的责任。管理者负责制定科学的定额和标准化的操作方法及工具，拟订计划并发布指示和命令，进行有效的控制。现场工人履行执行职能，严格按照计划定额、标准、操作方法与工具、领导指示等从事实际的操作活动。

（7）实行"职能工长制"。泰罗主张实行"职能管理"，即将管理的工作予以细分，使每个管理者只承担一种管理职能。他设计出8个职能工长，代替原来的1个工长，其中4个在计划部门，4个在车间。每个职能工长负责某一方面的工作，在其职能范围内，可以直接向工人发出命令。但事实表明，一个工人同时接受几个职能工长的多头领导，容易引起混乱，所以"职能工长制"没有得到推广，但它为以后职能部门的建立和管理的专业化提供了参考。

（8）实行例外原则。泰罗认为，规模较大的企业组织和管理必须应用例外原则，即企业的高级管理人员把例行的一般日常事务授权给下级管理人员去处理，自己只保留对例外事项的决定和监督权。这种以例外原则为依据的管理控制原理，以后发展成为管理上的分权化原则和事业部制管理体制。

拓展阅读 2-1

其他人对科学管理的贡献

美国工程师弗兰克·吉尔布雷斯及其夫人——心理学博士莉莲·吉尔布雷斯——在动作研究和工作简化方面作出了突出贡献。起初，弗兰克·吉尔布雷斯在建筑行业中研究用哪种姿势砌砖省力、舒适、有效率。通过试验他们得出一套标准的砌砖方法，其使砌砖的效率提高200%以上。他们的研究步骤是：（1）通过拍摄照片来记录工人的操作动作；（2）分析哪些动作是合理的、应该保留的，哪些工作是多余的、可以省掉的，哪些动作需要加快速度，哪些动作应该改变次序；（3）制定标准的操作程序。他们的研究成果反映在1911年出版的《动作研究》一书中。

美国管理学家、机械工程师甘特是泰罗在米德瓦尔钢铁公司和伯利恒钢铁公司的亲密合作者。他最重要的贡献是创造了"甘特图"。这是一种用线条表示的计划图，常被用来编制进度计划。甘特的另一贡献是提出了"计件奖励工资制"，即除了支付日工资外，超额完成定额的，超额部分以计件方式发给奖金；完不成定额的，只支付日工资。这种制度比泰罗的"差别计件工资制"好，可使工人感到收入有保证，劳动积极性因而提高。这说明，工资收入有保证也是一种工作动力。甘特的代表著作是《工业的领导》（1916）和《工作组织》（1919）。

3.对科学管理理论的评价

科学管理理论的影响是广泛而深远的，泰罗的思想对人类的经济福利所产生的影响是巨大的。

（1）它促进了当时工厂管理的普遍改革。在当时凡是应用科学管理原理的工厂，"生产率成倍地增长，工人工资大幅度提高，工作时间缩短了，工人在体力和脑力上的紧张程度减轻了，同时，企业的销售额和利润上升了，产品价格下降了"。这些都是科学管理理论推动的结果。

（2）它把科学引进了管理领域。泰罗提出的科学管理理论冲破了多年沿袭下来的落后的经验管理办法，把科学引进了管理领域，并创立了一套具体的科学管理办法来代替单凭个人经验进行作业和管理的旧办法，这是管理理论上的进步，也为管理实践开创了新局面。同时，由于管理职能与执行职能的分离，企业中开始有一些人专门从事管理工作，这就使管理理论的创立和发展有了实践基础。由科学管理理论形成的一整套管理制度，使美国一些主要企业得以长期稳定发展，为美国创造了大量物质财富，使人们的生活水平大幅度提高。科学管理理论除了能提高体力劳动的工作效率外，它同样适用于脑力劳动。它被应用于行政管理、公共管理和城市管理，同样是成功的。

（3）它是一种心理革命。从一定意义上说，泰罗的科学管理理论是一种心理革命，也就是一种新的管理理念，它抛弃旧的管理观念、方法及原则，代之以新的观念、方法及原则。科学管理将科学化、标准化引入管理，泰罗所倡导的心理革命是实施科学管理的核心问题。正像泰罗所强调的，科学管理是一场重大的精神变革，每个人都要对工作、对同事建立起责任观念，每个人都要有很强的敬业心和事业心。这样的话，每个人都不把盈余的分配看成头等大事，而把注意力转移到增加盈余的量上来，直到盈余大到不必为如何分配而进行争吵的程度。当每个人以友好合作、互相帮助代替对抗和斗争时，人们通过共同的努力，就能够创造出比过去更大的利润来，从而使雇员的工资提高，获得较高的满意度，使雇主的利润增加，使企业规模扩大，这就是泰罗所说的心理革命。遗憾的是，泰罗所希望的这种心理革命一直没有实现。

总之，泰罗及其科学管理理论的贡献绝不仅限于理论贡献，因为科学管理理论不仅涉及具体的理论及技术，更代表了一种思想方法和追求，即用科学的眼光审视一切，而这在任何时代都是必需的。因此，美国著名管理学家德鲁克主张"回到泰罗去"。泰罗时代的工厂生产是现代大工业经济的起点，泰罗的理论则是现代管理理论的起点。

虽然泰罗的科学管理有很大的历史贡献，但也有明显的局限性：

一是"经济人"假设。泰罗认为，企业家的目的是获得最大限度的利润，工人的目的是获得最大限度的工资收入，这都是从把经济动机作为唯一动机这种"经济人"假设的观点出发的,他忽视了企业成员之间的交往及工人的感情、态度等社会因素对生产效率的影响。人际关系学派兴起后,对泰罗的这方面观点的指责更多。

二是机械模式。泰罗把计划职能与执行职能分开后,工人被看作只接受监督人员命令、从事作业的被动生产工具,就像机器那样,被当作时间和动作研究的对象。泰罗的"标准作业时间""标准工作量""标准作业方法"都是以最强壮、技术最熟练的工人进行紧张劳动时所测定的时间定额为基础的,是大多数工人无法接受和支持的。因此,泰罗制被认为是资本家最大限度地压榨工人血汗的手段。

三是内容不全面。泰罗制是适应历史发展的需要而产生的,由于受历史条件和个人经历的限制,管理的内容比较少,管理的范围也比较窄,限于生产现场的监督和控制问题及工人的操作问题,企业的供应、财务、销售、人事等方面的活动基本没有涉及,当然这些由他的同时代人亨利·法约尔完成了。

管理小故事2-1

2.1.2 法约尔的管理过程理论

亨利·法约尔(Henri Fayol,1841—1925),法国古典管理理论的主要代表人之一,曾长期在企业中担任高级管理者。1916年,法约尔出版了《工业管理和一般管理》一书,提出了他的一般管理理论,后人称其为"现代经营管理之父"或"管理过程理论之父"。管理过程理论的主要内容包括以下要点:

1.企业职能不同于管理职能

法约尔指出,任何企业都有六种基本活动或职能,即技术、商业、财务、安全、会计和管理活动,管理是企业职能中的一项(如图2-1所示)。在各类企业里,一般工人需要具有符合企业要求的技术能力,上层人员需要具备管理能力,而且随着层次的上升,管理活动的比重越来越大。

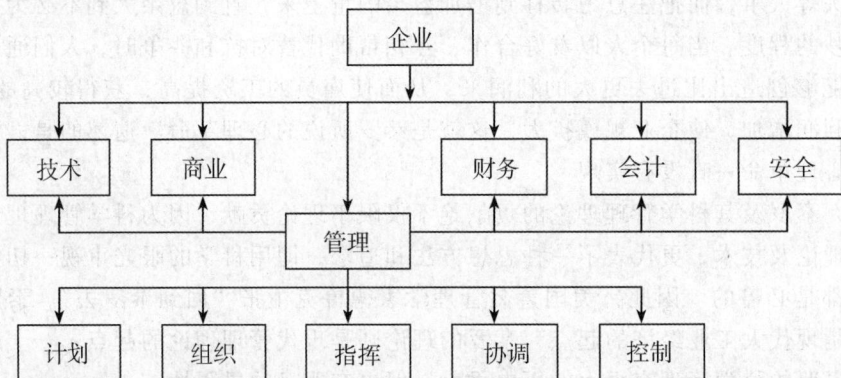

注:技术活动指生产、制造、加工;安全活动指设备和人员的保护;商业活动指购买、销售、交换;会计活动指成本统计核算;财务活动指资本的筹集和运用。

图2-1 企业与管理的各种职能活动

2.管理教育的必要性和可能性

法约尔认为，企业对管理知识的需要是普遍的，而单一的技术教育难以适应企业的一般需要，因此应尽快建立管理理论，并在学校中进行管理教育，使管理教育能起到像技术教育那样的作用。

3.管理要素

法约尔指出管理这一职能活动由五个要素组成，即计划、组织、指挥、协调、控制。他认为，计划是管理职能中一个重要的要素，预见和计划是管理所必需的，一个良好的计划应具有统一性、连续性、灵活性、精确性等特点；组织主要包括组织机构、人员配备和训练、参谋机构的建立等；指挥是管理人员的一种技巧，其目的就是整个企业的利润最大化，从该单位全体人员中获得最大效益；协调是为了各项活动和谐，以便更好地进行工作，并取得成功；控制是检验每一项工作是否同所制订的计划、发布的指示和确立的原则相符合，其目的是发现错误以便改正并防止重犯。

4.管理的十四条原则

法约尔根据自己的工作经验，归纳出简明的十四条管理原则：分工、职权与职责、纪律、统一指挥、统一领导、个人利益服从整体利益、个人报酬、集中化、等级链、秩序、公正、任用期稳定、首创精神、集体精神。法约尔强调指出，以上十四条原则在管理工作中不是死板和绝对的，有个尺度问题；在同样的条件下，应当注意各种可变因素的影响。因此，原则是灵活的，是可以适应于一切需要的，但真正的本质是懂得如何加以运用它们。

拓展阅读2-2

等级链与法约尔跳板

等级链是指从最高的权力机构到最基层的上下级关系所形成的阶梯形权力锁链，表明权力等级的顺序和传递信息的途径。为了克服统一指挥原则产生的信息沟通方式的延误，法约尔提出了允许横跨权力线进行横向交往的联系板，被称为法约尔跳板（如图2-2所示）。在图2-2中，A代表组织的最高领导，按照组织系统，F与P之间发生了必须两者协商才能解决的问题，F必须将问题向E报告，E再报告给D，如此层层由下而上，再由上而下到达P，然后P将意见向O报告，层层上报给A，再经过B、C等，最后回到F。这样往返一趟，既费时又误事。法约尔建议F和P之间可以直接协商解决问题，再分头上报，以便及时沟通信息，快速解决问题。

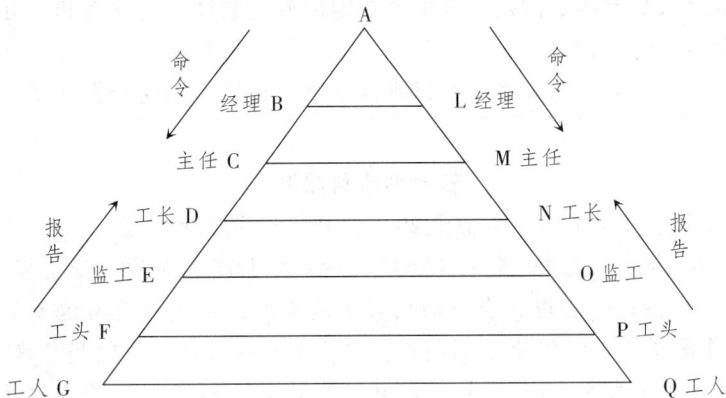

图2-2　法约尔跳板

2.1.3　韦伯的理想行政组织体系理论

马克斯·韦伯（Max Weber，1864—1920），德国著名社会学家，主要著作有《新教伦理和资本主义的精神》《世界经济简史》《经济和社会》等。在《经济和社会》一书中，韦伯提出了理想行政组织体系理论，也称科层制理论或官僚制理论。他认为高度结构化的、正式的、非人格化的理想行政组织形式在精确性、稳定性、纪律性和可靠性等方面都优于其他组织，后人称韦伯为"组织理论之父"。理想行政组织体系理论的主要内容包括以下要点：

1.提出了行政组织机构的概念

韦伯认为行政组织机构是通过"公职"或职位来管理的，而不应通过个人或"世袭"来进行管理。他认为，这样的行政组织机构可以有效地运用于复杂的组织，是企业、政府、军事等组织的最有效的形式。

2.阐述了权力论

韦伯认为任何社会组织的管理都必须以某种形式的权力为基础，只有运用权力，才能变混乱为有序，才能实现组织目标。他认为被社会所接受的纯粹形式的权力有三种：

（1）合法、合理的权力。这种权力是由依照一定法律建立的一套等级制度所赋予的，必须绝对服从。

（2）传统的权力。它是以古老的传统、神圣不可侵犯的信念，以及个人占据着传统的权力地位为依据的，是由历史沿袭下来的惯例、习俗而规定的权力。

（3）超凡的权力。它是以对某人特殊的、神圣的英雄主义或模范品质的忠诚、热爱与崇拜为依据而规定的权力。所谓政治领袖就属于这类人物。韦伯认为合法、合理的权力是理想行政组织体系的基础。

3.概述了理想行政组织体系的特点

韦伯认为，理想行政组织体系是对标准规则的"合法性"的信念，或对那些按照标准规则被提升为领导者的权力的信念。理想行政组织体系具有以下基本特点：

（1）具有明确的职位分工；

（2）具有自上而下的等级系统；

（3）根据职位要求通过正式考评和教育训练来实现人员的任用；

（4）职业管理人员有固定的薪金和明文规定的升迁制度，管理者和所有权相分离；

（5）遵守制度和纪律；

（6）组织中人与人之间的关系完全以理性准则为指导，不受个人情感的影响。

拓展阅读2-3

官僚制或科层制

德国著名社会学家马克斯·韦伯于20世纪初提出了官僚制理论。官僚制是指一种以分部–分层、集权–统一、指挥–服从等为特征的组织形态，是现代社会实施合法统治的行政组织制度。韦伯认为合理、合法的权威最适宜的组织形式是官僚制。"官僚"是指这种组织的成员是专门化的职业管理人员，并不含有一般语境中使用"官僚"一词的含义。韦伯认为，在资本主义社会中，官僚组织是对大规模社会群体进行有效管理的基本形态。在官僚组织中，由制度规定组织层级、部门划分、职位设置、成员资格，能够形成非人格化的层级节制体系和部门结构，组织成员是否胜任仅仅取决于他的能力，而不是取决于他对组织领袖的个人忠诚和个人依赖。在韦伯的理想行政组织体系理论中，"合理性""合法性"是两个最基本的概念。"合理性"经常被用于一种学理的解释，倾向于技术化、科学化、规范化，实质上就是一种"理性精神"，即所谓的"官僚制精神"。而"合法性"则经常被用于政治学的解释，它包含两重含义，即对处于命令-服从关系中的服从者来说是一个对统治的认同问题；对命令者来说则是一个统治的正当性的问题。统治的正当性与对统治的认同的总和就构成了统治的合法性。

资料来源　佚名. 韦伯的层级官僚制理论［EB/OL］. ［2019-12-11］. https://www.docin.com/p-1818725223.html.

2.2　行为科学理论

行为科学理论实为人际关系理论，它的产生源于著名的霍桑试验。1949 年，美国一些从事人际关系研究的管理学者正式采用"行为科学"一词，并成立了"行为科学高级研究中心"，进一步开展对人的行为规律、社会环境和人际关系与提高工作效率关系的研究。1953 年，在美国福特基金会召开的各大学科学家参加的会议上，正式将其定名为"行为科学"。

拓展阅读 2-4

行为科学早期的倡导者

在行为科学早期的研究中，较为突出的是罗伯特·欧文、雨果·芒斯特伯格和玛丽·福莱特。

罗伯特·欧文是英国的一位空想社会主义者，受其哲学观念的影响，他很早就告诫经营者要关心组织的人力资源财富。他曾说道："你们将发现，我在进行管理的伊始就把人口（劳动大军）看成是……一个由许多部分组成的系统，而把这些部分结合起来，这是我的责任和兴趣所在，因为每一个工人以及每根弹簧、每根杠杆、每个车轮都应有效地合作，以便为工厂主带来最大的钱财收益……"这段话明确地表达了欧文在管理工作中对人的重视和关心。

雨果·芒斯特伯格是工业心理学的创始人，生于德国，1892 年在哈佛大学建立了他的心理学实验室，1913 年出版了《心理学与工业效率》一书。该书分别研究了辨识具备最适合从事某项工作的心理品质的人的必要性，确定在什么"心理条件"下才能够从一个人那里获得最大的、最令人满意的工作量，对人的需要施加符合实际利益的影响的必要性等。

玛丽·福莱特是一位美国的社会哲学家，是公认最早发现应当从个人和群体行为的角度考察组织的学者之一。她认为组织应该基于群体道德而不是个人主义，个人的潜在能力只有通过群体的结合才能得以释放。一名管理者的重要任务是协调群体，更多地依靠他的知识和专长去领导群众。

2.2.1 梅奥及霍桑试验

乔治·埃尔顿·梅奥（George Elton Mayo）是美国行为科学家。1924—1932年，美国国家研究委员会和西方电气公司合作，由梅奥负责进行了著名的霍桑试验（Hawthorne Experiment），即在西方电气公司所属的霍桑工厂，为测定各种有关因素对生产效率的影响程度而进行的一系列试验，由此产生了人际关系学说。他撰写的反映有关霍桑试验总结的两部著作《工业文明的人类问题》（1933）和《工业文明的社会问题》（1945），奠定了人际关系理论的基础。

1. 霍桑试验的四个阶段

（1）工场照明试验（1924—1927）。该试验希望通过对试验组和控制组的对比分析，得出照明度对生产率的影响。但试验结果发现，照明度的变化对生产率几乎没有什么影响。

（2）继电器装配室试验（1927—1928）。其旨在测试各种工作条件的变动对小组生产率的影响，以便能够更有效地控制影响工作效果的因素。结果发现，监督和指导方式的改善能促使工人改变工作态度，因而产量增加。

（3）大规模的访问与调查（1928—1931）。两年内他们进一步开展了全公司范围的普查与访问，调查了2万多人次，发现影响生产力的最重要因素是工作中发展起来的人际关系，而不是待遇和工作环境，即"任何一位员工的工作绩效，都受到其他人的影响"。

（4）接线板接线工作室试验（1931—1932）。试验以集体计件工资制进行刺激，企图形成"快手"对"慢手"的压力以提高效率。但试验者发现，工人既不会为超定额而充当"快手"，也不会因完不成定额而成为"慢手"，当他们达到他们自认为"过得去"的产量时就会自动慢下来。原来，生产小组内部有一种默契，即工作不要做得太多，否则就是"害人精"；工作不要做得太少，否则就是"懒惰鬼"；不应当告诉监工任何会损害同伴的事，否则就是"告密者"；不应当企图与别人保持距离或多管闲事；不应当过分喧闹、自以为是和热心领导等。其根本原因有三：一是怕标准再度提高；二是怕失业；三是为保护速度慢的同伴。由此试验人员得出劳动效率的高低主要取决于非正式群体的规范和士气的结论。

2. 霍桑试验的结论

（1）人是"社会人"。员工是社会人，除了物质需求外，他们还有社会、心理等方面的需求，不能忽视员工家庭和社会生活中人与人的社会和心理因素对工作积极性的影响。

（2）企业中存在非正式组织。试验发现，员工在共同工作的过程中因相互产生的感情、态度和倾向而形成了共同的行为准则和惯例，构成了一个体系，即"非正式组织"。这种无形组织有它特殊的感情和倾向，左右着成员的行为，对劳动生产率的提高有举足轻重的影响。

（3）新型的领导者应能提高员工的满足度。梅奥认为，提高劳动生产率的主要途径是提高员工的满足度，即员工对社会因素特别是人际关系的满足程度。领导者应善于倾听员工的意见，通过积极的意见交流，达到感情的上下沟通，使正式团体的经济需要与非正式团体的社会需要取得平衡。

2.2.2　有关行为科学的理论

梅奥等人创建的人际关系学说——早期行为科学，经历了20世纪三四十年代的迅速发展，形成了一个庞大而复杂的学科群，吸引了来自心理学、社会学、人类学、管理学、人机工程等众多领域的研究者。20世纪60年代，为了避免同广义的行为科学相混淆，有些专门研究行为科学在企业中应用的学者提出了"组织行为学"这一名称，专指管理学中的行为科学。组织行为学的实质就是包括早期行为科学（人际关系学说）在内的狭义的行为科学，认为人的行为要比人际关系学家所认识的复杂得多。

组织行为学是当代管理理论的一个重要组成部分，其涉及的领域非常广泛，它是在吸收了诸如心理学、社会学、人类学、经济学和医学等多个学科知识的基础上建立起来的。它从一个通盘的视角来考察个人、群体和组织的行为过程。其研究内容也大体上分为三个层面：

（1）有关员工个体行为的研究，主要包括两个方面：一是关于人的需要、动机和激励的理论，如激励内容理论（需要层次理论、双因素理论、成就需要理论等）、激励过程理论（期望理论、波特-劳勒模式）、激励强化理论；二是有关企业中的人性理论，如X理论和Y理论、不成熟-成熟理论以及人性的四种假设等。

（2）有关员工群体行为的研究，主要包括群体动力与群体行为的有效性、群体目标与群体凝聚力、群体压力与群体规范、群体冲突与群体沟通等。

（3）有关组织行为的研究，主要有领导理论（有关领导性格理论、领导行为理论和领导权变理论）和组织变革与发展理论。

小思考2-1

行为科学的含义是什么？

答：按照美国《管理百科全书》的定义，行为科学是运用自然科学的实验和观察方法，研究在自然和社会环境中人的行为以及低级动物的行为的科学。现代管理学所讲的行为科学是指应用心理学、社会学、人类学及其他相关学科的成果，使用科学程序观察、解释和研究组织管理过程中的人类行为活动规律的一门科学。在很大程度上，行为科学运用归纳法，并以问题为中心，着眼于一定组织中的人的行为研究，重视人际关系、人的需要、人的作用和人力资源的开发利用。

资料来源　佚名. 行为科学的管理理论［EB/OL］.［2019-12-11］. https://www.docin.com/p-1740186433.html.

2.3　管理理论丛林

第二次世界大战之后，现代化科学技术日新月异的发展、生产和组织规模的急剧增大、生产力的迅速发展、生产社会化程度的日益提高，引起了人们对管理理论的普遍重视。在美国和许多其他国家，不仅从事实际管理工作的人和管理学家在研究管理理论，而且一些心理学家、社会学家、人类学家、经济学家、生物学家、哲学家、数学家等也都从各自不同的背景、不同的角度，用不同的方法对现代管理问题进行研究。这一现象带来了管理理论的空前繁荣，同时出现了各种各样的学派。综合地说，这一阶段管理理论的发展可以体现为管理内涵的进一步拓展、管理组织的多样化发展、管理方法日渐科学、管理手段自动化、管理实践丰富化等五个方面。美国著名管理学家孔茨把这一现象形象地描述为管理理论的"丛林"。

1.管理过程学派

管理过程学派是在法约尔管理思想的基础上发展起来的，代表人物为美国的哈罗德·孔茨和西里尔·奥唐奈。其中，孔茨对管理学作出了重大贡献，对管理学的发展也有着重要影响，特别是他坚持的管理过程思想，一直在西方管理学界占主流地位。他们合著的代表作《管理学》被译成多种文字，得到世界各地读者和教育学家的好评。美国管理学者斯蒂芬·P.罗宾斯在评价孔茨时说："虽然孔茨的文章激起了大量的争论，大多数管理教师和实践者都紧紧抱住各自的观点不放，但孔茨树立了一个标志。当今大多数管理教科书都采用过程方法这一事实，证明了过程方法越来越成为一种可行的统一框架。"

该学派的主要观点是：

（1）管理是一个过程。管理是让别人同自己去实现既定目标的过程，它包括许多相互关联的职能，管理者的工作可以看作执行这些职能的一种过程。

（2）管理有五个职能，即计划工作、组织工作、人员配备、指挥和控制。

（3）管理职能具有普遍性。管理职能适用于所有类型的组织以及组织中的各个管理阶层。

（4）在管理实践中总结提炼出来的一些基本管理原理对认识和改进管理工作能起到一种说明和启示的作用。

（5）管理应具有灵活性，要因地制宜灵活应用各项管理原则。

在法约尔将管理分为计划、组织、指挥、协调、控制五种职能的基础上，该学派将管理看作一种过程和许多相关联的职能，这就为研究管理提供了一个框架式的结构。一方面，可以对这些职能分别进行分析和研究，提出和采取有效措施，更好地实现组织目标；另一方面，新的方法和新的思想可以容纳在计划、组织、领导和控制等职能中。因此该学派的思想容易为大家所接受。

2.社会系统学派

该学派认为，组织是由两个或两个以上的人组成的协作系统。管理人员的作用就是围绕组织系统中的物质因素（厂房、机器和其他物质条件）、生物因素（组织成员）以及社会心理因素（信息、热情、集体的相互作用）等来进行管理。这个学派是从社会学的角度来分析各类组织的。该学派认为，组织不仅是由人的相互关系组成的一种社会系统，同时是社会大系统中的一部分，受到社会环境各方面因素的影响。

美国管理学家巴纳德是这一学派的主要代表人物，他的著作《经理人员的职能》对该学派有很大的影响。概括来看，该学派的理论有以下几点：

（1）正式组织的存在有三个条件：共同的目标、协作的意愿、信息的联系。此外，一个组织中不仅有正式组织，也有非正式组织，后者同正式组织相互创造条件，在某些方面和时候能对正式组织的目标产生积极的影响。

（2）组织能否继续生存取决于在实现组织目标的过程中能否使成员顺利达到个人的目的，也取决于组织对环境适应的程度。

（3）经理人员的职能有三条：建立和维持一套信息传递的系统、善于激励组织成员为实现组织目标而作出贡献、确定组织目标。

（4）权力的使用必须满足下列条件：①使下属理解这个命令；②使下属认识到这个命令和组织的目标是一致的；③使下属认识到这个命令和他们本身的利益是一致的；④使下属认识到他们具备完成任务的能力。

3.决策理论学派

决策理论是在系统理论的基础上，吸收了行为科学、运筹学和计算机科学等研究成果而发展起来的，主要代表人物是美国人西蒙，其代表作为《管理决策新科学》。西蒙因其在决策理论、决策应用等方面作出的开创性研究而获得1978年诺贝尔经济学奖。

决策理论的观点主要表现在三个方面：

（1）突出决策在管理中的地位。决策理论认为，管理的实质是决策，决策贯穿于管理的全过程，决定了整个管理活动的成败。如果决策失误，组织的资源再丰富，技术再先进，也是无济于事的。

（2）系统阐述了决策原理。西蒙对决策的程序、准则、类型及决策技术等作了科学的分析，并提出用"满意标准"来代替传统决策理论的"最优化标准"，研究了决策过程中冲突的解决方法。

（3）强调了决策者的作用，认为组织是决策者个人所组成的系统，因此，强调不仅要注意在决策中应用定量方法、计算技术等新的科学方法，而且要重视心理因素、人际关系等社会因素在决策中的作用。

4.经验主义学派

这个学派主张通过分析经验（通常也就是一些案例）来研究管理问题。最早提出这一见解的是美国的德鲁克、戴尔（E. Dale）、纽曼（W. Newman）、斯隆（A. P. Sloan）等人。他们认为只要从企业管理的实际出发，以大企业的管理经验为主要研究对象，通过研究各种各样成功和失败的管理案例，就可以了解怎样进行管理。

这一学派的主要观点大致如下：

（1）作为企业主要领导的经理，其工作任务着重于两方面：①形成一个"生产的统一体"，有效调动企业各种资源，尤其是人力资源发挥作用；②经理作出每一项决策或采取某一行动时，一定要把眼前利益与长远利益协调起来。

（2）对建立合理组织结构问题普遍重视。如德鲁克认为，当今世界上管理组织的新模式可以概括为以下五种：集权的职能性结构、分权的联邦式结构、矩阵结构、模拟性分散管理结构、系统结构。他还强调，各类组织要根据自己的工作性质、特殊条件以及管理人员的特点来确定本组织的管理结构，切忌照搬别人的模式。

（3）对科学管理和行为科学理论重新评价。这一学派中的许多人提出，科学管理和行为科学理论都不能完全适应企业实际需要，只有经验主义学派将这二者结合起来，才真正实用。

（4）提倡目标管理。德鲁克首先提出目标管理的建议，其后又有许多学者共同参与了研究。

总之，经验主义学派并未形成完整的理论体系，其内容也比较庞杂，但其中的一些研究反映了当代社会化大生产的客观要求，是值得注意的。

5.系统理论学派

系统理论源于一般系统论和控制论，侧重于用系统的观念来考察组织结构和管理的基本职能。代表人物为美国管理学者卡斯特、罗森茨韦克和约翰逊。

系统理论的主要观点是：

（1）组织本身是一个以人为主体的人造系统，它由许多相互联系的子系统组成。这些子系统包括目标、技术、工作、结构、正式组织与非正式组织、外界因素等。组织系统中任何子系统的变化都会影响其他子系统的变化，系统的运行效果是通过各个子系统相互作用的效果决定的。

（2）组织是社会大系统中的一个子系统。组织不是一个封闭的人造系统，而是开放的社会技术系统，是更大的社会系统中的一个子系统，因而不可避免地会受到周围环境的影响；反过来也会影响环境，且在与环境的相互影响中达到自身的动态平衡。

（3）管理必须建立在系统的基础上。管理要善于将各种资源要素集合起来，在同一目标下形成一个整体。管理人员必须从组织的整体出发，研究组织各部分之间的关系、组织与外部环境的关系，以便作出正确的决策并进行组织与协调。

管理小故事 2-2

6.行为科学学派

行为科学理论是在早期人际关系理论的基础上发展起来的。该学派的代表人物有很多，像美国的马斯洛、赫兹伯格等。该学派认为管理中最重要的因素是对人的管理，因此要研究人、尊重人、关心人、满足人的需要以调动人的积极性，并创造一种能使组织成员充分发挥力量的工作环境。

行为科学理论的主要观点是：

（1）强调以人为中心研究管理问题，重视人在组织中的关键作用；强调探索人类行为的规律，提倡善于用人，进行人力资源的开发。

（2）强调个人目标和组织目标的一致性，认为调动积极性必须从个人因素和组织因素两方面着手，使组织目标包含更多的个人目标。不仅要改进工作的外部条件，而且更重要的是改进工作设计，把从工作本身满足人的需要作为最有效的激励因素。

（3）主张在组织中恢复人的尊严，实行民主参与管理，改变上下级之间的关系，由命令服从变为支持帮助，由监督变为引导，实行组织成员的自主自治。

7.社会技术系统学派

创立这一学派的是英国的特里斯特（E. L. Trist）及其同事。他们根据煤矿中"长壁采煤法"的研究结果认为，要解决管理问题，只分析社会协作系统是不够的，还必须研究技术系统对社会的影响以及对个人的心理影响。他们认为，管理的绩效以及组织的绩效不仅取决于人们的行为态度及其相互影响，而且取决于人们工作所处的技术环境。管理人员的主要任务之一就是确保社会协作系统与技术系统的相互协调。

这个学派的大部分著作都集中于研究科学技术对个人、群体行为方式、组织方式和管理方式等的影响，因此，特别注重工业工程、人机工程等方面问题的研究，代表作有《长壁采煤法的某些社会学和心理学意义》《社会技术系统的特性》等。这个学派虽然也没有研究管理的全部理论，但首次把组织作为一个社会系统和技术系统综合起来考虑，可以说填补了管理理论的一个空白，对管理实践也是很有意义的。

8.信息沟通学派

这一学派同决策理论学派关系密切，它主张把管理人员看成一个信息中心，并围绕这一概念来形成管理理论。这一学派认为，管理人员的作用就是接收信息、贮存与发出信息；每一位管理人员的岗位犹如一台电话交换台。

这一学派强调计算机技术在管理活动和决策中的应用，强调计算机科学同管理思想和行为的结合。大多数计算机科学家和决策理论家都赞成这个学派的观点。这个学派的代表人物有：①李维特（H. J. Leavitt），其代表作是《沟通联络类型对群体绩效的影响》；②申农（Claude Shannon）和韦弗（Warren Weaver），其代表作是《沟通联络的数理统计理论》。

9.权变理论学派

权变理论是在20世纪70年代开始形成、发展起来的，其代表人物是美国管理学家卢桑斯以及英国学者伍德沃德等人。权变就是具体情况具体分析、具体处理。权变理论的核心思想是，不存在一成不变的、无条件适用于一切组织的最好的管理方法，强调在管理中要根据组织所处的内外环境的变化而变化，针对不同情况寻找不同的方案和方法。权变理论在提出以后的几十年内，其理论价值和应用价值日益为管理实践所证明，因而得到了越来越多的人的支持，成为具有重大影响的管理学派之一。其主要观点有：

（1）环境变量与管理变量之间存在函数关系，即权变关系。这里所说的环境变量，既包括组织的外部环境，也包括组织的内部环境。管理变量则指管理者在管理中所选择和采用的管理观念和技术。

（2）在一般情况下环境是自变量，管理观念和技术是因变量。因此，如果环境条件一定，为了更快地达到目标，必须采用与之相适应的管理原理、方法和技术。

（3）管理模式不是一成不变的，要根据不断变化的环境而有所变化，要根据组织的实际情况来选择最适宜的管理模式。

10.管理科学学派

管理科学学派也叫数量学派或运筹学派，它产生于第二次世界大战之后。管理科学学派认为，管理就是制定和运用数学模型与程序的系统，就是用数学符号和公式来表示计划、组织、控制、决策等合乎逻辑的程序，求出最优的解答，以达到企业的目标。管理科学学派解决问题的七个步骤是：观察和分析、确定问题、建立一个代表所研究系统的模型、根据模型得出解决方案、对模型和得出的解决方案进行验证、建立对解决方案的控制、把解决方案付诸实施。以上步骤相互联系、相互影响。

2.4 管理理论新思潮

2.4.1 组织文化

1.组织文化的概念

组织文化是指在一定的社会政治、经济、文化背景下，组织在生产与工作实践过程中所创造或逐步形成的价值观念、行为准则、作风和团体氛围的总和。培育与建设健康向上的组织文化，建立高激励性、高凝聚性的组织团队，是组织管理的核心内容。组织文化主要由以下三层构成：

（1）精神文化层。这是组织文化的核心层，主要由作为组织指导思想与灵魂的各种价值观与组织精神所组成。

（2）规范文化层。这属于组织文化的中间层，主要由各种组织规范、组织准则、组织制度所组成。

（3）行为（物质）文化层。这是组织文化的表层，主要由组织成员的行为、生产与工作的各种活动，以及这些行为与活动的各种物化形态所组成。

拓展阅读2-5

企业文化理论的兴起与经典著作

企业文化理论发祥于日本，形成于美国，被称为世界企业管理史上的第四次管理革命。作为第二次世界大战战败国的日本，为了从经济崩溃的危机中恢复过来，开始向西方学习经济管理。但在接受美国质量管理等思想的同时，日本企业非常注重走自己的路，在日本传统文化的基础上，吸收西方先进经验所创造的管理模式，反而走在矛盾重重的欧美模式的前面，创造了经济腾飞的奇迹。美国学者把视角集中到日美企业模式的比较，研究日本成功的根本原因，进而探寻美国企业改进的方向。

从1981年到1982年，美国管理学界连续推出了四部主要著作，把人们引入了企业文化这一新阶段，成为企业文化理论的基石。这四部被誉为企业文化"四重奏"的著作分别是威廉·大内的《Z理论——美国企业界怎样迎接日本的挑战》（1981）、理查德·帕斯卡尔和安东尼·阿索斯的《日本企业管理艺术》（1981）、阿伦·肯尼迪和特伦斯·迪尔的《西方企业文化》（1982）、托马斯·彼得斯和小罗伯特·沃特曼的《寻求优势——美国最成功公司的经验》（1982）。

资料来源 佚名. 企业文化理论的兴起与四部经典著作［EB/OL］.［2019-12-11］. http://www.doc88.com/p-771373065754.html.

2.组织文化的功能

（1）导向功能。健康的组织文化可以引导组织的成员采取组织所期望的行为，自觉地实现组织目标；落后的组织文化则会将组织的成员引向歧途。

（2）凝聚功能。组织的文化可以使其成员形成共同的思想、共同的价值观念，产生对本组织的认同感、归属感和向心力，从而使组织成为紧密团结的整体。

（3）激励功能。健康向上的组织文化使每个成员都受到尊重，个人价值得到充分实现，在工作中受到极大激励，从而提高全体成员的积极性。

（4）约束功能。组织文化包含多方面的准则与规范，形成效力很大的群体规范，从而有效地约束组织成员的思想和行为。

（5）辐射功能。组织的文化不但对组织内部有着重要的影响，而且对组织外部乃至整个社会都产生巨大的辐射作用。由于组织的生产经营活动是社会最基本的经济活动，支撑着社会的运行与发展，因而组织文化对整个社会的所有领域、每个成员都产生潜移默化又极为重要的影响。

拓展阅读2-6

桑南菲尔德对组织文化的分类

艾莫瑞大学的杰弗里·桑南菲尔德提出了一套标签理论，它有助于我们认识组织文化之间的差异，认识个体与文化的合理匹配的重要性。通过对组织文化的研究，他确认了四种组织文化：

（1）学院型文化，是为那些想全面掌握每一种新工作的人而准备的。在这种企业里他们能不断地成长、进步。这种组织喜欢雇用年轻的大学毕业生，并为他们提供大量的专门培训，然后指导他们在特定的职能领域内从事各种专业化工作。桑南菲尔德认为，学院型组织的例子有IBM公司、可口可乐公司、宝洁公司等。

（2）俱乐部型文化，非常重视适应、忠诚感和承诺。在俱乐部型组织中，资历是关键因素，年龄和经验都至关重要。与学院型组织相反，它们把管理人员培养成通才。俱乐部型组织的例子有联合包裹速递服务公司、德尔塔航空公司、贝尔公司、政府机构和军队等。

（3）棒球队型文化，鼓励冒险和革新，重视创造发明。招聘时，从各种年龄和经验层次的人中寻求有才能的人。薪酬制度以员工绩效水平为标准。由于这种组织对工作出色的员工给予巨额奖励和较大的自由度，员工一般都拼命工作。在会计、法律、金融、管理咨询、广告、软件开发、生物研究领域，这种组织比较普遍。

（4）堡垒型文化，着眼于公司的生存。这类公司以前多数是学院型、俱乐部型或棒球队型的，但在困难时期衰落了，现在尽力来保证企业的生存。这类公司的工作安全保障不足，但对于喜欢流动性、挑战的人来说，具有一定的吸引力。堡垒型组织包括大型零售店、林业产品公司、天然气探测公司等。

资料来源　佚名. 组织文化的类型［EB/OL］.［2016-08-03］. http://club.ebusinessreview.cn/blogArticle-13328.html.

---

3. 组织文化建设的方法

（1）正面灌输法，是指借助各种教育、宣传、组织学习、开会传达等形式，对组织文化的目标与内容进行正面灌输的方法。正面灌输法有助于教育组织全体成员树立正确的思想与价值观。

（2）规范法，是指通过制定体现预期文化要求的一整套制度规范体系来促进与保证组织文化建设的途径与方式，如制定反映组织文化要求的组织制度、管理规范、员工的行为规范等。

（3）激励法，是指运用各种激励手段激发员工动力，以营造良好氛围、塑造组织精神的各种途径与方法，如通过表扬、工作激励、关心和满足员工需要增强组织凝聚力，培育热爱本职工作、敢于拼搏与勤奋努力的精神。

（4）示范法，是指通过组织领导人的率先垂范与行为暗示和先进人物的榜样作用促进与影响组织的文化建设的方式与方法。组织要充分发挥领导和模范人物的示范作用，引导与带动组织的成员，培育组织精神，树立良好的组织风气。

（5）感染法，是指通过各种人员交往、共同生活形成互动，相互感染，以建设组织文化的途径与方式，如通过人员互动与感染，培养组织成员崇高的思想境界与健康的人格。

（6）实践法，是指在生产与工作实践的过程中培育组织文化的途径与方式，如通过各种生产经营实践，培养既敢于创新又从实际出发的科学精神。

拓展阅读2-7

企业文化的类型

（1）根据企业的状态和作风，企业文化分为有活力的企业文化、停滞的企业文化、官僚的企业文化；

（2）根据企业的任务和经营方式，企业文化分为硬汉型文化、努力工作和尽情享受型文化、赌注型文化、过程型文化；

（3）根据企业的性质和规模等，企业文化分为"温室"型企业文化、"拾穗者"型企业文化、"菜园"型企业文化、"大型种植物"型企业文化、"藤本植物"型企业文化、"鱼群"型企业文化、"移植兰花"型企业文化；

（4）根据企业对各种因素重视的程度，企业文化分为科层组织型文化、经理型文化、技术型文化；

（5）根据企业的价值取向或行为标准，企业文化分为民族文化与市场文化；

（6）根据企业所在国家或民族，比较受关注的企业文化有美国的企业文化、日本的企业文化、中国的企业文化等。

2.4.2 学习型组织

学习型组织理论兴起于20世纪80年代末90年代初的美国，代表人物是彼得·圣吉（Peter M. Senge，1947—）。当时，传统的组织类型已经不适应以知识为基础的组织，客观上要求要通过不断学习来提高组织的生存与发展能力。1990年，圣吉出版了《第五项修炼——学习型组织的艺术与实务》一书，该书于1992年荣获世界企业学会最高荣誉的开拓者奖，圣吉本人也于同年被美国《商业周刊》推崇为当代最杰出的新管理大师之一。学习型组织理论得到了理论界的认可，并得到了广泛的应用。

1.学习型组织的含义

学习型组织理论认为，在新的经济背景下，企业要持续发展，必须增强自身的整体能力，提高整体素质，未来真正出色的企业将是能够设法使各阶层人员全心投入并有能力不断学习的组织——学习型组织。

所谓学习型组织，是指通过培养弥漫于整个组织的学习气氛，充分发挥员工的创造性思维能力而建立起来的一种有机的、高度柔性的、扁平的、符合人性的、能持续发展的组织。通过培育学习型组织的工作氛围和企业文化，引领人们不断学习、不断进步、不断调整的新观念，从而使组织更具有长盛不衰的生命力。

2.学习型组织的特征

（1）组织成员拥有一个共同的愿景。组织的共同愿景来源于员工个人的愿景而又高于个人的愿景。它是组织中所有员工的共同理想，能使不同个性的人凝聚在一起，朝着组织共同的目标前进。

（2）组织由多个创造性个体组成。富有创造性的团队是学习型组织最基本的学习单位，组织的所有目标都是直接或间接地通过团队努力来实现的。

（3）善于不断学习。这是学习型组织的本质特征，主要有四方面的含义：一是强调"终身学习"；二是强调"全员学习"；三是强调"全过程学习"；四是强调"团体学习"。

（4）"以地方为主"的扁平式结构。学习型组织的结构是扁平的，从最上面的决策层到最下面的操作层，中间相隔层次极少。它尽最大可能将决策权向组织结构的下层移动，让最下层单位拥有充分的自决权，并对产生的结果负责，从而形成"以地方为主"的扁平式组织结构。

（5）自主管理。自主管理是使组织成员边工作、边学习，并使工作和学习紧密结合的方法。团队成员在自主管理的过程中能形成共同愿景，以开放求实的心态互相切磋，不断学习新知识，不断进行创新，从而增强组织快速应变、创造未来的能量。

（6）组织的边界将被重新界定。学习型组织的边界建立在组织要素与外部环境要素互动关系的基础上，超越了传统的根据职能或部门划分的"法定"的边界。

（7）员工家庭与事业的平衡。学习型组织努力使员工丰富的家庭生活与充实的工作、生活相得益彰。组织对员工承诺支持每个员工充分的自我发展，而员工也承诺以对组织的发展尽心尽力作为回报。因而员工工作与家庭之间的冲突大为减少，家庭生活质量提高，达到了家庭与事业之间的平衡。

（8）领导者的新角色。学习型组织中的领导者是设计师、仆人和教师。领导者要从组织发展的基本理念出发对组织要素进行整合；要有实现愿景的使命感，自觉地接受愿景的召唤；要界定真实情况，协助组织成员对真实情况进行正确、深刻把握，增强他们对组织系统的了解能力，促使每个人都学习。

3.学习型组织的修炼途径

圣吉指出，建立学习型组织必须进行以下五项修炼：

第一项修炼：自我超越。这是组织成员突破极限的自我实现和获得纯熟的技艺的过程，它是学习型组织的精神基础。

第二项修炼：改善心智模式。这是组织成员和组织自身打破既成的思维定式、解放思想、进行创造型思维的过程。

管理小故事2-3

第三项修炼：建立共同愿景。这是组织成员树立共同的远大理想和宏伟目标并为之奋斗的过程。

第四项修炼：团队学习。这是使组织成员学会集体思考，运用"深度会谈""讨论"等交流方式发展团队成员相互配合、整体搭配与实现共同目标的能力的过程。

第五项修炼：系统思考。这是教会人们运用系统的观点来看待组织的生存和发展，进而将组织成员的智慧和活动融为一体的过程，它是学习型组织修炼的核心。

2.4.3 企业再造

1.企业再造的定义

企业再造也译为"公司再造""再造工程"，是1993年在美国出现的关于企业经营管理方式的一种新的理论和方法。作为该理论的创始人，迈克尔·哈默（Michael Hammer）与詹姆斯·钱皮（James Champy）在1993年出版的《再造企业——工商管理革命宣言》中指出：企业再造，是指为了在衡量绩效的关键指标上取得显著改善，从根本上重新思考、彻底改造业务流程，其中，衡量绩效的关键指标包括产品质量和服务质量、顾客满意度、成本、员工工作效率等。可以从以下四个方面来把握企业再造的含义：

（1）企业再造需要从根本上重新思考业已形成的基本信念。对长期以来企业在经营中所遵循的基本信念，如分工思想、等级制度、规模经营、标准化生产和官僚体制等进行重新思考，这就需要打破原有的思维定式，进行创造性思维。

（2）企业再造是一次彻底的变革。企业再造不是对组织进行肤浅的调整修补，而是要进行脱胎换骨式的彻底改造，抛弃现有的业务流程、组织结构以及陈规陋习，另起炉灶。

（3）企业通过再造工程可望取得显著进步。企业再造是根治顽疾的一剂"猛药"，可望取得"跳跃"式的进步。

（4）企业再造从重新设计业务流程着手。业务流程是企业以输入各种原料和顾客需求为起点，以企业创造出对顾客有价值的产品（或服务）为终点的一系列活动。在一个企业中，业务流程决定着组织的运行效率，是企业的生命线。

可以看出，企业再造与以前的渐进式变革理论有本质的区别：企业再造是组织的再生策略，它需要全面检查和彻底改变原有的工作方式，把被分割得支离破碎的业务流程合理地"组装"回去。通过重新设计业务流程，建立一个扁平化的、富有弹性的新型组织。

2.企业再造理论的基本指导思想

（1）以顾客为中心。流程的出口是向顾客提供较高的价值，顾客满意度是评价员工绩效的重要指标。

（2）以员工为中心。企业再造将直接导致组织结构发生变化，组织结构扁平化，组织中主要以流程小组为主，小组中的成员必须是复合型的专业人才，需要具备全面知识、综合观念和敬业精神。

（3）以效率和效益为中心。通过有效的流程再造，克服阻碍效率的关键因素，提高服务效率，为用户提供更多的附加价值。

3.企业再造的情况

从美国已有的经验看，进行再造的企业大体可分为以下三大类：

第一类：问题丛生的企业。对这类企业，除了进行再造之外，别无选择。这些企业需要从头至尾进行彻底改造。20世纪70年代的美国电报电话公司和80年代的福特汽车公司便是典型的例子。

第二类：目前业绩不坏但潜伏着危机的企业。这类企业，就当前的财务状况来看，还算令人满意，但是，展望前景，就有"风雨欲来"之势。这类企业应当高瞻远瞩，当机立断，及早进行改造。

第三类：正处于事业发展高峰的企业。这类企业虽然事业处于发展高峰，但雄心勃勃的管理阶层并不安于现状，决心大幅度超越竞争对手。这类企业将企业再造看成大幅度超越竞争对手的重要途径，它们精益求精、追求卓越、超越"巅峰"，不断提高竞争标准，构筑竞争壁垒。

企业再造理论不仅适用于企业改造，其基本思想也适用于行政事业单位的改革。如政府部门的工作程序、学校的学生入学管理办法、医院里的患者就医程序等，都可以用流程再造的办法进行改革，这也显示了企业再造理论的发展前景。

4.企业再造的主要程序

企业再造就是重新设计和安排企业的整个生产、服务和经营过程，以使之合理化。通过对企业原来生产经营过程的各个方面、每个环节进行全面的调查研究和细致分析，对其中不合理、不必要的环节进行彻底改革。具体的实施程序如下：

第一阶段：分析准备阶段。这主要包括：

（1）企业定位可能开展的项目，这既是开展再造的起点，又是衡量界定变化的标准；

（2）进行初步的影响分析，即审议分析项目可能涉及哪些部门、划定影响分析的范围等；

（3）选定第一个项目，明确范围。

第二阶段：重新设计阶段。这主要包括：

（1）分析业务流程；

（2）设计新的业务流程备选方案；

（3）评估每个备选方案可能需要的代价和可能获得的利益。

第三阶段：具体实施阶段。这主要包括：

（1）选取最适宜的方案；

（2）实施方案；

（3）更新定位模型资料。

企业再造方案的实施并不意味着企业再造的终结。在社会发展日益加快的时代，企业总是不断面临新的挑战，这就需要对企业再造方案不断地进行改进，以适应新形势的需要。

5.企业再造的效果与问题

企业再造在欧美的企业中受到高度重视，因而得到迅速推广，带来了显著的经济效益，涌现出大批成功的范例。1994年，由CSC Index公司（战略管理咨询公司）对北美洲和欧洲6 000家大公司中的621家进行了抽样问卷调查。调查的结果是：北美洲497家的69%、欧洲124家的75%已经进行了一个或多个再造项目，其余公司的50%也在考虑这样的项目。美国运通公司通过再造，每年减少的费用超过10亿美元。得克萨斯州仪器公司的半导体部门，通过再造，集成电路的订货处理程序的周期缩短了一半多，提高了顾客的满意度，由最坏变为最好，并使企业获得前所未有的收入。

在企业再造取得成果的同时，另一部分学者也在严肃地探讨企业实施中高失败率的原因。大家认为，企业再造理论在实施中容易出现的问题有：

（1）流程再造未考虑企业的总体经营战略思想；

（2）忽略作业流程之间的联结作用；

（3）未考虑经营流程的设计与管理流程的相互关系。

总的来说，企业再造理论顺应了通过变革创造企业新活力的需要，这使越来越多的学者加入到流程再造的研究中来。有些管理学者通过大量研究流程重建的实例，针对再造工程的理论缺陷，提出一种被称为MTP（manage through process）的方法。这是流程管理的新方法，以流程为基本的控制单元，按照企业经营战略的要求，对流程的规划、设计、构造、运转及调控等所有环节实行系统管理，全面考虑各种作业流程之间的相互配置关系以及管理流程的适用问题。可以说，MTP是再造工程的扩展和深化，它使企业经营活动的所有流程实行统一指挥、综合协调。因此，企业再造仍在继续发展。

2.4.4　虚拟企业

1.虚拟企业产生的背景及条件

面对急剧变化的不确定市场，企业生存和发展的关键是具有高度的柔性和快速的反应能力。柔性制造系统（flexible manufacturing system，FMS）、精益生产（lean production，LP）、并行工程（concurrent engineering，CE）、计算机集成制造系统（computer integrated manufacturing system，CIMS）、智能制造系统（intelligent manufacturing system，IMS）、敏捷制造（agile manufacturing，AM）等一系列新的制造和管理模式相继被提出和运用，它们以高度柔性、集成化和智能化为特征，对于提高产品质量和生产力有着重大的促进作用。但是，这些先进的生产系统仍然存在有效性不足的问题。其原因不在于技术方面，而是受到员工积极性和创造性不足、企业组织结构不合理以及组织缺乏柔性等因素制约。因此，企业必须将柔性生产技术、熟练掌握生产技能的知识员工与促进企业内部和企业间合作的灵活管理结合在一起，通过建立共同的基础结构，对迅速改变或者无法预见的消费者需求和市场机遇作出快速响应。掌握新型生产制造和组织管理方式的企业，要把柔性制造、及时供应、工作团队、再造工程、员工授权、组织流畅化、计算机辅助设计、全面质量管理、大量生产等整合成一个结构严密的系统。

现代信息技术的飞速发展为企业在更大范围内的合作提供了可能性。另外，从有效地利用外部资源这一角度上看，虚拟公司也体现了扩大资源利用范围这一现代管理思想。虚拟公司这一创新设想，已经在计算机及信息通信等相关企业被普遍利用。在多媒体领域，一个企业拥有自己的核心技术，同时与其他公司的核心技术进行组合已成为该领域企业发展的基本途径。总之，虚拟公司的出现使现代管理方式从综合主义发展到专门主义，从内部筹措发展到有效利用外部资源。

互联网的急剧成长及全球通信设施的发展促成了虚拟组织的兴起。科技的进步促使产品不断地推陈出新，交通、通信的发展缩短了地理距离，经济国际化使商业无国界化，产业结构加速调整和升级，传统的企业经营方式和组织结构已经不能适应时代的需要。企业要在快速变革的环境中生存和发展，在激烈的竞争中获得优势，信息技术所带来的巨大的企业变革扮演着关键角色。在知识经济时代，信息技术对企业的影响很大，企业如何有创意地使用信息技术以提高竞争的优势，更是一个重要的课题。

企业的知识化、信息化和虚拟化是企业组织演变的未来趋势。信息化在技术上为企业的知识化提供了保证，知识化水平的提高将促进企业对信息技术的应用，知识化和信息化又为企业"虚拟"运作提供了可能。

2.虚拟企业的特点

虚拟企业是指为完成向市场提供商品和服务等任务，众多的企业相互联合形成的一种合作组织形式。这些个体的企业活跃在各自专业领域并拥有卓越的技术，利用现代信息沟通技术把它们连成一个网络，可以更有效地向市场提供商品和服务，完成一个企业不能承担的市场功能。虚拟企业所提供的商品和服务，其功能和效果远远超出原来独立企业的机动性和竞争性，因而反映了在高度信息化条件下企业组织触角已伸向了企业之外这一现实。从资本关系上看，虚拟企业不强制各企业发生联系，实际上是出于功能性需要而把相互独立的企业以自愿形式联系在一起。当然，企业之间的联系方式和合作方式是根据市场变动和顾客变动而变化的。虚拟企业的特点主要表现为：

（1）卓越性。网络中的成员均具有自身的核心竞争力，因此，虚拟组织中的每一项功能或流程都是最佳的，而不是任何一个单一的企业可以单独达成的。

（2）机会性。网络中的成员关系处于非强制性、较小稳定性、随机变动的状态，这些成员可以为一个特定的市场机会而快速、有效地结合起来。

（3）高科技。这些企业要结合起来运作须高度依赖信息网络，通过网络及时传递及处理信息，从而能够迅速协调行动及作出决策。

（4）相互依赖。各个核心竞争力企业以价值链整体利益为目的，互补对方的不足，网络中的成员会变得愈来愈互相依赖，会将成功植根于相互信赖与合作基础之上。

（5）无边界。很难对组织与组织之间的界限进行定义。

2.5　中国古代管理思想

2.5.1　儒家管理思想

儒家学说由孔子开创并提出了主体的思想构架，再经孟子和荀子进一步补充、完善而形成。儒家经典主要有儒学十三经。儒家学说本身是一个博大精深的理论体系，其中涉及管理思想的主要内容可以概括为三个方面：一是管什么；二是由谁来管；三是怎样来管。

1.儒家管理思想的核心是"治人"

在管什么的问题上，儒家的回答是"治人"。儒家十分重视人在管理中的地位，"天地之性，人为贵"的贵人哲学思想反映了儒家管理思想的核心。在儒家看来，一切管理活动都是围绕着治人而展开的。儒家管理思想对人性假设的分析有两种观点：一是性善论。孟子主张"性善论"，认为从人天生的本性看，人可以成为善良的人，不善是由于后天的各种原因使其善良的天性被遮盖，不能归于他的本性。另外，他认为恻隐之心人皆有之，一个人对于善，求则得之，舍则失之。如果一个人能把握住恶的产生来源，那么他就可以通过自我的追求达到善的目的。二是性恶论。荀子主张"性恶论"，认为人的本性是恶的，"人之性恶，其善者伪也"，性是与生俱来的原始质朴的自然属性，与"性"相对的"伪"是人为、后天加工的意思。

2.儒家管理思想对组织的认识

在由谁来管的问题上，儒家的回答是"劳心者治人"。劳心者通过什么来管理？荀子的回答是："人能群，彼不能群，人何以能群？曰：分。分何以能行？曰：义。"儒家管理思想的奠基者在几千年前就阐明了整体大于部分之和，人和动物的根本区别是人能"群""分""义"。"群"是建立组织结构，"分"是实行分工，"义"的表现形式是"礼""法"，即风俗、习惯等下意识的行为准则和法规、法令等强制性国家意志的体现。儒家管理思想偏重于用"礼""义"进行管理，认为"礼""义"是达到管理目的的重要手段。当"群"建立起来后利用"分"来进行分工，再用"礼"来规范，用"义"来和谐，使之达到良好的组织运行状态。

3.儒家的"为政以德""仁政思想"

在怎样管理的问题上，儒家的回答是"和为贵"，主张"仁""德""礼"。

（1）"仁"是儒家管理思想的核心和中国儒家学派道德规范的最高原则。"仁"包含的内容甚广，其核心是爱人，主要指对他人的尊重和友爱。"仁"的精神价值的一个重要体现是"己立立人，己达达人""己所不欲，勿施于人"，主张实行"王道"和推行"仁政"。归纳起来，儒家"仁"的管理方法一是管理者要以身作则，以自己的行动来带动其他人；二是管理者和被管理者都要有一种爱心，并且勇于克服困难，这样才会有所收获；三是真正的"仁"是指集体中的人应该具有集体主义精神。

（2）"为政以德"是儒家重要的管理思想。孔子认为管理者要讲求道德，并以其作为自己的治国方针，这样就可以取得无为而治的效果。儒家认为，无论人性善恶，都可以用道德去感化和教育。这种教化是一种心理改造，使人心良善，知道耻辱而无奸邪之心。因此，要治理一个国家主要应集中精力制定并带头实施好的道德规范，这是最彻底、最根本和最积极的办法，断非法律制裁所能办到。

管理小故事2-4

（3）"齐之以礼"是儒家倡导的外在管理规则。所谓"礼"是先王秉承上天的意志而处理人间事务的规范，贵贱、尊卑、长幼、亲疏各有其特殊的行为规范，只有各司其礼，才能达到儒家心目中的理想社会。"礼"实际上是社会各种活动的规则，是社会的一种控制手段，也是一种法的形式。它以维护宗法等级制为核心，如违反了"礼"的规范，就要受到"刑"的惩罚。因此，国家的治乱取决于等级秩序的稳定与否。

2.5.2　道家管理思想

1.道家学说起源

道家学说是一个比较完整的理论体系，结合《易经》的学说，是一个较为严谨、逻辑性很强的理论体系，其中充满了辩证的逻辑思维方法。道家学说最早可以追溯到黄帝和周易。《易经》说："一阴一阳之谓道。"如果把阴阳看作矛盾，那么矛盾的统一体就是道。到了春秋战国时期，由老子所著的《老子》和庄周所著的《庄子》成为道家的经典著作。一般来说，他们是道家学说的创始人。从整体内容来看，道家学说以"道"为中心和纲领，从"道"出发，然后根据具体的实际情况因时、因地、因人、因势、因需要，向四面八方扩展开来。在道家看来，世界上的任何事物都由阴和阳两个方面所组成，即凡是正面的、表现积极性的事物都属于阳，凡是处于消极的事物都属于阴，阴和阳是永远不能孤立存在的，是一个整体中不可分割、相互作用的两个部分。在此作用下，事物相正相反，相克相生，相激相荡，相辅相成。因此阴和阳这对矛盾由于作用不同的情况就有了各种不同的形式，如相生、相克、转化、共存、互惠、相比和统一。中国古代的道家就用一个圆圈内画有阴阳鱼的太极图来表示这一矛盾的统一。

2.道家管理思想的主要内容

道家管理思想的主要内容体现在三个方面：

（1）顺其自然、无为而治的管理思想。老子所言的"人法地，地法天，天法道，道法自然"是指要效法自然，依据事物自身的必然规律运行和发展，"动合无形"，而不凭借任何外加的力量。无为并不是不为，而是通过发现并遵循事物内在的规律行事，达到非人为的"制治"，即"无为而治"，这是管理的最高境界。

管理小故事2-5

（2）以弱胜强的管理策略。道家对对立关系互相转化有深刻的认识，认为"天下莫柔弱于水，而攻坚强者莫之能胜"。"弱之胜强，柔之胜刚，天下莫不知，莫能行"概括了老子的"弱用论"。弱用论包含三个方面的内容："哀者胜"——以弱胜强的基本条件；"以正治国"——以弱胜强的基础；"后动制敌"——以弱胜强的战略、策略。

（3）倡导清虚自守的领导品质。道家提倡清净安定的管理环境，主张安定，"清净可以为天下正"。"为无为"就是要创造一个"无为而治"的安宁环境。同时，道家对领导者提出了具体的要求，倡导领导者清虚自守的个人品质，如"我有三宝，持而保之。一曰慈，二曰俭，三曰不敢为天下先"；重民、爱民、居上谦下、"知人者智"、"常善救人"、"故无弃人"等。此外，由于遵循了阴和阳相互作用，道家学说所揭示出的一系列规律，如循环律、成长律、得失律、时间律、调节律、容忍律等在实际管理过程中也有着重要的意义。

2.5.3 兵家、法家、墨家的管理思想

1.兵家管理思想

兵家是中国先秦、汉初研究军事理论、从事军事活动、总结军事方面的经验教训，研究制胜的规律的学派。兵家的代表人物有春秋时孙武、司马穰苴，战国时孙膑、吴起、尉缭、公孙鞅、赵奢、白起，汉初张良、韩信等。兵家著作主要有《孙子兵法》《孙膑兵法》《吴子》《六韬》《尉缭子》等。兵家著作含有丰富的朴素唯物论和辩证法思想。兵家代表人物的观点虽有所不同，但都以研究军事理论与军事活动为主，对当时及后世的影响甚大，是我国古代宝贵的军事思想遗产。

兵家管理思想的主要观点如下：

一是战略管理思想。兵家很早就意识到了战略的重要性，如《孙子兵法》中提到"故上兵伐谋，其次伐交，其次伐兵，其下攻城"，在时机上要"敌佚能劳之，饱能饥之，安能动之""居安思危""有备无患""攻其无备，出其不意"。

二是组织管理思想。《孙子兵法》中曾提到军、旅、卒、伍的甲队编制，层次关系清楚，编制比较完备，管理人数的多少主要根据编制额不同而定，反映了早期的管理层次和管理幅度思想。

三是信息管理思想。兵家的军事著作中对此有比较成熟的表述，特别重视信息管理在用兵作战中的决定性价值，如"兵者，国之大事，死生之地，存亡之道，不可不察也，故经之以五事，校之以计，而索其情""知己知彼，百战不殆"。

四是人事管理思想。在对将领的选任管理上，兵家认为一个优秀的领导人才必须具备"智、信、仁、勇、严"的品格。《淮南子·兵略训》提到"将者必有三隧、四义、五行、十守"，《六韬·龙韬·论将》云"将有五材十过"。在人员的激励方面，兵家也有很多精辟的论述，如"明赏赉，严诛责，止奸之术也""赏如山，罚如溪"。《孙膑兵法》认为："夫赏者，所以喜众，令士忘死也。罚者，所以正乱，令民畏上也。"除了赏罚，兵家还总结出一套行之有效的激励手段，如榜样激励、关怀激励、士气激励、投险激励等。

2.法家管理思想

法家形成于战国时期，是代表当时新兴地主阶级的一个政治派别，其发祥地主要是在三晋。历史上先秦法家对封建生产关系的产生、国家的统一以及封建中央集权制的建立起过重要的积极作用。法家分前期法家和后期法家。前期法家的代表人物是管仲、子产、李悝、吴起、商鞅、申不害等，后期法家的代表人物是集法家之大成的思想家韩非子。

法家管理思想的主要观点如下：

一是依法治国的行政管理思想。"法治"是法家管理思想的核心。法家主张把"法"作为治理国家的准则，"君必有明法正义"，"治国无其法则乱"，强调用法律规范人们的行为，并主张用暴力和酷刑进行管理，"赏厚而信，罚严而必"。

二是提出法、术、势的管理思想。法即法规、法令、刑法等以国家名义明文规定的法律和制度；术是指推行和监督法律、制度的手段、措施和考核办法等；势即权势，是统治者手中的权力，也是法律得以实施的前提。善于任势、执势，可得"事在四方，要在中央；圣人执要，四方来效"之效。

三是"富国以农"的经济管理思想。法家把农业看作富国的唯一途径，"百人农，

一人居者，王；十人农，一人居者，强；半农半居者，危"；认为农业即国民经济，首先提出农战政策，"耕战合一""寓兵于农"。为了发展农业，法家重本抑末，否定工商业。

四是贤能并举的人事管理思想。法家提倡贤能并举，"所举者必有贤，所用者必有能""官贤者量其能，赋禄者称其功"。韩非子主张尽国之才，尽人之智，"力不敌众，智不尽物，与其用一人，不如用一国"，认为"闻古之善用人者，必循天顺人而明赏罚。循天，则用力寡而功立；顺人，则刑罚省而令行；明赏罚，则伯夷、盗跖不乱，如此，则白黑分矣"。

3.墨家管理思想

墨家是由儒家发展而来的，是儒家的支流。其创始人是墨翟，又叫墨子，曾任宋国大夫。战国末期，墨家后学将该派的著作汇编成《墨子》一书，该书是墨子言行的忠实写照，又称《墨经》或《墨辩》。墨子是中国思想史上第一个批评儒家的思想家，其主要思想反映在尚贤、尚同、节用、节葬、非乐、非命、天志、明鬼、兼爱、非攻等墨学"十纲"中。墨子反对儒家重礼厚葬的繁文缛节，从下层劳苦大众的利益出发，主张平等和兼爱，提出了自己的政治主张和治国策略，从而揭开了百家争鸣的序幕。

墨家管理思想的主要观点如下：

一是"兼相爱，交相利"的人际关系管理思想。这是墨家管理思想的核心内容。墨子提倡人与人之间应不分远近亲疏和国别，即"兼爱"，认为利益是相互的，只有人们彼此互利，各不相害，把个体利益融进整体利益中，才能实现富国安民的愿望。

二是"尚贤使能"的人事管理思想。倡导"听其言，迹其行，察其所能"的人才选拔的观念，实行"官无常贵，民无终贱，有能则举之，无能则下之"的能上能下用人制度。

本章小结

管理实践、管理思想和管理理论是相互联系、相互作用的。19世纪末20世纪初泰罗的科学管理理论的出现标志着管理学形成。管理学形成后大致分为古典管理理论、行为科学理论、管理理论丛林和管理理论新思潮4个阶段。本章内容如下：第一，介绍了古典管理理论阶段泰罗的科学管理理论、法约尔的管理过程理论和韦伯的理想行政组织体系理论的基本观点；第二，介绍了行为科学理论的代表人物梅奥及霍桑试验的内容；第三，介绍了管理理论丛林阶段各学派的主要观点；第四，介绍了管理理论新思潮阶段一些有代表性的管理理论，如组织文化、学习型组织、企业再造、虚拟企业等；第五，介绍了中国古代管理思想的一些代表性内容。

关键概念

等级链　霍桑试验　管理理论丛林　组织文化　权变理论

基本训练

◆ **知识题**

一、阅读理解

1. 试分析古典管理理论。

2. 简述霍桑试验。

3. 试述管理理论丛林。

4. 简述儒家管理思想。

二、知识应用

1. 不定项选择题

（1）管理学产生的标志是（　　）的出现。

A. 管理过程学派　　　B. 行为科学学派　　　C. 科学管理学派　　　D. 管理科学学派

（2）"社会人"的概念是由（　　）提出的。

A. 泰罗　　　　　　　B. 韦伯　　　　　　　C. 梅奥　　　　　　　D. 西蒙

（3）组织文化的内容包括（　　）。

A. 精神文化层　　　　B. 规范文化层　　　　C. 行为文化层　　　　D. 综合文化层

（4）古典管理理论的代表人物是（　　）。

A. 梅奥　　　　　　　B. 泰罗　　　　　　　C. 法约尔　　　　　　D. 韦伯

（5）儒家管理思想的核心是（　　）。

A. 仁　　　　　　　　B. 和　　　　　　　　C. 无为　　　　　　　D. 法制

（6）"胡萝卜加大棒"的管理方式是（　　）的观点。

A. 理想行政组织体系理论　　　　　　　　B. 行为科学理论

C. 权变理论　　　　　　　　　　　　　　D. 科学管理理论

（7）韦伯认为被社会接受的纯粹形式的权力是（　　）。

A. 超凡的权力　　　B. 领导权力　　　C. 传统的权力　　　D. 合理、合法的权力

（8）管理学家（　　）形象地描述了管理理论丛林。

A. 巴纳德　　　　　　B. 德鲁克　　　　　　C. 孔茨　　　　　　　D. 圣吉

（9）企业再造理论的提出者是（　　）。

A. 孔茨　　　　　　　B. 圣吉　　　　　　　C. 哈默　　　　　　　D. 钱皮

（10）道家管理思想认为管理的最高境界是（　　）。

A. 为政以德　　　　　B. 无为而治　　　　　C. 尚贤使能　　　　　D. 贤能并举

2. 判断题

（1）西蒙被后人称为"科学管理之父"。　　　　　　　　　　　　　　　　　（　　）

（2）规范文化层是组织文化的核心层。　　　　　　　　　　　　　　　　　（　　）

（3）"社会人"的概念是由法约尔提出的。　　　　　　　　　　　　　　　　（　　）

（4）"兼相爱，交相利"是法家管理思想的核心内容。　　　　　　　　　　　（　　）

（5）儒家管理思想对人性假设的分析是"人性善"。　　　　　　　　　　　　（　　）

（6）管理学家巴纳德首先区分了企业职能与管理职能。　　　　　　　　　　（　　）

（7）企业再造理论不适于正处于事业发展高峰的组织。　　　　　　　　　（　　）

（8）法约尔认为管理的职能是计划、组织、指挥、领导和控制。　　　　　（　　）

（9）梅奥开创了早期的"人际关系学说"。　　　　　　　　　　　　　　　（　　）

（10）决策学派的代表人物是西蒙。　　　　　　　　　　　　　　　　　　（　　）

◆ 技能题

一、规则复习

1.创建组织文化的方法。

2.企业再造的阶段。

二、操作练习

1.比较经验主义学派与行为科学学派的观点。

2.修炼学习型组织的途径。

◆ 能力题

一、图解实训

正方形	
形式	个人或3~4人一组
时间	15分钟
材料	图2-3，剪刀，正确答案的图示 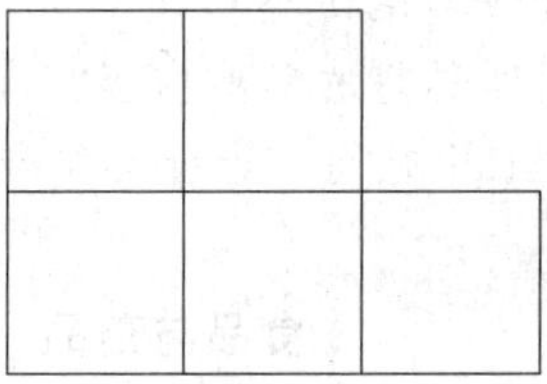 图2-3　方格
场地	教室
应用	（1）开发创造力和拓展思路 （2）打破传统思维的束缚
目的	（1）鼓励学生打破传统的思维方式 （2）鼓励学生发展创造性的思维方式
程序	（1）将图2-3分发给每个学生或小组 （2）任务是只能纵向剪两刀，将这个图形变成正方形，而且原先的每部分必须得到利用
讨论	（1）什么阻碍你迅速解决这个问题？ （2）什么帮助你解决了这个问题？ （3）你是否从中学到一些对生活或未来的工作有用的东西？是什么？ （4）这个测试对我们思考方法的启示可以应用在什么地方？

资料来源　众行管理资讯研发中心．管理培训游戏全案［M］．广州：广东经济出版社，2003：24-25.

二、案例分析

案例1

联合包裹速递服务（UPS）公司的管理

UPS公司雇用了15万名员工，平均每天将900万件包裹发送到美国各地以及世界其他国家和地区。UPS公司的宗旨是：在邮运业中办理最快捷的运送。UPS公司的管理者系统地培训员工，使他们以尽可能高的效率从事工作。UPS公司的工业工程师们对每一位司机的行驶路线进行了时间研究，对每种送货、取货和暂停活动设立了工作标准。这些工程师们记录了红灯、通行、按门铃、穿过院子、上楼梯、中间休息喝咖啡的时间，甚至上厕所的时间，将这些数据输入计算机中，从而给出每一位司机每天工作的详细时间标准。

为了完成每天取送130件包裹的目标，司机们必须严格遵守工程师们设定的程序。当他们接近发送站时，他们松开安全带，按喇叭，关发动机，拉起紧急制动，把变速器推到1挡上，为送货完毕后的启动离开做好准备，这一系列动作极为严格。然后司机走出驾驶室，右臂夹着文件夹，左手拿着包裹，右手拿着车钥匙。他们看一眼包裹上的地址，把它记在脑子里，之后以每秒钟3英尺（合0.91米）的速度快步走到顾客门前，先敲一下门以免浪费时间找门铃。送货完毕，他们在回到卡车的路上完成登录工作。

UPS公司是世界上效率最高的公司之一。联邦捷运公司每人每天取运80件包裹，而UPS公司是130件。高效率为UPS公司带来了丰厚的利润。

问题：

（1）你如何认识UPS公司的工作程序？

（2）本案例体现了什么管理思想的哪些内容？

（3）UPS公司这种刻板的工作时间表为什么能带来效率？

案例2

食品与药品

得利斯集团前董事长郑和平酷爱读书，每次看到精彩的文章，总要推荐给员工。一次，某杂志"名牌专栏"刊载的一篇文章《"同仁"最是真》引起了他的共鸣，他一连在15处文字下画了着重号。这些内容集中反映在：做精品要严格规范，精益求精；做事要兢兢业业，埋头苦干；做人要认认真真，实实在在……郑先生认为同仁堂的药、得利斯的食品都是吃的东西，是关系到人的身体健康的东西，两者具有很多的相似之处。他不但自己阅读这篇文章，而且向全体员工推荐，希望这篇文章对全体员工有所启示。

下面是郑先生对此文章画了着重号的部分内容以及他的批示。

《"同仁"最是真》中成药配方独具特色，选料炮制可谓一丝不苟。紫血丹的配方需用金锅银铲，乐家老太收集了各房的金首饰100两，放在锅里煮，日夜守候着。一次，老板服本堂生产的银翘解毒丸时，口感有渣滓，便一追到底，发现是箩底的细绢并丝，造成箩目过大，他当场用菜刀划破所有箩底，令工人更换。

俗话说：字要习，马要骑，拳脚要踢打，算盘要拨拉，久练即熟，熟能生巧。"同仁堂选料是非上乘不要，非地道不购……火候不济，功效难求，火小了，香出不来，香入脾；如果火大，炒焦了，焦气入心经，所以又有'火候太过，气味反失'一说。一颗牛黄上清丸就有100多道工序，药真工细，同仁堂一等品出厂达标率为100%。"

"炮制虽繁必不敢省人工，品味虽贵必不敢减物力。"同仁堂人也琢磨同仁堂老而不衰之谜，说法不一，但有一点共识：传统也罢，现代也罢，兢兢业业、一丝不苟的敬业精神，啥时候都重要。一位女工出远门回来后写道："我深深懂得，踏踏实实工作、认认真真做人才是最根本的，因为我的根基在同仁堂！"

批语：同仁堂造药，得利斯造食品，药和食品都是入口的东西，但愿《"同仁"最是真》这篇文章能给我们的员工一点启示！

问题：

（1）你对郑先生推荐这篇文章的做法是否赞成？

（2）构建学习型组织对企业的领导者提出了什么要求？

（3）学习型组织中员工的角色发生了什么样的变化？

三、网上调研

利用电子图书馆和互联网搜集有关管理理论的资料与案例，通过整理、归纳与分析，写出学习心得，巩固所学知识。

四、单元实践

1.以小组为单位，利用课余时间选择1~2个企业进行调查访问，就该企业的管理系统构成、管理者状况、管理对象与管理环境等方面内容进行调查，形成简要的调查访问报告并进行小组交流。

2.聘请企业负责人为学生介绍所在企业奉行的管理理念与思想、形成的原因及对组织的影响。

第2篇 管理载体

[第3章]
组织工作

学习目标

◆ 知识目标：解释组织的内涵与组织要素；掌握组织工作的内涵及内容；解释组织结构的内涵及影响因素；掌握组织工作原理。

◆ 技能目标：掌握组织设计的程序；识别组织图；应用组织工作原理分析某一组织结构。

◆ 能力目标：分析影响组织设计的因素；实地调研某类组织，针对不同组织结构类型的特点分析该组织结构的合理性。

引 例

企业网络化——耐克公司

一、研发与营销公司

典型的网络组织有全球著名的体育用品制造商——耐克公司。有人甚至称耐克公司实际上是一家产品开发和营销公司。它的总部位于美国俄勒冈州的比弗顿市。其总部只有大约 1 500 名员工，主要是精干的研发和营销人员，而生产则完全外包给中国、东南亚等国家或地区的厂家，并在全世界建立庞大的销售网络。它的成功在于：自身技术领先优势、快速的设计、成功的营销策略，以及利用低人力成本国家和地区广辟生产商。总部的设计者和市场研究人员共同开发出技术领先且适合目标顾客的新产品；由总部的一个小型工厂制造出样品，由员工或运动员穿上进行测试，依测试结果进行决策；一经决定投产，就会把资料传给世界各地的制造商进行大规模生产；同时，由总部统一策划与实施大规模的广告宣传。耐克公司的"广告变法"形成自己独特的广告思想和策略——主要致力于沟通，而不是销售诉求，从而产生了神奇的影响。

二、使用电子数据交换方式与制造商联系

耐克公司从 1999 年开始使用电子数据交换（EDI）方式与其制造商联系。电子数据交换方式即用户需要按照国际通用的消息格式发送消息，接收方也需要按照国际统一规定的语法规则对消息进行处理，并引起其他相关系统的 EDI 综合处理，整个过程都是自动完成的，不需要人工干预，减少了差错，提高了效率，从而使耐克公司成为真正意义上的网络组织。

三、众包协同

现在以用户个性需求为导向的营销模式也越来越受到商家的推崇。耐克推出的一项 NIKEiD 的活动，让全球耐克的忠实粉丝大呼过瘾：所有的用户都可在耐克网站上通过游戏的形式，轻松 DIY 自己的鞋子，鞋帮高度、鞋底气垫、鞋带颜色、鞋面材质、LOGO 位置等都可随意更改。而通过这次活动，耐克惊奇地发现，用户充分地发挥自身想象力随意拼凑出来的鞋子绝不逊色于专业的运动鞋设计师设计的鞋子。也许有很多人认为自己设计的耐克鞋的价格会高，其实这样 DIY 一双鞋子的费用，也只是比一双鞋子的正常售价多 1/4。对于耐克的用户们来说，这种模式会让他们永远记住曾经 DIY 了这样全球只有一双的鞋子。

资料来源　陈光锋. 互联网思维：商业颠覆与重构［M］. 北京：机械工业出版社，2014：131.

耐克公司的企业网络化说明了正确的组织结构和工作环境对实现组织目标的重要性。组织是实现目标的手段。组织目标能否顺利实现，很大程度上取决于组织是否能够有效运行，组织功能能否正常发挥。掌握组织的内涵与要素，了解组织工作的内容，掌握组织结构的设计时机、步骤与影响因素，了解不同组织结构类型的特点是研究组织理论的基础。

3.1　组织与组织工作

3.1.1　组织概述

"组织"一词在现实社会中有多种含义。路易斯·A. 艾伦（Louis A. Allen）将正式的组织定义为：为了使人们能够最有效地工作以实现目标而进行明确责任、授予权力和建立关系的过程。[1]切斯特·巴纳德（Chester I. Barnard）将一个正式的组织定义为：有意识地协调两个或多个人活动或力量的协作系统。[2]可见组织不仅是人的结合，还是一种特定的体系。

1.组织的产生

两个或两个以上的人的协同劳动是组织产生的前提条件。那些个体劳动者，如小手工业者或小商贩，其人、财、物和产、供、销在实践和空间上的配合，都是由他一个人来完成的。他从采购原材料、设备、工具，进行加工（人与物的配合转化过程），制造出产品，然后到市场上去出售，物质形态转化为资金，然后用资金去采购所需的原材料、设备和工具，到再加工、再销售。在这个过程中，个体劳动者不存在人员的组织分工和合作问题，因此就不存在组织的问题。

[1]　ALLEN L A. Management and organization［M］. New York：McGraw-Hill Book Company，1958：57.
[2]　BARNARD C I. The functions of the executive［M］. Cambridge：Harvard University Press，1938：73.

但是当个体劳动者由于经营的发展，逐步扩大成为几个人或几十人、几百人、成千上万人的小型、中型、大型集团时，许多人为了完成共同的目标、为社会提供产品和服务，就必须有分工合作和统一指挥的过程，并且在这个过程中会有人与人之间工作上的相互配合和思想感情上的相互交流。有人专门负责采购供应工作，有人专门负责加工工作，有人专门负责推销工作。采购供应工作又可以再细分为采购、保管、供应三个部分。在加工工作中，又可以按照生产加工过程分为粗加工、细加工、精加工、装配、整理和包装等不同的环节。销售工作也可以分为不同的部分。把工作分派给不同的人员，使每个人负责一部分，这就需要解决好人与工作（职务、岗位）的配合、工作与工作（物与物）的配合、人与人的配合以及人与物的配合（人与机器的配合）问题，这样组织就产生了。担负这种协调配合的活动就是组织工作，把这种相互配合的关系相对固定下来就形成了一种有形的组织结构即组织这种社会实体单位。维系这种社会实体单位即组织内部各部分协调发展的是权、责、利这种信息连锁系统。

需要强调的是，组织的实质不仅是具有共同目标的一群人的集合体，而且必须是通过他们彼此分工合作、协调配合的劳动达到共同目标的一群人的有机组合，这样的集合才是真正的组织。

2.组织的含义

组织是人类社会最普遍、最常见的社会现象。当今社会，人们正是通过各种组织把人力、财力、物力等一切可以利用的社会资源利用起来，从事各种社会实践活动，而各种组织也在顺应组织内外环境的变化，不断地进行改革、重组和再造。

组织可以从不同的角度去理解。

从静态的角度看，组织是一个实体，是为了实现某一个共同目标，由分工与合作及不同层次的权力和责任制度构成的人的集合，如企业、学校、政府机关、医院都是组织。组织包含三层含义：

首先，组织必须具有目标。目标是组织存在的基础和前提，任何组织都是为了实现某种特定的目标而存在的，这个目标既可以是明确的，也可以是隐含的，但最基本的目标都是有效地配置内部有限的资源。

其次，组织必须有分工和协作。分工和协作关系是由组织目标限定的。一个组织为了达到目标，需要许多部门，每个部门都专门从事一种或多种特定的工作，各部门之间又要相互配合，只有把这种分工与协作关系结合起来，才能提高效率。

最后，组织要有不同层次的权力与责任制度。权力与责任是实现组织目标的必要保证。组织内部分工后就要赋予各部门及每个人相应的权力，以便于实现目标；同时，必须明确各部门或个人的责任，有权力而不负责任就可能导致滥用权力，影响组织目标的实现。

从动态的角度去看，组织是一项职能性的活动，是指为达到某一目标而协调人群活动的一切工作的总称，即组织工作，这也是管理学中的组织含义。

拓展阅读3-1

组织的功能

优良的组织具有多重功能，具体表现在以下几方面：

（1）人力汇集功能。在社会发展过程中，尽管人们有所期望，但由于个人的力量渺小、分散，无法实现期望，因此就需要和他人相互合作，联合起来共同从事某项活动。这种联合与协作是以各种组织的形式实现的，组织能使个体汇集成为集体，用1+1=2的"相和"效果去完成组织任务。

（2）人力放大功能。良好的组织不仅能发挥人力汇集的"相和"功能，而且能通过有效的分工与资源组合，取长补短，明确职责，使这种汇集的力量发挥出放大或"相乘"的功能，在1+1=2的基础上实现1+1>2的功能。组织只有借助于放大功能才能取得产出大于投入的经济效益，维持组织的正常运转，求得组织的发展壮大。

（3）学习功能。在知识经济时代，组织绩效的提高直接依赖于知识或有效信息的积累与利用，知识的占有、利用、积累程度是决定组织竞争实力大小的关键。因此，组织不仅是人们进行工作、取得收益、获得安全感以及心理满足的单位，还是人们进行学习的场所。组织本身不仅应成为学习型组织，同时应为组织成员的学习提供条件和机会。

3.组织的要素

组织有哪些构成要素一直是管理学探讨的问题。

拓展阅读3-2

管理学对组织要素的认识与描述

（1）比较早期的看法是把组织要素分为两种或五种。从狭义上看，组织要素只有人和事两种；从广义上看，组织要素分为人、事、时、财、物五种。

（2）劳伦斯（P. R. Lawrence）和洛希（J. W. Lorsch）等人把组织要素概括为环境、战略、技术和组织结构四个要素。

（3）美国新泽西州贝尔电话公司总经理切斯特·巴纳德把组织要素概括为共同的目标、协作的愿望和信息三个要素。他认为，组织的产生和存续只有通过这三个基本要素的结合才能实现。

（4）美国管理学教授、咨询顾问约翰·科特认为，组织要素主要由外部环境、员工和有形财产、正式组织、内部社会系统、技术和领导团队等六个方面构成。这六个方面能否相互适应、协调一致，对整个组织都有很大影响。

（5）韦克、马奇、彼得斯、沃特曼等人把组织要素归纳为战略、结构、制度、技术、人员、作风、共同的价值观等七个要素，即所谓组织的7S理论，其中战略、结构、制度是组织的三个硬要素，技术、人员、作风、共同的价值观是组织的四个软要素，而共同的价值观是居于核心地位的关键要素。

我们认为组织要素包括以下七个方面：

（1）组织精神，是统率组织内部人们的思想和行为的共同价值观、理想和信念，是组织内部诸要素中最重要的核心要素。它是20世纪80年代现代组织研究的中心议题，是现代组织生存的基础、发展的动力、行为的准则、成功的关键。从这个意义上讲，它是现代组织的"精髓"与"灵魂"。

（2）战略目标，是决定组织活动的性质和根本方向的总目标。它是组织的前提要素，决定着组织的成败，没有目标就没有组织。战略目标的确定既取决于组织内部的人、财、物、技术等优势，又取决于国家政策、市场需求、同行业竞争等外部环境因素。

（3）组织结构，是把组织活动过程中有效的、合理的配合关系相对固定下来所形成的一种框架模式。作为一项较为具体的组织要素，组织结构的建立过程就是狭义的组织工作的全部内容，包括层次、部门、职权与职责的设计和相互关系的确立与协调等。

（4）规章制度，是指导组织和组织活动的行为规范及行为准则。它是组织能够有效发挥其正常功能的重要保证。

（5）物质、技术、设备、信息。这是任何组织进行合理活动的基本要素，其来源于组织外部环境要素。

（6）资金，是组织活动的基本要素之一。资金的来源除了组织内部的积累外，还可通过国家投资、贷款、引进外资、发行股票或债券等多条外部渠道获得。

（7）人员，是组织的基础，包括组织的领导者和员工，它是组织诸要素中具有根本性、决定性的要素。组织内没有人不行，其他要素都是由人来提供、设计和创造的。人员素质的高低决定着组织效能和效益的高低。高素质的人员既可以来自于组织内部的培训与开发，也可以从组织外部输入。

4.组织的类型

（1）按组织的目标性质以及由其所决定的基本任务分类：

①经济组织。其担负着满足人们衣食住行和文化娱乐等物质生活资料需要的任务，履行着社会的经济职能。它是人类社会最基本、最普遍的社会组织。在现代社会中，经济组织已经形成庞大而复杂的组织体系，如生产组织、商业组织、金融组织、交通运输组织和其他服务性组织等。

②政治组织。其产生于人类社会出现阶级之后，包括政党组织和国家政权组织。在现代社会，政党组织代表本阶级的利益和意志，为本阶级指引方向、提出奋斗目标、制定方针政策。国家政权组织是国家进行社会管理的重要机器。

③文化组织。其是以满足人们各种文化需要为目标、以文化活动为基本内容的社会团体，如学校、图书馆、科研单位、影剧院、艺术团体等。

④群众组织。其是社会各阶层、各领域的人民群众为开展各种有益活动而形成的社会团体，如工会、妇女联合会、科学技术学会等。

⑤宗教组织。其是以某种宗教信仰为宗旨而形成的组织，代表宗教界的合法利益，组织正常的宗教活动。

（2）按照组织形成的方式分类：

①正式组织，是为了有效地实现组织目标而明确规定组织成员之间职责范围和相互关系的一种结构，其组织制度和规范对成员具有正式的约束力。正式组织的特征是：

第一，经过组织规划而形成，是有目的的组织活动。

第二，有明确的组织目标。

第三，讲究效率，通过适当的协调工作处理好财和物的关系，以最经济有效的方式取得较好的经济效果。

第四，分担角色任务，形成人们之间各种关系的层次。

第五，建立权威，赋予领导以正式的权力，下级服从上级，以便行使职责、贯彻命令，达到组织目标。

第六，制定各种规章制度，以约束个人行为，实现组织的一致性。

第七，组织内部个人的职位可以轮流或取代。

②非正式组织，是人们在共同工作或活动中，由于具有共同的兴趣和爱好，以共同的利益和需要为基础而自发形成的团体。非正式组织的特征是：

第一，组织的形成是自发的，不是有意识地为实现某种目的而形成的。

第二，人员的活动是无意识、无规律的，是感情和习惯的反映，以人们相互喜爱、相互依赖为基础。

第三，非正式组织最重要的作用是满足个人不同的行为规范。

第四，非正式组织一旦形成，会产生各种行为规范。这种规范与正式组织目标可能一致，也可能不一致，甚至可能相互抵触。

（3）按组织的社会功能分类。

美国著名的社会学家帕森斯（T. Parsons）认为，以社会作用和社会效益为尺度，即以组织的社会功能为标准可以将组织分为以下几类：

①以经济生产为导向的组织。该类组织以经济生产为核心，运用一切资源扩大自己的经济生产能力，如公司、工厂、银行、饭店、宾馆等。它除了生产物质产品外，还提供劳务等，其经营范围非常广泛。

②以政治为导向的组织。该类组织的社会功能是实现某种政治目的，因此其活动重点是权力的产生与分配，如各类政府机关等。

③整合组织。该类组织的社会功能是协调各种冲突，引导社会群体实现某种固定的目标，以保持一定的社会秩序，如政党、法院等。

④模型维持组织。该类组织的社会功能是通过维持固定的社会形式来确保社会的平衡发展，如社团、学校、教会等。

（4）按组织内部人员的利益受惠程度分类。

美国社会学家、交换学派的代表人物布劳（P. M. Blau）以组织内部成员的受惠程度为标准将组织分为以下几类：

①互利组织。该类组织的全体成员都可以在组织中获得某种方便和实惠，如会员制俱乐部、互助团体等。

②服务组织。该类组织的目的是为社会大众服务，使社会大众能够得到实惠，如大学、医院、福利机构等。

③企业组织。该类组织的所有者或经理、股东等主要管理人员能够得到实惠，因此也叫实惠组织。它是现代组织最重要的形式之一，如各种公司、工厂、银行等。

④公益组织。该类组织的目的是为社会所有的人服务，如行政机关、警察机关、军队等。

（5）按人员的顺从程度分类。

美国社会学家艾桑尼（A. Etzioni）以组织成员的顺从程度为标准将组织分为以下几类：

①强制型组织。该类组织用高压和威胁等强制性手段管理、控制组织成员，如监狱、精神病院、战俘营等。

②功利型组织。该类组织主要以金钱或物质等媒介为手段管理、控制其所属成员，如各类工商企业等。

③正规组织。该类组织主要以荣誉鼓励的方式管理组织成员，组织运作比较规范，如党政机关、学校等。

3.1.2　组织工作概述

1.组织工作的含义与特点

从管理职能的角度看，组织工作是指在特定的环境中，为了有效地实现共同目标和任务，合理确定组织成员、任务以及各项活动之间的关系，并对组织资源进行合理配置的过程。

组织工作一般具有以下特点：

（1）组织工作是一个过程。组织工作是根据组织的目标，考虑组织内外部环境来建立和协调组织结构、人员和制度的过程。它包括确定组织目标，对目标进行分解，对实现目标所必需的各项业务工作进行分类；根据可利用的人、财、物资源和合理的方法划分各种工作，形成部门；根据组织规模、任务量及管理幅度的大小划分管理层次，科学地划分管理职权并有效地授权，形成组织系统图，建立组织制度等。

（2）组织工作是动态的。由于组织工作是根据组织目标考虑组织环境而对组织资源进行有效配置的过程，因此组织内外部环境的变化都要求对组织结构的设计与运行进行调整，使组织更好地适应环境的变化，组织工作不可能是一劳永逸的。

（3）组织工作要充分考虑非正式组织的影响。鉴于非正式组织对组织目标的影响，组织工作应该充分考虑非正式组织的影响，了解非正式组织对正式组织的积极与消极影响，在组织工作中设计与维持组织目标与非正式组织目标的平衡，有效引导和利用，避免对立。

2.组织工作的内容

组织工作主要包括以下两方面内容：

（1）组织设计。

每个组织都有其特定的任务和目标，组织的每一项工作都应该以是否对实现组织目标有利为标准。组织结构设计的根本目的也是保证组织任务和目标的实现。组织设计包括：

①职能分析与职位设计。首先分析组织活动要想正常、有序、有效地进行，组织应该具备哪些职能，然后根据这些职能设计职位。

②部门设计。其主要根据一定的标志和原则划分部门，形成合理的部门结构。

③管理层次与管理幅度设计。首先分析影响管理层次和管理幅度的各种因素，然后划分出不同的管理层次，并确定适当的管理幅度，最终保证整个组织结构安排的精干与高效。

④职权设计。组织内最基本的信息沟通渠道是通过职权关系来实现的。科学地确定直线职权、参谋职权和职能职权，通过职权关系上传下达，使下级按指令行事，使上级得到及时反馈的信息，进行有效的控制，从而把组织联系起来。

⑤人员设计。其主要根据因事设职、因职择人、量才施用的原则，根据职务的需要，在每一个工作岗位和部门配备最适当的人选，也为每一个人找到最适合的岗位，实现人尽其才。

管理小故事 3-1

⑥制度设计。其主要包括制定各部门的办事程序和办事规则，确立组织的领导体制，明确各部门的权限与职责。

（2）组织运行。

①授权。首先研究授权在组织中的作用，然后分析有效授权的原则与艺术，使主管人员通过科学授权集中精力处理重要事项，在充分调动下属积极性的同时有效地锻炼下属，使下属的才能得到施展。

②委员会管理。在外部环境复杂多变的条件下，委员会作为一种集体管理的主要形式在各类组织中被广泛采用。充分认识委员会的优点与缺点，成功地运用委员会进行管理将大大增强组织决策的科学性，规避风险。

③团队管理。其主要包括团队对组织的影响、团队的类型、团队的形成与发展、团队发展的技巧等。

④组织变革。作为在一定环境下实现组织目标的手段，组织必然随目标和环境的变化而变化。组织的完善与变革是不可避免的，是保持组织活力、促进组织发展的必要手段。

3.2　组织工作的基础与原理

3.2.1　组织工作的基础

执行组织职能之所以必要，主要因为以下基础因素：

（1）差异化与一体化。这是组织构成的基本原理。差异化是指若干承担不同职能、工作任务与工作方法相区别的单元构成了组织；一体化则是指上述这些单元又必须组合到一起，协同完成组织的工作任务与目标。

（2）组织与环境的互动。组织是一个开放系统，它同环境之间存在物质、能量与信息的交换。设计与构建组织系统，必须注意与环境相适应。

（3）人力资源与竞争。人是管理的核心，是构建组织最重要的要素；既要为竞争的目的开发人力资源，又要利用竞争机制开发人力资源。

3.2.2　组织工作的原理

1.有效性原理

有效性原理强调组织工作要讲求效果和效率，这是建立和完善组织的出发点和归宿。

从静态上讲，首先，讲求效果要求组织结构的设计必须有助于实现组织目标，无论从组织建立到组织调整、增设、取消或合并，还是从部门、层次设立到职位、权力的划分及人员的配置，都应以组织目标的需要为前提。目标需要则考虑保留，否则就坚决取消，做到因事设人、设职，人事高度配合。其次，讲求效率要求在讲求效果的基础上从提高组织活动的质量和效率出发，按照组织活动的规律科学归类并整合，实现机构精简、职责分明、信息畅通、办事高效。最有效的组织应该是最简单并能以最高的效率实现组织目标的组织。

从动态上讲，有效性还体现在组织的稳定性与适应性的结合上。当组织外部环境和内部条件发生变化从而对组织目标产生影响时，作为实现目标的手段，为保证组织目标达到最佳并得以贯彻落实，组织结构也必须相应地进行调整，以适应组织目标动态变化的需要，在稳定和变化之间寻求一种平衡，既能保证组织结构的适应性，又有利于组织目标的实现。

2.分工协调原理

分工协调原理是指组织结构的设计和组织形式的选择越是能够反映组织目标所需的各项任务和工作的分工以及彼此之间的协调，委派的职务就越能适合于担任这一职务的人的能力，其组织结构和形式就越有效。因此，首先，组织工作应按照专业化的要求，将组织的总任务分解成一个个具体的业务活动，再将各个业务活动归类分组，按照一定的划分标准合并成部门。其次，组织工作必须有协调活动，包括部门间的协调和部门内部的协调。组织设计中的层次分工、部门分工、职权分工以及各种分工之间的协调就是该原理的具体体现。

管理小故事3-2

3.统一指挥原理

统一指挥原理是指组织的各级机构及人员必须服从一个上级的命令和指挥，这样才能保证命令和指挥的统一，避免多头领导和多头指挥，使组织中最高管理层的决策得以贯彻执行。根据这一原理，确定管理层次时，上下级之间从最高层到最低层形成一条连续的等级链，明确上级和下级的职责、权力和联系方式；任何一级组织只能有一个负责人，实行首长负责制；正职领导副职，副职对正职负责；下级组织只接受一个上级组织的指挥和命令，防止多头领导的出现；下级只能向直属上级请示工作，但如有不同意见，可以越级上诉；上级不能越级指挥下级，以维护下级组织的领导权威，但可以越级检查工作；职能部门一般只能作为同级直线指挥系统的参谋，无权对下属直线领导者下达命令和指挥，但可以进行业务指导。

4.权责对等原理

权责对等原理是指职责与职权必须协调一致，要履行一定的职责，就应该有相应的权力。其中，职责是指人们在一定岗位或职位上所应履行的义务，它是由隶属人员的职务性质和工作范围决定的。它一方面要承担上级交给的任务，并对上级负责；另一方面对下属人员的工作好坏也要承担责任。职权是指在规定的任务或岗位上所拥有的权力。这种权力应同承担的责任相适应。职权是保证完成职责的条件和手段。有多大的职责就应有多大的职权，只有职责没有职权或职权太小，会严重挫伤职责承担者的积极性和主动性；相反，只有职权而无责任或职责太小也会导致滥用权力和"瞎指挥"，产生官僚主义。

5.管理幅度原理

管理幅度是指一个主管人员（或机构）有效地管辖其直接下属的人数（或机构数）。管理幅度是决定组织形式的重要变量，组织之所以能形成某种形式的组织结构，其基本原因是管理幅度的影响。管理幅度的大小受多种因素的影响，因此，管理幅度会因人、因组织不同而异。管理幅度原理表明由于主管人员有效地监督、指挥其直接下属的人数是有限的，每个主管都应该根据影响自身管理幅度的因素来慎重选择自己理想的管理幅度，既不要太宽，也不要太窄；既要能够有效地控制，又要使整个组织结构合理精干。

6.集权与分权相结合原理

集权与分权相结合原理是指为了保证有效的管理，必须实行集权与分权相结合的领导体制，将组织重要的权力集中起来，将该下放的权力分散下去，加强组织的灵活性与适应性。集权与分权都是相对的。集权是指将组织的管理权限较多地集中在组织最高领导层，对下级控制较多；分权是指把组织的管理权限分散在组织中下层，使基层有较多的决策权。在处理集权与分权关系时，究竟应侧重于哪一方面，则取决于组织规模、管理人员的素质、组织形成特点和发展情况、产品与市场分布、领导风格与作风、管理手段等。集权的程度，应以不妨碍基层组织人员的主动性、积极性的发挥为限；分权的程度，应以上级不失去对下级的有效控制为限。

7.竞争优化原理

竞争优化原理是引入竞争机制，通过科学选聘、合理组合、有效激励，实现人员配备的最优化。在人员选拔环节，鼓励竞争，择优选拔，使优秀的人才担任重要的工作；在人员的安置环节，注意人员互补与搭配，建立最佳的人员组合，因才施用，使不同类型的人才与不同性质的工作相适应，实现人与事的科学配置，发挥人才组合的整体效应；在人员使用方面，用人所长，适时激励，科学考核，奖惩挂钩；在人员培训与开发环节，注重智力和潜能的开发，把全面提高员工素质作为组织的重要目标。

管理小故事3-3

3.3　组织结构概述

组织结构是组织的"框架"，而"框架"的合理、完善与否很大程度上决定了组织目标能否顺利实现。因此，组织结构设计是组织工作的一项重要内容。

3.3.1　组织结构设计的影响因素和程序

组织结构是指职权与职责的关系、工作以及员工分组，是为了协调组织中不同成员的活动而形成的一个框架机制[①]，是表明组织各部分排列顺序、空间位置、聚散状态、联系方式以及各要素之间相互关系的一种模式。

---

① 普蒂，韦里奇，孔茨. 管理学精要——亚洲篇［M］. 丁慧平，孙先锦，译. 北京：机械工业出版社，1999：157.

组织结构的产生是组织参与社会活动的客观需要，组织结构作为帮助管理者实现目标的手段经历了从无到有、从低级到高级、从简单到复杂的发展历程。

拓展阅读3-3

组织结构的演进

随着生产经营活动的日益复杂与企业规模的不断扩大，企业组织结构也经历了从无到有、从低级到高级、从对职能进行简单分工到严密的管理系统的发展过程。其典型阶段分为：

一是从无专职管理者发展到有专职管理者。在工业生产的"手工作坊"阶段，老板既是管理者又是劳动者，属于"兼职管理"。当作坊老板的管理活动同直接生产劳动完全分离时，无专职管理者阶段过渡到专职管理者阶段。

二是从"一人管理"发展到管理组织。工场主成为专门管理者之后，至此仍没有产生管理组织机构。而工场主同监工的分工是企业管理组织的第一次历史性分工。随着企业规模的不断扩大，管理层次不断增加，管理组织进一步复杂。

三是从直线管理组织发展到职能管理组织。直线管理和职能管理间的分工是管理组织的第二次历史性分工，分工的结果是职能管理人员的出现和职能管理机构的出现。

四是从工厂管理组织到公司管理组织。公司的出现使所有权和经营权得到了彻底的分离，也使组织机构的最高层呈现决策、指挥、监督三权分立的新格局。股东大会、董事会、监事会和经理人员各自的地位、功能和作用不同，他们分享着不同权能，承担着相应的责任，从而形成既相互独立又相互作用、相互制衡的关系。

五是从有边界组织发展到无边界的网络组织。20世纪60年代，网络组织成为一种重要的组织现象。其主要表现是：借助全球化将自身不具备竞争优势的生产环节向发展中国家转移；在分工纵向延展和细化的同时，企业在横向上也寻求相互之间的合作，出现了虚拟企业、技术研发联盟等新的网络组织形态；出现模块化组织，通过模块内的规模优势控制成本，通过模块间的多变组合达到量身定制，并将企业之间的分工合作关系向产品内的层次推进。

1.影响组织结构设计的因素

（1）行业特点。每个企业都从属于一定的行业，行业的不同使组织的管理方式和管理重点有所差别，导致组织结构不同。

（2）组织环境。组织作为一个开放的系统与社会有着密切的联系。组织的每一个构成部分都有其相应的外界环境，都以各自特有的方式适应着环境。稳定环境下的组织结构与不稳定环境下的组织结构存在差别。

（3）组织规模。组织规模的大小对组织结构影响较大。一般地讲，大型组织的管理层次与部门比中小型组织多一些，中小型组织结构较为简单。

（4）技术。组织结构的特征与生产技术类型之间存在一定的对应关系。随着技术复杂性的提高，组织结构的层次随之增加，管理幅度变窄，参谋职位也减少了，组织趋于高耸型；当技术复杂性进一步增加时，管理幅度先是增加，随后减少。

（5）组织战略。其可分为整体战略、事业层战略、职能层战略三个层次，各层次的战略均在不同程度上影响着组织结构的构成与特征。实施稳定战略的组织，其组织结构可能会表现得较为集权，管理幅度较大；采用防守型战略的组织结构常常表现为高耸型，职权相对比较集中，管理幅度比较小，倾向于按照职能来进行组织。

（6）组织的生命周期。组织的规模不是永远不变的，组织的生命周期通常可以用四个阶段来描述，即诞生阶段、青年阶段、壮年阶段、成熟阶段。在组织生命周期的不同阶段，组织将面临不同的组织结构问题。例如，在组织阶段发展的过渡时期，组织规模变大，分权化程度变高，专业化程度提高，参谋职位增多，空间位置分散，对协调的要求更高，控制难度更大。

（7）人员素质。如果组织内部管理与被管理双方人员素质较高、专业水平较高、工作积极主动、相互配合，则组织机构的设置可以精简。

小思考 3-1

什么是组织结构的合理化？其主要标志是什么？

答：组织结构合理化是指组织内部各运行要素的合理有效的配置及运行机制能有效发挥作用。组织横向结构的合理化，即实现部门和个人职能的互补；组织纵向结构的合理化，即实现人员的素质互补。组织结构的合理化程度决定了组织的指挥系统与意见沟通系统的有效性，并对组织目标的实现、组织整体功能的发挥及组织成员的心理都将产生深刻的影响。

组织结构合理化的主要标志是：①组织目标设置的合理性与适应性；②组织管理层次与管理幅度的合理性；③组织权责体系的合理界定与授权行为的合理性；④组织结构功能的优化。

资料来源　佚名. 如何做好企业的组织结构设计［EB/OL］.［2019-12-11］. https://wenku.baidu. com/view/fe9db85081eb6294dd88d0d233d4b14e84243e42.html.

2.组织结构设计的程序

组织结构设计的程序是：

（1）根据组织的宗旨、目标和主客观环境，确定组织结构设计的基本思路与原则。

（2）根据企业目标设置各项经营、管理职能，明确关键职能，并把公司总的管理职能分解为具体管理业务和工作等。

（3）选择总体结构模式，设计与建立组织结构的基本框架。

（4）要设计纵向与横向组织结构之间的联系与协调方式、信息沟通模式和控制手段，并建立完善的制度规范体系。至此，组织结构设计的主体过程已完成。

（5）为组织结构运行配备相应的管理人员和工作人员，并进行培训。

（6）反馈与修正。在组织运行过程中，加强跟踪控制，适时进行修正，使其不断完善。

拓展阅读 3-4

组织结构设计的时机

组织结构设计主要针对三种情况：

一是新建组织需进行组织结构设计；

二是原有组织结构出现较大问题或组织目标发生变化；

三是组织结构需进行局部的调整和完善。

在这三种不同的情况下，组织结构设计的基本程序是一致的。

3.3.2 组织结构的类型

组织结构是组织的外在表现，一般通过组织图的形式进行描绘。由于组织的内外部环境不同，组织结构的类型也不尽相同。

组织结构图是表明组织内各部门、岗位、人员的分布状态、工作关系、权力与责任界限等内容的一种示意图表。它作为组织行政管理结构的表现，既可以用机构图表示，也可以用岗位图表示。机构图所描绘的是一个组织内部所存在的不同级别的部门（小组），标出的是各个部门的名称；岗位图描绘的是按照指挥网络连接起来的工作岗位，标出的是各个岗位的职务名称。机构图描绘的是组织本身，与其相联系的是部门职能；岗位图描绘的是组织成员所担任的职务，与其相联系的是责任和权力。组织结构图有纵向、横向和环状三种表现形式。

小思考3-2

组织结构图中包含了哪些工作关系？

答：组织结构图中的工作关系有四种类型：

（1）直线关系，表示下级向上级报告及上级发布命令、指导下级工作的关系，包括直接直线关系和间接直线关系两种形式。

（2）横向关系，是指同一层次中的部门或人员之间的工作关系。

（3）参谋关系，是指本身没有直接权力，通过顾问、咨询、建议等方式协助主管人员从事工作的关系。

（4）职能关系，是指原来不具有直接权力的某些专业部门或人员经由直线主管授权后获得相应的直接权力而产生的工作关系。

拓展阅读3-5

组织结构的模式

（1）机械式结构，又称官僚行政组织，是按照传统组织设计原则设计的一种组织结构。该结构坚持统一指挥原则，并由此产生了一条正式的职权等级链，每个下级只接受一个上级的控制和监管，是一种高耸的、非人格化的、稳定的、僵硬的结构形式，其追求的主要目标是稳定运行中的效率，提倡以标准化来实现稳定性和可预见性，规则、条例成为组织高效运行的润滑剂，组织结构特征是趋向刚性。

（2）有机式结构，也称适应性组织，是低复杂性、低正规化和分权化的组织。该组织关注的是人性化和团队合作，没有高度的标准化程序和严格的规章制度，是一种松散的、灵活的、具有高度适应性的形式。

1.直线型组织结构

直线型组织结构是工业发展初期最早使用的一种最简单的组织结构形式，又称单线型组织结构。其特点是：指挥和管理的职能由组织的行政负责人自己执行，下属只接受一个上级的指挥（如图3-1所示）。

这种组织结构的优点是：

（1）结构简单，责任和权限比较明确，易于统一指挥，有利于迅速作出决定，工作效率高。

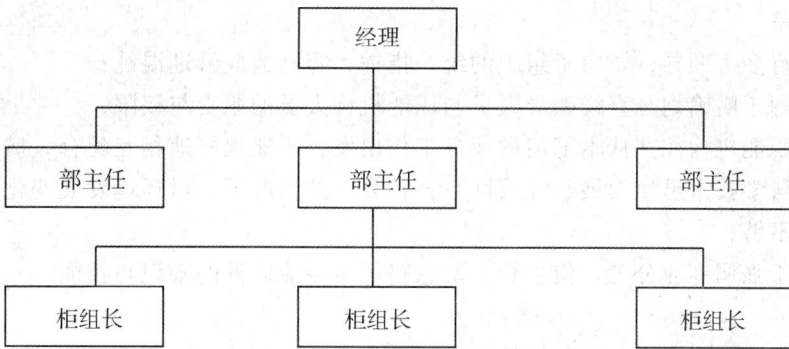

图 3-1 直线型组织结构

（2）指挥和管理工作集中在组织行政负责人手中，下属不会得到相互抵触的指令，便于全面执行纪律和进行监督。

其缺点是：

（1）管理者负担过重，难以胜任复杂职能。若组织规模较大、业务复杂，所有管理职能仍然要由一人承担是比较困难的，且当这位全能的管理者离任时，很难找到一个具有全面知识与技能的接班人去接替他。

（2）在管理任务繁重的情况下，主管人员容易陷入日常行政事务中，无力研究组织中的重大问题。

（3）各个部门基本上只关心本部门的工作，横向协调性差。

因此，这种组织结构类型一般适用于没有必要按照职能实行专业化管理的小型组织，或应用于现场作业管理。

2.职能型组织结构

职能型组织结构又称多线型组织结构。其特点是：采用按职能分工实行专业化的管理办法，即在总负责人下设立职能机构和人员，把相应的管理职责和权力交给这些职能机构，各职能机构在自己业务范围内可以向下级单位下达命令和指示，直接指挥下级单位（如图3-2所示）。

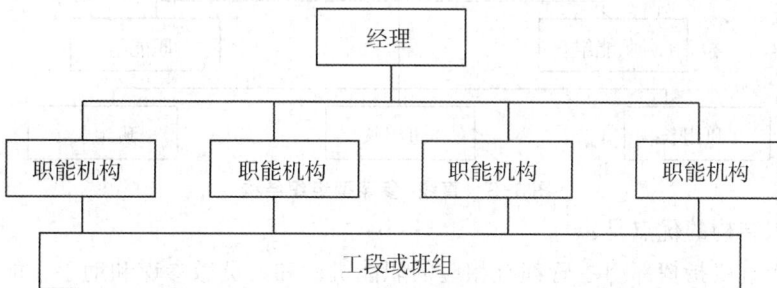

图 3-2 职能型组织结构

这种组织结构的优点是：

（1）具有适应现代社会管理分工较细的特点，能够充分发挥职能机构的专业管理作用。

（2）由于吸收专家参加管理，减轻了直线主管人员的工作负担，使他们有可能集中精力实现自己的职责。

其缺点是：

（1）实行多头领导，妨碍了组织的统一指挥，容易造成管理混乱；

（2）不利于明确划分直线领导人员与职能机构人员的职责与权限；

（3）各职能机构往往从本部门的业务工作出发，不能很好地相互配合，横向联系差；

（4）在科学技术迅速发展、经济联系日益复杂的情况下，对环境发展变化的适应性也差，灵活性不够；

（5）过于强调专业分工，使主管人员忽略了本专业以外的知识与技能，不利于培养综合管理者。

因此，在实际工作中，这种纯粹的职能型组织结构形式一般不被采用。

3.直线-参谋型组织结构

直线-参谋型组织结构是在组织内部既设置纵向的直线指挥系统，又设置横向的参谋管理系统，以直线指挥系统为主体建立的二维的管理组织。

其特点是：按照组织职能来划分部门和设置机构，实行专业分工，以加强专业管理。

该组织结构把组织管理机构和人员分为两类：一类是直线指挥部门和人员；另一类是参谋部门和人员。直线指挥部门和人员在自己的范围内有一定的决策权，对其下属拥有指挥和命令的权力，对自己部门的工作负有全部责任。参谋部门和人员是直线指挥部门的参谋，对下级直线指挥部门只能提供建议和业务指导，没有指挥和命令的权力；实行高度集权，整个组织实行直线指挥部门和人员的统一领导和指挥，确保直线指挥部门主管在组织中的统治地位（如图3-3所示）。

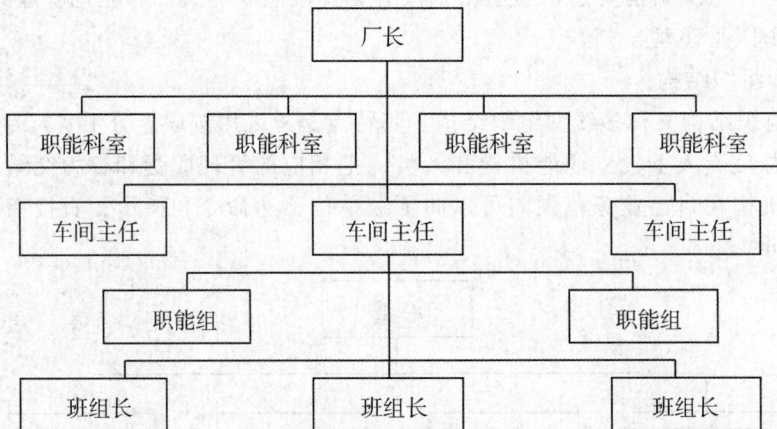

图3-3 直线-参谋型组织结构

这种组织结构的优点是：

（1）各级直线指挥部门主管都有相应的职能机构和人员做参谋和助手，能够对本部门进行有效的管理，适应了现代管理工作比较复杂且细致的特点；

（2）各部门都由直线指挥部门主管统一指挥和管理，满足了现代组织活动需要统一指挥和明确责任制度的要求。

其缺点是：

（1）不利于发挥下级部门的工作主动性和积极性；

（2）各部门之间相互沟通少，不能集思广益作出决策；

（3）直线指挥部门与参谋部门之间的目标不统一，容易产生矛盾，使上级主管的协调工作量增大，加重了上层领导人员的负担，导致效率低下；

（4）组织的适应性较差，因循守旧，对新情况不能作出及时的反应。

因此，这种组织结构在组织规模较小、产品品种比较单一、工艺比较稳定、市场销售情况比较容易掌握的情况下能够显示出其优点，一般适用于中小型组织。

4.直线-职能参谋型组织结构

直线-职能参谋型组织结构是结合直线-参谋型组织结构和职能型组织结构的特点而形成的一种组织结构。

其特点是：

（1）在一些特殊的任务上授予职能部门参谋人员一定的权力，使这部分参谋人员有权向下级直线指挥部门人员发布指令，并对他们的直线指挥部门主管负责；

（2）当参谋部门与下级直线指挥部门产生矛盾时，由上级直线指挥部门主管协调解决（如图3-4所示）。

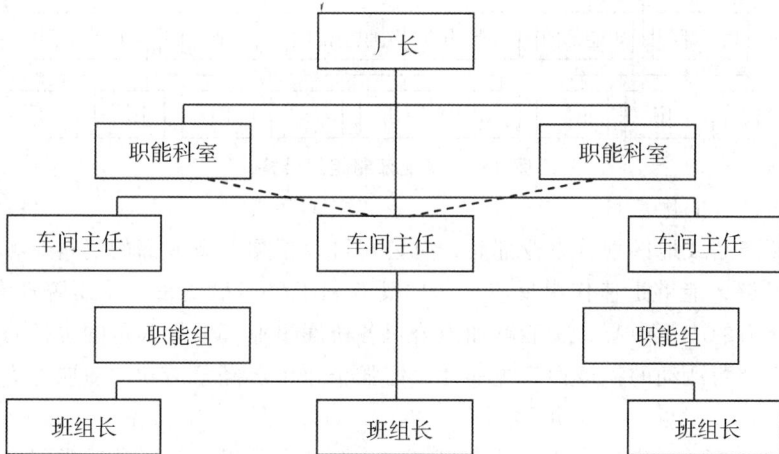

图3-4　直线-职能参谋型组织结构

这种组织结构的优点是：

（1）减轻了直线指挥部门主管的压力，使直线指挥部门主管能够集中精力处理重要的事务；

（2）更好地发挥了职能参谋的专业特长，调动了参谋部门和人员的工作积极性及主动性。

其缺点是：

（1）增加了上级直线指挥部门主管的协调工作量；

（2）出现多头领导，容易使直线指挥部门与职能部门之间产生矛盾。

相比较而言，这种组织结构是一种相对完善的组织结构类型，适用于多种组织类型。

5.事业部制组织结构

事业部制组织结构是美国通用汽车公司前总裁斯隆在1924年提出的，故又被称为斯隆模型。分权的事业部制组织结构是在总公司领导下设立多个事业部。

事业部制组织结构的特点是：

（1）事业部制的管理原则是"集中政策，分散经营"，即在集中领导下进行分权管理。

（2）组织按照产品、地区或经营部门的不同分别成立若干事业部或分公司，该项产品或地区的全部业务，从产品设计、原料采购到产品制造，一直到产品销售，全部由事业部负责。

各事业部实行独立经营、独立核算。企业高层管理者保留人事决策、财务控制、规定价格幅度以及监督大权，并利用利润等指标对事业部进行控制。事业部的经理根据企业最高领导的指示进行工作，统一领导其所管辖的事业部和研制、技术等辅助部门（如图3-5所示）。

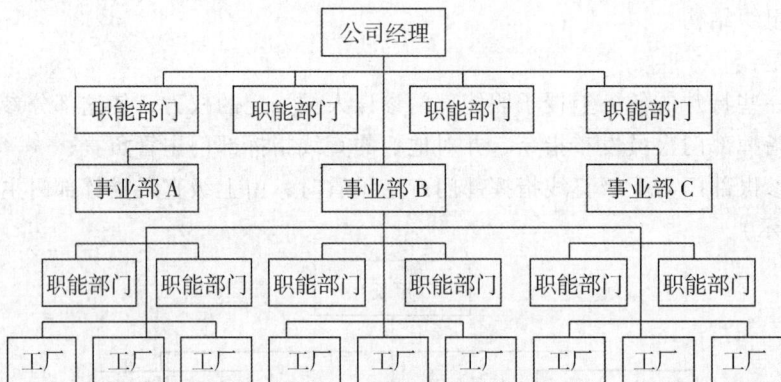

图 3-5 事业部制组织结构

这种组织结构的优点是：

（1）按照产品或地区划分事业部后，总公司可以根据各事业部的资料对各产品或地区的情况有所了解，能够迅速作出反应。这样既有利于公司最高领导层摆脱日常行政事务，真正成为强有力的决策中心，又能够加强公司各所属事业部领导人员的责任心，充分调动他们搞好生产经营活动的积极性、主动性，增强企业生产经营活动的适应能力，更好地适应市场。

（2）有利于把联合化和专业化结合起来。一个公司可以生产经营种类很多的产品，形成大型联合企业，而每个事业部及其所属工厂又可以集中力量生产一种或几种产品，甚至可以集中生产产品的某些零件，实现高度专业化。

（3）每个产品或地区事业部都是一个利润中心，总公司可以从每个利润中心的盈亏情况获知各事业部的业绩，及时掌握第一手资料。

（4）各事业部的主管负责各事业部的计划、调配、控制等工作，有机会从整体观念出发从事事业部的各项管理工作，有助于培养和提高他们的领导素质。

（5）明确的责任界限和考核也有利于协调职能人员与职能人员的关系，调动他们的工作积极性。

其缺点是：

（1）对主管人员的要求较高；

（2）各事业部只考虑自己的利益，影响了各事业部之间的协作，容易导致本位主义；

（3）总公司与各事业部的职能机构重叠，人员多，费用开支大。

因此，这种组织结构适用于规模较大、产品种类较多、各种产品之间的工艺差别较大、市场条件变化较快、要求较强的适应性的大型联合企业或跨国公司。

6.矩阵制组织结构

矩阵制组织结构是由按职能划分的垂直指挥系统与按项目划分的横向领导系统结合而成的组织结构。它最初出现在20世纪50年代末，被用于完成某些特殊任务。例如，企业为了开发某项新产品，在研究、设计、试制、生产各个方面，要求有关职能部门派人参加，组成一个专门小组。

其特点是：

（1）组织本身具有中央职能系统，在组织结构上，按职能划分的垂直指挥系统是相对固定的机构，按项目划分的横向领导系统是灵活机动的机构；

（2）项目小组成员既同原职能部门保持组织与业务上的联系，又参加项目小组工作，接受项目小组负责人和原属职能部门负责人的双重领导；

（3）组织结构具有管理目标和组成人员临时性的特点，又有组织形式固定性的特点（如图3-6所示）。

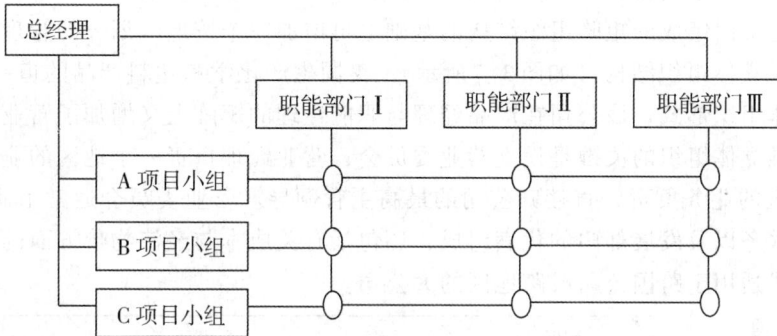

图3-6 矩阵制组织结构

这种组织结构的优点是：

（1）使组织管理的纵向联系和横向联系较好地结合起来，加强了各职能部门以及职能部门与任务之间的协调与配合，机动灵活，富有弹性，适应性强；

（2）项目小组成员来自不同的部门，专业知识结构不同，在知识、技术和管理上容易发挥"杂交"优势，便于沟通意见，易于接受新观念和新方法，集思广益，对项目能进行较好的控制，获得成功的机会较大；

（3）项目负责人全权负责该项目的所有事务，既易于与顾客建立良好的关系，同时获得了进行全面管理训练的机会。

其缺点是：

（1）由于各小组成员来自各个职能部门，当任务完成后，仍然要回到原来的工作部门，因而容易产生临时做客的思想，工作的稳定性差；

（2）项目小组成员既隶属于职能部门，又隶属于项目小组，需要接受双重领导，当两个部门意见不一致时，就会使他们的工作无所适从，破坏了命令统一原则；

（3）从职能部门看，人员经常调进、调出也会给正常工作造成某些困难。

因此，这种组织结构形式适用于设计、研制等创新性工作较多的组织，如军工、航天工业、高科技产业等，也可用于完成突击性、临时性任务的组织。

拓展阅读3-6

矩阵制组织结构项目负责人应具备的条件

采用矩阵制组织结构形式开展工作，选好项目负责人很重要。良好的项目负责人应该具备以下条件：

（1）具备选择、组织和领导各类技术人员形成有效工作组织的能力；

（2）对整个项目（或产品）所需的技术有全盘的了解；

（3）了解法律条文，具备与客户磋商合约的能力；

（4）具备较强的分析能力，能够为最高管理层提供简明扼要的决策资料；

（5）具备主持会议与沟通信息的能力；

（6）具备有效解决项目小组成员相互矛盾的能力。

7.多维立体组织结构

在矩阵制组织结构的基础上再增加一些内容，就形成了多维立体组织结构。例如，在由产品和职能部门组成的矩阵组织结构的基础上再增加一个按地区划分的管理机构，就构成了一个多维立体组织结构（如图3-7所示）。美国生产化学和塑料产品的道-科宁公司采取了四维立体组织形式，该公司在产品经理与职能经理的矩阵上又增加了营业经理与市场经理。该四维立体组织的关键是设立营业委员会，营业经理负责一个地区的业务经营，他们对这个地区的业务负责，直接归公司的最高主管领导。营业委员会通常由研发、生产、销售、技术服务以及发展部门的代表组成，还包括有关成本与经济物价方面的专家。这种组织结构形式适用于跨国公司或跨地区的大公司。

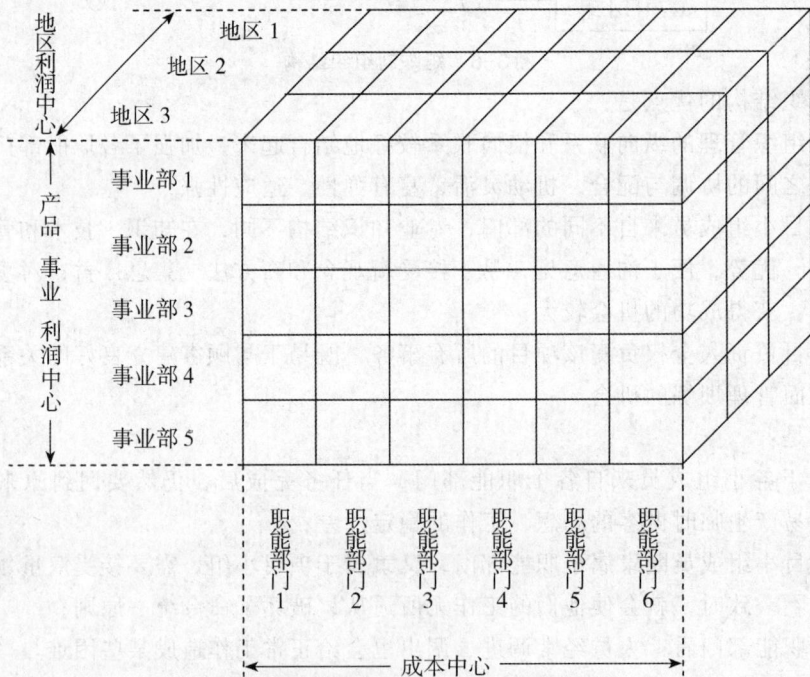

图3-7　多维立体组织结构

拓展阅读3-7

现代组织结构

一、团队式结构

所谓团队式结构是指整个组织都是通过组成工作小组或团队的形式来执行工作任务。这些工作小组或团队是为了实现某一目标而由相互协作的个体组成的正式群体。在这种结构下，由于工作安排中没有固定的指挥链，因此团队成员拥有对自身事务的决策权。这种结构的主要特点是：①通过发展自律性的团队使组织结构扁平化；②团队成员来自组织内各个部门乃至组织之外，打破了部门界限，可以快速地组合、重组、解散，促进员工之间的合作，提高决策速度和工作绩效，使管理层有时间进行战略的思考；③团队的首要任务是倾听服务对象的意见，力求通过使顾客满意来提高组织绩效。

二、无边界组织

通用电气（GE）公司总裁杰克·韦尔奇（Jack Welch）创造了"无边界组织"这个词，用来描述理想中的通用电气公司的形象。无边界组织有时也被称为网络组织、学习型组织和虚拟组织，是一种只有很小规模的核心组织，以合同为基础，依靠其他商业职能组织进行制造、分销、营销或其他关键业务的经营活动。它所组建的是减少指挥链、对控制跨度不加以限制、取消各种职能部门代之以授权的团队。这类组织比较适合于玩具和服装制造企业，它们需要相当大的灵活性以便对时尚的变化作出反应。无边界组织的主要特点是：

（1）管理人员通过取消组织垂直界限而使组织扁平化，等级秩序作用降到最低限度，个人身份与头衔的地位也一落千丈。组织看上去更像一个粮仓而不是金字塔，最上层的谷粒和最下面的谷粒差别不大。

（2）消除因职能部门的存在而形成的组织水平界限，以多功能团队取代职能部门，围绕公司的工作流程来组织活动。

（3）打破组织客户之间的外在界限以及地理障碍，实行经营全球化的战略以及公司之间的战略联盟，建立顾客与组织之间的固定联系。

（4）通过增加与环境的相互联系、远程办公方式，使一直以来环绕于组织的历史边界模糊化了，组织成员可以在自己老板管辖地域之外的地方为公司工作。例如，人在北京却为深圳的一家公司从事新产品开发与设计，或为美国洛杉矶的一家公司进行市场调查。

本章小结

组织是管理的载体和实现目标的手段。本章首先介绍了组织的产生、含义、要素、类型以及组织工作的含义、特点、内容；其次阐述了组织工作的基础和组织工作应遵循的有效性、分工协调、统一指挥、权责对等、管理幅度、集权与分权相结合、竞争优化等原理；最后介绍了组织结构设计的影响因素、程序以及直线型、职能型、直线-参谋型、直线-职能参谋型、事业部制、矩阵制、多维立体组织结构的特点。

关键观念

组织　组织工作　组织结构　组织结构图

基本训练

◆ **知识题**

一、阅读理解

1.组织的要素有哪些？

2.试述组织工作的内容。

3.简述影响组织结构设计的因素。

4.试述组织工作原理。

二、知识应用

1.不定项选择题

(1) 组织图中的工作关系包括（　　　）。

A.直线关系　　　　　B.横向关系　　　　　C.参谋关系　　　　　D.职能关系

(2) 按照分工协调原理的要求，组织分工包括（　　　）。

A.层次分工　　　　　B.部门分工　　　　　C.职权分工　　　　　D.能量分工

(3) 没有实行管理分工的组织结构类型是（　　　）。

A.直线制　　　　　B.矩阵制　　　　　C.职能制　　　　　D.事业部制

(4) 组织的功能包括（　　　）。

A.人力放大功能　　　　　　　　　　B.人力汇集功能

C.学习功能　　　　　　　　　　　　D.调整功能

(5) 分权制的组织结构是（　　　）。

A.直线制　　　　　B.矩阵制　　　　　C.职能制　　　　　D.事业部制

(6) 组织结构的横向设计是（　　　）。

A.层次设计　　　　　B.部门设计　　　　　C.职权设计　　　　　D.分工设计

(7) （　　　）是组织诸要素中根本性的、决定性的要素。

A.组织精神　　　　　B.组织目标　　　　　C.资金　　　　　D.人员

(8) 在实际工作中，（　　　）组织结构形式一般不被采用。

A.直线型　　　　　B.职能型　　　　　C.矩阵型　　　　　D.多维立体

(9) 组织内最基本的信息沟通渠道是通过（　　　）实现的。

A.分工关系　　　　　B.层次关系　　　　　C.职权关系　　　　　D.部门关系

(10) （　　　）工作属于组织运行工作。

A.授权　　　　　B.委员会管理　　　　　C.团队管理　　　　　D.组织变革

2.判断题

(1) 有效性原理强调的是组织工作要讲求效果。　　　　　　　　　　　　　　（　　　）

(2) 人员是组织内部诸要素中的核心要素。　　　　　　　　　　　　　　　　（　　　）

（3）组织产生的前提条件是两个或两个以上的人的协同劳动。　　　　　（　　）

（4）直线型组织结构是最简单的组织结构形式。　　　　　　　　　　　（　　）

（5）一般来说，组织规模大，组织结构就复杂。　　　　　　　　　　　（　　）

（6）非正式组织的形成是自发的和无行为规范的。　　　　　　　　　　（　　）

（7）在组织内部诸要素中，组织结构是组织的前提要素。　　　　　　　（　　）

（8）多维立体结构具有固定的垂直指挥系统和灵活的横向领导系统。　　（　　）

（9）经济组织、政治组织、文化组织、群众组织和宗教组织属于按照组织形成的方式分类的组织。　　　　　　　　　　　　　　　　　　　　　　　　　　　　　　（　　）

（10）组织结构是组织的外在表现形式，一般是通过组织图的形式进行描绘的。（　　）

◆ 技能题

一、规则复习

1. 简述组织结构设计的程序。

2. 识别不同类型的组织图。

3. 组织图中的工作关系有哪些？

二、操作练习

1. 试分析直线-职能参谋制组织结构。

2. 试分析事业部制组织结构。

3. 试分析矩阵制组织结构。

◆ 能力题

一、图解实训

授权方式	
形式	10人一组
时间	30分钟
材料	眼罩6个，20米长的绳子1条
场地	空地
应用	（1）领导的艺术 （2）任务传达的技巧 （3）领导授权的方式及其利弊 （4）工作过程中沟通的重要性
目的	（1）让学生体会到主管在分派任务时通常犯的错误以及改善的方法 （2）引发学生对领导授权方式的深入思考
程序	（1）老师选出总经理、总经理秘书、部门经理、部门经理秘书各1位和6位操作人员 （2）老师把总经理及总经理秘书带到一个看不见操作人员的角落后，向其说明游戏规则： ①要让秘书向部门经理传达一项任务，该任务就是由操作人员在戴着眼罩的情况下，把1条20米长的绳子做成一个正方形，绳子要用尽 ②全过程总经理不得直接指挥，一定是通过秘书传达指令给部门经理，由部门经理指挥操作人员完成任务 ③部门经理有不明白的地方可以通过自己的秘书请示总经理 ④部门经理在指挥的过程中要与操作人员保持5米的距离
讨论	（1）作为操作人员，你会怎样评价你的部门经理？如果是你，你会怎样分派该任务？ （2）作为部门经理，你对总经理的看法如何？对操作人员在执行过程中的看法又如何？你认为还有什么改进的方法？ （3）作为总经理，你对这项任务的感觉又如何？你认为哪些方面是可以改善的？

资料来源　众行管理资讯研发中心. 管理培训游戏全案［M］. 广州：广东经济出版社，2003：353-354.

二、案例分析

案例1

王厂长的等级链

王厂长总结自己多年的管理实践，提出在改革工厂的管理机构中必须贯彻统一指挥原则，主张建立执行参谋系统。他认为，全厂的每个人只服从一个人的命令，其他人的命令是无效的。例如，书记有什么事只能找厂长，不能找副厂长；下面的科长只能听从一个副厂长的指令，其他副厂长的指令对他是不起作用的。这样做中层干部高兴，认为是解放了。原来工厂有13个厂级领导，每个厂级领导的命令都要求下边执行就吃不消了。一次有个中层干部开会时在桌子上放1个本子、1支笔就走了，散会他也没回来。事后，王厂长问他搞什么名堂，他说有3个地方要他开会，所以就放1个本子、1支笔，以便应付另外的会。此事不能怨中层领导，只能怨厂级领导。后来他们规定，同一个时间只能开一个会，并且事先要把报告交到党委和厂长办公室统一安排。现在实行固定会议制度。厂长一周两次会，每次两小时，而且规定开会迟到不允许超过5分钟，所以会议很紧凑，每人发言不许超过15分钟，超过15分钟就停止。

上下级领导界限要分明。副厂长是厂长的下级，厂长作出的决定他们必须服从。副厂长和科长之间也应如此。厂长对党委负责，要向党委汇报工作，计划、预算、决算经批准就按此执行。所以，厂长跟党委书记有时一周一面也不见，跟副厂长一周只见一次面。王厂长认为这样做是正常的。他们规定，报忧不报喜，工厂一切正常就不用汇报，有问题来找厂长，没问题各忙各的事。

王厂长认为，一个人的管理能力是有限的，所以规定领导人的直接下级只有5~6个人。他现在多了一点，有9个人（4个副厂长、2个顾问、3个科长）。他提出："这9个人我可以直接布置工作，有事可直接找我，除此以外，任何人不准找我，找我也一律不接待。"

资料来源　单凤儒. 管理学基础 [M]. 2版. 北京：高等教育出版社，2004：88-89.

问题：

（1）王厂长主张"每个人只服从一个人的命令"，这在理论上的依据是什么？在实践上是否可行？

（2）你怎样理解王厂长的"报忧不报喜"？你赞成这种做法吗？

（3）王厂长认为除直接下属外，"任何人不准找我，找我也一律不接待"。请说出赞成或反对的理由。

案例2

戴尔的全球组织结构重组

2009年年初，戴尔全球进行内部结构调整，并宣布采用事业部制来替代原来的集中制。在此之前，戴尔是依照地理区域划分组织结构的。结构调整后按照客户类型划分，打破区域隔离，将运营部门按客户规模、类型划分为三大子部门，即大型客户（LCA）、政府及教育行业客户（PUB）、中小企业客户（SMB）。原来的中型企业部（PAD）整体解散，相关人员并入到中小企业客户部，而2008年突飞猛进的消费产品业务则成为一个独立的部门——消费业务事业部。每个部门都有自己的销售部门、服务部门及市场部门，类似于分拆成4个虚拟的戴尔公司。迈克尔·戴尔说："我们已经为从区域经营转为全球化打下了基础。客户需求正越来越被他们如何使用技术来决定，而非他们身处何处。"

其实，早在 2008 年年底，关于戴尔出售旗下全球生产工厂的消息就成为业内关注的焦点。业内专家认为，如果此次戴尔最终出售自己的全球 PC 生产厂，显然就将组织结构改为"哑铃形"，而这种组织结构除了有利于减少生产成本外，还可以便于戴尔把握 PC 的关键环节，使精力和重点更加集中。对此 IT 研究员赵亚洲分析，哑铃形组织简单地说就是指企业的产品开发和营销能力强、生产能力较弱的一种组织结构形式，是一种中间小、两头大的管理模式。他认为，生产外包除降低成本外，还具有减少管理层级、便于把握关键环节、使精力和重点更加集中等优点。

就在戴尔公司宣布全球组织结构重组方案后的一个多月，戴尔全球总裁保罗·贝尔在接受媒体采访时表示，戴尔全球重组后中国将获取更多的资源。保罗·贝尔介绍："全球组织结构重组前，资源是在中国内部申请、分配；但现在资源可以直接向全球申请，并且可以得到更专业的指导和更快速的响应，这样来说，面对客户的资源多了。"

万变不离其宗，提升公司业绩才是公司对内部组织结构动刀子的本质。历来组织结构的调整都是为了更好地实施战略。

资料来源　佚名. 戴尔转型的起点：重组组织架构［EB/OL］.［2016-08-03］. http://zg.china-b.com/rlzys/ksdg/201010/3057.html.

问题：

（1）典型的组织结构类型都有哪些？戴尔调整后的事业部制组织结构有何优点？

（2）从戴尔组织结构重组事件入手，分析组织机构与企业战略的关系。

三、网上调研

利用电子图书馆和互联网搜集有关组织及组织结构设计的资料与案例，并进行整理、归纳与分析，巩固所学知识与技能。

四、单元实践

以小组为单位，按照一定的分类标准选择有代表性的组织，以该组织的组织结构为调研对象，分析所调研的组织结构类型，并尝试分析该组织在部门、层次、职权分工上的特点和协调的特征。

[第4章]
组织设计

学习目标

◆ 知识目标：掌握部门、层次、职权的含义；了解影响管理幅度的因素；掌握人员设计的要求与内容；掌握制度设计的内容。

◆ 技能目标：掌握部门划分的方法；区分各类组织制度；掌握各类职权的特点与关系。

◆ 能力目标：掌握组织设计的要领，能够设计组织结构图；培养有效配置组织员工的能力。

引 例

比特丽公司的组织设计

比特丽公司是美国的大型联合公司，总部设在芝加哥，下属450家分公司，经营9 000多种产品，其中许多产品都是名牌产品。公司每年的销售额达90多亿美元。

多年来，比特丽公司一直采用收购其他公司来发展自己的积极进取战略，因而取得了迅速的发展。公司的传统做法是：每当收购一家公司或厂家以后，一般都保持其原来的产品，使其成为联合公司的一个新产品；对下属各分公司都采用分权的形式，允许新购买的分公司或工厂保持其原来的生产管理结构，这些都不受联合公司的限制和约束。由于实行了这种战略，公司变成由许多没有统一目标、彼此没有联系的分公司组成的联合公司。

1976年，德姆被任命为董事长，他要使公司朝着他新制定的方向发展。根据他新制定的战略，联合公司卖掉了下属56家分公司，但又买下了西北饮料工业公司。

德姆说，公司除了面临发展方向的问题外，还面临着另外两个主要问题：一是如何激励下属各分公司向社会介绍并推销新产品。为了激励各分公司的工作，德姆决定采用奖金制，对干得出色的分公司经理每年奖励1万美元。但是，对于这些收入远远超过1万美元的分公司经理人员来说，1万美元奖金恐怕起不了多大的刺激作用。二是在维持原来的分权制度下，如何提高对增派参谋人员必要性的认识，如何发挥直线与参谋人员的作用。德姆决定给每个部门增派参谋人员，以更好地帮助各个小组开展工作。但是，有些管理人员认为只增派参谋人员是不够的；另外一些人则认为，没有必要增派参谋人员，可以采用单一联络人联系几个单位的方法，即集权管理的方法。

公司专门设有一个财务部门，但是这个财务部门根本无法控制这么多分公司的财务活动，因此造成联合公司总部甚至无法了解并掌握下属部门支付支票的情况等问题。

资料来源　佚名. 比特丽公司的分权管理［EB/OL］. ［2019-12-11］. http://www.doc88.com/p-300811634977.html.

组织设计包括组织结构设计（如部门设计、层次设计、职权设计）、人员设计、制度设计等内容。组织设计的目的是建立有助于实现管理目标的组织，使组织成员有归属感、工作能力得到最大限度发挥，使组织高效率地持续发展。

4.1　部门设计

部门设计也称部门化，是把组织的工作划分成若干自治的单位或部门的活动。部门划分的结果是划清主管人员的各项职责，对业务活动进行归类分组。部门设计是组织结构设计的内容之一，解决的是组织结构的横向设计问题。

4.1.1　部门的含义与类型

1.部门的含义

部门是指组织中管理者按照专业化分工的要求，为完成规定的任务而有权管辖的一个特殊领域。

部门在不同的组织中有不同的称呼：企业组织中称分公司、部和处；军队中称师、团、营、连；政府机构中则称部、局、处、科等。部门划分的目的在于确定组织中各项任务的分配与责任的归属，以求分工合理、职责分明，有效地达到组织的目标。

2.部门的类型

部门划分就是将工作和人员组编成可以管理的工作单元，其根本目的在于分工。因此，决定部门划分的基础是职能。以企业为例，按部门的职能专业化原则，通常可以把部门分为三类：

（1）生产经营部门，指直接从事生产经营活动，对组织目标（如销售额、利润）实现负有直接责任的部门，如生产车间、班组、营业部组等。

（2）职能参谋部门，指不直接从事生产经营活动，而与生产经营活动有直接联系，并为领导决策和业务服务的各种管理职能机构，如人事部、财务部等。

（3）后勤行政部门，指不直接从事生产经营活动，并与生产经营活动没有直接关系的机构，但它是保证企业生产经营任务顺利完成所不可缺少的，如总务部、后勤部、保安部等。

4.1.2　部门设计的方法

部门按不同标准有以下划分方法：

1.按人数划分

这种方法完全按照人数的多少来划分部门，是最原始、最简单的一种划分方法。其做法是抽出一定数量的人在管理者的指挥下执行一定的任务。它把人员的数量作为分组的唯一依据，而不考虑工作内容、特点及工作地点等因素。

其优点是简便易行。

其缺点是不符合专业化原则，不适应现代社会高度专业化的需要，有逐渐被淘汰的趋势，一般仅适用于组织结构的基层。

2.按时间划分

这种方法采用轮班制进行生产经营，以保证连续生产或延长营业时间。这是在正常的工作日不能满足工作需要时所采用的一种划分部门的方法，也是一种古老的划分方法。

其优点是可以提高劳动效率并满足社会服务的需要。

其缺点是不便于管理，会增加人工成本。它通常也适用于组织的基层。

3.按职能划分

这种方法是最普遍采用、最基本的方法。它遵循专业化的原则，以工作或任务的性质为基础划分部门。按这些工作或任务在组织中的重要程度，部门被分为主要职能部门和从属派生部门。主要职能部门处于组织的首要一级，在主要职能部门之内再划分次要职能部门。一般来说，企业的主要职能部门是生产、工程、质量、销售和财务等。在生产、工程、质量、销售和财务部门中再划分从属派生部门，如生产部门分为生产计划、工业工程、生产工艺、采购、加工、综合生产等分部门。

其优点是遵循专业化原则，充分发挥专业职能，使管理者的注意力集中在组织的基本业务上，有利于目标实现，简化了训练工作，加强了上层控制手段。

其缺点是：

（1）容易导致"隧道视野"现象，职能部门的专业人员各自为政，就如同过隧道一样，除了本身领域外，其余什么都看不见，部门之间的相互协调比较困难；

（2）管理者从事单一职能工作，不利于培养综合管理人才。

4.按产品划分

这种方法按组织向社会提供的产品来划分部门。这种方法是把生产经营某种产品（或商品）系列所必需的活动组织在一起而形成部门，是随着科学技术的发展，为了适应新产品的生产而产生的。国外企业中出现的"事业部"或"集团企业"即属于这种按产品划分的部门。

其优点是：

（1）有利于取得专用设备效益；

（2）有利于发挥个人的技能和专业知识；

（3）有利于部门管理者把注意力集中在产品上，促进产品的增长和发展，培养综合管理者。

其缺点是：

（1）需要更多的综合管理人才；

（2）产品部门独立性强、整体性差，增加了主管部门协调、控制的困难；

（3）易造成机构重叠、职能重复、管理成本增加。

它主要适用于多品种经营的大型组织，是业务部门划分的常用方法。

5.按地区划分

这种方法是把某个地区或范围的业务工作集中起来委派给一个主管人员并组成部门，

其目的是调动地方、区域的积极性，谋求取得地方化经营的某种经济效果。地理位置分散、缺乏通信联络并非按地区划分部门的唯一理由，只有当各地区的政治、经济、文化等因素影响到管理时，按地区划分部门才能充分发挥其优势。

其优点是：

（1）有利于改善地区的协调，取得地区经营的经济效益；

（2）有利于培养管理人才。

其缺点是：

（1）需要更多具有全面管理能力的人才；

（2）增加了主管部门控制的困难；

（3）地区部门之间往往不易协调等。

它适用于地理分布较为分散的组织。

6.按服务对象划分

这种方法按组织服务的对象类型来划分部门。它把组织服务对象的类型作为划分部门的依据，使某一部门专门满足某一类型顾客的特殊需要。

其优点是使各部门更好地研究和满足不同顾客的特殊需要，并能向顾客提供最完善的服务，提高组织效益。

其缺点是：

（1）不利于各部门之间的协调；

（2）服务对象专业化过细可能导致人员和设备利用率低。

7.按生产经营过程和设备划分

这种方法按照生产经营的业务流程或工艺过程，分阶段、分环节地组成部门，或按照监管和使用的设备来划分部门。

其优点是：

（1）实行专业化，提高效益；

（2）充分发挥设备的效率，使设备的维修保管、材料供应和人力运用等更加方便。

其缺点是：

（1）不利于各阶段、环节和各种设备间的协调；

（2）管理者从事单一领域的工作，不利于培养综合管理者。

8.按其他因素划分

在一些组织中，也常按市场营销渠道等来划分部门。

需要指出的是，划分部门的方法本身并不是目的，它是为促使组织目标的实现而对业务工作进行安排的一种手段。换句话说，划分部门的目的是要按照某种方式划分业务，以起到最好地实现组织目标的作用。为了达到这一目的，在现实的管理活动中，常常用混合的方法划分部门，即在同一组织层次或同一组织内采用两种或两种以上的方法划分部门。这种混合划分部门的目的是更有效地实现组织的目标。

4.1.3 部门设计的原则

部门划分应遵循分工原理。分工原理表明，一个组织机构越是能反映为达到组织目标所必需的任务或工作，并有助于它们的协调，所确定的职务越是适合于承担这些职务的人的能力和动机，它就越是一个有效能和有效率的机构。具体原则如下：

1.力求最少

组织结构是由管理层次、部门结合而成的。组织结构要求精简，部门必须力求最少，但这是以有效地实现目标为前提的。现实中，常常有些管理者坚持组织结构第一级以下的一切部门都要按照完全相同的方式划分业务工作，建立在组织结构中各级平衡并以连续性和对等性为特征的刻板结构，这是对部门划分的误解。建立机构的目的不是供人欣赏，而是有效地实现目标。

2.组织结构应具有弹性

组织中的部门应随业务的需要而增减。在一定时期划分的部门，其增设或撤销应依组织目标任务的变化而定；必要时，可设立临时部门或工作组来解决临时出现的问题。

3.确保目标的实现

必要的职能均应确保目标的实现。在企业组织中，其主要职能是生产、销售和财务等，此类职能都必须有相应的部门。当某一职能与两个以上的部门有关系时，应明确规定每一部门的责任。

4.指派平衡

各职能部门的业务工作指派应达到平衡、适度，避免忙闲不均、工作量分摊不匀。

5.执行部门与检查部门分设

把业务完成部门与检查部门分开设置，使考核、检查业务部门的人员不隶属于受其检查评价的部门，这样就避免了检查人员的"偏心"，真正发挥了检查部门的作用。

小思考 4-1

影响部门划分的因素是什么？

答：（1）组织目标。它以目标是否需要作为部门存在的前提，这是部门划分的首要因素。

（2）业务量大小。业务量增加则分立部门，否则应考虑合并部门。

（3）专业性与独立性。专业性、独立性强则分立部门，否则应合并部门。

（4）业务前景。业务前景好则需要加强，可以独立为一个部门。

（5）监督与控制。某些业务存在明显的制约关系，合并容易掩盖矛盾时应考虑分立部门。

总之，部门划分解决了因管理宽度的限制而约束组织规模扩大的问题，同时把业务工作安排到各个部门中去，有利于组织目标的实现。由于业务工作的划分不可避免地会带来部门间不协调的问题，因此，在划分部门时必须考虑这种不协调所带来的消极后果。

小思考 4-2

部门职责委派应注意哪些问题？

答：按照业务工作的类似性分配任务，是委派职责、分配任务的一个最基本、最常用的依据。向各部门委派职责时应防止发生下列问题：

（1）重复，即把生产经营及管理方面的同类问题同时分派给不同的机构，使它们都有解决问题的权力和责任。

（2）遗漏，即某项基本的例行工作，任何机构都没有把它列为自己的工作职责。

（3）不当，即没有将某项工作交给最能有效解决这一问题的工作部门。

4.2　层次设计

管理层次是指组织内部从最高一层管理组织到最低一层管理组织之间的各个等级层次，即组织中等级链的环节。层次设计是组织结构设计的内容之一，解决的是组织结构的纵向设计问题。

4.2.1　层次的产生

在生产力十分低下、社会分工极其简单的时候，基本的生产劳动是个体的。计划、组织、实施、执行直至成果的享受，可能都是一个人，所谓的管理者就是劳动者自己。随着生产进一步发展，人们的活动也复杂起来。劳动的方式逐渐由个体向群体发展，一项工作往往需要几个成员在一起做，并有分工协作，这就出现了人与人之间的关系问题，出现了管理者与被管理者。一开始，管理者与被管理者的关系极简单，管理者能领导较多的人，尚能有效地实现目标。但随着生产的发展、科技的进步以及经济的增长，组织规模越来越大，管理者与被管理者的关系随之复杂化。为处理这些错综复杂的关系，管理者需要花费大量的时间与精力，而且对于一个管理者来说，其能力、精力与时间都是有限的。例如，现代心理学研究定量证明：对于大多数人来说，同时思考两个问题，效率将会大大下降。因此，管理者要想有效地领导下属，就必须考虑究竟能有效地管理多少个直接下属的问题，即管理宽度问题。

在人的精力与时间允许的范围内，增加管辖人数不会降低有效性，但超过这个限度时，管理效率将随之下降，此时就必须增加一个管理层次，这样，可以通过委派工作给下一级管理者而减轻上层管理者的负担，如此下去便形成了有层次的结构。

4.2.2　管理层次的划分

1.划分管理层次应考虑的因素

首先，应根据组织的任务量与组织规模的大小而定。规模较大、任务量较多的组织，管理层次可以多些；否则，宜采用较少的管理层次。

其次，当组织规模一定时，管理层次的多少与管理幅度有关。较宽的管理幅度意味着较少的管理层次，较窄的管理幅度意味着较多的管理层次，管理宽度与管理层次成反比。

2.管理层次的类型

一般来说，管理层次分为上层、中层与下层，各个层次都有明确的分工。

上层组织处于权力指挥链条的顶端，其主要职能是从整体利益出发，对组织实行统一指挥和综合管理，并制定组织目标和大政方针，故又称最高经营管理层或战略决策层。

中层组织是组织中承上启下、纵横衔接的枢纽，其主要职能是为达到组织总的目标而为各职能部门制定具体的管理目标，拟订和选择计划的实施方案、步骤和程序，按部门分配资源，调整各部门之间的关系，评价生产经营成果和制定纠正偏离目标的措施等，故又称经营管理层或战术计划层。

下层组织是组织目标的具体执行机构，其主要职能是按照规定的计划和程序，协调基层组织的各项工作和实施计划，故又称执行管理层或操作层。

　　组织在上述三个基本层次的基础上根据其自身的任务量、规模、行业等因素的影响，还会出现增加管理层次或减少管理层次等多种演变形态。

　　一般来说，为了达到组织结构的有效性，应尽可能地减少管理层次。

拓展阅读4-1

安东尼结构

　　安东尼结构是美国斯隆管理学院提出的一种经营管理的层次结构。该结构把经营管理分成三个层次：战略规划层、战术计划层和运行管理层。其各层的划分与主要功能相当于上层、中层和下层三个层次及其主要功能（见表4-1）。

表4-1　　　　　　　　　　　　　　　　　经营管理层次

管理层问题如何考虑	战略规划层	战术计划层	运行管理层
主要关心的问题	是否（或何时）上马	怎样上马	怎样干好
时间幅度	3~5年	0.5~2年	周、月
视野	宽广	中等	狭窄
信息来源	以外部为主，以内部为辅	以内部为主，以外部为辅	内部
信息特征	高度综合	中等汇总	详尽
不确定与冒险程度	高	中	低

3.扁平结构与高式结构

　　在组织规模一定的条件下，按照管理幅度与管理层次的反比关系，组织结构形成了两种模式，即扁平结构和高式结构。扁平结构是管理层次少而管理幅度大的结构；高式结构是管理层次多而管理幅度小的结构。扁平结构与高式结构各有利弊。

小思考4-3

　　扁平结构有哪些优缺点？

　　答：扁平结构的优点是：

　　（1）层次少，上下级距离短，密切了彼此之间的关系，信息纵向流通快，管理费用低；

　　（2）管理幅度大，被管理者有较大的自由性和创造性，有满足感，同时利于选择和培养下级人员。

　　扁平结构的缺点是难以严密地监督下级，同级间相互沟通困难，横向协调较差。

小思考4-4

　　高式结构有哪些优缺点？

　　答：高式结构的优点是管理严密，分工细致明确，上下级易于协调。

　　其缺点是：

　　（1）管理人员增多，彼此之间的协调工作也急剧增加，互相扯皮之事层出不穷；

　　（2）管理费用增大，消耗的时间与精力增加；

　　（3）上下级意见的沟通和交流受阻，上层对下层的管理控制变得困难；

　　（4）管理严密，影响了下级人员的积极性与创造性。

4.2.3　管理幅度

1.管理幅度的含义

管理幅度又称管理宽度或管理跨度，是指管理者有效地监督、管理其直接下属的人数（或机构数）。

对管理幅度的研究源远流长。传统的观点认为，存在一个普遍的、通用的管理幅度模式。现实中，人们已经发现没有一种最好的、普遍适用的方案，不存在任何教条式的结论，即管理幅度不是一个常数，它有很大的弹性。例如，美国管理协会1951年对100多家大公司的调查表明，总经理下级人数从1到24人不等。因此，确定管理幅度最有效的方法是因地制宜，即依据具体条件而定。

2.影响管理幅度的因素

一个领导者能够直接有效地指挥的下属人数是有一定限度的，既不是越多越好，也不是越少越好。有效的管理幅度的确定要考虑以下因素的影响：

（1）管理双方的能力。素质高、受过良好训练、工作能力强的管理者，在不降低组织有效性的前提下，比相同组织层次、相同工作的其他管理者可以管辖更多的人员而不感到紧张。同样，如果被管理者能力强，不需要上级花过多精力指导管理，也可增大管理幅度。

（2）工作性质。如果管理者经常面对的是困难的问题或涉及方向性、战略性的问题，处理的是复杂的、事关全局的事务，其直接管辖的人数不宜过多；反之，经常处理日常事务时，其管辖的人数可较多，管理幅度可以增大。

（3）信息沟通。组织信息沟通渠道畅通，交流快捷方便，可以扩大管理幅度；反之，沟通困难，要花很多时间交流协调及鉴别失真信息，就会分散领导者精力，管理幅度就应小一些。

（4）授权与标准化程度。适当的授权可减少主管的监督时间和精力，使管辖人数增加。业务标准化程度高、工作有序、权责明确划分，可以增大管理宽度。

（5）地理位置。组织在空间地理位置上分布集中，可以增大管理幅度；反之，应减小管理幅度。

（6）组织发展阶段。组织在初创阶段，管理幅度通常较小；当组织不断发展成熟，知识经验都得到提高时，可以适当扩大管理幅度。

3.确定管理幅度的方法

（1）格拉丘纳斯的上下级关系理论。

法国管理顾问格拉丘纳斯（V. A. Graicunas）在1933年首次发表的一篇论文中分析了上下级关系后提出一个数学模型，用来计算任何管理幅度下可能存在的人际关系数，公式如下：

$$C=n\times[2^{n-1}+(n-1)]$$

式中：C为可能存在的人际关系数；n为管理幅度。

格拉丘纳斯理论区分了三种类型的上下级关系：①直接单一关系，即管理者直接地、个别地与其直接下属发生的关系；②直接多数关系，指管理者与两个或两个以上的下属可能发生的各种组合关系；③交叉关系，指下级彼此打交道时发生的关系。

格拉丘纳斯指出，当管理者的管理幅度以算术级数增加时，管理者和下属间可能存在的相互关系的数量将以几何级数增加。因此，上下级相互关系的数量和频数减少，就能增加管理宽度，从而就能减少因层次过多而产生的费用和无效性。

（2）变量依据法。

变量依据法是洛克希德·马丁公司研究出的一种方法。该方法研究影响中层管理人员管理幅度的六个关键变量：职能的相似性、地区的相似性、职能的复杂性、指导与控制的工作量、协调的工作量、计划的工作量。把这些变量按困难程度排成五级，并确定不同的权数以反映各个变量的重要程度，最后用加权方法进行修正，提出主管人员可以管辖的直接下属人数标准值的参考数据。这种定量地、综合地研究影响管理幅度的关键因素，为我们确定适当幅度指明了方向。

总之，管理幅度的确定，不仅受管理者的性格、才能、个人精力与可用于管理的时间、授权程度、管理作风、管理者的素质等因素的影响，而且与组织有无完善的工作制度、工作程序、工作内容等客观因素有关。这些方面的因素决定了管理幅度的弹性是很大的。

4.3 职权设计

职权作为经由一定的正式程序赋予某一职位的一种权力，是构成组织结构的核心要素，对组织的合理构建与有效运行具有关键性作用。职权设计是组织结构设计的内容之一，解决的是组织结构的权力设计问题。

4.3.1 职权的含义

职权是管理职位所固有的发布命令和使命令得到执行的一种权力。职权只与一定的职位有关，而与担任该职位的管理者的个人特征无关。职权与任职者没有直接的联系。

同职权对应共存的是职责，职责是担当组织某项职位而必须履行的完成某项任务的责任。职权与职责具有对等的重要性，职权是履行职责的必要条件和手段，职责则是行使职权所要达到的目的。

在组织内，最基本的信息沟通就是通过职权来实现的。通过职权关系上传下达，使下级按指令行事，上级得到及时反馈的信息，作出合理决策，进行有效控制。

4.3.2 职权的类型与特点

组织内的职权有三种类型：直线职权、参谋职权、职能职权。

1.直线职权

直线职权是某个职位或某部门所拥有的包括作出决策、发布命令以及执行决策的权力。直线职权由决策权、命令权、执行权三部分组成，通常又被称为决策指挥权。

直线职权是组织中最基本、最重要的一种职权，缺少直线职权的有效行使，组织运转就会陷入混乱甚至瘫痪。直线职权是掌握在直线人员手中的，从厂长到车间主任一直到班组长都拥有各自相应的直线职权，只不过每一管理层次的功能不同，其职权的大小、范围不同而已。这样从组织的上层到下层的主管人员之间便形成一条权力线，这条权力线被称为指挥链或指挥系统。在这条权力线中，权力的指向由上到下。由于在指挥链中存在不同管理层次的直线职权，故指挥链又叫层次链。它颇像一座金字塔，通过指挥链的传递，从上到下或从下往上地进行信息传递。所以，指挥链既是权力线，又是信息通道。

直线职权的特点是：直线职权是对下属的直接领导权、指挥权、监督权和控制处理权，对所行使的权力负有最直接的、最后的责任。因此，直线职权是组织中最基本、最重要的权力；直线职权贯穿于组织的各个管理层次，在指挥链的每一个层次上，除组织的最高管理者外，每个层级都要接受来自上一级的指示与命令并切实加以贯彻执行，同时每一级又都要接受下一级的工作汇报，并负责向下一级发布命令和指示，所不同的是各管理层次的职权大小、范围、功能有所差异。

2.参谋职权

参谋职权是某项职位或某部门所拥有的提出咨询与建议或提供服务与便利，协助直线机构和直线人员进行工作的权力，它是一种辅助性职权。

参谋职权的概念由来已久。在中外历史上很早就出现了为统治者出谋划策的智囊人物。参谋职权是顾问性质或服务性质的，正如美国通用汽车公司前总经理穆尼所说的："参谋是从属的，虽然或许有人认为组织结构好像铁路的两条轨道一样，只有直线与参谋这两个相辅相成的职能组成……一个组织机构的辅助职务在其分级过程中，不能视同一个实际环节，它依赖于直线职能就像铁路支线依赖于干线一样。这意味着每一个参谋职能必须根据某种依赖关系从属于直线，否则就不可能存在。"

参谋的形式有个人与专业之分。前者是参谋人员，参谋人员是直线人员的咨询人员，他协助直线人员执行职责。专业参谋常常为一个独立的机构或部门，就是一般所谓的"智囊团"或"顾问班子"。专业参谋部门的出现是时代发展的产物，它聚合了一些专家，运用集体智慧协助直线主管进行工作。

参谋职权的特点是：①参谋职权不具有指挥权，只起咨询、建议、指导、协助、服务和顾问的作用；②参谋职权从属于直线职权，参谋机构从属于直线机构；③参谋职权直接对其上一级（而不是下一级）领导负责，但他对顶头上司下属的第一级组织机构产生某种程度的影响和作用；④参谋人员只能在其职责范围内行使参谋职权，不能超越职责范围之外，同级的参谋职权是平行的、并列的。

3.职能职权

职能职权是某职位或某部门被授予的原属于直线管理者的那部分权力。

职能职权是伴随着组织规模的逐渐扩大和专业化程度的逐渐提高而产生的。由于管理者缺乏某些方面的专业知识，以及存在对方针、政策有不同解释的问题等，因此为改善管理的效率，管理者将一部分职权授予参谋人员或另外一个部门的管理者，其实质就是直线主管把本来属于自己的一部分直线权力分立出来，然后授予参谋专家或某个部门的主管人员，使他们也可以按照规定和程序，在授权范围内有权作出决定，有权直接向下一级的直线组织发布指示。这种职权实际上可以被看成直线上司职权的一小部分。将其称为"职能职权"主要是因为这种职权的行使主要以职能专家的专业知识为基础，行使这种职权的部门又由具有丰富专业知识的职能专家所组成。

职能职权的特点是：

（1）既可以被授予参谋机构或参谋人员，也可以被授予下一级直线主管人员来行使；

（2）只能根据业务分工、授权范围以及一定的程序和规定来行使，否则将损害直线指挥系统的统一性和完整性；

（3）介于直线职权和参谋职权之间，作为一种特殊的职权必须审慎地把握和界定。

管理小故事4-1

4.3.3　三种职权之间的关系

在管理工作中，应处理好三种职权之间的关系。

1.确立直线职权的主导地位

直线职权是组织中最基本、最重要的一种职权。直线主管在行使直线职权时必须对其作出的决策负最直接、最后的责任。因此，只有确立直线主管人员在组织中的主导地位，分工明确，权责清晰，才能确保组织的各项工作有序地进行。

2.注意发挥参谋职权的作用

参谋人员应多谋，直线人员应善断。参谋是为直线主管提供信息、出谋划策、配合主管工作的。直线人员在发挥参谋作用时，既要广泛听取参谋的意见，鼓励参谋运用其具备的专业知识并根据客观情况独立提出建议，不左右他们的建议，又要科学判断与决策，不为参谋所左右。

3.适当限制职能职权

职能职权的出现是为了有效地实施管理，但也带来了多头领导，所以有效地使用职能职权在于正确地权衡这种"得"与"失"。

限制使用职能职权的方法是：

（1）限制职能职权的使用范围。在解决"如何做""何时做"等方面的问题上可以使用职能职权，而对于"在哪做""谁来做""做什么"等方面的问题必须由直线主管来解决。

（2）限制级别。直线主管只能把职能职权授予组织管理层次中与管理环节关系最接近的那一级下属，职能职权不应越过上级下属的第一级组织结构。

拓展阅读4-2

直线与参谋的基本关系

（1）提供个人性质的服务。例如，经理助理在经理的指派下，协助经理本人处理某些问题，他是为经理本人提供专门服务的。

（2）提供对上级的咨询服务。例如，经理助理仅仅负责为经理提供咨询性意见，是否采纳则由经理来决定，这是一种纯粹的服务。

（3）按规定要求提供服务。直线主管对服务的内容、方式、时间等作出具体要求和规定，然后要求参谋机构和参谋人员按质、按量、按时提供相应的服务。这种服务往往具有专门活动的性质。

（4）提供全方位的咨询服务。参谋机构或人员既要为上级提供意见、建议与咨询并代为制定政策与计划，又要负责为下级直线人员提供咨询并为下级参谋机构或人员提供业务上的帮助与指导。

（5）提供特定的专门技术服务。参谋人员提供常规性的、专业性很强的、专门领域内的技术服务。他们在行政隶属管理上接受参谋部门的领导，被服务部门无权直接指挥参谋人员的工作，但可以对其工作提出自己的建议与要求；若对服务不满，可以直接向上一级直线主管或参谋主管反映，以督促参谋人员改进工作。

（6）参谋行使职能职权。当直线主管授予参谋机构或人员某些权力处理直线主管的一些工作时，参谋机构或人员不仅为其上级提供咨询、代拟计划和政策，还可以在授权范围内直接指挥下级单位，享有部分的直线指挥权力，甚至当直线主管因事外出时，参谋人员还可以代行全部指挥权。

（7）提供独立的监督服务。例如，大型组织设立监事会、审计科等独立的监督服务机构，负责对包括各级直线主管在内的所有机构和人员行使独立的审计、监督和检察权。此时的直线-参谋关系就变成了一种监督与被监督的关系，这是一种特殊的直线-参谋关系。

资料来源 芮明杰. 管理学——现代的观点［M］. 上海：上海人民出版社，1999：175.

4.3.4 集权与分权

1.集权与分权的含义

集权是指决策权在组织系统中较高层次上一定程度的集中。分权是指决策权在组织系统中较低层次上一定程度的分散。

职权在组织中是集中还是分散，不是职权的种类问题，而是职权的大小问题。组织管理的集权与分权是相对的，绝对的集权或绝对的分权都是不可能的。集权和分权同时是两个彼此相对、互相依存的概念。集权或者分权不能简单地用"好"或"坏"来加以判断。在成功的企业中，既有许多被认为是相对分权的企业，也有许多被认为是相对集权的企业。因此，并不存在一个普遍适用的标准，可以使管理者据以判断应当分权到什么程度，或是应当集权到什么程度。

集权与分权的实质是职权在组织中各管理层次之间的分配问题。按集权与分权的程度不同，领导方式分为两种：集权制与分权制。集权制是指组织的管理权限较多地集中在组织的最高管理层。分权制就是把管理权限适当分散在组织的中下层。

小思考4-5

集权制有哪些优缺点？

答：集权制的优点是：

（1）有利于集中领导、统一指挥；

（2）有利于各部门间活动的协调；

（3）有利于实行专业化，提高工作效率。

集权制的缺点是：

（1）不利于合理决策；

（2）不利于调动下属积极性；

（3）阻碍信息交流；

（4）助长组织中的官僚主义。

小思考4-6

分权制有哪些优缺点？

答：分权制的优点是：

（1）可以减轻高层决策者的负担，使其集中精力于组织的重大决策，增强组织的适应性；

（2）有利于调动各层次管理者的积极性和主动性，培养综合管理者；

（3）有助于决策合理化；

（4）有利于产品多样化。

分权制的缺点是：

（1）各部门统一协调困难；

（2）易出现部门主义和本位主义，导致上级部门管理失控。

2.集权与分权的标志

一个组织集权或分权的程度常常根据各管理层次拥有的决策权的情况来确定。一般可以从以下三个方面衡量某个组织的集权与分权情况：

（1）决策的数目。基层决策数目越多，其分权程度越高；反之，上层决策数目越多，其集权程度就越高。

（2）决策的重要性及影响面。若较低一级层次作出的决策事关重大、影响面广，就可认为分权程度较高；相反，若下级作出的决策无关紧要，则集权程度较高。

（3）决策的审核。在根本不需要审批决策的情况下，分权程度就非常高；在作出决策后还必须呈报上级领导审批的情况下，职权分散程度就低一些。较低一级管理层次在作出决策后的审核手续越简化，分权程度就越高。

3.影响集权与分权的因素

集权与分权的程度是随条件变化而变化的。影响集权与分权的因素很多，主要包括：

（1）决策的重要性。这是影响分权程度的最重要的因素。一般来说，越是重要的决策，付出的代价就越大，对经济标准、组织信誉、员工士气、相对竞争位置等影响也越大，职权就越有可能由较高层次的管理者掌管。

（2）政策的一致性。高层主管若希望在整个组织中采用统一的政策，以便于比较各部门的绩效、保证步调一致，则往往赞同较高程度的集权；否则，就会允许各单位根据客观情况划定各自的政策，放宽对职权的控制程度。

（3）组织的规模。组织的规模越大，需要作出决策的数目就越多，需要作出决策的场合也越多，协调起来也就越困难。要克服这些问题，加快决策速度，减少失误，使高层决策者能够集中精力处理重要决策，就需要向组织下层分散权力。

（4）组织的成长。组织的成长形式、成长阶段等会影响到集权与分权。从成长形式看，通过内部成长由小到大发展起来的组织，或者在其缔造者的监护下成长起来的组织，往往表现出一种强烈的集权特征。通过兼并或收购而形成的组织则经常表现出分权的趋势。从成长阶段看，组织建立初期多采用和维持高度集权的管理方式，随着组织逐渐成长、规模不断扩大，分权的管理方式逐步成为主流趋势。

（5）管理哲学。组织主管人员的人生观、个性和管理哲学不同，对组织的权力要求也不同。民主、宽容、体谅与尊重下属、强调参与管理的主管人员往往将分权看作现代组织的生存方式，否则就会采取集权管理。

（6）人才的数量与素质。组织人员储备充足、训练有素，在数量和素质上均能够满足组织生存与发展的需要，组织的分权程度就会加大；反之，主管人员数量稀少，缺乏经验与训练，管理能力弱，就会有较大程度的集权。

（7）营运与控制。组织营运分散化，即由于诸如分工、机器设备的使用、工作性质、原材料的利用等技术方面的原因的影响，组织的各个部门及管理者分散在不同的地理区域，会导致职权分散；组织是否有合适的控制手段，能否运用统计技术、会计控制方法、计算机技术等对各项组织工作进行适当的反馈也是影响职权分散程度的一个重要因素。

（8）其他。例如，职能领域不同、外界环境不同等也会影响到组织的集权与分权程度。

拓展阅读4-3

适合集权与分权的情况

从企业发展战略来看，适合集权的情况有：一体化企业集团；单一品牌的集团；企业主营业务；对企业利润贡献较大的业务板块；业务规模不大但有战略意义的业务；处于变革时期的业务。适合分权的有多元化企业集团、多品牌集团、对企业业务贡献不大的存续业务、处于平稳期的业务。

从组织架构的角度来看，适合集权的有战略型管理总部、运作型管理总部、事业部、独资或控股企业、中小型企业。适合分权的有财务型总部、子公司、参股企业。当然，财务型总部的资金管理权与重要人事任免权集中在总部，但具体运营权下放。

从人力资源管理的角度来看，适合集权的情况有：人力资源管理体系不健全，没有基础制度体系的企业；新招聘的管理者的业务。适合分权的情况有：人力资源管理体系比较健全的企业；该业务板块的领导在企业工作时间较长，集团对其较为了解；该业务板块的负责人具有综合、全面的能力。

从企业文化的角度来看，适合集权的情况有：没有明确发展目标和核心理念的企业；干部员工思想涣散的企业。适合分权的情况有：对企业战略有统一认识的企业；企业文化体系健全的企业。

资料来源　马瑞民. TCL，分权还是集权［EB/OL］. (2006-04-30)［2019-12-05］. http://www.ceconline.com/strategy/ma/8800043215/01/.

4.4　人员设计

人是组织中最重要的资源，蕴含着巨大的潜在能力。人员设计是组织有效活动的保证，也是组织发展的必要准备。

4.4.1　人员设计的含义与原则

1.人员设计的含义

人员设计指为实现组织目标而对组织人员进行的选拔、培训、考评和使用，其目的是配备合适的人员充实组织机构所规定的各项职务，以保证组织活动的正常进行，进而实现组织既定的目标。人员设计包括管理者的设计和员工的设计，管理学中的人员设计着重于管理者的设计。

2.人员设计的原则

（1）职务明确原则，即组织应根据目标的要求科学地进行职务分析与设计，为组织人员配备确立有效的依据。

（2）优化组合原则，即组织通过科学选聘与合理组合，实现人员的群体相容、优势互补，整合优化效应最大。

（3）公开竞争原则，即组织人员的选聘、组合、使用与发展应在开放、流动的环境下进行，引入竞争机制，公开、公正、公平地进行竞争。

（4）用人之长原则，即组织应了解和掌握每一名员工的特点，知人善任，将最适合某个职位的人安排到该岗位上去，充分发挥候选人的长处，高效率地实现组织目标。

（5）不断培养原则，即组织应通过各种形式进行人才开发和培养，鼓励和支持员工终身学习，不断提高人员的素质，最大限度地发挥人的潜能。

管理小故事 4-2

4.4.2　人员招聘与组合

1.人员招聘的依据

选拔组织员工，首先应明确选拔的标准是什么。总的要求是德才兼备，还应该考虑以下两个方面：

（1）职位的要求。为了有效选拔组织成员，必须首先对拟派去担任的职位的性质和目的有清楚的了解，即通过职位分析来确定某一职务的具体要求。职位分析的主要内容通常有：该职务是做什么的？在组织中处于什么样的地位？应该怎么做？需要什么样的知识与技能？有无别的方法实现目标？若有，则新的要求又是什么？

（2）被选拔对象应具备的素质与能力。被选拔者个人的素质与能力是人员选拔中非常重要的一个方面。被选拔者个人的素质与能力虽然不是工作能力的决定因素，却是其工作能力大小的基础。通常员工素质包括思想品德素质、文化业务素质、身体与仪表素质等。员工的工作能力包括认识问题能力、分析问题能力、解决问题能力、技术能力、人事能力和概念能力等，其中认识问题能力、分析问题能力、解决问题能力和人事能力对组织的所有员工都很重要，而技术能力和概念能力则视员工所在的管理层次不同，其相对重要性也不同。

此外，被选拔者从事该工作的主观要求即其工作欲望对他本人的工作效率也会产生影响。

管理小故事4-3

2.人员招聘的方式与程序

人员招聘可以考虑从内部提升，也可以考虑从外部招聘。外部招聘是根据一定的标准和程序，从组织外部的众多候选人中选拔符合空缺岗位工作要求的管理人员。内部提升是指根据工作需要，从组织内部成员中选拔优秀的人员担任更为重要的管理职务。不论是从内部提升还是从外部招聘，都应该鼓励人才公开竞争。

小思考4-7

外部招聘有哪些优缺点？

答：外部招聘的优点是：

（1）被聘人员具有"外来优势"，如果他确有能力，便可迅速打开局面；

（2）有利于平息和缓和内部竞争者之间的紧张关系；

（3）能够给组织带来新的管理方法和经验。

外部招聘的缺点是：

（1）外聘者不熟悉组织内部情况，同时缺乏一定的人事基础，往往需要一段时间的适应才能有效地工作；

（2）可能产生聘用失误的问题；

（3）可能会挫伤组织内部成员的积极性（会堵死他们的升迁之路）。

小思考4-8

内部提升有哪些优缺点？

答：内部提升的优点是：

（1）有利于鼓舞内部成员的士气（给每个人带来发展机会）；

（2）有利于吸引外部人才（外部人才愿意到有发展机会的企业）；

（3）有利于保证选聘工作的正确性，避免误选；

（4）有利于被聘者迅速开展工作。

内部提升的缺点是：

（1）引起同事的不满；

（2）可能造成"近亲繁殖"的现象，不利于组织的管理创新。

人员招聘的程序如下：

（1）初次面试。初次面试多半是根据招聘的一些标准与条件来进行筛选，淘汰掉明显不符合职务要求的应聘者。在这一阶段，招聘者所提的问题大多直截了当。

（2）审查申请表。审查申请表的目的是帮助招聘人员对应聘者有基本了解，并根据其条件，决定是否有必要对其进行进一步考核。一般来说，申请表的内容包括姓名、年龄、性别、家庭情况、受教育情况、特长、简历等。招聘者通过申请人所填的具体内容即可作出有效的初步判断。

（3）录用面试。面试的目的是进一步获取应聘者的信息，在初次面试和审查申请表的基础上，加深对应聘者的认识，有助于对应聘者合格与否作出判断。同时，计划得当的面试可以达到使应聘者了解企业和宣传企业形象的目的。

（4）测试。测试是运用系统的、统一的标准及科学的、规范化的工具，对不同人员的各种素质加以公正而客观的评价。它是选聘过程中重要的辅助手段，特别是对于那些用其他手段无法确定的个人素质，如能力、个性特征、实际技能等。最常用的测试包括智力测试、知识测试、个性测试和兴趣测试等。

（5）人才评价。这是选聘重要管理职位或高技能岗位人才而采用的方式，即让候选人参加一系列管理情景模拟活动，评价人员观察和分析受试者在一个典型的管理环境中如何运作，以考查其实际管理技能或技术技能。参加评估的人员是评估专家和经过培训的企业高层管理者，一般由待选聘岗位的顶头上司参与最后结论评估，并由评估小组集体讨论作出，作为上级审批人员聘任的依据。

（6）对新员工进行上岗教育。上岗教育一方面包括向新员工介绍企业的概况、文化、业务和人员等情况，另一方面包括学习工作所需要的知识和能力、执行任务采取的合适态度、适应本单位的准则和价值观念，以使新的管理人员适应工作。

管理小故事4-4

3.人员组合

人员组合是指组织内按管理或技术与业务需要所进行的人员配置及相应的合作体系。在实践中，人员组合综合效应有三种类型：最佳效应组合（1+1>2）、低效应组合（1+1=2）、最差效应组合（1+1<2）。

实现最佳组合的途径：

（1）组织成员的相容性。这是指组织的成员之间具有相同或相似的思想、志向、性格等，关系融洽，愉快共事。这是最佳组织人员组合的基础。

（2）组织成员的互补性。这是指组织成员之间具有不同的素质、能力、个性风格，形成一种互补效应，从而发挥人员组合的整体优势。组织的管理者应对其组织的成员进行科学组合，在注意人员组合同质化的同时，寻求适度异质组合，实现组织的相容性与互补性的结合，以建立最佳组合。

4.4.3 人员培训

1.人员培训的基本内容

各级、各类人员的素质、能力要求不同，故其具体培训内容也不同，但培训的基本内容不外乎三部分：政治思想与职业道德教育、技术与业务理论知识、技术与业务能力。如果是对管理者进行培训，那么，技术与业务理论知识、技术与业务能力的培训中均应包括管理的理论与技能。

确定培训内容主要根据以下三方面因素：

（1）组织本身的要求，即组织的宗旨、目标与所处的环境等因素；

（2）与企业经营任务和工作本身有关的要求，即工作的具体内容和市场与技术未来发展需要等因素；

（3）受培训者的工作表现与能力及自身发展需要等因素。

2.人员培训的方式

人员培训主要包括管理者培训和一般员工培训。

（1）管理者培训。管理者培训的具体方式主要包括以下几种：

①轮换工作。其目的是扩大受培训人员的知识面，通过不同岗位的轮换，既可以使其了解企业不同岗位的职能，掌握公司业务与管理的全貌，又可以培养他们的协作精神和系统观念。轮换工作大致包括：非管理性工作；对分配的工作进行观察；在各种管理岗位上工作，还可以将受培训者不固定地轮换到生产、销售、财务等不同部门的不同管理岗位上锻炼。

②设立"助理"职位。这种方法可以使受培训者逐步接触高层次管理实务，并通过处理这些实务积累高层管理经验，熟悉高层管理工作的内容与要求，学习主管人员的管理经验与方法。

③临时性晋升。当正式管理人员由于某种原因而职位空缺时，指派受培训者担任"代理"管理者，这种临时性晋升是一种培养管理者的有效办法。代理管理者在任职期间作出决定并承担完全责任，这种管理工作的经验对于受培训者是很宝贵的。

④参加委员会工作。让受培训者参加委员会等组织的工作，使其有机会与有经验的管理者交往，与他们一起参与管理决策工作，学会在集体中协调、决策，便于他们从中得到锻炼。

⑤在岗辅导。管理者在执行工作职务的同时，除自我提高外，还要接受有经验管理者的辅导。辅导是每一个部门经理的职责。有效的辅导能调动下属的积极性，发挥其潜在的能力，并帮助他们克服缺点。

⑥外部培训。组织还可以派受聘人员去大学、培训中心等专门的学校进行培训。这些培训除了正规系统的工商管理硕士外，还包括专题讲习班、研讨会、讲座和按个别公司的要求而特别设计的培训课程。

（2）一般员工培训。对于非管理者的一般员工进行培训的主要方式有：

①上岗培训。员工上岗前，必须接受系统的培训。主要培训内容包括生产技术规程与标准、安全生产规范、企业规章制度、职业道德等。

②岗位练兵。员工在生产经营过程中边干边学，不断学习新知识、新技术，提高技术操作的熟练程度。

③集中培训。企业根据发展的需要或引进新设备、新技术的需要，组织员工进行集中性的培训。

④脱产进修。为培养技术骨干，企业将员工送到专门学校或培训班进行系统的学习进修、技术考核与晋级。技术考核与晋级可以调动员工通过自学自练、提高技术水平的积极性，会有力地促进员工技术水平的提高。

4.4.4　人员考核

人员考核是指按照一定的标准，采用科学的方法，衡量与评定人员完成岗位职责任务的能力与效果的管理方法。

1.人员考核的目的与作用

（1）人员考核的目的。对员工进行考核主要有两大基本目的：一是发掘与有效利用员工的能力；二是通过考核对员工给予公正的评价与待遇，包括奖惩与升降等。

（2）人员考核的作用。考核有利于评价、监督和促进员工的工作，有明显的激励作用；为确定员工的劳动报酬与其他待遇提供科学依据；为员工进行自我考核，为促进员工的全面发展创造条件；有利于管理者了解下属，以便进行合理的岗位调整及职务晋升。

2.人员考核的内容与结构

对员工进行考核主要涉及德、能、勤、绩和个性等五个方面。

（1）德，即员工的思想政治表现与职业道德，特别是职业道德，对于企业的员工来说具有重要的意义。它直接关系到员工的工作质量、为社会所作的贡献、对社会精神文明的影响等。

（2）能，即员工从事业务技术工作而相应具备的专业理论水平与实际能力。这种能力是指员工本身具有的潜在形态的各种知识、技能的总和，主要通过技能程度和熟练程度的形式来衡量。对员工的考核主要包括：①基本能力，包括知识、技能和体力。②精神熟悉能力，包括理解能力、判断能力、决断能力、创造能力、筹划能力、开发能力、表达能力、谈判能力、涉外能力、领导能力等。能力考核已成为判断员工价值、使用员工及组织支付薪酬的重要依据。

（3）勤，即员工主观上的工作积极性和工作态度，包括在工作中表现出来的热情与干劲。员工的工作态度对工作的成果与贡献也具有十分重要的意义，因此构成考核的重要内容。考核工作态度主要包括积极性、责任感、纪律性、协调性等。

（4）绩，即员工在工作过程中的实际成绩与效果，这是最重要的考核内容。对员工绩效的考核是确定对其评价、奖酬、使用的最基本的依据。考核绩效内容主要包括员工所完成工作成果的数量、质量和时效等。

（5）个性，主要指员工的性格、偏好、思维特点等。了解员工的个性，有利于管理者更好地掌握下属的特点，有针对性地、更富有成效地搞好管理。

3.人员考核的要求

（1）考核指标要客观。它具体包含两层含义：一是指标的含义要准确、具体，避免含混不清；二是指标尽可能定量化，增加考核的科学性与准确性。

（2）考核方法要可行，是指考评的方法要被人们所接受并能长期使用，具体体现是：考评项目多少要适中；考评方法要被人理解和接受；考评结果要真实可靠，使人信服。

（3）考核时间要适当，是指考评时间在一个基本时间范围内应根据组织不同层次、部门、职务人员的活动特点与要求以及彼此相互关系而定，不能简单地一味要求统一。

（4）考核结果要反馈，是指考核结果应及时告知被考核者，使其能够较早地了解自己在工作中的优缺点，扬长避短，有针对性地进行调整。

4.人员考核的程序

（1）制订考核计划。要根据组织的基本要求和具体的考核目的，结合当时的实际情况，确定本次考核的目标、对象、程序、实施时间与日程、考核主体等，并明确相应的考核要求与事项。

（2）制定考核标准，设计考核方法，培训考核人员。

①制定考核标准。考核标准主要有两种：一是职务标准，即组织所期望或要求做的工作内容与水平；二是职能条件，即组织期望与要求个人应具备的能力和水平。

②设计考核方法。应根据考核对象的工作性质与特点、考核标准的要求以及组织的实际情况，灵活地选择与设计考核的方法。

③培训考核人员。在考核前应对考核人员进行培训，使他们掌握考核的目的与要求、程序与方法，包括进行必要的客观、公正教育等。

（3）衡量工作，搜集信息。这是考核的具体实施阶段，是考核过程的主体。

①要深入实际、深入群众，这是获取真实、准确信息的基础。

②要做好思想动员与相关人的思想工作，获得知情人的积极配合。

③要采用事先设计的科学的考核方法，客观、公正地进行衡量。

④搜集的信息要真实、准确，并尽可能实行量化。

（4）分析考核信息，作出综合评价。

①对搜集到的信息要进行筛选、审核与提炼，特别是要去伪存真，确保信息的准确性。

②对信息进行科学分类、系统整理。

③对信息进行全面综合、系统分析、科学抽象，正确地得出考核结论。

（5）考核结果的运用。考核结果要上报给上层管理者，并同本人见面。考核结果可以作为了解员工、激励工作、开发能力、奖酬发放、调整使用、晋职晋级等的依据。

5.人员考核方式与方法

人员考核方式有自我考核、上级考核、群众考核等，常用的考核方法有考试法、成绩记录法、对比法、自我考核法等。

管理小故事4-5

4.5　制度设计

组织作为一个实体在投入运行之前还需要建立规范，以明确组织结构内部的具体权限职责、联系方式及行动原则。制度是将组织中比较重要的而且稳定的东西加以概括而形成的行动规则。它规定组织管理的基本程式、联系以及工作的标准程序、要求、方式等，强制性地指导人们怎样正确行事，约束人们按照规定的标准有序地进行工作。

4.5.1 组织制度的含义和特点

1.组织制度的含义

组织制度是指组织管理过程中借以约束全体组织成员行为、确定办事方法、规定工作程序的各种章程、条例、守则、规程、程序、标准、办法等的总称，是对组织本身所作的各项规定。

组织制度可以从狭义和广义两个层面予以分析说明。广义的制度规范包括组织管理中具有稳定性和约束力的、体系化的标准和规程，如组织结构、计划与控制规范等都具有制约和规范作用。狭义的组织制度指组织结构认识问题能力、分析问题能力、解决问题能力和在计划与控制基础上用来约束和协调组织全体员工行为、规定活动程序和方法的规范。我们主要研究的是狭义的组织制度。

2.组织制度的特点

（1）权威性。组织制度是由组织或其上级制定颁布的，具有明确的、是非分明的特征，一经形成并以成文的形式确定下来，所有组织成员都必须执行，违反规定要受到必要的惩罚。组织制度是组织内部的"宪法"。

（2）科学性。组织制度建立在科学合理的基础上，是事物的技术规律要求或客观规律的充分体现，反映了组织管理科学、成熟、合理的一面。

（3）系统性。健全的组织制度是对组织内部各层次的部门、岗位及人员的制度规范，它们之间具有内在的一致性，相互衔接和补充，形成一套严密完整的制度规范体系。

（4）强制性。组织制度是组织中的法，它作为现实地约束和规定组织活动和行为的管理手段，是一套理性的、非人格化的体系，强制性地要求组织成员去执行和遵守。在制度规范约束范围内，组织制度对任何人都一视同仁，没有变通的余地，违反规定者将视情况不同受到组织行政处分、降职降薪、开除等处罚。

（5）稳定性。组织制度往往是在长期的管理实践基础上经过分析研究、总结经验、提炼上升形成的理性准则，它在很大程度上反映了组织活动和管理过程的内在要求，具有较强的稳定性。在条件未发生较大变化的前提下，组织制度通常不会发生变动。频繁变动的组织制度不易贯彻，更难以巩固。

小思考4-9

什么是制度化管理？

答：所谓制度化管理，就是倚重制度规范体系进行管理的模式，也称规范化管理。制度化管理的实质在于以科学确定的制度规范为组织协作行为的基本约束机制，主要依靠外在个人的、科学合理的理性权威实行管理。与传统的以个人权威为主进行的管理相比，制度化管理在科学性、客观性、规范性、稳定性等方面更具优越性。

资料来源　佚名．职权配置与规范设计［EB/OL］．［2019-12-11］．http://www.doc88.com/p-133713211686.html.

小思考4-10

制度化管理的特征是什么？

答：（1）在劳动分工的基础上，明确规定各岗位的权力和责任，并将其明确制度化。

（2）按照各机构、各层次不同职位权力的大小，确定其在企业中的地位，从而形成一个有序的指挥链或等级系统，并以制度形式巩固下来。

（3）以文字形式规定职位特性以及该职位对任职者的要求，并通过科学的选拔标准和方式挑选组织成员。

（4）在实行制度化管理的企业中，所有权与管理权相分离。

（5）管理者按照制度规定在特定的领域里履行义务和责任，行使组织权力，在工作中不受个人情感的影响。

（6）管理者的职务是管理者的职业，管理者应忠于职守而不是忠于某个人。

4.5.2　组织制度的类型

（1）基本制度，是指组织的"宪法"，它是规定组织构成和组织方式、决定组织性质的根本制度。它制约着组织活动的范围和性质，是涉及组织所有层次、决定组织行为方向的根本制度，如企业的产权制度、公司治理制度、企业章程等。

（2）管理制度，是指对组织各领域、各层次的管理工作所制定的指导与约束规范体系。管理制度是比组织基本制度层次略低的制度规定，它是用来约束集体行为的成体系的活动和行为规范，主要针对集体而非个人。组织管理体系中，有相当一部分就是管理制度，它是以单独分散的个人行为整合为目的的集体化行为的必要环节，是管理赖以依托的基本手段，如组织中的各种职权关系与联系的组织制度、各部门与岗位责任制度、各种管理程序与标准的管理制度等。

（3）技术与业务规范，是指组织中的各种关于技术标准、技术规程以及业务活动的工作标准与处理程序的规定。它反映生产和流通过程中客观事物的内在技术和业务活动要求、科学性和规律性，是经济活动中必须尊重的。技术规范所约束的主要是业务活动，业务规范多是定性的，程序性强，大都有技术背景，以经验为基础，如企业的技术规程、业务流程、技术标准等。

（4）个人行为规范，是指针对组织成员的个人行为进行引导与约束所制定的规范。个人行为规范是所有对个人行为起制约作用的制度规范的统称，它是企业组织中层次最低、约束范围最广但也最具基础性的制度规范。个人行为规范是组织中对行为和活动进行约束的第一个层次，其效果好坏、程度高低往往是更高层次约束能否有效实现的先决条件，如员工职业道德规范、劳动纪律规范、仪态与仪表规范等。

4.5.3　组织制度的设计

1.组织制度设计的原则

（1）法制性原则。组织制定一切规章制度都要符合党和国家的政策、法规，并同本组织的章程等基本制度相一致。

（2）目标性原则。必须根据组织的目标需要来制定组织的规章制度，所有制度都必须服从、服务于组织的目标。一些专业性的制度规范还应紧密服务于具体的经营管理目标。

（3）科学性原则。组织制定规章制度，一是必须体现客观规律，特别是管理规律的要求；二是必须从实际出发，充分考虑本组织实际；三是必须先进可行，将先进性与可行性结合起来。

（4）系统性原则。组织制定规章制度必须考虑各种规范的衔接与统一，并形成配套体系。

2.组织制度设计的步骤

（1）调研与目标。要根据组织总目标的需要，在充分调查研究的基础上，提出制定制度与规范的具体目标。

（2）制订草案。在大量分析处理有关信息资料的基础上，拟定制度与规范草案。

（3）讨论与审定。制度草案提出后，要广泛征求意见，反复讨论修改，最后完善定稿，报制度审定部门审批。

（4）试行。将制度在组织内试行，经进一步修改、检验，使之完善。

（5）正式执行。以正式的、具有法律效果的文件形式颁布实施。

3.组织制度设计的内容

（1）基本制度设计。基本制度设计中最重要的是组织领导制度的设计，领导制度的中心问题是解决组织领导层的职权划分问题，其实质是在构成组织领导结构的各权力实体之间划分决策权、指挥权、监督权三种基本的管理职权，划分的依据是组织生产关系的性质和组织所反映的生产力的性质和水平。

（2）管理制度设计。它主要包括专项管理制度和部门（岗位）责任制度的设计。

专项管理制度通常采用条例或规定的形式，其内容一般主要包括：①该项管理工作的目的、地位与意义；②做好该项工作的指导方针与原则；③开展该项管理工作的依据和采集信息的渠道；④该项管理工作的范围与内容；⑤管理工作的具体程序、方法与手段；⑥该项管理工作完成的时限与应达到的标准；⑦该项管理工作的主管部门、承担者与相关部门；⑧该项管理与其他专项管理之间的关系与联系方式等。

部门（岗位）责任制度主要包括的内容有各部门或工作岗位（个人）的工作范围、工作目标与标准、职责与职权、工作标准、工作绩效与奖惩等。责任制度可分为部门责任制度和岗位责任制度。前者主要规定各职能部门或生产经营单位的工作范围、目标、权限、协作关系等，以保证实行科学有序的管理。后者主要是规定岗位（主要指个人）的职责、工作程序与方法、应达到的标准以及相应的奖惩等，以保质保量地完成工作任务。

（3）技术与业务规范设计。企业的技术与业务规范主要有生产技术标准、生产技术规程和生产定额等。生产技术标准是对企业产品或工程等在质量、技术、规格等方面所作的规定，这主要体现为一种质量与水平性质的标准。根据制定的单位与使用的范围，我国企业执行的技术标准分为国家标准、地方标准、行业标准和企业标准。生产技术规程是对企业的产品设计、生产制造、服务运作、设备使用与维护等生产技术活动的程序、方法所作的规定，其主要内容是生产经营活动的基本流程与要求。

4.5.4　组织制度的执行与调整

1.组织制度的执行

组织制度在执行过程中应注意以下几方面：

（1）加强宣传教育。要利用各种有效途径与方式，将组织的规章制度向组织的全体成员进行宣传，做到"家喻户晓"，并教育组织成员认真贯彻实施。

（2）明确责任，严格执行。组织制度的生命就在于执行。再好的制度，如果束之高阁，也是毫无意义的。贯彻执行组织制度，必须有严格的责任制度作保证，并狠抓落实，严格执行。

（3）坚持原则性与灵活性的统一。在具体工作实践过程中，必须依法办事，保证规章制度的严肃性；同时，一定要结合具体情况，灵活而具有创造性地执行制度，注重规章制度的实效。

（4）加强考核与监督。制度工作的重点在落实，而落实的关键在于考核与监督。执行组织制度只停留在号召与要求上是远远不够的，最关键的是搞好制度贯彻情况的监控，进行科学的考核，实行严格的监督。

（5）加大奖惩力度。制度的执行总是要有这样或那样的困难，特别是可能要涉及利益冲突。因此，必须有较大力度的奖惩来加以推进与保证。对制度执行好的予以奖励，执行不好的坚决处罚。通过加大奖惩力度来保证制度的实施，并加大组织制度规范的作用。

（6）跟踪控制，在适当时机进行调整与进一步完善。

拓展阅读4-4

制度化与人性

制度化管理倾向于把管理过程和组织设计为一台衔接精确、完美无缺的机器，讲求规律、科学、理性，不考虑人性。但事实上，组织是由人组成的有序集体，人有感情、情绪、追求、本能，不可能像机器一样准确、稳定、节律有制。另外，组织也不能变成一台设计完美的机器，它是环境中生存和发展的"生物机体"，随环境变化调节自身是基本生存方式之一。从组织生存发展的需要考虑，组织也不能变成机器。

所以，极端的制度化管理既不可能，也不理想。制度化管理强调的是以制度化管理体系为基本，谋求制度化与人性、制度化与活力的平衡。推行制度化管理的同时，要处理好以下两组矛盾的平衡关系：

一是"经"与"权"的关系。"经"与"权"是中国的传统说法，"经"指规范、原则、制度；"权"指权宜、权变，即衡量是非轻重，因时、因地、因事制宜。"经"与"权"，即所谓原则性和灵活性，坚持按制度办事与适当变通之意。在管理中，"经"就是坚持管理的基本原则、基本制度，坚持原则性；"权"就是从实际出发，根据情况的变化采取适当措施，必要时采取变通办法。

二是他律与自律的关系。他律与自律是指涉及个人行为的管理时，究竟应该更多地借助于教育、惩罚、强制、约束等外部规范方式，还是更多地依靠个人的觉悟、自觉性、自我约束来达到目的的问题。借助于约束、强制手段规范个体行为，被称为他律；依靠个人自我控制、自我管理来约束个体行为，被称为自律。强调他律还是自律，从根本上来说，取决于管理者心目中关于人性的假设。认为人性"恶"的，以他律为主；认为人性"善"的，多依靠自律。制度所强调的是他律的一面，但它不是以人性"恶"为基础，而是出于使个人单独的行为成为有目的的，在时间、空间、程度等方面都整合为集体行为的需要。因此，在管理中，既要充分依靠他律，发挥制度规范的作用，又要在保证组织活动正常进行的范围内，尽可能发挥自律的作用，缩小他律的范围，更好地发挥个体的自觉性、责任感、聪明才智和创造性。

资料来源　马海福．论企业的制度化管理［EB/OL］．［2019-12-11］．http://btdcw.com/btd_1g2cd4awuv7k6x46aj5l_1.html.

2.组织制度的调整

组织制度应当保持较强的稳定性，但当制度赖以存在的前提条件发生变化时，组织制度也需要作相应调整，因为制度从本质上说是管理的手段，它要服从管理和协调集体协作行为的需要。当管理协调整体结构发生变化时，必须相应地进行调整。

组织制度调整包括现行组织制度修改、废除和新制度规范的制定。

组织制度的修改通常在出现下述三种情况之一的条件下进行：

（1）与组织制度有关的国家法令、政策有变化，原制度出现与国家法令、政策不一致的地方。

（2）组织管理的基本决策有大的变化。例如，在企业联合、集团化、战略调整、经营范围调整等情况下，都需要制度体系的变更与之相适应。

（3）实施过程中暴露出制度本身的不合理、不完善时，需要对不合理、不完善的规定作修改和调整。制度修改的内容、程度取决于具体情况，有时可能是个别条款，有时可能是某一类规定，有时可能是制度约束的程度。调整的程序与制定过程大体相同，但一般不必经过试行阶段，修改审批后即可直接实行。

组织制度的废除发生在下述情况下：

（1）组织破产倒闭，组织制度自然消除。

（2）某些基本法令、制度的废除使组织有关制度失去依托，失去意义。

（3）制度约束的事项已告结束。

（4）同一事项有了新的制度规范，原制度自然作废。

组织新制度规范的制定一般发生在以下情况下：

（1）组织活动需要标准化管理，以避免管理的随意性，但目前无章可循；

（2）为了得到合作者和社会的广泛信任，赢得更多的商业机会和发展机会；

（3）在遵守法律的前提下，通过制定规范来对法律、法规进行补充；

（4）在接受外部环境的指导和监督时，出于现行政策的约束和支持需要。

总之，组织制度调整的主要工作是修改，其中一个需要注意的问题是把"破""立"结合起来。认识到原制度不合理时，应进行积极修改，但在新制度正式推行之前，还要继续执行原制度，以避免出现无所约束的现象。另外，需要注意制度的调整不宜太频繁，局部的、小的不合理情况出现时，不宜轻易修改制度，要维护组织制度的严肃性和稳定性。

本章小结

组织设计包括部门设计、层次设计、职权设计、人员设计和制度设计等内容，其目的是建立有助于实现管理目标的组织。本章内容如下：第一，阐述了部门的含义与类型、部门设计的方法与原则；第二，阐述了层次的产生、管理层次的划分、管理幅度问题；第三，分析了职权的含义、类型、特点、三种职权之间的关系以及集权与分权问题；第四，介绍了人员设计的含义与原则、人员招聘与组合、人员培训、人员考核的主要内容；第五，分析了组织制度的含义、特点、类型，以及组织制度设计的原则、步骤、内容以及执行与调整内容。

关键观念

部门　管理层次　管理幅度　职权　直线职权　参谋职权　职能职权　集权　分权　组织制度

基本训练

◆ **知识题**

一、阅读理解

1.简述部门划分的原则。

2.简述影响组织管理幅度的因素。

3.简述职权的类型与作用。

4.掌握组织制度设计的内容。

5.掌握人员设计的内容。

二、知识应用

1.不定项选择题

（1）部门划分应遵循（　　　）。

A.优化原则　　　　　B.精简原则　　　　　C.分工原则　　　　　D.合作原则

（2）组织职权包括（　　　）。

A.直线职权　　　　　B.参谋职权　　　　　C.职能职权　　　　　D.管理职权

（3）衡量集权与分权的标志是（　　　）。

A.决策的数量　　　　B.决策的审核　　　　C.决策的重要性　　　D.决策的影响面

（4）组织制度包括（　　　）。

A.基本制度　　　　　B.管理制度　　　　　C.个人行为规范　　　D.业务与技术规范

（5）（　　　）解决的是组织结构的纵向设计。

A.部门设计　　　　　B.层次设计　　　　　C.职权设计　　　　　D.组织设计

（6）当组织规模一定时，管理幅度与管理层次之间存在（　　　）的关系。

A.正比例　　　　　　B.不相关　　　　　　C.反比例　　　　　　D.正相关

（7）提出上下级关系理论的管理学家是（　　　）。

A.劳伦斯　　　　　　B.巴纳德　　　　　　C.沃特曼　　　　　　D.格拉丘纳斯

（8）产权制度、组织章程等属于企业的（　　　）。

A.基本制度　　　　　B.管理制度　　　　　C.个人行为规范　　　D.业务与技术规范

（9）人员考核的要求是（　　　）。

A.指标客观　　　　B.方法可行　　　　C.时间适当　　　　D.结果反馈

（10）组织中最基本、最重要的一种职权是（　　　　）。

A.职能职权　　　　B.参谋职权　　　　C.直线职权　　　　D.领导职权

2.判断题

（1）在确保组织目标实现的前提条件下，部门划分越少越好。　　　　　（　　）

（2）领导制度的中心问题是解决领导层的职权划分问题。　　　　　　　（　　）

（3）管理幅度是管理者管理员工的人数。　　　　　　　　　　　　　　（　　）

（4）决定部门划分的基础是职能。　　　　　　　　　　　　　　　　　（　　）

（5）不论从外部招聘还是从内部提升，人员选拔都要鼓励公开竞争。　　（　　）

（6）集权与分权的实质是职权在组织中各管理层次之间的分配问题。　　（　　）

（7）组织成员的互补性是最佳人员组合的基础。　　　　　　　　　　　（　　）

（8）组织的管理制度是组织的"宪法"。　　　　　　　　　　　　　　　（　　）

（9）组织中层次最低、最具基础性的制度规范是技术与业务规范。　　　（　　）

（10）参谋职权是一种辅助性的职权。　　　　　　　　　　　　　　　　（　　）

◆ 技能题

一、规则复习

1.掌握部门划分的方法。

2.掌握人员设计的原则。

3.区分各类组织制度。

4.掌握各类职权的特点与关系。

二、操作练习

1.掌握人员选聘的步骤。

2.培养制定组织制度的基本能力。

◆ 能力题

一、图解实训

自我测试	
形式	集体参与
时间	15~20分钟
材料	事先准备好的问题，同时最好准备一份打印好的评估表
场地	教室
应用	（1）培养自我评价能力 （2）培养评价他人的能力 （3）期待值与实际值的落差
目的	（1）演示说明人们常常认为自己高于一般水平 （2）说明评价的标准因人而异

程序	（1）请大家按5分制给自己评分，可以从诸如身体、智力、行为等外貌的吸引力、内在的智慧、举止的优雅程度等方面进行评价 （2）请大家用同样的方法和评判标准来评判一个典型人物，可以是团队中的一员，也可以是其他学生 （3）在每次评估前提醒学生，中间分（2.5分）代表平均水平 （4）将自我评定的数据收集上来并计算出平均值，然后将典型人物的评估数据也收集上来并计算其平均分数
讨论	（1）你认为在自我评定和给他人进行评定的平均值间，哪个数字会更高些？（可能的回答：两者很相近，或自我评定的平均分更高）为什么你这样认为？ （2）这个现象对人们评估自己的表现方面会有什么影响？在评估教育或课程的有效性传达时会有什么影响？ （3）我们可以从哪些方面来增强这类评估的客观性？

资料来源　众行管理资讯研发中心. 管理培训游戏全案［M］. 广州：广东经济出版社，2003：348-349.

二、案例分析

案例1

伦迪公司出了什么问题？

伦迪夫妇是一家汽车分销公司里的高级职员，后来他们决定成立一家分销处——伦迪公司。在头5年的经营里，该公司主要采用原公司的管理方法和程序。

公司力争让下属参与管理。为具体体现民主管理，他们引进了高级小组制度，从每一个分部挑一名非管理者，共挑出5个人，每月与他们夫妇开一次会讨论各种问题的解决方法和执行策略。

当公司规模尚小时，一切都运转顺利。当公司销售量增加、规模扩大时，公司并购了一家汽车出租公司，不久又兼并了另一家汽车代理处。规模的扩张增加了伦迪夫妇的工作量，也花费了他们大量的时间和精力，但公司的运行仍是按照以前的方式，组织结构没有变化，结果有些事情不能得到很好的解决，有些大会通过的决议也没有得到执行，许多重要项目被推迟。

问题：

（1）你认为伦迪公司目前存在哪些问题？这些问题是怎么产生的？

（2）影响公司组织结构的因素还有哪些？

（3）伦迪公司在组织设计方面应作怎样的改进？

案例2

联想培养帅才的方法

据传段永基曾说，四通之所以比不上联想，在于柳传志给自己选对了杨元庆和郭为两个人。这或许有些偏颇，但也说明，联想的帅才确实是成就今天联想的重要因素之一。那联想究竟是怎样孵化帅才的呢？

1.扎鞋垫法

柳传志说，培养战略型人才跟培养优秀的裁缝是同样的道理，不能一开始就给他一块上等毛料做西服，而应该让他从缝鞋垫做起。鞋垫做好了再做短裤，然后再做长裤、衬衣，最后才是做西装，不能拔苗助长，操之过急。即使是帅才，也要从最基本的工作做起，待到经验和能力都达到时，再给予更高的平台。杨元庆1988年到联想集团从推销员做起，两年后成为当时一个不太重要的业务部——CAD部门的经理。做业务部经理时，杨元庆利用与美国惠普公司的业务往来关系潜心学习惠普公司的管理，不仅使任职部门的营业额快速增长，而且带出一支优秀的队伍，因工作出色调到联想微机事业部做总经理。在微机事业部，杨元庆使联想电脑市场份额在两年间获得大的飞跃，又被委以重任。就这样，他一步一步登上联想集团总裁位置。

2. 赛马法

联想培养帅才的第二个方法是从赛马中识别好马。柳传志说，只有在赛马中才能识别好马，才能发现千里马；折腾是检验人才的唯一标准。在联想看来，最好的认识人才和培养人才的方法就是让他做事。联想"赛马法"包括三个方面的含义：要有"赛场"，即为帅才提供合适的岗位；要有"跑道"划分，不能乱哄哄挤作一团，必须引导他们有秩序地竞争；要制定比赛规则，即建立一套较为科学的绩效考核和奖励评估系统。联想从1994年开始，每到新年度的3—4月都会进行组织机构、业务结构的调整。在这些调整中，管理模式、人员变动都极大。通过"折腾"，联想给员工提供尽可能多的竞争机会，在工作中崭露头角的年轻人脱颖而出，而那些跟不上时代变化的人就会被淘汰。这就是"在赛马中识别好马"。

3. 索骥法

联想在创业初期没有成型的领导素质模型，但有个朴素的要求——德才兼备。到20世纪80年代末，联想开始将人才分成三个层次：①好员工：有责任心，能独立完成本职工作的人。②骨干或经理：有责任心和上进心，能带领一班人完成工作的人。③领军人物（帅才）：有责任心、上进心、事业心，能带领一个团队制定战略，并将战略推向成功的人。联想还把帅才细化为十项全能：很强的适应能力；很强的学习能力；很强的总结能力；很强的沟通能力；很强的决策能力；正确认识自我的能力；顾全大局；实事求是；敢于承担风险，敢于面对困难；勤奋、吃苦。杨元庆当初性格内向、言语不算流畅，是抱着做技术工作的想法进入联想的，但进去后发现自己原来要每天往外跑，最后做到了总裁，其适应能力不可谓不强。

资料来源　佚名. 联想培养帅才的三种方式［EB/OL］.［2016-08-03］. http://money.163.com/12/0223/11/7QUNBPM700253G87.html.

问题：

（1）联想公司的高层管理人员是通过什么渠道获得的？

（2）企业的帅才是否都应该通过这一渠道获得？为什么？

案例3

麦肯锡的学习型组织

麦肯锡公司从1980年开始把学习和积累知识作为获得和保持竞争优势的一项重要工作，在公司内营造一种平等竞争、激发智慧的环境。在成功地战胜最初来自公司内部的抵制后，一个新的核心理念终于在公司扎下根来，这就是：知识的积累和提高必须成为公司的中心任务；知识的学习过程必须是持续不断的，而不是与特定咨询项目相联系的暂时性工作；不断学习的过程必须由完善、严格的制度来保证和规范。持续的全员学习任务作为制度被固定下来以后，逐渐深入人心，成为麦肯锡公司的一项优良传统，为加强公司的知识储备、提升公司的核心竞争力打下了坚实的基础。

有效的学习机制为麦肯锡带来了两个方面的好处：一是有助于发展一批具有良好知识储备和经验的咨询专家；二是不断充实和更新公司的知识和信息资源，为以后的工作提供便利的条件，并与外部环境日新月异的变化相适应。麦肯锡公司不但建立了科学的制度促进学习，而且通过专门的组织机构加以保证：从公司内选拔若干在各个领域有突出贡献的专家作为在每个部门推进学习机制的负责人，并由他们再负责从部门里挑选六七个在实践领域和知识管理等方面都有丰富经验和热情的人员组成核心团队。麦肯锡的高级管理者还意识到，公司里最成功的员工往往都拥有庞大的个人关系网络。因此，对原先公司内部这种建立在非正式人际关系基础上的知识传递方式并不能简单加以取缔，而是应该很好地加以利用，以作为对正式学习机制的有效补充。由核心的学习领导小组在每个地区的分支机构里发掘并利用这种内部的关系网络作为信息和知识传播的渠道，实现全公司范围内的知识共享。

为了进一步促进知识和信息在组织内的充分流通，麦肯锡公司还打破了以往建立在客户规模和重要性基础上的内部科层组织体系，取而代之的是以知识贡献率为衡量标准的评价体系。这样组织内的每一个部门和每一个成员都受到来自知识贡献的压力，而不是仅仅将工作重点放在发展客户方面。

问题：

（1）麦肯锡公司是如何通过组织设计实现分工协作的？

（2）麦肯锡公司是如何处理制度化管理与人性的关系的？

三、网上调研

1.组织设计成败的实例及原因剖析。

2.搜集组织在有关员工选聘与考核中常见的问题。

四、单元实践

以小组为单位调查某一组织机构部门、层次设计的合理性、权力分配状况、人员配置是否有效、组织制度的约束力等，并分析调研中发现的共性问题，提出解决问题的思路。

[第5章]
组织运行

学习目标

◆ 知识目标：掌握授权的含义与类型、团队的含义与特点、非正式组织的特点、组织变革的含义与内容。

◆ 技能目标：掌握授权的程序、委员会管理的优缺点、团队建设的技巧。

◆ 能力目标：掌握组织变革的过程与程序；培养组建团队的能力。

引 例

迅捷公司的调整

迅捷公司主要提供电话服务和其他通信服务。几年来，迅捷公司在顾客数量、员工总数以及电话机业务等方面都有非常迅速的增长，公司引进了新型的机器、电子设备以及附加的服务项目。

迅捷公司将其业务活动范围划分为3个地区，每个地区经理由公司副总经理兼任并对公司总部负责，地区的经营管理活动从上层到基层都有相当程度的自主性，按照职能原则来组织运行。地区设有机务、电信和商务3个主要的经营管理部门和1个会计部门，各部门的基本职责是：机务部门主要从事电话设施的建设、安排和维修，并按照职能原则进一步细分为建设和工程两个处；电信部门负责电话交换机的运转；商务部门负责地区营业的有关业务。每个部门由1位部主任管理，并直接向副总经理兼地区经理报告工作，同时各部门都拥有人事和技术参谋。会计部门执行所有部门的会计职能，会计部门主管直接对公司总部的审计师负责。

地区的基本组织单位是区段，公司共有8个区段。各区段都由区段设施科长、区段建设科长、区段设施工程师、区段电信科长和区段商务科长等5人组成的一个小组进行管理。区段小组对整个区段的业务工作负责，每一位科长都按职能原则垂直地向上级职能部门报告工作。职能制的组织形式在该公司已经有了很多年的传统，但由于营业规模的扩大，再加上技术因素所带来的更大复杂性，目前公司遇到了许多难题。正如地区组织系统示意图所指明的那样，除非在上一级，否则就无法进行各职能部门之间的协调。部、处、区段都没有统一的负责人，只有3位（部一级）到5位（处和区段一级）不同职能的负责人，在副总经理兼地区经理这一级别上才有对所有职能部门负责的人。

　　迅捷公司总经理邀请集团总部的上层经理人员共同研究可行的地区改组方案。经过广泛的讨论之后，决定指派由公司总部经理人员组成的组织研究委员会向总经理和董事会提出建议，要求委员会经过两个月的认真考虑之后提出一个全新的组织设计建议。

资料来源　佚名. 恩特公司的调整〔EB/OL〕.〔2019-12-11〕. https://www.docin.com/p-1436955655.html.

　　组织设计只是为组织确立了一个基本的框架。组织作为一个实体投入运行，还必须抓好组织的协调，在部门与层次之间有效授权，发挥集体智慧和力量，有效地利用非正式组织，并根据组织内外部环境的变化及时进行组织变革与调整，从而使组织持续有效地发展。

5.1　授　权

　　授权意味着在上下级之间建立起某种形式的职权关系。具体而言，授权就是管理者将自己的部分决策权或工作负担转授给下属的过程。授权是组织规模扩大的结果。没有人能够承担实现组织目标所必需的一切任务，同样没有人能够行使所有的决策权力。由于客观上存在管理幅度的限制，管理者必须将职权授予下级，以使他们在各自的职责范围内进行决策。

5.1.1　授权的含义与类型

1.授权的含义

　　授权是指组织的上级通过某一种形式或程序授予给下级一定的权力，使下级在一定的监督之下有相当的自主权、行动权。授权者对被授权者有指挥监督权，被授权者对授权者负有报告与完成任务的责任。

　　授权的含义包括以下四个因素：

　　一是职责的指派，即向被托付人交代任务；

　　二是权力的授予，即授予被托付人相应的权力，使他有权履行原本无权处理的工作；

　　三是责任的建立，即要求被托付人对托付的工作负全责，负责不仅包括完成指派的任务，也包括向上级汇报任务的执行情况和成果；

　　四是权力的控制，即授予被托付人的职权应在授权人的监控之下，权力既能授出又能收回。

管理小故事 5-1

　　组织中之所以要进行授权主要是因为：

　　（1）授权有利于组织目标的实现。通过科学的授权，使基层拥有实现目标所必需的权力，自主运作，可以更好地促进组织目标的实现；同时，一些专业人员可能比总负责人更能处理一些特殊的问题。一般来说，通过专门训练的专业人员，可能对计算机程序或某一特殊的生产线或某地区的工作环境更熟悉，因而处理这些问题时，就可能比总负责人更有针对性。

（2）授权有利于领导者从日常事务中解脱出来，集中精力处理重要决策问题。"授权是领导者的分身术"，高明的领导者都会恰当地运用授权。

（3）授权有利于激励下级。下级若拥有完成任务的权力，能按照自己的意图独立自主地进行工作，就会获得一种信任感和满意感，这有利于调动其工作的积极性、主动性和创造性。

（4）授权有利于培养、锻炼下级。下级在自主运用权力、独立处理问题的过程中，会不断地提高管理能力，提高综合素质。

拓展阅读5-1

授权与代理、助理（秘书）、分工、分权的区别

（1）授权不同于代理。代理是在某一时期内依法或受命代替某人执行任务，代理的职务相当于原职务，是平级关系，而授权是上下级关系。

（2）授权不同于助理或秘书。助理或秘书只协助主管工作而不承担责任，而授权的主管和被授权人都要承担相应责任。

（3）授权不同于分工。分工是组织中的各个成员按照其工作不同各负其责，彼此之间没有隶属关系，而授权者与被授权者之间有上下级之间的监督与报告关系。

（4）授权不同于分权。分权是授权的延伸，是在组织中有系统地授权，根据组织规定，这种权力可以长时期地停留在中下级管理者手中，而授权是一种短期的权责授予关系。

2.授权的类型

按照不同的标准可以把授权划分为不同的类型：

（1）口头授权与书面授权。这是以授权的传达形式为标准划分的。一般来说，书面授权比口头授权更正式、更规范。

（2）个人授权与集体授权。这是以授权主体为标准划分的，可以由管理者个人决定将其所拥有的一部分权力授予下级，也可以由领导班子集体研究，将该层次拥有的一部分权力授予其下级。

（3）随机授权与计划授权。这是以授权的时机为标准划分的，有时是按照预定的计划安排将某些权力授予下级，而有时是由于某些特殊需要而临时将权力授予下级。

（4）长期授权与短期授权。这是以授权的期限为标准划分的，有时为完成特定任务需要而进行短期授权，完成任务即结束授权，而那些为完成长期任务需要而进行的授权就要较长时期地将权力授予下级。

5.1.2 授权的步骤

（1）下达任务。授权的目的在于完成任务、实现目标，所以，授权过程始于下达任务。首先，要选择好被授权者，他要有正确行使权力的能力，并能有效地完成任务。其次，要下达明确的任务，规定所要实现的目标与标准以及相应要求和完成时限。

（2）授予权力。领导者要将完成任务、实现目标所需的相应类型和限度的权力授给下级。要做到权责对等，并使尽责与一定的利益挂钩。授权中，要特别注意明确权力界限，切不可含糊不清、令出多门。还要注意在授权的同时给予下级充分的信任，全力支持，放手使用。

（3）监控与考核。在授权过程中，即下级运用权力推进工作的过程中，要以适当的方式与手段进行必要的监督与控制，以保证权力的正确运用与组织目标的实现。在工作任务完成后，要对授权效果、工作实绩进行考核与评价。

5.1.3　授权的原则与艺术

1.授权的原则

（1）目标需要原则。授权是为了实现组织目标，所以，必须根据组织目标和工作任务的需要，将相应类型与限度的权力授给下级，以保证其有效地开展工作。

（2）适度授权原则。授权的程度要根据实际情况决定，要根据工作任务及下级的情况灵活决定，既要防止授权不足，又要防止授权过度。

（3）权责明确原则。它包括两层含义：

一是权责对等。在授权中要注意职务、权力、职责与利益四者之间的对等与平衡，真正使被授权者有职、有权、有责、有利，同时要注意授权成功后合理报酬的激励作用。

二是职责共担。领导者虽然将权力授予了下级，但必须仍承担实现组织目标的责任。这种职责对于领导者而言，并不随授权而推给下级。

（4）有效监控原则。在授权之后，领导者必须有必要的监督控制手段，使所授之权不失控，确保组织目标的实现。

小思考 5-1

1.为什么上级主管不愿授权？

答：上级对下级的授权不是一件轻而易举的事。致使上级不肯对自己的下级授权的原因主要有：

（1）上级领导本身管理能力差，工作计划安排不周，不知该给下级授予多少权力；

（2）担心下级能力强，从而对自己的职位造成威胁；

（3）上级领导过于小心或自信，怕下级出错，不放心下级工作。

2.为什么下级人员不愿意接受授权？

答：组织实践中，一些下级人员也不愿意接受上级授权，主要原因有：

（1）认为自己不可能获得真正的授权，一切仍然由上级决定，因而不愿接受这种有名无实的权力；

（2）害怕出错而受到上级的训斥和处罚，愿意奉命行事，以免承担风险；

（3）缺乏必要的资源条件作保障，对履行的职责和行使的权力没有把握；

（4）缺乏必要的激励措施，获得授权意味着增加了工作责任，而多做工作并无适当的奖励。

2.授权的艺术

在组织管理活动中，大多数授权的失败并不是由于对授权的本质和原则不了解，而是没有把授权的原则巧妙地运用到实践中去，即没有掌握有效授权的艺术。从众多事例中可以发现，授权失败主要是由高层管理者授权不当所致，而其中个人对授权的态度如何是直接影响授权落实情况的最基本因素。高层管理者有效授权应关注以下授权艺术：

（1）接纳意见。懂得如何授权的领导者不但乐于听取别人的意见，还善于鼓励别人发表个人的独立见解，并采纳他人的创造性意见。

（2）肯于放手。有效授权还必须将部分决策权授予下属，这样既可以减轻领导者负担，集中精力考虑组织发展的重大问题，又可以激励下属，增强下属的责任心和主动性，提高工作效率。

（3）允许犯错。人无完人，金无足赤。若领导者紧盯住下属，害怕他们犯错误，就不可能做到真正授权。只有允许下属犯错误，并从中吸取经验和教训，帮助下属提高认识与处理问题的能力，才能达到授权的真正目的。

（4）用人不疑。授权本身就包含了上下级之间的相互信任关系。领导者一旦把权力授予下属，就应该充分信任他们，在授权范围内，对下属的工作不干预、不插手、不包办代替。在工作中尊重下属的意见，不轻易否定下属的安排与做法。

5.2 委员会

委员会是从事某些管理方面工作的一组人，其作用是取得情报、提供信息、进行联络、制定重大决策。

5.2.1 委员会的含义

委员会是指一群人有计划地聚合在一起，对某一特定问题进行讨论或商议决策的组织。若将组织中的最高决策权交给两位以上的主管人员，也就是把权力分散到一个集体中去的过程，即为委员会管理，也称为集体管理。

存在于组织中的委员会有不同的类型和不同的目的。组织内常见的委员会有董事会、工作委员会、预算委员会、咨询委员会等。它们可以是直线式的，也可以是参谋式的；既可以是正式的，有特定的责任和职权，又可以是非正式的，虽未授予职责与职权，但常常能发挥与正式委员会职能相同的作用；可以是永久的，也可以是临时性的，达到特定目的后就可以解散。

5.2.2 委员会的优缺点

1.委员会的优点

（1）集思广益。与个人管理相比，委员会能够对问题作出比较全面的探讨，经过集体讨论、集体判断后得出的方案更切合实际情况，而且能够避免主管人员仅凭个人的经验所造成的判断失误。正如俗话所说："三个臭皮匠，顶个诸葛亮。"

（2）协调。委员会成员通常由各部门选派，当工作或问题涉及几个部门时，可以在委员会内互相沟通信息、交换意见，以开阔视野、了解其他部门的情况。这既有利于减轻上层主管人员的负担，又可以加强部门之间的合作，避免"隧道视野"现象和"职权分裂"现象产生。

（3）民主管理。委员会成员通常是各利益集团的代表，他们代表本利益集团参与决策。对于重大问题，需要委员会集体讨论决定。委员会开会讨论过程中，代表各自利益的委员们都有发言权与投票权，他们适当地使用这些权利，参与决策制定过程，既可以获得集体判断的益处，又可以防止或减少某些人大权独揽或以权谋私等弊端的发生。

（4）鼓励下属。委员会作为群体决策组织，可以使下级主管人员甚至组织的一般成员有机会参与决策的制定过程，从而可以调动下属的积极性。同时，下级主管人员也有了向上级主管人员学习管理经验的机会。

（5）加强沟通。委员会可以作为搜集和发布情报信息的重要手段。对于共同的问题或任务，受其影响的各方都能同时听到信息，都有同等的机会了解所接受的决策与指示，从而节省信息传递的时间。另外，面对面的交谈提供了说清楚问题的机会，因而是一种有效的沟通方式。

（6）有利于管理者的成长。利用委员会也是培训管理者的方法之一。通过委员会，下级人员能了解到其他管理者及整个组织所面临的问题，从而对组织活动有大概的了解。通过委员会，下级管理者有机会学习上层管理者的管理经验，上层管理者也可以在委员会中考评下层管理者，作为将来选拔的依据。

2.委员会的缺点

（1）耗费时间，成本高。委员会需要经常开会讨论有关问题，委员们花在会议上的时间可能很多，如发言、研讨、质疑、行程往返等所有这些都要耗费时间与财力。同时会议本身需要花费，特别是会议期间，委员们不能在原岗位上工作，可能给组织带来更大的损失和影响。

（2）妥协与犹豫不决。一方面，委员会中人们常常出于礼貌互相尊敬，或屈于权威而采用折中方法，以求达到全体意见一致，但这样的结论往往是成事不足的结论。另一方面，委员们代表各自的利益群体，可能在某些问题上争论不休、迟迟不能作出决定，贻误时机。

（3）职责分离。委员会中每个人提出的建议要想成为决定，都需要委员会集体讨论，最终的决策也是集体讨论的结果，这使得委员会中的每位成员对决策负责的责任感下降。一般说来，委员会中的任何一个成员，对集体任务的责任感总不如他对个人负责某事的责任感强，正如"一个和尚挑水喝，两个和尚抬水喝，三个和尚没水喝"。

（4）少数人占支配地位。委员会的决议应反映集体的智慧。虽然委员会是由不同或相同级别的成员组成的，但在讨论问题时，由于只能由少数人控制会场，因而有可能出现少数人把自己的意志强加给他人甚至整体的现象。若委员会作出的决定只是少数人的意见，委员会成为个别人的工具，那就从根本上否定了委员会产生的前提。

5.2.3　有效地利用委员会

正确地利用委员会，必须注意以下问题：

（1）规模的确定。委员会规模的大小无一定标准。原则上讲，委员会的委员人数不宜过多，也不宜过少，一般在5~15人为宜。

（2）委员的选择。委员会中的成员应具有代表性，对委员的知识与能力的要求常常与委员会的目的、性质密切相关。委员会的目的是提供情报、咨询还是协调和解决具体问题，这对委员会成员的要求是不同的。

（3）主席的选择。必须慎重选择担任委员会主席的人，因为他肩负着委员会有效运行的责任，委员会的成就取决于会议主席的领导才能。因此，委员会主席应该由德高望重，高瞻远瞩，分析能力、领导能力和协调能力很强的人来担任。

（4）议题的选择。提交委员会的议题必须经过事先的选择，其内容必须适于讨论；否则，虽有良好的议程也无济于事。议程与议题最好于开会前提交给各委员，使他们知道将要讨论的内容，以便事先有充足的时间阅读资料，在会议期间提出建议与质询。

（5）权限与范围。委员会的权限大小、职责范围都必须明确规定，并使委员们了解详情。对于所讨论的问题，必须使与会者明白了解，以免在讨论中出现超出委员会权限的问题。

（6）决议案的审核。委员会的所有会议都应该有记录，并在会议结束后将会议记录的草稿现场传阅，让各委员作必要的修改或更正，然后由会议主席作最后的定稿。会议上通过的建议，必须作出报告。

（7）定期评价。对委员会的工作成绩必须作出定期评价，其工作成果必须大于所付出的代价，以保证有效实现目标。

5.2.4　董事会

董事会是委员会的形式之一。《中华人民共和国公司法》规定，股份有限公司设董事会，董事会由股东大会选举产生，并对股东大会负责。该法还特别规定：两个以上的国有企业或者其他两个以上的国有投资主体投资设立的有限责任公司，其董事会成员中应当有公司职工代表。董事会中的职工代表由公司职工民主选举产生。

董事会代表全体股东的利益，执行股东会的决议。股东会授权董事会决定公司的业务方针、经营范围和规模，以及其他关系到公司全局的重大问题，董事会按照国家法律、法规、公司章程等就以上问题对股东负责。在经营管理方面，董事会是公司的最高经营决策机构，对外代表公司。董事长是公司的法定代表人。

公司董事会的主要职能是：

（1）受托管理。董事会受股东的委托负责管理公司，它不仅对股东负责，还要对社会负责，对公司职员负责，对顾客负责。

（2）决策企业的目标，即确定企业的目标及实现这一目标的基本战略和政策。例如，公司应不应该从事一项重大的扩建计划，新厂址应该设在哪里，公司应不应该改变产品的品种等。

（3）挑选总经理。这是有长远意义的计划工作。总经理执行董事会的任务，并对董事会负责。董事会对总经理推荐的将担任经理的人员有最后批准权。

（4）核实计划与检查成果。由于董事会对公司的管理是否有效负有责任，因此，为确保各项计划的切实执行，必须检查执行情况，定期考核总经理的工作绩效。

（5）批准预算。

（6）维持公司长期稳定。董事会应根据环境的变化不断地调整其目标和计划，使组织能够适应环境的变化并维持公司的长期稳定。

（7）决定利润分配。董事会决定利润的分配方法，即决定利润是作为红利和企业扩建提成来分配，还是偿还未付清的债务。

（8）通过有见解的咨询来检查计划与经营情况。董事应该对公司的经营状况进行有见解的质询，以此检查公司的计划执行与经营状况。

董事会一般 1~2 个月召开一次例会。在特殊情况下董事长可以临时召开会议，讨论并决定公司的经营方针与经营战略，检查其执行情况，决定重大的人事和财务问题，挑选精干的总经理协调公司与股东、管理部门与股东之间的矛盾等。董事会闭会期间，由董事长负责董事会的日常工作，由总经理（有的称为总裁）负责公司的日常业务。董事长一般是从在本公司工作并负有名望的经理人员中选出的，凡被选为董事长的就不再担任经理。董事长是董事会的最高负责人，而总经理则受聘于董事会，执行董事会的决策，负责公司的日常业务，接受董事会的监督检查并对董事会负责。

5.3　团　队

团队是信息社会条件下最富活力的组织形式，团队管理是管理者组织职能的深刻变革。团队是现代社会高绩效组织的基石。

5.3.1　团队的含义与特征

1.团队的含义

团队是指有明确目标与个人角色定位，强调自主管理、自我控制、沟通良好、合作协调的一种扁平型组织形式。

在大工业生产时期，企业大都建立传统的垂直式、功能化的组织模式。它是一种包含多层次的金字塔结构，实行一种高权威、高结构、逐级负责的纵向管理。每个员工都被严格定位在以功能为核心的部门，分工明晰，权责明确，在管理者的严格指挥与监督下进行工作。我们可以把这种组织模式称为"命令型"群体。在经济全球化、信息化及市场竞争激烈化、快速化的条件下，这种传统的组织模式已明显不适应企业的发展。打破僵化的分工与等级制，凸显合作、自主与协调成为时代的趋势，扁平式的团队管理组织应运而生。这种组织模式与"命令型"群体相对应，可称之为"工作团队"或"团队"。

早在 20 世纪 50 年代，日本企业在实施全面质量管理的活动中就包含了所谓的 QC（quality circle）——一种带有自发性质的质量改进团队，并逐渐形成了有目的、有程序、有方法的质量改进团队。20 世纪 70 年代以后，随着日本企业竞争力的增强，QC 伴随着全面质量管理活动开始在世界各国企业传播和采用。起初团队活动通常被视为与正常的工作活动相分离，而未与其他的组织体系进行整合（如变革领导角色和报酬体系的需要）。如今，团队已经演变为一个更广泛的概念，包括为不同目标而组建的众多类型的团队。

近几十年来，有关团队方面的理论研究和企业实践是非常多的。这与团队在组织中所发挥的作用越来越重要有着直接关系。例如，团队有助于组织的变革并以不同的方式开始工作。如果决策是从多个领域作出的，那么这个团队所考虑的角度就会更广阔，也会更好地解决问题。组织中的其他成员通常也会更乐意接受这项决策。一些工作设计的变化意味着那些来自原本独立职能区域的人们如今在一种重新设计的过程里协同工作。这些类型的变化要求我们更多地关注组织变革问题，以帮助群体专注于新的使命。

小思考5-2

1.团队会给组织带来哪些好处？

答：团队活动给组织带来的好处概括起来包括以下方面：（1）协同过程设计或解决问题；（2）客观分析困难和机会；（3）促进跨职能的沟通理解；（4）质量和劳动生产率的提高；（5）更大的创新；（6）运营成本的减少；（7）增加对组织使命的承诺；（8）对变化更灵活的反应；（9）人员离职流动率及缺勤率的降低等。

2.团队会给个人带来哪些好处？

答：通过团队活动，个人也会有所收获，包括：（1）问题解决技能的提高；（2）个人交往能力的提高；（3）对业务过程理解的加深；（4）培养未来领导角色的新技能；（5）工作、生活质量的提高；（6）满足感和认同感；（7）感觉自己参与团队完成的事情远远大于个人所能等。

2.团队的特征

与"命令型"组织相比，"团队"具有如下的显著特征：

（1）在组织形态上，团队属扁平型组织。实行团队模式的组织，管理层次较少，取消了许多中间管理层次，以保证员工可以直接面对顾客与公司的总目标。

（2）在目标定位上，团队有明确的目标，每个成员有明确的角色定位与分工。团队成员的角色主要有三种：以工作为导向的角色，其主要任务是促进团队目标的实现；以关系为导向的角色，其主要任务是促进团队各种关系的协调与发展；以自我为导向的角色，其主要任务是注重自我价值的实现。

（3）在控制上，强调自主管理、自我控制。在团队中，领导者逐步由监督者变为协调者，团队成员充分发挥主动性、创造性，为满足顾客的需要与实现企业的总目标而自觉奋斗。

（4）在功能上，团队形成一种跨部门、交叉功能的融合体系。团队可以跨部门建立，来自不同部门的成员淡化原有界限，实现功能交叉与融合，成员以多种技能实现互补，实行一种高度融合的协同作战。

（5）在相互关系上，团队构建合作、协调的团体。团队成员有共同的价值观与理念，建立良好的沟通渠道，相互之间高度信任、团结合作、整体协调，形成强大的凝聚力与战斗力。

拓展阅读5-2

高绩效工作团队的特征

高绩效工作团队的特征如图5-1所示。

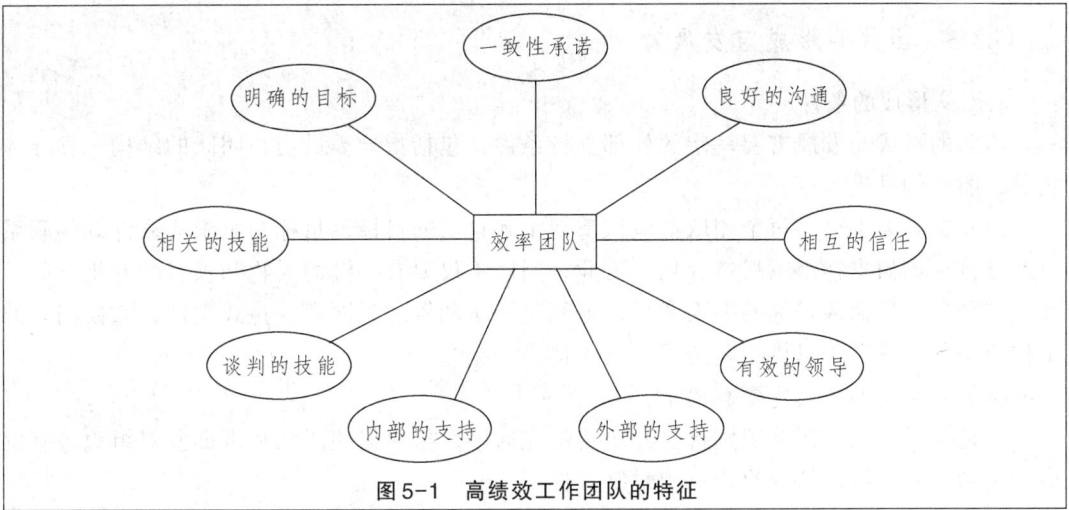

图 5-1　高绩效工作团队的特征

5.3.2　团队的类型

按照不同的标准可以将团队划分为多种类型，但是最基本的划分方法是按照团队的基本功能，将团队划分为三种基本的类型，即工作团队、项目团队、管理团队。所有的高绩效组织都是由这三种团队建立起来的。

1.工作团队

这是最基本、最普遍的团队形式。工作团队主要承担企业生产经营等基本工作任务，如设计、制造、储运、销售产品，或给其内外客户提供服务。工作团队由组织明确定义其职能，属于正式结构的一部分，并由全职稳定的成员所组成。这些团队包括制造生产小组、新产品研发小组、销售与服务小组等。在制造业中，一个工作团队应该包含一组接受过多重技术训练的操作员，他们可以从事某种特殊商品生产所需要的所有工作。

2.项目团队

项目团队主要承担某个工作项目或解决特殊问题等专题性任务。特别任务小组、流程改善小组、问题解决小组等都属于项目团队。项目团队的成员大多是从一两个工作团队中挑选出来的。与工作团队不同的是，这种项目团队往往是暂时性的。设立它们的目的主要是解决特定问题或执行特别的计划，待任务完成后随即解散。该团队成员一般具有专门知识与技能，可以发挥专业与技能的整合优势。

3.管理团队

管理团队主要负责对下属一些部门或人员进行指导与协调。管理团队依靠与传统的"命令型"组织的集权式的纵向管理不同的方式管理下级或改善团队的绩效，促进团队的协调与整合，管理者从监督者变成协调者。管理团队既包括组织最高层这种专司管理职能的团队，又包括质量管理小组、稽核小组这种由兼职人员组成的团队，还包括由组织的资深经理人以及来自不同的跨部门工作团队与部门工作团队的领导者组成的管理团队。

5.3.3　团队的形成与发展

1.团队形成的条件

团队的形成与发展需要一定的外部支持条件，包括指导委员会，团队的结构、领导和成员，团队的推进者等。

（1）指导委员会。每个团队都应该清楚了解自己的目标、目标与组织战略计划的联系以及该目标如何支持组织战略计划。为此，团队不仅要有关键的人物和项目的时机，而且要有定义项目使命或目标的书面章程，即经过团队和管理者同意的正式文件，它使团队的工作合法化，有利于提供团队所需要的支持。

指导委员会的作用主要有两个：

一是指导和跟踪团队识别机会并决定优先次序，努力促使团队从事那些对组织最有价值的活动，并对组织绩效改进承担最终责任。

二是确保管理者和团队成员在团队理念的各个方面得到培训，包括团队变迁、项目管理、过程设计和改进的方法体系、活性化、管理组织变革、领导的特质和转变过程以及如何激励和奖励努力。

（2）团队的结构、领导和成员。

首先，如何构建一个团队取决于其所从事过程的范围。跨职能团队最常被运用于过程改进，因为它覆盖了过程所包括的所有工作职能的范围。每个团队都需要一个领导，成员的个性特点和多样性会影响团队的发展和绩效，这些都应该在团队组成时予以考虑。

其次，团队领导负责协调会议，包括安排会议地点、制定议程、指导团队按议程行事，并向指导委员会汇报进展情况。团队领导也有可能协调过程改进后各项建议的实施，并且对过程的结果负责。团队领导必须具备熟练的组织技能，面对各种不同的选择应当是坚定不移的、富有同情心的和敏锐的。

最后，团队成员是那些改进过程中涉及的人士，也包括内部或外部的顾客和供应者。在改进过程中技术专家和外来者的参与有助于提供其他知识、客观性或创造性。

（3）团队的推进者。其担负协助团队有效工作的职责。推进者通过提问、鼓励这一群体，从不同的角度观察他们所从事的技术过程，从而担当了至关重要的角色。同时，团队推进者应当了解质量管理理论，了解群体中个人和社会心理的影响作用。另外，推进者要了解有助于团队改进的技术方面的知识，如过程规划、选择数据搜集策略、运用有关的分析工具以及最终制订实施改进建议的项目计划。

管理小故事 5-2

2.团队的发展阶段

团队也有一个从建立到逐步成长和成熟的过程。尽管团队的类型、团队工作的环境以及构成团队的个体不同会使团队各阶段表现出不同的强度和持续期，但总的来看，团队的发展一般经过以下几个阶段：

（1）初始阶段。本阶段实际是一种探索阶段，团队成员既很振奋，又有些迷茫。工作团队建立伊始，管理层所任命的正式监督者仍会对团队的各种活动进行指挥与控制，按照现代团队的理念与模式进行教育与训练。这位监督者的职责逐渐会被分派给某些团队成员，然后分散至所有的成员身上。团队的成员必须解决属于自己团队中的问题，而监督者与团队领导只负责提供技术方面的传授与训练，团队成员无法再依赖他们来解决问题。

（2）过渡阶段。团队逐步形成一些有关合作的基本规定或标准，团队工作人员的归属感越来越强，并以合作来取代竞争，沟通之门大开，彼此之间的信任也逐渐加深。团队走出了相互敌对的状态，成员也开始注重彼此关系的维持，组织的生产能力有了提高。随着团队成员担负的与团队每日运作管理有关的职责越来越多，团队领导的角色也逐渐由监督者变为协调者。团队成员开始接管一些较为重要的管理工作，发展团队意识，解决团队内部的冲突，在无监督者指示的情况下作决定，并且从事一些同改革政策、流程与执行例行工作方法相关的活动。

（3）成长阶段。随着团队建设的深入，团队成员信心大增，他们了解了自己的角色与必须完成的任务。团队开始发展，并且利用构建好的流程与方式进行沟通、化解冲突、分配资源、处理与其他团队的关系。在这个阶段中，团队领导脱离了团队，不再直接控制团队的活动；团队成员则担负起制定例行决策的责任，根据不断积累起来的经验，他们能够正确地处理这些管理问题。

（4）成熟阶段。本阶段团队已经步入成熟阶段。第一线的监督者角色也消失殆尽，团队成员完全负责团队的整个工作。除生产经营等基本工作职能外，他们还担负起那些较大范围的行政、财务、人事等工作，并且尽量在不让外力介入的情况下，解决他们在技术与其他方面所遇到的问题。团队有很大的自主性，有较完整的决策权，可以按照自己的意愿行事，高效地实现团队的目标。

拓展阅读5-3

向自我管理团队发展的趋势

现代组织的发展趋势是由传统的工作群体向自我管理团队发展。团队是从工作群体发展而来的，其发展趋势是走向充分自主的自我管理团队。按照自主性的程度，可以将工作群体与团队划分为六种类型，如图5-2所示。图中最左端是传统的工作群体，最右端是理想形态的自我设计团队，团队类型从左至右自主性逐渐增强。

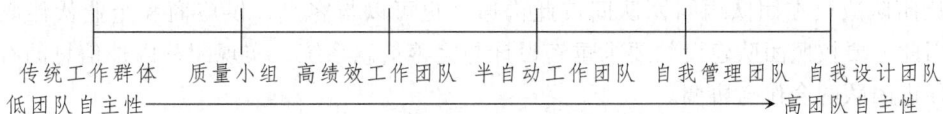

图5-2　团队发展的自主性趋势

（1）传统工作群体。该群体没有管理责任，由基层管理者对他们进行指挥与监督。

（2）质量小组。质量小组是由从生产单位抽出来的员工组成的义务群体，对质量可以提建议，但没有决定和执行权。

（3）高绩效工作团队。团队具有较高的工作自主性，成员积极性很高但权力不大。

（4）半自动工作团队。团队对主要的生产活动有权决策，但仍需要外部的质量控制和维护支持。

（5）自我管理团队。团队拥有控制与决策权，对一部分生产经营负完全责任。

（6）自我设计团队。这是一种理想的团队形式。该团队不但拥有生产经营的权力，而且有权设计团队的职能，包括团队成员的聘用权。

资料来源　佚名．自我管理的工作团队［EB/OL］．［2019-12-11］．http://blog.sina.com.cn/s/blog_66b7917a0100p8eu.html.

3.团队建设的要领

要建设有效团队，应注意抓好以下工作：

（1）科学地设定目标。这是团队建设的首要任务。团队的目标既是团队设立的出发点与归宿，又是凝聚团队成员、合作协调、团结奋战的纽带。制定团队的目标要先进合理，特别注意在可行的基础上，一定要使团队目标具有挑战性，以激励团队成员合作奋战，并尽可能使成员的目标与团队的目标紧密融合，促进团队整体战斗力的提升。

（2）打造团队文化。共同的价值观与文化是团队建设的灵魂。先要确立正确的价值观，并通过各种文化建设的途径使全体成员共同认可，进而塑造健康向上的团队精神，全面建设具有本团队特色的组织文化。

管理小故事5-3

（3）促进跨部门整合与技能互补。工作团队与一般的工作群体的一个本质区别就是实行跨部门整合，其成员具有多种技能，并且在各成员之间实行技能互补，以形成团队的整合优势。因此，要根据目标的要求，科学地设计不同部门之间成员的组合，注重成员技能的培养，促进不同技能间的互补，打造整体优势。

（4）维持小规模的团队。如果团队的规模过大、人数过多，就无法进行团队所需要的建设性沟通与互动，成员对管理与决策的参与程度就较低，而且对于共同面临的一些问题也不易达成共识。因此，要适当控制团队的规模，以保证有效的沟通与合作。

（5）重新设计信息系统。团队的建设与绩效同信息沟通关系极为密切。没有有效的沟通，就没有团队的合作与协调。信息科技将员工们彼此连接在一起，计算机和互联网系统可以让团队成员在团队内与团队间彼此沟通，也可以与客户、供应商和企业伙伴取得联络。因此，要按照团队建设的要求重新设计与完善信息系统，实现团队内外信息的有效沟通，促进团队的合作与协调。

（6）重新设计报酬系统。必须突破传统的奖酬理念与体系，采取一种以知识技能为中心的报酬系统，即以员工的技能与知识而不是以其所处的职位作为决定奖酬多少的主要依据；同时，要把团队绩效与整个团队的奖酬挂钩。团队应利益与风险共担、荣辱与共，真正成为利益共同体。

小思考5-3

团队成员接受新的职责与角色需要哪些新的技能？

答：团队成员接受新的职责与角色，需要以下新的技能：

（1）技术性技能。团队成员必须具备某方面的知识与技能，并注意各种知识和技能的交叉训练。

（2）行政技能。由于团队成员承担了日常管理工作，因此必须具备相应的行政技能，包括制订计划与目标、指挥协调、联络沟通、主持会议、组织训练、协商与交涉、财务审计、绩效评估等技能。

（3）人际技能。沟通是维系团队的核心技能，特别是跨部门团队的沟通就更为重要。因此，团队必须注重其成员沟通能力的培养，使其成员具备较强的人际交往能力。

（4）决策与解决问题的技能。团队成员要担负起决策与解决各种矛盾的职责，就必须拥有较强的决策能力。团队成员必须接受一些决策能力的训练，掌握系统地解决问题的策略，有能力胜任其管理职责。

5.4　非正式组织

组织活动中，人与人之间除了按照正式确定的组织关系交往外，还会发生正式组织关系之外的交往和接触，形成非正式组织。这种人与人之间的接触、交往、相互作用，会给个人的经验、知识、态度、感情等心理因素以重要影响，为人的心理状态和行为方式赋予一定的组织化、体系化特征。因此，研究并有效利用非正式组织的活动规律对实现正式组织的目标具有重要意义。

5.4.1　非正式组织的含义与特点

1.非正式组织的含义

非正式组织是指人们在共同工作或活动中，由于具有共同的兴趣和爱好，以共同的利益和需要为基础而自发形成的团体。它是由于人类的需要或感情的原因，并以员工或社交关系中的非正式权力为基础而建立起来的。非正式组织本身不稳固，随着新观念、新的人际关系及新的沟通路线等的变化而出现变化，因此，非正式组织具有动态性。

小思考 5-4

非正式组织形成的原因是什么？

答：（1）共同的价值观念和共同的利益与风险。个体在交往中如果价值观一致，会使双方的心理距离迅速缩短，容易形成非正式组织；反之亦然。正所谓"酒逢知己千杯少，话不投机半句多"。

（2）共同的兴趣爱好。人有各种兴趣爱好，正当的兴趣爱好有助于陶冶情操，丰富业余生活，增长知识，促进身心健康，提高休息质量。兴趣爱好的一致会促进一些员工经常聚在一起，形成非正式组织。

（3）共同的经济与社会背景。一般而言，以往的学历、当前的处境、出身、家庭、年龄、性别、职业、生活地域等背景相似的人相互之间的共同语言较多，相互沟通比较容易，较容易形成非正式组织。

（4）时间与空间上的接近。这会使个体之间有更多的接触和交往的机会，从而加深彼此之间的了解，较容易形成非正式组织。

非正式组织的产生是一件非常自然的事情。任何正式组织中都有非正式组织存在，两者是相伴而存、相促而生的。在我们周围由非正式组织产生出正式组织的例子屡见不鲜，如亲密的朋友在商谈中创建公司，而且正式组织一旦建立，由于组织成员各自有其精神状态和需要，如同在一个车间工作或曾经是校友等，就会产生非正式组织。所以，正式组织从一开始活动就必然建立起非正式组织。

正式组织内的成员可能在不同阶层担负着不同的工作，按照正常的组织结构关系，在工作上未必有沟通的机会，但由于一些人彼此是亲戚、同乡、同班同学、校友，或者是具有共同的兴趣爱好，就会在工作之余进行交往，从而建立起了人际关系，这种关系往往会跨越正式组织的命令，并且因此而影响到日常的工作。

2. 非正式组织的特点

（1）自发产生。非正式组织以自愿结合为基础，组织建立的目的是满足人的感情或归属的需要，并非为实现某一目标而人为地建立。同时，组织内部领导也是在发展过程中自然形成的。因此，组织成员对某些问题的看法基本一致，因而情绪共振，感情融洽，行为协调，行动一致，归属感强，心理协调性强。

（2）凝聚力强。在非正式组织中，共同的情感是维系组织成员的纽带，人们彼此之间的情感比较密切，互相依赖和信任，有时甚至会出现不讲原则的现象。尽管非正式组织不像正式组织那样有正式的文件，也不向全体成员明确传达，但其内部也有一些不成文的行为规范和做法，并且对成员的约束也是相当严格的，不守规范的人可能遭到全体成员不再与之往来的制裁。组织中非正式组织的凝聚力往往超过正式组织的凝聚力。

（3）涉及面广。非正式组织渗透到了社会各个部门和行业，企业、政府机关、事业单位等组织内部都有非正式组织的存在。

（4）沟通便捷。非正式组织成员之间感情密切、交往频繁、信息传播迅速，成员对信息的反应具有很大的相似性。但由于感情的作用，非正式组织成员看待问题容易出现片面性，信息的传输由于缺乏全面调查、了解而导致失真。

拓展阅读5-4

非正式组织领导人的特征

非正式组织内最重要的人物是该组织的领导人。非正式组织的领导人的行为必须符合组员的期望，同时要有能力处理不同状况下的事情。由于非正式组织比正式组织更富于革新，更适应环境的变化，因此，非正式组织领导人的地位也会随时发生变化。与正式组织的领导人相比，非正式组织的领导人必须具备一些特殊的资格条件或特征：（1）在技术上比其他组员略为优胜；（2）在组织内服务的时间比较长；（3）年龄较大；（4）掌握大量的信息，并位于便于传递信息的岗位上；（5）具有令人钦佩的人格。主管人员必须对组织内的非正式组织有所了解，知道谁是该组织的领导人，如果能与该领导人合作，组织工作就能事半功倍。

5.4.2 非正式组织的类型

按照传输信息的性质划分，非正式组织可分为感情型、兴趣型、利益型非正式组织。按照成员构成划分，非正式组织可分为纵向非正式组织、横向非正式组织、混合交错的非正式组织、亲缘型的非正式组织。

按照效应划分，非正式组织可分为积极型、消极型非正式组织。

5.4.3　非正式组织对管理工作的影响

非正式组织对管理工作既有积极影响，也有消极影响。非正式组织的产生是自然的、偶发的、不稳定的，因此，管理人员很难完全加以控制。有一些非正式组织增进了人们之间的感情，使日常工作更容易进行，对于这样的非正式组织，管理人员就不必加以控制，反而要提倡和鼓励。但也有一些非正式组织，它们的存在构成了一股势力，对企业的正常工作形成阻碍，在这种情况下，管理人员就必须对其加以控制。

小思考 5-5

管理人员应如何有效地控制和引导非正式组织？

答：（1）借助非正式组织来建立并维护正式组织内每个人的价值观、目标和态度，使每个人的行为都有比较稳定的形态。

（2）利用非正式组织作为沟通信息的途径。

（3）通过非正式组织的人与人之间的接触，保证在比较轻松的心情下建立彼此的关系。

（4）当组织内的成员在组织中得不到满足时，可以在非正式组织内找到满足的机会，使他们能安心愉悦地在组织内继续工作。

5.5　组织变革

5.5.1　组织变革的原因与类型

组织变革是组织根据内外环境的变化，及时对组织中的要素进行结构性变革，以适应未来组织发展的要求。

任何一个组织，无论过去如何成功，都必须随着环境的变化不断地调整自我并与之相适应。组织变革的根本目的就是提高组织的效能，特别是在动荡不定的环境条件下，要想使组织顺利地成长和发展，就必须自觉地研究组织变革的内容、阻力及一般规律，研究有效管理变革的具体措施和方法。

1.组织变革的原因

推动组织变革的因素可以分为外部环境因素和内部环境因素两个部分。

（1）外部环境因素。组织是从属于社会大环境系统的一个子系统，外部环境变化必然要求组织进行相应的变化。外部环境因素主要包括整个宏观社会经济环境的变化、科技进步的影响、资源变化的影响、竞争观念的改变。

（2）内部环境因素。推动组织变革的内部环境因素主要包括管理技术条件的改变、管理人员调整与管理水平提高、组织运行政策与目标改变、组织规模扩张与业务快速发展、组织内部运行机制优化、组织成员对工作的期望与个人价值观的变化等。

2.组织变革的类型

依据不同的划分标准，组织变革可以划分为不同的类型：按照变革的程度与速度不同，可以分为渐进式变革和激进式变革；按照工作对象不同，可以分为以组织为重点的变革、以人为重点的变革和以技术为重点的变革；按照组织所处的经营环境状况不同，可以分为主动性变革和被动性变革等。本节主要介绍按照组织变革的不同侧重点进行的分类：

（1）战略性变革，是指组织对其长期发展战略或使命所作的变革。如果组织决定进行业务收缩，就必须考虑如何剥离非关联业务；如果组织决定进行战略扩张，就必须考虑购并的对象和方式，以及组织文化重构等问题。

（2）结构性变革，是指组织需要根据环境的变化适时地对组织的结构进行变革，并重新在组织中进行权力和责任的分配，使组织变得更为柔性灵活、易于合作。

（3）流程主导性变革，是指组织紧密围绕其关键目标和核心能力，充分应用现代信息技术对业务流程进行重新构造。这种变革会使组织结构、组织文化、用户服务、质量、成本等各个方面产生重大的改变。

（4）以人为中心的变革。组织中人的因素最为重要，组织若不能改变人的观念和态度，组织变革就无从谈起。以人为中心的变革是指组织必须通过对员工的培训、教育等引导，使他们能够在理念、态度和行为方面与组织保持一致。

5.5.2 组织变革的目标

总的来看，组织变革的基本目标包括以下三个方面：

1.使组织更具有环境适应性

环境因素具有不可控性，组织要想在动荡的环境中生存并得以发展，就必须顺势变革自己的任务目标、组织结构、决策程序、人员配备、管理制度等。只有这样，组织才能有效地把握各种机会，识别并应对各种威胁，使组织更具环境适应性。

2.使管理者更具有环境适应性

在组织变革中，作为决策的制定者和组织资源的分配者，管理者必须清醒地认识到自己是否具备足够的决策、组织和领导能力来应对未来的挑战。因此，管理者既需要调整过去的领导风格和决策程序，使组织更具有灵活性和柔性，同时要根据环境的变化要求重构层级之间、工作团队之间的各种关系，使组织变革的实施更具有针对性和可操作性。

3.使员工更具有环境适应性

组织的员工是组织变革的最直接感受者。组织只有使员工充分认识到变革的重要性，顺势改变员工对变革的观念、态度、行为方式等，才能使组织变革措施得到员工的认同、支持和贯彻执行。而要改变员工的固有观念、态度和行为是非常困难的，组织要使人员更具有环境适应性，就必须不断地进行再教育和再培训、重视员工的参与管理、改造和更新组织文化。

管理小故事5-4

5.5.3　组织变革的内容

由于组织所面对的环境情况各不相同，因此，组织变革的内容和侧重点也有所不同。美国管理学家李维特（Harold J. Leavitt）认为，组织是一个多变量的系统，在此系统中，至少包含四个最重要的变量：任务、技术、结构与人员（如图 5-3 所示）。因此，组织变革的内容也包括四个方面：

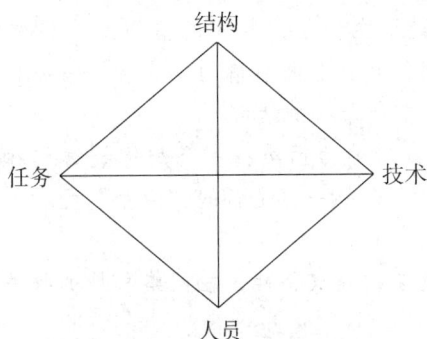

图 5-3　组织变革中的变量关系

（1）任务的变革，是指组织在运行目标和方向上的变革。当组织的运行目标和方向进行调整时，组织的组织结构要随之进行变革。在复杂的组织系统内，尚有许多亚层次任务存在，它们是为总任务服务的，实际上就是各个部门的具体工作任务和目标，这是决定各级部门机构设置的重要因素。

（2）技术的变革，是指对作业流程与方法的重新设计、修正和组合，包括更换机械设备，采用新工艺、新技术和新方法等。组织系统中的技术因素包括设备、建筑物、工作方法、新技术、新材料、新的质量标准和新的管理技术控制手段等。技术的变革可以间接地促进组织任务的改变，或直接促进组织技术条件与制造方法的改进，从而影响到组织人员与组织结构。

（3）结构的变革，是指组织权力关系、协调机制、集权程度、职务与工作再设计等其他结构参数的变化。管理者的任务就是要对如何选择组织设计模式、如何制订工作计划、如何授予权力以及授权程度等一系列行动作出决策。现实中，固化式的结构设计往往不具有可操作性，需要随着环境条件的变化而变化，管理者应该根据实际情况灵活改变其中的某些要素组成。

拓展阅读 5-5

海星式组织

美国的奥瑞·布莱福曼和罗德·贝克斯特朗于 2007 年合作打造出一本亚马逊年度十大商业畅销书——《海星模式》，通过西方商业理论擅长的臆想式案例模式，提出了海星型组织的概念，让我们了解到在这个时代分权有多么重要。

如果砍掉一只蜘蛛的脑袋，毫无疑问它会死亡；但是砍掉海星的一条腿，它不仅会长出一条新腿，而且那只被砍掉的腿也会长成一颗全新的海星。海星有一种特殊的能力——再生，它的腕、体盘和管足受损或自切后，都能够重新生成一颗新的海星。因此，海星对环境的适应能力和生存能力都特别强。

新一代的分权组织正在探索这样的模式：组织的任何一部分都能像海星的器官，灵活扁平，完全自治。奥瑞·布莱福曼和罗德·贝克斯特朗认为，这取决于企业对灵活性和适应性有多么迫切的需求，以及能否掌握适合这种组织形式的管理方式。

海星以5条腿站立行走，即便失去其中的几条腿仍然能够生存下去；但当5条腿齐全的时候，海星就会变成一个充满力量甚至凶残的捕食者。以此为隐喻，企业需要建立虚拟的"5条腿"：众多无等级结构的圈子；一个亲手发起圈子而又很快退身幕后的触媒式人物；能够让圈子成员凝聚在一起的共同的信仰；一个方便圈子成员交流沟通的平台，如互联网；推进新思想的执行者和热情的捍卫者。当虚拟的这"5条腿"齐全之后，组织就会像海星一样释放出前所未有的活力。

《海星模式》一书将组织隐喻为两类：一类是传统的"蜘蛛"型，它具有严格的科层结构和自上而下的领导关系；另一类是新的"海星"型，它拥有扁平化的结构和分散的决策权。

海星代表弹性、反应迅速的分权特性，在网络科技的推波助澜下，已经成为不可小觑的新势力。

资料来源　佚名. 海星模式：教我们怎样分权［EB/OL］.［2019-12-11］. http://news.hexun.com/2008-01-06/102653466.html.

（4）人员的变革，是指员工在态度、动机、行为、技术和文化素质、职业道德水平、人际关系、受激励的程度、组织文化与成员的价值观念上的改变。组织发展虽然包括各种变革，但是人是最主要的因素，人既可能是推动变革的力量，也可能是阻碍变革的力量。变革的主要任务是组织成员之间在权力和利益等资源方面的重新分配。要想顺利实现这种分配，组织必须注重员工的参与，注重改善人际关系并提高实际沟通的质量。

5.5.4　组织变革的程序与管理

1.组织变革的一般过程

组织变革的过程包括以下阶段：

（1）解冻阶段。这是变革前的心理准备阶段。本阶段的中心任务是改变员工原有的观念和态度，组织必须通过积极的引导，激励员工更新观念、接受变革并参与其中。

（2）变革阶段。这是变革过程中的行为转换阶段。此时组织上下已对变革做好了充分的准备，变革措施就此开始实施。组织要把激发起来的变革热情转化为变革的行为，关键是要能运用一些策略和技巧减少对变革的抵制，进一步调动员工参与变革的积极性，使变革成为全体员工的共同事业。

（3）再冻结阶段。这是变革后的行为强化阶段，其目的是通过对变革驱动力和约束力的平衡，使新的组织状态保持相对的稳定。由于人们的传统习惯、价值观念、行为模式、心理特征等都是在长期的社会生活中逐渐形成的，并非一次变革所能彻底改变的，因此，变革措施顺利实施后，还应采取种种手段对员工的心理状态、行为规范和行为方式等不断地巩固和强化；否则，稍遇挫折便会反复，使变革的成果无法巩固。

2.组织变革的程序

（1）进行组织诊断，发现变革征兆。组织变革的第一步就是对现有的组织进行全面的诊断。这种诊断必须有针对性，要通过搜集资料的方式，对组织的职能系统、工作流程系统、决策系统以及内在关系等进行全面的诊断。组织除了要从外部信息中发现对自己有利或不利的因素之外，更主要的是能够从各种内在征兆中找出导致组织或部门绩效差的具体原因，并确立需要进行整改的具体部门和人员。

（2）分析变革因素，制订变革方案。组织诊断任务完成之后，就要对组织变革的具体因素进行分析，如职能设置是否合理、决策中的分权程度如何、员工参与变革的积极性怎样、流程中的业务衔接是否紧密、各管理层级间或职能机构间的关系是否易于协调等，在此基础上制订几个可行的变革方案，以供选择。

（3）选择正确方案，实施变革计划。制订变革方案的任务完成之后，组织需要选择正确的实施方案，然后制订具体的变革计划并贯彻实施。推进变革的方式有多种，组织在选择具体方案时要充分考虑到变革的深度和难度、变革的影响程度、变革速度以及员工的可接受程度和参与程度等，做到有计划、有步骤、有控制地进行。当变革出现某些偏差时要有备用的纠偏措施及时纠正。

（4）评价变革效果，及时进行反馈。组织变革是一个包括众多复杂变量的转换过程，再好的变革计划也不能保证取得完全理想的效果。因此，变革结束之后，管理者必须对变革的结果进行总结和评价，及时反馈新的信息。对于没有取得理想效果的变革措施，应当给予必要的分析和评价，然后再作取舍。

拓展阅读5-6

组织变革的趋势

企业组织变革有人本化趋势。企业的组织结构是为人服务的，唯有人性化、人本化的组织才能具有无限的生命力。这样的组织形式有的已经在国外出现，例如：

（1）可塑性组织。其包括三种要素：一是广泛的内部跨单位网络；二是用市场机制来协调大量以盈利为中心的内部单位；三是通过与外部协作伙伴的合作，创造新的优势。

（2）变色龙组织。其有五大特征：极大的灵活性、个人承诺、充分运用团队、扎实的基本功以及尝试多样性。

（3）虚拟组织。其有三要素：人员、目标和联结。虚拟组织的人员构成将由"组织内"变为"跨组织"；工作方式将由"当面沟通"变为"网络沟通"；管理方式将由"奖罚控制"变为"目标导向"；有的正有待于我们去创造……

资料来源　王通讯. 企业组织变革与人力资源开发［EB/OL］.（2006-07-13）［2019-12-05］. http://info.ceo.hc360.com/2006/07/13082826556-2.shtml.

3.组织变革管理

（1）组织变革的阻力与管理。

组织变革阻力是指组织在变革中遇到的来自各种变革对象的阻力和反抗。产生这种阻力的原因可能是传统的价值观念和组织惯性，也可能是对变革不确定后果的担忧。变革阻力通常有来自个人的阻力和来自团体的阻力两种形式。其中，个人阻力可能有三个：不确定性、关心个人得失以及认为变革不是为了组织的最佳利益。团体阻力包括组织结构变动的影响和人际关系调整的影响等。

消除变革阻力的具体管理对策是：

①客观分析变革阻力与动力的强弱，采取有效措施增强支持因素，削弱反对因素，推动变革的深入进行；

②创新组织文化并使之渗透到每个员工的行为之中，使变革具有稳固的发展基础；

③创新策略方法与手段，使周密可行的变革方案由点到面地逐渐铺开，调动管理层变革的积极性，坚定人们变革成功的信心。

拓展阅读5-7

减少变革阻力的方法

减少变革阻力的方法见表5-1。

表5-1   减少变革阻力的方法

方　法	何时使用	优　点	缺　点
教育与沟通	当阻力源自信息失真时	消除误解	当双方缺乏信任时可能失效
参与	当反对者有技术，能为组织作出贡献时	提高参与程度及接受程度	耗费时间，可能采取下下策
促进与支持	当反对者害怕并焦虑不安时	可以促进所需要的调整	花费较大，没有成功的把握
谈判	当阻力来自权力集团时	可以收买人心	潜在成本高，会面临来自其他人的压力
操纵与合作	当需要一个权力集团的支持时	成本不高，便于得到支持	可能后院失火，会使变革推动者丧失信誉
强制	当需要一个权力集团的支持时	成本不高，便于得到支持	可能是非法的，可能有损变革者的信誉

资料来源　罗宾斯，德森佐. 管理学原理［M］. 毛蕴诗，主译. 5版. 大连：东北财经大学出版社，2005：221.

（2）组织变革的压力与管理。

压力是指在动态的环境条件下，个人面对种种机遇、规定以及追求的不确定性所形成的一种心理负担。压力可以带来正面的激励效果，也可以造成负面影响。压力往往与组织的各种规定、对目标的追求相关联，只有当目标结果具有不确定性和重要性时，组织中的潜在压力才会变成真实的动力。产生压力的原因有很多，概括起来有组织因素和个人因素两类（如图5-4所示）。

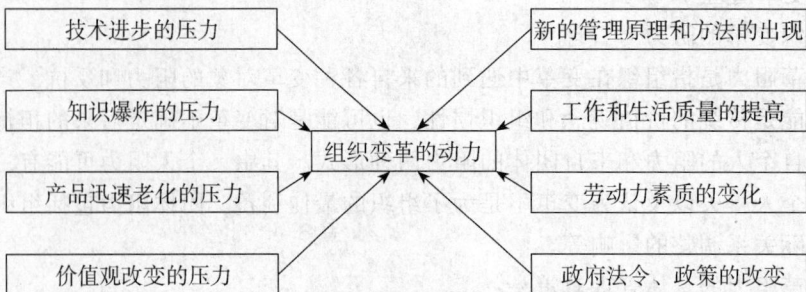

图5-4　组织变革的压力与动力

　　并非所有的压力都是不良的。对组织而言，如何对待变革压力是很重要的，而如何减轻和消除不适的压力更为重要，因为这种压力不仅会危害身心健康、削弱工作能力，而且会降低组织绩效。对个体来说，积极处理压力的途径主要有减轻过重的压力感、适应工作变化、保持积极的工作态度、加强时间管理、处理好工作与生活的矛盾、加强锻炼、劳逸结合；组织可以从识别、改变或消除压力源、减轻压力带来的不良后果等方面减轻压力的消极影响。

　　（3）组织冲突与管理。

　　组织冲突是一个从知觉到情绪再到行为的心理演变过程。常见的组织冲突来源于组织目标不相容、资源相对稀缺、层级结构关系的差异、信息沟通上的失真等。组织冲突会对组织造成很大的影响。研究表明，竞争是导致团体内部或团体之间发生冲突的最直接因素，组织变革的一个主要目标就是要在效率目标的前提下通过有效的竞争来降低组织的交易成本。因此，团体内部或团体之间的竞争是不可避免的，组织冲突可以说是这种竞争的一种表现形式。

　　无论是竞争胜利还是竞争失败，组织冲突都会存在两种截然不同的结果，即建设性冲突和破坏性冲突。

　　建设性冲突是指组织成员从组织利益的角度出发，对组织现存的不合理之处提出意见而形成的组织冲突。它可以使组织中存在的不良功能和问题充分暴露出来，防止事态的进一步恶化，也可以促进不同意见的交流和对自身弱点的探讨，有利于促进良性竞争。

　　破坏性冲突是指组织成员从个人或小群体的利益出发而引发相互抵触、争执甚至攻击等行为，从而导致组织效率下降，并最终影响到组织发展的组织冲突。它会造成组织资源的极大浪费和破坏，种种内耗影响员工的工作热情，导致组织凝聚力严重降低，从根本上妨碍组织任务的顺利完成。

　　组织冲突会在不同的层次水平上发生，如个体内部的心理冲突、组织内个人之间的冲突、各种不同部门之间的冲突等，而其中组织内的非正式组织与正式组织之间、直线与参谋之间以及委员会内部之间的冲突最为典型。

拓展阅读5-8

组织冲突的类型

1. 正式组织与非正式组织之间的冲突

　　这种冲突主要源于两者成员交叉混合、非理性因素的作用。它会对正式组织的工作产生负面影响，特别是在强调竞争的情况下，非正式组织可能会认为竞争会导致成员间的不和而抵制竞争。非正式组织还要求成员行动保持一致，这不仅会束缚成员的个人发展，使个人才智受到压抑，从而影响组织工作的效率，严重时还可能会演化成为组织变革的一种反对势力。

2. 直线与参谋之间的冲突

　　直线关系是一种指挥和命令的关系，具有决策和行动的权力，而参谋关系则应当是一种服务和协调的关系，具有思考、筹划和建议的权力。实践中，保证命令的统一性往往会忽视参谋作用的发挥，参谋作用发挥失当，又会破坏统一指挥的原则。这将使直线和参谋有可能相互指责、互相推诿责任，导致组织缺乏效率。

3.委员会成员之间的冲突

委员会是集体工作的一种形式，委员会成员代表了不同的利益集团、部门、个人的行为目标。在资源一定的条件下，成员之间的利益很难取得一致。一旦某个利益代表未能得到支持，他将会被动执行或拒绝执行委员会的统一行动，导致组织效率的下降；委员会充分考虑各方利益达成的各方势力妥协、折中的结果，也势必会影响决策的质量和效率。

大多数组织冲突的发展经过了6个阶段（如图5-5所示）。

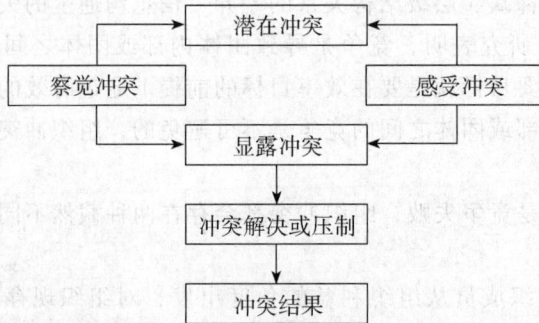

图5-5 组织冲突发展的阶段

在处理组织冲突的过程中，专家们总结出了9种处理冲突的策略（见表5-2）。常用的冲突管理技术除了协商、调解、仲裁、激发合作外，还有加强沟通、人际关系训练、资源开发、工作再设计、结构再设计、群际开发、组织文化变革等。

表5-2　　　　　　　　　　　　　　**处理组织冲突的9种策略**

互动的强度	高	策略3 铁令如山，运用权势强迫他人听从命令	策略6 讨价还价，以协议、交易的方式消弭彼此间的冲突	策略9 携手合作，将大家的意见整合在一起
	中	策略2 粉饰太平，强调想法共通之处，忽略相异部分	策略5 和平共处，在彼此协议下维持各存己见的状态	策略8 全力支持，在可容忍的范围内给对方以最大的支持
	低	策略1 按兵不动，避免面对不同的意见或是延续调整的时间	策略4 制定规则，以客观的规则作为处理歧义的基础	策略7 弃子投降，放弃自己的想法，完全以对方的意见为意见
		低	中	高
		论点的弹性		

本章小结

组织运行包括授权、委员会、团队、非正式组织和组织变革等内容。本章内容如下：第一，介绍了授权的含义、类型、步骤、原则与艺术；第二，介绍了委员会的含义、优缺点、正确利用委员会的注意事项以及董事会；第三，分析了团队的含义、特征、类型、形成与发展；第四，分析了非正式组织的含义、特点、类型以及非正式组织对管理工作的影响；第五，阐述了组织变革的原因、类型、目标、内容、程序与管理等内容。

关键概念

授权　团队　非正式组织　组织变革　组织变革阻力　组织冲突

基本训练

◆ 知识题

一、阅读理解

1.掌握委员会管理的优缺点。

2.掌握授权的含义与特点。

3.掌握组织变革的内容。

4.掌握团队的含义与特征。

二、知识应用

1.不定项选择题

(1) 团队的类型包括（　　　）。

A.工作团队　　　　　B.项目团队　　　　　C.管理团队　　　　　D.分工团队

(2) 组织变革的过程包括（　　　）。

A.准备阶段　　　　　B.解冻阶段　　　　　C.变革阶段　　　　　D.再冻结阶段

(3) 团队发展的阶段包括（　　　）阶段。

A.初始　　　　　　　B.过渡　　　　　　　C.成长　　　　　　　D.成熟

(4) 授权的含义是（　　　）。

A.指派职责　　　　　B.授予权力　　　　　C.建立责任　　　　　D.控制权力

(5) 授权的原则是（　　　）。

A.目标需要　　　　　B.适度授权　　　　　C.权责明确　　　　　D.有效监控

(6) 公司的最高经营决策机构是（　　　）。

A.董事会　　　　　　B.股东大会　　　　　C.监事会　　　　　　D.经理班子

(7) 委员会管理的优点是（　　　）。

A.集思广益　　　　　B.民主管理　　　　　C.沟通与协调　　　　D.员工激励与成长

(8) 非正式组织的特点是（　　　）。

A.凝聚力强　　　　　B.自发产生　　　　　C.涉及面广　　　　　D.沟通便捷

(9) 非正式组织形成的原因是（　　　）。

A.共同的价值观念、利益与风险　　　　　B.共同的兴趣爱好

C.共同的经济与社会背景　　　　　　　　D.时间与空间上的接近

(10) 按照组织变革的侧重点划分，组织变革包括（　　　）。

A.战略性变革　　　　　　　　　　　　　B.结构性变革

C.流程主导性变革　　　　　　　　　D.以人为中心的变革

2.判断题

（1）非正式组织以自发形成为基础。　　　　　　　　　　　　　　（　　）

（2）授权者对被授权者的授权使用不承担责任。　　　　　　　　　（　　）

（3）组织冲突对组织有消极影响。　　　　　　　　　　　　　　　（　　）

（4）授权是一种短期的权责授予关系。　　　　　　　　　　　　　（　　）

（5）团队是现代社会高绩效组织的基石。　　　　　　　　　　　　（　　）

（6）管理团队是最普遍、最基本的团队形式。　　　　　　　　　　（　　）

（7）团队建设的首要任务是打造团队文化。　　　　　　　　　　　（　　）

（8）竞争是导致团队内部或团体之间发生冲突的最直接因素。　　　（　　）

（9）变革阶段的中心任务是改变员工原有的观念和态度。　　　　　（　　）

（10）共同的情感是维系非正式组织成员的纽带。　　　　　　　　（　　）

◆ 技能题

一、规则复习

1.掌握授权的步骤。

2.掌握团队建设的技巧。

3.掌握非正式组织对组织的影响。

二、操作练习

1.培养委员会管理的能力。

2.掌握授权的艺术。

◆ 能力题

一、图解实训

信任行走	
形式	2个人一组
时间	20~30分钟，视人数而定
材料	不限
场地	会议室或空地
应用	（1）团队沟通 （2）团队协作 （3）领导技巧 （4）聆听技巧
目的	（1）挑战自我安全区，建立对团队成员的信任，感受这种信任给你带来的个人突破 （2）训练倾听和辅导的技巧

续表

程序	(1) 将团体分为每两人一组 (2) 每组有一个人蒙上眼睛 (3) 没蒙眼的学生领着蒙眼者通过一段设有障碍的路 (4) 要求引路的同伴只用声音或身体接触为引导 (5) 障碍物可根据情况而定,如椅子、书、绳子,若在室外可以选择花盆、树木等 (6) 设定的障碍物最好能使学生要采取走、爬、跑、摇摆等方式能通过,以增加难度 (7) 经过几分钟舒适的引导后,看得见的同伴告诉蒙眼者跑五步 (8) 观察蒙眼者的反应 (9) 在前进中,要求引导者采用不同方式来引导对方
讨论	(1) 当蒙上眼睛后,是否有一种不安全感? (2) 对于带领自己的人,内心的想法如何?是否会完全信任对方? (3) 当蒙眼者被要求跑5步时,他有什么想法? (4) 带领者在行动中的心情如何? (5) 采用不同的引导方式,如声音或行动,被蒙眼的学生是否有不同的感受?

资料来源 众行管理资讯研发中心. 管理培训游戏全案 [M]. 广州:广东经济出版社,2003:229-230.

二、案例分析

案例1

陷于困境的王先生

王先生作为一名有能力的工程师,创办了一家公司。他的朋友帮他得到了一些印刷电路板的订单。这家公司在一个平房里,员工大约有50人。公司是一人管理体制,王先生几乎处理他公司的所有业务,包括从计划、采购、营销、人事到生产监督的每一项工作。

王先生想全盘掌握他的公司。尽管没有组织结构图,但是王先生对公司每一个部门的参与也可以通过如图5-6所示的组织结构图来表示。王先生制定所有的决策。向他汇报工作的人执行每天的日常工作。王先生处理以下问题:(1)制订企业计划;(2)建立、保持与现有和潜在顾客的联系;(3)安排财务筹资并处理日常的财务问题;(4)招募新员工;(5)解决生产中的问题;(6)监管库存、货物接收和发运;(7)在秘书的帮助下管理日常的办公事务。他在生产车间投入相当多的时间,指导工人该做什么和不该做什么。他一旦看到了自己不喜欢的事情,就会叫附近的任何一个员工来改变它。

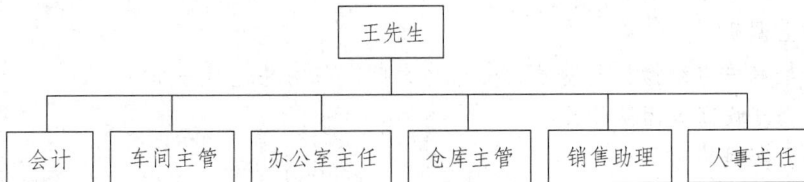

图5-6 组织结构图

最近进行体检时,王先生的医生告诉他:"如果你再消瘦下去的话,你的心脏病将可能很快发作。"

王先生正在考虑他的健康和公司的生存问题。

资料来源 普蒂,韦里奇,孔茨. 管理学精要——亚洲篇 [M]. 丁慧平,孙先锦,译. 北京:机械工业出版社,1999:210-211.

问题：

（1）请对该公司的组织结构形式作简单分析。

（2）王先生所面临的问题是什么？如何能得到解决？

（3）授权对王先生有什么帮助呢？请提出授权建议方案。

案例2

集权与分权

美国通用汽车公司历史上最初采用的是分权制。杜兰特把许多小企业并入了通用汽车公司，并且允许它们的经营一如从前，只要在很模糊的意义上有一点公司的整体观念就行了。这点整体观念可以在现金的控制方法上窥见一斑。每一个业务单位均自行管理本身的现金，所有收入都存在本单位的账户名下，并从那里支付一切开销。公司没有直接收入，也没有实在的现金调拨程序。它不能随便命令一个部门调出现金给另一个需要现金的部门。如果公司需要用现金来支付股息、税款或其他费用，那么公司的司库便只有向各业务单位提出索取现金的要求以敷急用。但是，各个单位均希望保持尽可能多的现金来满足自身的需要，而且它们的所有财会人员都非常精于拖延向上级汇报手头现金余额的方法。因此，司库就只好自己推测一个部门手里有多少现金，以此决定他能向这个部门索取的数额。他得去抓到这些部门的负责人，先讨论一些其他的一般问题，然后在谈话快结束时假装漫不经心地提起关于现金的话题。他们永远会对他提出的索取数额表示吃惊，有时候还会试图抵制，借口拿不出如此巨额的现款。由于存在讨价还价、相互扯皮的局面，公司能以一个整体有效地作出全部现金的决策是件伤脑筋的事。事实上，各部门主管都像是独立部落的酋长，完全不听"王命"了，通用汽车公司那时的组织简直是一盘散沙。

后来，通用汽车公司不得不建立一个高度集权的现金管理体制，即以通用汽车公司的名义开立账户，由总会计室负责控制，所有收入一律记入公司名下的账户，所有支出也都在公司名下的各户头上支付。这样，各户头的主管会计之间便可以在全国范围内迅速而简便地调拨现金。一个单位在急需现金时就从另一个存有现金的单位调拨过去。至于各地分户头收付金额上下限的规定、公司间结算手续的简化以及现金预约计划的制订等业务，全部都在公司总会计室的控制之下。

问题：

（1）你如何认识通用汽车公司从分权到集权的变化？

（2）该案例给你什么启示？

三、网上调研

（1）搜集有关组织授权与变革的资料和案例，归纳并进行分析。

（2）调查建设高效团队的途径。

四、单元实践

事先确定好调查阻力，设计一份调查内容，走访一批企业，调查组织在授权、委员会管理、团队建设和组织变革中存在的问题。经小组讨论，意见大致统一后进行交流。

第3篇 管理过程

[第6章]
计划工作

学习目标

◆ 知识目标：了解计划的类型；掌握计划工作的特征；掌握目标的含义与性质；掌握目标管理的特点。

◆ 技能目标：掌握计划工作的程序、目标管理的程序、制定目标应注意的问题。

◆ 能力目标：运用目标管理进行活动；制订某项活动的计划、方案。

引 例

东方石化公司的"信得过"活动

东方石化公司是一个现代石油化工生产企业。由于石化行业具有特殊性和危险性，公司一开始就实行从严从实管理，制定岗位操作要求，实行公司、厂两级检查和奖惩制度。1990年7月，公司所属烯烃厂裂解一班工人提出"自我管理，让领导放心"的口号，并提出"免检"申请。公司抓住这一契机，在全公司推广创"免检"活动，并细化为一套可操作的行为准则，这就是：①工作职责标准化；②专业管理制度化；③现场管理定量化；④岗位培训星级化；⑤工作安排定期化；⑥工作过程程序化；⑦经济责任和管理责任契约化；⑧考核奖惩定量化；⑨台账资料规格化；⑩管理手段现代化。

公司开展"信得过"活动，使企业基层以及整个企业的管理水平有了显著提高，主要表现在：

（1）员工的主人翁意识普遍增强，实现了员工从"我被管理"到"我来管理"，群众性从严管理蔚然成风。

（2）基层建设方面明确了由专业管理制度、管理人员职责范围和工作标准、班级岗位10项规章制度等方面构成的目标体系，使基层管理水平有了明显提高。

（3）星级管理使员工主动学技术、技能，努力成为多面手；对管理装置工艺流程有了全面了解，提高了处理本岗位突发事件的应变能力，事故发生率大幅度降低。

（4）企业经济效益显著提高。

计划工作是管理的首要职能，计划工作所确定的目标和达标方案为后续的职能工作指明了活动方向。只有审时度势，制定出先进可行的组织未来发展的目标并以此为航向，才能使管理的各项工作有序进行。

6.1 计划工作的程序与方法

6.1.1 计划工作的含义、作用与特征

1.计划工作的含义

计划与计划工作是两个不同的概念。计划可以作为名词也可以作为动词。作为名词使用时，计划是指对未来活动所作的事先安排、预测和应对处理，既是计划工作的结果，又是计划工作监督检查的对象。作为动词使用时，计划是指计划工作，它有广义和狭义之分。广义的计划工作是指制订计划、执行计划和检查计划的执行情况3个阶段的工作过程；狭义的计划工作则仅指制订计划，也就是为了使组织在将来获得最大的成效，根据环境的需要和组织自身的特点，通过科学的预测，确定组织在一定时期内的目标及实现目标的最佳方法的工作过程。本章所提的计划工作是狭义上的计划工作。

计划工作是一种需要运用智力和发挥创造力的过程，它要求高瞻远瞩地制定组织战略和目标，严密地规划和部署，把决策建立在反复权衡的基础之上，因此，它表现出管理在创新方面的能力。计划工作是使组织中各种活动有条不紊地进行的保证。为了做好计划工作，实现计划所设定的目标，计划工作需要遵循一定的基本原理、程序、方法和手段。实践表明，计划工作中的许多失误就是因为对这些基本的东西缺乏了解。

进一步展开来说，计划工作就是预先决定做什么（what），讨论为什么做（why），确定何时做（when）、何地做（where）、何人做（who）以及如何做（how），也就是通常所说的5W1H。其具体含义如下：

（1）"做什么"：要明确组织的使命、战略、目标以及行动计划的具体任务和要求，明确一个时期的中心任务和工作重点。例如，企业在未来5年要达到什么样的战略目标；企业年度生产计划的任务主要是确定生产哪些产品，生产多少，合理安排产品投入和产出的数量及进度，在保证按期、按质和按量完成订货合同的前提下，使得生产能力得到尽可能充分的利用。

（2）"为什么做"：要论证组织的使命、战略、目标和行动计划的可能性和可行性，也就是说要提供制定的依据。实践表明，计划工作人员对组织和企业的宗旨、目标和战略了解得越清楚，认识得越深刻，就越有助于他们在计划工作中发挥主动性和创造性。正如通常所说的，"要我做"和"我要做"的结果是大不一样的，其道理就在于此。

（3）"何时做"：规定计划中各项工作开始和完成的进度，以便进行有效的控制，对能力及资源进行平衡。

（4）"何地做"：规定计划的实施地点或场所，了解计划实施的环境条件和限制，以便

合理安排计划实施的空间组织和布局。

（5）"何人做"：计划不仅要明确规定目标、任务、地点和进度，还应规定由哪个部门、哪个人负责。例如，开发一种新产品，要经过产品设计、样机试制、小批试制和正式投产几个阶段。在计划中要明确规定每个阶段由哪个部门、哪个人负主要责任，哪些部门协助，各阶段的接口处由哪些部门和哪些人员参加鉴定和审核等。

（6）"如何做"：制订实现计划的措施以及相应的政策和规则，对资源进行合理分配和集中使用，对人力、生产能力进行平衡，对各种派生计划进行综合平衡等。

实际上，一个完整的计划还应包括控制标准和考核指标的制定，使组织中所有部门与成员不但知道组织的使命、战略、目标和行动计划，而且要明确本职工作的内容、如何去做以及要达到什么标准。

2.计划工作的作用

管理小故事6-1

（1）为组织成员指明方向，协调组织活动。良好的计划可以通过明确组织目标和开发组织各个层次的计划体系，将组织内成员的力量凝聚成一股朝着同一目标方向的合力，从而减少内耗、降低成本、提高效率。

（2）预测组织的未来变化，减少冲击。计划是面向未来的，而在未来，无论是组织生存的环境还是组织自身都具有一定的不确定性和变化性。而计划工作可以让组织通过周密细致的预测，尽可能地变"意料之外的变化"为"意料之中的变化"，用对变化的深思熟虑的决策来代替草率的判断，从而面对变化时也能变被动为主动，变不利为有利，减少变化带来的冲击。

（3）减少重叠和浪费性的活动。组织在实现目标的过程中，各种活动会出现前后协调不一、联系脱节等现象，同样在多项活动并行的过程当中也往往会出现不协调现象。良好的计划能通过设计好的协调一致、有条不紊的工作流程来避免上述现象的发生，从而减少重复和浪费性的活动。

（4）有利于进行控制。组织在实现目标的过程中离不开控制，而计划则是控制的基础。如果没有既定的目标和规划作为衡量的尺度，管理人员就无法检查组织目标的实现情况，也就无法实施控制。控制中几乎所有的标准都来自于计划。

此外，计划可通过对各种方案详细的技术分析来选择最佳的活动方案，从而大大减少仓促决策造成的损失。计划工作还有助于在最短的时间内完成工作，减少迟滞和等待，促使各项工作能够均衡、稳定地进行。

3.计划工作的特征

计划工作的特征可以概括为以下主要方面：

（1）目的性。每一个计划及其派生计划都是旨在促使企业或各类组织的总目标和一定时期目标的实现。计划工作是最明白地显示出管理的基本特征的主要职能活动。

（2）首位性。计划工作相对于其他管理职能处于首位。把计划工作摆在首位，不仅因为从管理过程的角度来看,计划工作先于其他管理职能,而且因为在某些场合,计划工作是付诸实施的唯一管理职能。计划工作的结果可能得出一项决策,即无须进行随后的组织工作、领导工作及控制工作等。计划工作具有首位性还在于计划工作影响和贯穿于组织工作、人员配备、领导工作和控制工作中。图6-1概略地描述了这种相互关系。

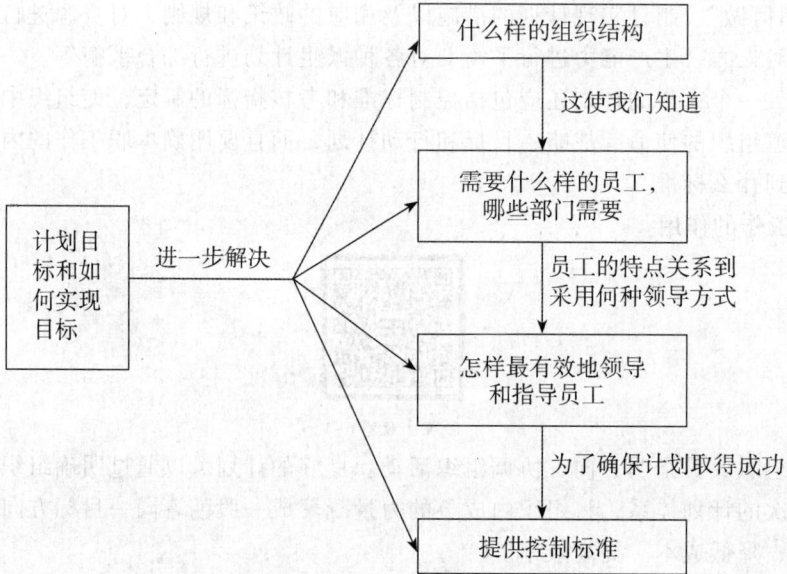

图6-1 计划工作领先于其他管理职能

计划工作对组织工作的影响是,可能需要在局部或整体上改变一个组织的结构,设立新的职能部门或改变原有的职权关系。

计划工作对人员配备的影响可能是需要委任新的部门主管,调整和充实关键部门的人员以及培训员工等,而组织结构和员工构成的变化,必然会影响到领导方式和激励方式。

计划工作和控制工作尤其是分不开的——它们是管理的双生子。未经计划的活动是无法控制的,因为控制就是纠正脱离计划的偏差,以保持活动的既定方向。没有计划指导的控制是毫无意义的,计划是为控制工作提供标准的。此外,控制职能的有效行使往往需要根据情况的变化拟订新的计划或修改原订计划,而新的计划或修改过的计划又被作为连续进行的控制工作的基础。计划工作与控制工作的这种连续不断的关系通常被称为计划—控制—计划循环。

(3)普遍性。虽然计划工作的特点和范围随各级主管人员职权的不同而不同,但计划工作是各级主管人员的一项共同职能。所有的主管人员,无论是总经理还是班组长,都要从事计划工作。人们常说,主管人员的主要任务是作决策,而决策本身就是计划工作的核心。如果将主管人员的决策权限制得过严,就会束缚他们的手脚,使他们无法自由地处置那些本应由他们处置的问题。久而久之,他们就会失去计划工作的职能与职责,养成依赖上级的习惯。这样他们也就丧失了主管人员的基本特征。

(4)效率性。计划工作的任务不仅是要确保实现目标,而且是要从众多方案中选择最优的资源配置方案，以求得合理利用资源和提高效率。用通俗的语言来表达，就是既要"做正确的事"，又要"正确地做事"。显然，计划工作的任务同经济学所追求的目标是一致的。计划工作的效率是以实现企业的总目标和一定时期的目标所得到的利益，扣除为制订和执行计划所需要的费用和其他预计不到的损失之后的总额来测定的。效率这个概念的一般含义是指投入和产出之间的比率，但这个概念不仅包括人们通常理解的按资金、工时或成本表示的投入产出比率，还包括组织成员个人和群体的动机及程度这一类主观的评价标准。所以，只有能够实现收入大于支出、既顾及局部利益又顾及整体利益的计划才是一个完美的计划，才能真正体现出计划的效率。

（5）创新性。计划工作总是针对需要解决的新问题和可能发生的新变化、新机会而作出决定，因而它是一个创造性的管理过程。计划有点类似于一项产品或一项工程的设计，它是对管理活动的设计。正如一种新产品的成功在于创新一样，成功的计划也依赖于创新。

6.1.2 计划的类型与程序

1.计划的类型

依照不同的标准，可将计划分为不同的类型，各种类型的计划不是彼此割裂的，而是由分别适用于不同条件下的计划组成的一个计划体系。

（1）按照计划的形式不同，计划可分为宗旨、使命、目标、战略、政策、程序、规章、规划和预算。

①宗旨。宗旨可以被看作一个组织的最基本的目标，即一个组织存在的基本理由。一个组织的宗旨无非有两类：要么是寻求贡献于组织以外的自然、社会；要么是寻求贡献于组织内部的成员的生存和发展。这两类宗旨是彼此相联、相辅相成的。组织是为其宗旨而存在的，而不是相反。

②使命。确立了组织的宗旨以后，为了实现它，组织就可以为自己选择一项使命。这项使命的内容就是组织选择的服务领域或事业。这里应该强调的是，使命只是组织实现宗旨的手段，而不是组织存在的理由。组织为了自己的宗旨，可以选择这种事业，也可以选择那种事业。

③目标。使命说明了组织要从事的事业，而目标更加具体地说明了组织从事这项事业的预期结果。目标包括组织在一定时期内的目标以及组织各个部门的具体目标等两个方面的内容。对一家工商企业来说，一定时期内的目标通常表现在两个方面，即企业对社会作出贡献的目标和自身价值实现的目标。在通常情况下，人们可以把组织目标进一步细化，从而得出多方面的目标，形成一个互相联系的目标体系。美国学者对80家美国最大的公司的一次研究结果表明，每家公司设立的目标的数量从1到18个不等，平均是5~6个。

④战略。"战略"一词来自于军事用语，因此引用到管理学中来，是指为实现组织的目标而选择的发展方向、行动方针以及各类资源分配方案的总纲。它仍然含有对抗的含义，所以组织在制定战略时不可能闭门造车，而是要仔细研究其他相关组织，特别是竞争对手的情况，以取得优势地位、获得竞争胜利为目标制定出自身的战略。只有在战略制定和实施之后，组织才能由一个抽象的概念变成具体的形态。当然，战略还不是具体说明企

业如何去实现目标，它的重点是要指明方向和资源配置的优先次序。

⑤政策。政策是管理者决策时考虑问题的指南，政策的制定是为了规定组织行为的指导方针。政策可以以书面文字形式发布，也可能存在于管理人员管理行为的"暗示"之中，但无论是哪种形式，政策都对管理人员的工作起到重要作用。

⑥程序。程序也是一种计划，它规定了某些经常发生的问题的解决方法和步骤。程序直接指导行动本身，而不是对行动的思考。程序是一种经过优化的计划，是通过大量经验事实的总结而形成的规范化的日常工作过程和方法，并以此来提高工作的效果和效率。程序往往还能较好地体现政策的内容。

⑦规章。规章是一种最简单的计划，它规定了某种情况下采取或不能采取某种具体行动。规章和政策的最大区别在于前者是一种没有回旋余地的规定，不允许有斟酌的自由，不再需要进行任何决策，而后者正好相反。人们常把规章和程序相混淆，因为两者都是直接指导行动本身，都要抑制思考，限制自由处理的权利；但规章只是对具体情况下的单个行动的规定，而不涉及程序所包含的时间序列，甚至可以说程序实际上就是多个规章按照一定的时间序列的组合。

⑧规划。规划的作用是根据组织总目标或各部门目标来确定组织的分阶段目标或组织各部门的分阶段目标，其重点在于划分总目标实现的进度。规划不仅包含组织的分阶段目标，还包括实现该目标所需的政策、程序、规则、任务委派、所采取的步骤、涉及的资源等。组织的规划是一种综合性、粗线条的、纲要性的计划。

⑨预算。预算是一种"数字化"的计划，把预期的结果用数字化的方式表示出来就形成了预算。一般来说，财务预算是组织最重要的预算，因为组织的各项经营活动大都可以用数字化、货币化的方式在财务预算表上体现出来。预算作为一种计划，勾勒出未来一段时期的现金流量、费用、收入、资本支出等的具体安排。预算还是一种主要的控制手段，是计划和控制工作的联结点——计划的数字化产生预算，而预算又将作为控制的衡量基准。

（2）按计划的期限不同，计划可分为短期计划、中期计划和长期计划。

一般来讲，期限在1年以内的计划为短期计划，期限在5年以上的计划为长期计划，介于两者之间的计划为中期计划。

（3）按计划范围的广度不同，计划可分为战略计划和作业计划。

应用于整体组织，为组织设立总体目标以寻求组织在环境中的地位的计划，被称为战略计划。因为一个组织的总体目标和地位通常是不轻易改变的，所以这种计划的周期一般都较长，通常为长期计划。规定总体目标如何实现的细节计划为作业计划，这种计划的周期通常较短。它与战略计划的最大差别在于：战略计划的一个重要任务是设立目标，而作业计划则是假设目标已经存在，提供一种实现目标的方案。

（4）按计划的明确性程度不同，计划可分为指导性计划和具体计划。

指导性计划只规定一些重大方针，而不局限于明确的、特定的目标或特定的活动方案。这种计划可为组织指明方向、统一认识，但并不提供实际的操作指南。具体计划则恰恰相反，要求必须具有明确的可衡量目标以及一套可操作的行动方案。组织通常根据面临的环境的不确定性和可预见性程度的不同，选择制订这两种不同类型的计划。

（5）按制订计划的组织层次不同，计划可分为高层管理计划、中层管理计划和基层管理计划。

高层管理计划一般以整个组织为单位，着眼于组织整体的、长远的安排，一般属于战略计划。中层管理计划一般着眼于组织内部的各个组成部分的定位及相互关系的确定，它既可能包含部门的分目标等战略性质的内容，也可能有各部门的工作方案等作业性的内容。基层管理计划着眼于每个岗位、每个员工、每个工作时间单位的工作安排和协调，基本是作业性的内容。

（6）按组织的职能不同，计划可分为生产计划、营销计划、财务计划等。

从组织的横向层面看，组织内有着不同的职能分工，每种职能都需要形成特定的计划。例如，企业要从事生产、营销、财务、人事等方面的活动，就要相应地制订生产计划、营销计划、财务计划等。

拓展阅读6-1

一些企业的使命陈述

胜宝旺（Sembawang）造船公司：在船业修理方面成为最杰出者，实现区域性的转变与扩张，并成为成长型企业。

英特尔（Intel）公司：在新型计算机行业中成为芯片的一流供应者。

住房与发展委员会（新加坡）：通过一项全面的公共住房方案，以可承受的价格为新加坡人提供高标准的公共住房。

希捷（Seagate）技术公司：在生产高质量和及时供应市场的软件驱动器方面，成为具有灵活性、高效率的世界级生产制造企业。

埃克森（Exxon）公司：以最有效和最负责的方式提供高质量的石油化工产品和服务，创造卓越的股东和顾客价值。

小思考6-1

计划可以按照不同标准进行分类，各种不同种类的侧重点都相同吗？

答：计划要根据组织自身以及环境的特点来制订，所以，依据组织自身及其所处环境特点的不同，计划内容的重点也不同。一般来讲，组织的层次、组织的生命周期、组织文化和环境的波动性等因素都影响了计划的重点内容。

2.计划的程序

虽然计划的种类多种多样，但是计划的程序都是相似的，依次包括以下内容：

第一步，分析环境，预测未来。在作计划时，管理者首先要考虑企业的各种环境因素，这既包括企业的内部环境，也包括企业的外部环境；既要考虑企业的现实环境，也要考虑企业的未来环境。通过对外部环境特别是未来环境的分析和预测，为确定可行性目标提供依据。

第二步，制定目标。目标通常是指组织预期在一定期间内达到的数量和质量指标。目标是计划的灵魂，也是企业行动的方向。企业计划中的目标制定要注意：①高低适中；②尽可能指标量化；③目标要具体明确。计划中的企业目标一般包括盈利性指标、增长性指标、竞争性指标、产品类指标、人事类指标、财务类指标等。

第三步，设计与抉择方案。为实现目标，要合理配置人、财、物等诸种资源，选择正确的实施途径与方法，制订系统的计划方案。具体程序包括：①制订可供选择的多个方案；②在分析企业内部条件和外部因素的基础上评价各种方案；③找出可行方案；④确定最优方案。

管理小故事 6-2

第四步，编制计划。要依据计划目标与所确定的最优方案，按照计划要素与工作要求编制计划。

第五步，反馈计划执行情况。计划付诸实施，管理的计划职能并未结束。为了保证计划的有效执行，要对计划进行跟踪反馈，及时检查计划执行情况，分析计划执行中存在的问题，并对计划执行结果进行总结。

小思考 6-2

计划工作应遵循哪些原理？

答：（1）限定因素原理是指在计划工作中，越是能够了解和找到对达到所要求目标起限定性和决定性作用的因素，就越是能够准确、客观地选择可行方案。

（2）许诺原理是指任何一项计划都是对完成某项工作所作出的许诺，许诺越大，所需的时间越长，因而实现目标的可能性就越小。

（3）灵活性原理是指计划工作中体现的灵活性越大，则由于未来意外事件引起的损失的危险就越小。

（4）改变航道原理是指计划工作为将来承诺得越多，管理者定期检查现状和预期前景，以及为保证所要达到的目标而重新制订计划就越重要。

资料来源　张创新. 现代管理学概论［M］. 修订版. 北京：清华大学出版社，2005：203.

6.1.3　计划编制的方法

1.滚动计划法

滚动计划法是一种编制具有灵活性的、能够适应环境变化的长期计划方法。其编制方法是：在已编制出的计划的基础上，每经过一段固定的时期（如一年或一个季度等，这段固定的时期被称为滚动期）便根据变化了的环境条件和计划的实际执行情况，从确保实现计划目标出发对原计划进行调整。每次调整时，保持原计划期限不变，而将计划期限顺序向前推进一个滚动期。图 6-2 是一个滚动计划编制过程的示意图。

滚动计划的优点体现在可以使计划与实际紧密结合，提高计划的准确性，更好地发挥计划的指导作用；可以使长期计划、中期计划、短期计划有机结合，从而使计划与不断变化的环境因素相协调，使各期计划在调整中一致；具有相当的弹性，可以有效规避风险，适应竞争需要，提高组织应变力。

本期 5 年计划（2020—2024）				
2020	2021	2022	2023	2024
很细	较细	一般	较粗	很粗

2020 年计划完成情况	内外环境变化情况

计划修正因素

新一期 5 年计划（2021—2025）				
2021	2022	2023	2024	2025
很细	较细	一般	较粗	很粗

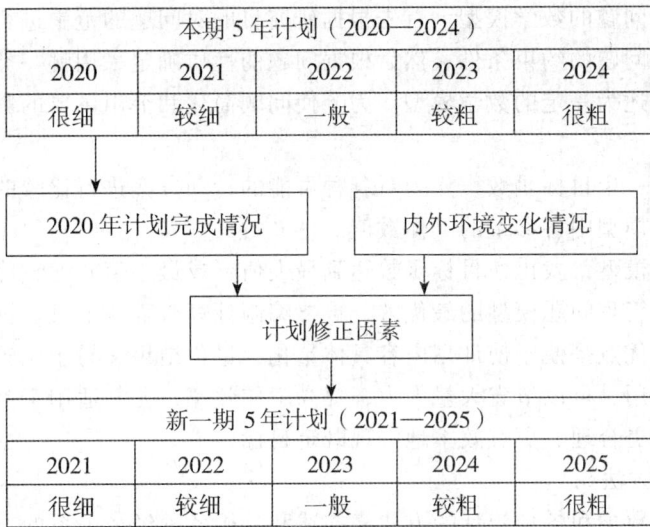

图 6-2　滚动计划的编制方法

2.投入产出法

这种方法最先是由美国经济学家华西里·里昂惕夫在 1936 年提出来的。其原理是任何经济活动都包括投入和产出两部分，投入是指生产活动中的消耗，产出是指生产活动的结果。投入与产出具有一定的数量比例关系。投入产出法就是利用这种数量比例关系求出各部门之间的一定比例，编制投入产出表；然后计算各部门（各生产环节）的直接消耗系数和间接消耗系数（合计为完全消耗系数）；进一步根据某些部门最终产品的要求（供居民消费、政府使用和出口的最终消耗等），算出各部门应达到的指标，用来编制综合计划。

投入产出法的优点在于反映了各部门（或各类产品）的技术经济结构，可用以合理安排各种比例关系，特别在综合平衡方面是一种有效的手段；在编表过程中不仅能充分利用现有统计资料，而且能建立各种统计指标之间的内在关系，使统计资料系统化。编出的投入产出表则是一个比较全面地反映经济过程的数据库，可用来作各种经济分析和经济预测；表格形式直观简易，利于广大计划工作者理解接受；使用面广，可在不同组织和各类企业中应用。

3.运筹学的方法

运筹学是"管理科学"理论的基础，就内容讲，它又是一种分析的、实验的和定量的科学方法，用于研究在物质条件（人、财、物）已定的情况下，为了达到一定的目的，如何统筹兼顾整个活动所有环节之间的关系，为选择一个最好的方案提供数量上的依据，以便能为最经济、最有效地使用人、财、物作出综合性的合理安排，取得最好的效果。

运筹学实际上起源于 20 世纪初叶的科学管理运动。泰罗和吉尔布雷斯夫妇等人首创的时间和动作研究、甘特发明的"甘特图"，以及丹麦数学家厄兰（A. K. Erlang）于 1917 年对丹麦首都哥本哈根市电话系统排队问题的研究等，都应当被看作最早的运筹学。第二次世界大战中，为适应战争的需要，现代运筹学的一个最成熟的分支——线性规划出现了。随着计算技术的进步和计算机的普及，非线性规划、动态规划、整数规划、图论、排队论、对策论、库存论、模拟等一系列重要分支也逐步发展和完善起来。

在计划工作中应用运筹学的一般程序包括以下主要步骤：

第一步，建立问题的数学模型。首先根据研究目的对问题的范围进行界定，确定描述问题的主要变量和问题的约束条件，然后根据问题的性质确定采用哪一类运筹学方法，并按此方法将问题描述为一定的数学模型。为了使问题简化和突出主要的影响因素，需要作各种必要的假定。

第二步，规定一个目标函数，作为对各种可能的行动方案进行比较的尺度。

第三步，确定模型中各参量的具体数值。

第四步，求解模型，找出使目标函数达到最大值（或最小值）的最优解。通常，即使是求一个很简单的管理问题模型的最优解，也要编制计算机程序上机运算。

运筹学方法的优点是便于使计划内容具体量化，量化结果又易于比较选优；数学工具和计算机技术的运用，可以节省大量人力，提高工作效率，尤其适用于资源配置，即解决如何用有限的资源更合理、更有效率地实现既定目标。

4.计量经济学方法

它是运用现代数学和各种统计的方法来描述和分析各种经济关系的方法。这种方法的奠基人是挪威经济学家弗瑞希。严格地说，计量经济学方法就是把经济学中关于种种经济关系的学说作为假设，运用数理统计的方法，根据实际统计资料对经济关系进行计量，然后把计量的结果与实际情况进行对照。

计量经济学方法应用于计划工作的步骤：

第一步，因素分析。按照问题的实际情况分析影响它们的因素种类、因素之间的相互关系，以及各因素对问题的影响程度。

第二步，建立模型。根据分析的结果，把影响问题的主要因素作为自变量，把所有次要因素作为因变量，然后建立起含有一些未知参数的数学模型。

第三步，参数估计。利用数学方法及统计资料确定数学模型中的参数值。

第四步，实际应用。一是为经济预测服务，即预测因变量在将来的数值；二是用于评价方案，即对计划工作或决策工作中的各种方案进行评价，以选出最优方案；三是进行结构分析，即利用模型对经济系统进行更深入的分析，以找出关键问题，保障计划顺利实施。

计量经济学方法的优点是通过对各种问题及影响它们的因素进行分析，便于管理者加强市场预测；数学方法的运用和数学模型的建立，可以使计划的任务指标量化，具有较大的应用价值；参数的设立使模型具有相对的弹性，减少了仅用数学方法对一些问题的假设而造成的误差。

6.2 目 标

6.2.1 目标的含义与性质

目标是一个组织各项管理活动所指向的终点，每一个组织都有自己的目标。尽管不同的组织目标各异，但它们的目标都有共同之处，就是以尽可能少的资源投入来实现尽可能多的产出。从管理的意义上讲，目标就是目的或宗旨的具体化，是组织根据宗旨而提出的在一定时期内要达到的预期成果。一般来说，目标的构成要素包括：（1）目的，即组织期望完成的任务或实现的结果；（2）衡量组织实现目的的指标；（3）组织应该实现的指标水平；（4）组织实现预期指标的时间表。

组织的目标具有以下属性：

1.目标的层次性

组织目标形成一个有层次的体系，范围从广泛的组织战略性目标到特定的个人目标。这个体系的顶层是组织的愿景和使命陈述。第二层次是组织的任务。在任何情况下，组织的使命和任务必须转化为组织总目标和战略，总目标和战略更多地指向组织较远的未来，并且为组织的未来提供行动框架。这些行动框架必须进一步地细化为更多的具体的行动目标和行动方案，这样在目标体系的基层有分公司的目标、部门和单位的目标、个人目标等。

2.目标的网络化

如果说目标体系是从整个组织的整体来考察组织目标，那么目标网络则是从某一具体目标的实施规划的整体协调方面来进行工作。如果各种目标不相互关联、不相互协调且互不支持，则组织成员往往出于自利考虑而采取对本部门看似有利而对整个公司不利的途径。目标网络化的内涵表现为：

（1）目标和计划很少是线性的，即并非在一个目标实现后接着去实现另一个目标，目标和计划形成一个互相联系的网络。

（2）主管人员必须确保目标网络中的每个组成部分相互协调，不仅执行各种规划要协调，而且完成这些规划在时间上也要协调。

（3）组织中的各个部门在制定自己部门的目标时，必须与其他部门相协调。有人研究得出结论，公司的一个部门似乎很容易制定完全适合于自己的目标，但这个目标在经营上与另一个部门的目标相矛盾。

（4）组织制定各种目标时，必须与许多约束因素相协调。

3.目标的多样性

企业的任务和主要目标通常是多种多样的，同样，目标层次体系中的每个层次的具体目标也可能是多种多样的。有人认为，一位主管人员不可能有效地追求更多的目标，以2~5个为宜。其理由是，过多的目标会使主管人员应接不暇，从而顾此失彼；更为可怕的是，可能会使主管人员因过多注重于小目标而有损于主要目标的实现。也有人认为，即使排除了日常的事务性工作，似乎也没有目标的限定数目，主管人员可能同时追求多达10~15个重要目标，但以下结论是无疑的：如果目标的数目过多，其中无论哪一个都没有受到足够的注意，则计划工作是无效的。因此，在考虑追求多个目标时，必须对各目标的相对重要程度进行区分。

4.目标的可考核性

要想目标可以考核，一个途径是将目标定量化。目标定量化会给组织活动的控制、成员的奖惩带来很多方便。目标可考核表达的是这样一个意思：人们必须能够回答"在期末，我如何知道目标已经完成了"。有时要用可考核的措辞来说明结果是很困难的，对高层管理人员以及政府部门尤其如此，但原则是，只要有可能，就规定明确的、可考核的目标。通常情况下，定量目标用"多少"来衡量，而定性目标是用"多好"来衡量的。

管理小故事6-3

5.目标的可接受性

如果一个目标会对其接受者产生激发作用，那么这个目标必须是其可接受的、可完成的。对一个目标完成者来说，如果目标超过其能力所及的范围，则该目标对其没有激励作用。

6.目标的挑战性

如果完成一项工作所达到的目的对接受者没有多大意义，那么接受者就没有动力去完成该项工作；如果一项工作很容易完成，对接受者来说是件轻而易举的事，那么接受者也没有动力去完成该项工作。

7.目标的伴随信息反馈性

信息反馈是把目标管理过程中目标的设置、目标的实施情况不断地反馈给目标设置和实施的参与者，让员工时时知道组织对自己的要求、自己的贡献情况。如果建立了目标后再加上反馈，就能更进一步改善员工的工作表现。

综上所述，设置目标的数量一般不宜太多，应包括工作的主要特征，并尽可能地说明必须完成什么和何时完成；如有可能，也应明示所期望的质量和实现目标的计划成本。此外，目标应能促进个人在职业上的成长和发展，对员工具有挑战性，并适时地向员工反馈目标完成情况。

拓展阅读6-2

多目标和多样性的进一步理解

目标的多样性是指总目标的不同方面的反映，或者总目标可以用不同的指标来全面地反映。例如，一家企业组织的总目标是提高市场竞争力，那么这一目标可以从不同方面来表示：（1）提高市场占有率；（2）新产品的开发与研制；（3）降低成本，使价格更具竞争力；（4）扩大市场空间；（5）拓宽市场销售渠道；（6）建立同供应商的联盟，取得资源优势；（7）改善员工福利，提高员工积极性等。

6.2.2 目标的作用

1.为管理工作指明方向

管理是一个为了达到一定目标而协调集体活动作出努力的过程。如果不为达到一定的目标，就无须进行管理，因此，目标的作用首先在于为管理工作指明方向。

2.激励作用

目标对组织成员具有激励作用。从组织成员个人的角度来看，目标的激励作用主要表现在：

（1）个人只有明确了目标后才能调动起潜在的积极性。

（2）个人只有在达到了目标后，才会产生成就感和满足感。

要使目标对组织成员具有激励作用，目标除了要符合组织成员的需要，还要具有挑战性。

3.凝聚作用

组织是一个社会协作系统，它是靠目标使组织成员连接起来的。组织的凝聚力受很多因素影响，其中一个主要的因素就是组织目标，特别是在组织目标能充分体现组织成员的共同利益和共同追求时，会大大地激发组织成员的工作热情、献身精神和创造力，使组织成为生机勃勃的群体，进而形成奋发向上的团队精神。

4.考核标准

目标是考核主管人员和员工工作绩效的客观标准。大量研究表明，凭上级的主观印象对下级主管人员的价值判断来作为考核的依据是不科学的。由于目标本身是可以考核的，而且目标是可以分解的，因此可以将目标落实到每个班组、每个人头上，根据其完成的实绩，用计划目标进行考评，作为奖罚依据。

小思考6-3

目标具有激励作用，那么什么样的目标才能具有更强烈的激励作用？

答：（1）目标必须是经过努力可以实现的；（2）目标实现以后应该有相应的报酬配合；（3）目标的表述应该明确清晰，切忌含糊不清；（4）目标最好是自己首先提出来的，而不是外部强加的；（5）目标符合组织的共同愿景；（6）本部门的目标应该与其他部门的目标相互协调；（7）目标易于考核和评价。

6.2.3　目标的制定

1.制定目标的原则

（1）目标应体现组织的整体发展战略。对于任何组织来说，一定目标的实现是为了求得组织的生存和发展。因此，确定组织目标时一定要首先弄清楚组织的发展战略如何，目标应是组织发展战略取向的目标。德鲁克认为，在确立企业目标时，首先应搞清楚以下问题：本企业是个什么样的企业？将来准备发展成一个什么样的企业？只有能够体现组织发展战略的目标才是有效的组织目标。

（2）目标必须具有科学性。目标在对象、要求和时限上必须是明确的、单义的，而且要尽可能使之具体化、定量化，要进行科学的计算。当然，管理问题非常复杂，在实际管理活动中，将所有的管理目标都通过定量指标表示出来是比较困难的，必然存在一些只能定性表示的组织目标。对于这类目标的确立，主要是凭借管理人员的经验以及管理问题之间的横向比较。目标的科学性还要求目标要先进、合理和切实可行，要具有激励作用，难度要适当，是经过努力可以实现的。同时，要具有目标实现的可衡量性，要有明确的考核指标和考核标准。

管理小故事6-4

（3）目标必须具有预见性。目标是组织希望达到的预期效果，是预先确定的。确定目标要认真估计未来的形势，特别是制定长期目标时，要重视战略上的预见性，防止由于缺乏预见性而使组织的长期目标在实施2~3年后就失去任何意义。

（4）目标应主次分明。在某一特定的发展时期，组织所强调的目标重点是不相同的。组织目标应有主次之分，不分清组织目标的主次，就不可能抓住管理的主要矛盾，从而会形成管理资源的浪费。应该注意的是，组织目标之间的主次之分不是一成不变的，组织环境的变化很可能使原来的主要目标转变为次要目标。组织的目标也应该随着环境的变化而相应地调整或作出必要的修改。

（5）目标应体现多重目标之间的协调。组织目标是多样化的，在多样化的组织目标中，总会出现它们之间的不协调，如企业在实现经济目标的过程中会不可避免地涉及承担社会责任的问题。这些矛盾的存在要求管理者在制定组织目标时应尽可能在多重目标之间进行综合平衡，以协调多重目标之间的矛盾冲突。

小思考6-4

什么是目标制定的"黄金准则"——SMART原则？

答：（1）S（specific）——具体性，就是要用具体的语言清楚地说明要达成的行为标准，切中特定的工作指标，不能笼统。

（2）M（measurable）——可衡量性，就是指标应该是数量化或者行为化的，验证这些指标的数据或者信息是可以获得的。

（3）A（acceptable）——可接受性，就是目标要能够被执行人所接受，在付出努力的情况下可以实现，避免设立过高或过低的目标。

（4）R（realistic）——相关性，就是指标是与工作的其他目标相关联的，是与本职工作相关联的。

（5）T（timed）——时限性，就是目标是有时间限制的，注重完成指标的特定期限。

2.制定目标应注意的问题

确定目标时经常会碰到很多具体的问题，其中最常见的有以下方面：

（1）目标不恰当。这可以反映在许多方面。例如，一个公司为了给股东多分一些红利而削减对科研和开发的投资，这样的目标就是不恰当的；一个公司为了降低生产成本而企图逃避关于防止环境污染的规定等，这样的目标也属于不恰当的目标。有时，方法-结果-转换也会形成不恰当的目标。也就是说，在某一特定情况下，采用某种方法来达到一定的目标，而这一目标的实现又会引起一连串的问题，结果转换为其他问题。另外，组织的目标具有多样性，组织内的各种目标应该互相联结、互相支持、共同服从于组织的总目标；否则，人们就容易采取对本部门看来可能有利而对整个组织不利的行动。这种仅考虑本部门利益或者本部门的目标却与总目标不一致的行为，显然是不恰当的。

（2）目标不切合实际。制定切合实际的目标，是激励组织成员工作的驱动力，所以，不应该制定一些轻而易举就能实现的目标，但是也不能把目标定得太高，以至于无法实现。目标必须具备挑战性，必须明确规定达到目标的水平和限制实现目标的时间。具有挑战性的目标又必须是组织成员通过努力可以达到的目标。

（3）过分强调数量目标或质量目标。在制定数量目标时，当然要强调数量。例如，制定获取一定利润的幅度、制定产销量增长的水平、出版一定数量的书籍等，都是用数量来衡量某一组织的成绩。正因为数量便于衡量某一单位的成绩，因而有些管理人员往往会出现过分强调数量目标的现象，把数量看作衡量单位成绩的唯一尺度，而忽视质量目标的衡量。有些时候质量目标衡量是必不可少的，但如果过分强调质量目标而忽视数量目标也会引起不少问题。

（4）不合理的报酬制度。在制定组织目标过程中，应考虑与实现目标相应的合理的报酬制度。如果报酬制度不合理，就会影响到目标的制定与实现。有的人可能会从不恰当的目标实施过程中获得很多很好的报酬，而有的人可能在恰当的目标实施中不但得不到什么报酬，反而会受到惩罚。在有些情况下，有些人可能完成了某些目标，但这些目标与整个组织的总意图是不相符的，他们反而有可能获得奖励。这些都是不合理的报酬制度所带来的问题。

6.3　目标管理

6.3.1　目标管理的含义

目标管理（management by objectives，MBO）最早是由管理大师彼得·德鲁克在其1954年出版的著作《管理的实践》中提出的，后又经许多管理学者的发展完善而为许多组织所运用。目标管理是在泰罗的科学管理和行为科学管理理论的基础上形成的一套管理制度，它是一种综合的、以工作为中心和以人为中心的系统管理方式，是一个组织中上级管理人员同下级管理人员以及员工共同制定组织目标，并把其具体化展开至组织每个部门、每个层次、每个成员，与组织内每个单位、部门、层次和成员的责任及成果相互密切联系，明确地规定每个单位、部门、层次和成员的职责范围，并用这些措施来管理、评价和决定对每个单位、部门、层次和成员的贡献及奖励报酬等一整套系统化的管理方式。概括地讲，目标管理就是以制定和实现目标为中心，被管理者自主控制达标过程，管理者实行最终成果控制的一种现代管理思想与管理方法。

目标管理彻底打破了管理就是对管理过程进行严格监督控制的观念，提倡管理者要通过科学的目标体系来进行激励和控制，放手让被管理者自我控制，自觉、自愿、自主地去实现组织目标。目标管理思想广泛应用于一切管理之中，而且特别适用于高层管理，被称为"管理中的管理"。

目标管理是一种计划职能与控制职能融合的综合性、系统性的管理方法。最早的目标管理仅是用于组织成员绩效考评、行为激励的一种手段，后来把组织的战略计划等均纳入目标管理之中，像组织结构设计、流程改造、文件管理、创新开发等都成为目标管理体系中的内容。也有目标管理研究者认为，目标管理是一个管理领导系统，是一个组织有效运作的有效管理体系，而不能把目标管理看作组织的一种附加的管理职务。

拓展阅读6-3

德鲁克目标管理的基本思想

企业的任务必须转化为目标，企业管理人员必须通过这些目标对下级进行领导并以此来保证企业总目标的实现。

目标管理是一种程序，使一个组织中的上下各级管理人员会同起来制定共同的目标，确定彼此的成果责任，并以此项责任来作为指导业务和衡量各自贡献的准则。

每个企业管理人员或工人的分目标就是企业总目标对他的要求，同时是这个企业管理人员或工人对企业总目标的贡献。

管理人员和工人靠目标来管理，以所要达到的目标为依据，进行自我管理、自我控制，而不是由他的上级来指挥和控制。

企业管理人员对下级进行考核和奖惩也是依据这些分目标。

目标管理的中心思想就是让具体化展开的组织目标成为组织每个成员、每个层次、每个部门的行为的方向和激励，同时使其成为评价组织每个成员、每个层次、每个部门等工作绩效的标准，从而使组织能够有效运作。

小思考6-5

目标管理的主要前提条件是什么？

答：（1）每位管理者在一定关键领域中都有其职责；（2）必须在这些负有职责的领域中设置目标；（3）制定使目标有效的标准；（4）对于目标的需求和有效性，上级和下级都负有责任；（5）实现控制需要汇报工作进度；（6）结果评价。

6.3.2　目标管理的特点

目标管理是一种"抓住两头，放开中间"的管理办法，即抓住开头的目标制定和结束时的成果评价，放开中间达标过程的管理与控制。其特点表现为：

1.目标管理是参与管理的一种形式

目标的实现者同时是目标的制定者，即上级与下级在一起共同确定目标。首先确定出总目标，然后对总目标进行分解，逐级展开，通过上下协商制定出企业各部门、各车间直至每个员工的目标。用总目标指导分目标，用分目标保证总目标，形成一个目标-手段链。

拓展阅读6-4

员工参与目标管理的关键性因素

在员工参与目标管理的过程中，组织应对以下关键性的因素予以保证，才能确保达到预期目标：

（1）权力，即提供给人们足够的用以作决策的权力，如工作方法选择、任务分派、客户服务、员工选拔等。

（2）信息，即应该保证必要的信息能顺利地流向参与管理的员工，包括运作过程和结果中的数据、业务计划、竞争状况、工作方法、组织发展的观念等。

（3）知识和技能，即应提供训练和发展计划，以培养和提高员工的知识和技能。

（4）报酬，即要提供给员工自我价值与自我实现等内在的报酬和工资、晋升等外在的报酬。

2.强调"自我控制"

德鲁克认为,员工愿意承担责任,愿意在工作中发挥自己的聪明才智和创造性。如果控制的对象是一个社会组织中的"人",那么"控制"的必须是行为的动机,而不应当是行为本身,也就是说通过对动机的控制达到对行为的控制。目标管理的主旨在于用"自我控制的管理"代替"压制性的管理"。目标管理使管理人员能够控制自己的行为,这种自我控制可以成为更强烈的动力,促使人们尽力把工作做好,而不仅仅是"过得去"就行了。

3.促使权力下放

集权和分权的矛盾是组织的基本矛盾之一,唯恐失去控制是阻碍大胆授权的主要原因之一。推行目标管理有助于协调这一对矛盾,促使权力下放,有助于在保持有效控制的前提下使组织更有生气。

4.注重"成果第一"的方针

采用传统的管理方法,往往容易根据对员工的印象、思想和对某些问题的态度等定性因素来进行评价。实行目标管理后,由于有了一套完善的目标考核体系,从而能够按员工的实际贡献大小如实评价。

目标管理还力求组织目标与个人目标更密切地结合在一起,以增强员工的工作满足感,这对于调动员工的积极性、增强组织的凝聚力起到了很好的作用。

6.3.3 目标管理的步骤

目标管理的全过程可以用图6-3来表示,从中我们可以看到目标管理全过程主要有以下几个关键环节:

1.制定目标,建立目标体系

这就要求由上而下地逐级确定目标。对最高管理人员来说,制定目标的第一步是在分析企业核心竞争力和外部环境的基础上确定未来特定时期内的宗旨或使命和更重要的目标,然后将初步设置的目标根据组织关系由上而下下达给各层组织、部门直至组织内的每个成员。由上级设置并下达的目标是初步的,是建立在分析和判断基础之上的。组织体系内每个层次、每个部门、每个成员根据自己的工作分工和要求结合初步下达的目标进行思考分析,最终提出自己的修正目标并自下而上按层级关系上报。组织将自下而上的目标与下达的目标进行比较,分析差异,征询下级意见,再进行修订、下达。经过这么几轮上上下下的反复,最终将总目标分解为一个目标体系。在这个目标体系当中,上下级的目标之间通常是一种"目的-手段"的关系。

2.明确责任

有时我们会遇到这种情况,即在达到目标的过程中所期望的结果和责任之间的关系往往被人忽视。通常,组织结构并不是按组织在一定时期内的目标建立的,因而部门和具体岗位常难以有明确的目标与之相对应,其责任多是含糊不清的。实施目标管理最重要的一点就是,要尽可能地做到每个目标和子目标都能使部门或个人明确责任;如果难以做到,则至少应该对参与协作的管理人员为完成计划目标所进行的具体任务作出明确的规定。

组织目标 —产生→ 计划工作前提

关键成果领域

可能影响 → 相应的组织结构

可能影响 → 上级领导的目标

影响

循环往复

可以利用的必要资源 ｜ 上级领导为下属人员初步推荐的目标 ｜ 下属人员的目标的初步说明

相互 一致

下属人员的目标

新的输入 ｜ 由上级领导定期检查进度 ← 下属人员正进行的工作 → 最后检查和绩效的考评

正确的衡量标准与上级领导的帮助 → 由下属人员取得的最终绩效

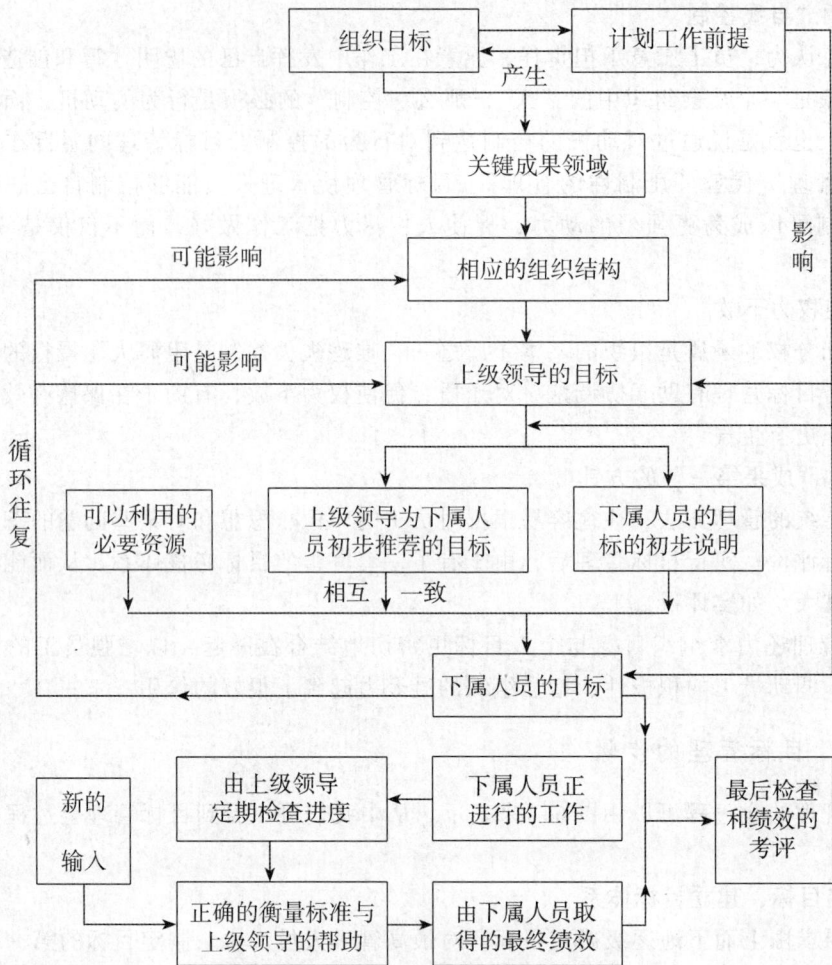

图6-3　目标管理全过程图

3.执行目标

执行目标就是组织实施。斯蒂芬·P.罗宾斯的研究结果显示，当高层管理者对目标管理高度负责，并且亲自参与目标管理的实施过程时，生产率的平均改进幅度达到56%；对应高层管理的低水平承诺和参与，生产率的平均改进幅度仅为6%。在组织实施时，要特别注意把握好两点：一是高层管理者的管理要多体现在指导、协助、提出问题、提供信息情报以及创造良好的工作环境方面；二是高层管理者要更多地把权力交给下级成员，充分依靠执行者的自我控制来完成目标任务。

4.成果评价、绩效考评和反馈

对于各级目标的完成情况，采取定期检查、考核的办法是比较有效的手段。检查的方法可以多样化，如采用自检、互检、责成专门的部门进行检查或评比、竞赛等形式。检查的依据就是事先确定的目标。对最终结果，应当根据目标进行评价，并将评价结果及时反馈。反馈对绩效有积极的影响。它可以使人们知道自己努力的水平是否足够，它能诱使人们在取得了原先的目标后进一步提高自己的目标，而且使人们了解自己行动方式的效果。经过评价和反馈，目标管理进入下一轮循环过程。

小思考6-6

在制定目标体系时，要对组织的目标进行评价，什么样的目标才是有效的目标呢？

答：（1）目标是以最终的结果来表述的；（2）目标在确定的时间内具有可行性；（3）目标的完成形式比较明确；（4）目标与组织的管理相联系；（5）目标对于组织的宗旨具有支持作用；（6）目标尽可能用数量来表示，使目标具有可衡量性；（7）每个目标只有一个重要的承诺。

6.3.4 目标管理的优缺点

目标管理作为一种管理方式与其他管理方式一样有其优点与不足，这是一个组织在运用目标管理方式之前首先应该认识清楚的。

1.目标管理的优点

（1）形成激励。当目标成为组织的每个层次、每个部门和每个成员自己未来时期内欲达成的一种结果，且实现的可能性相当大时，目标就成为组织成员的内在激励。特别是在这种结果实现后组织还有相应的报酬时，目标的激励效用就更大。从目标成为激励因素来看，这种目标最好是组织每个层次、每个部门及每个成员自己制定的目标。他人强加的目标有时不但不能成为激励，反而会成为一种怨恨对象。

（2）有效管理。目标管理方式的实施可以切实地提高组织管理的效率。目标管理方式比计划管理方式在推进组织工作进展、保证组织最终目标完成方面更胜一筹。因为目标管理是一种结果式管理，不仅仅是一种计划的活动式工作。这种管理迫使组织的每个层次、每个部门及每个成员首先考虑目标的实现，尽力完成目标，因为这些目标是组织总目标的分解，故当组织的每个层次、每个部门及每个成员的目标完成时，组织的总目标也就实现了。在目标管理方式中，分解目标确定，且不规定各个层次、各个部门及各个成员完成各自目标的方式、手段，反而给了大家在完成目标方面一个创新的空间，这就有效地提高了组织管理的效率。

（3）明确任务。目标管理的另一个优点就是使组织各级主管及成员都明确了组织的总目标、组织的结构体系、组织的分工与合作及各自的任务。这些方面职责的明确，使得主管人员也知道，为了完成目标必须给予下级相应的权力，而不是大权独揽，小权也不分散。此外，许多着手实施目标管理方式的公司或其他组织，通常在目标管理实施的过程中会发现组织体系存在的缺陷，从而帮助组织对自己的体系进行改造。

（4）自我管理。目标管理实际上也是一种自我管理的方式，或者说是一种引导组织成员自我管理的方式。在实施目标管理的过程中，组织成员不再只是做工作，执行指示，等待指导和决策，组织成员此时已成为有明确规定目标的单位或个人。一方面，组织成员已参与了目标的制定，并取得了组织的认可；另一方面，组织成员在努力工作以实现自己的目标的过程中，除目标已定外，如何实现目标则是他们自己决定的事。从这个意义上看，目标管理至少可以算作自我管理的方式，是以人为本的管理的一种过渡性方式。

（5）控制有效。目标管理方式本身也是一种控制的方式，即通过目标分解后的保障措施来保证组织总目标实现的过程就是一种结果控制的方式。目标管理并不是目标分解下去便没有事了，事实上组织高层在目标管理过程中要经常检查、对比目标，进行评比，看谁做得好，如果有偏差就及时纠正。从另一个方面来看，一个组织如果有一套明确的可考核的目标体系，那么其本身就是进行监督控制的最好依据。

2.目标管理的不足

孔茨认为目标管理尽管有许多优点，但也有许多不足，对这样的不足如果认识不清楚，那么可能导致目标管理的不成功。下述几点可能是目标管理最主要的不足：

（1）强调短期目标。目标管理中的目标通常是一些短期目标，如年度的、季度的、月度的等。短期目标比较具体、易于分解，而长期目标比较抽象、难以分解。此外，短期目标易迅速见效，长期目标则不然。所以，在目标管理方式的实施中，组织似乎常常强调短期目标的实现而对长期目标漠不关心。这样一种概念若深入组织的各个方面、组织所有成员的脑海和行为中，对组织发展没有好处。

（2）目标设置困难。真正可用于考核的目标很难设定，尤其是组织实际上是一个产出联合体，它的产出是一种联合的、不易分解出贡献大小的产出，即目标的实现是大家共同合作的成果，这种合作中很难确定你已做多少、他应做多少，因此可度量的目标确定也就十分困难。一个组织的目标有时只能定性地描述，尽管我们希望目标可度量，但实际上定量是困难的。例如，组织后勤部门有效服务于组织成员，虽然可以采取一些量化指标来度量，但完成了这些指标，未必可以肯定地说达成了"有效服务于组织成员"这一目标。

（3）难以权变。目标管理执行过程中是不可以改变目标的，因为这样做会导致组织混乱。事实上目标一旦确定就不能轻易改变，从而组织运作缺乏弹性，无法通过权变来适应变化多端的外部环境。中国有句古话叫作"以不变应万变"，许多人认为这是僵化的观点、非权变的观点，实际上所谓不变的不是组织本身，而是客观规律，掌握了客观规律就能应万变，这实际上是真正的更高层次的权变观。

本章小结

计划工作是管理的首要职能。本章首先分析了计划工作的含义、作用、特征、类型、程序以及计划编制的方法；其次介绍了目标的含义、性质、作用，以及制定目标的原则和应注意的问题；最后阐述了目标管理的含义、特点、步骤以及优缺点。

关键观念

计划工作　滚动计划法　目标　目标管理

基本训练

◆ **知识题**

一、阅读理解

1.如何理解计划工作的含义？

2.简述目标的性质。

3.简述目标管理的特点。

二、知识应用

1.不定项选择题

（1）预算是（　　）的计划。

A.灵活　　　　　　B.高层　　　　　　C.数字化　　　　　　D.部门

（2）目标起到（　　）。

A.执行作用　　　　B.凝聚作用　　　　C.激励作用　　　　　D.考核作用

（3）目标管理的提出者是（　　）。

A.法约尔　　　　　B.西蒙　　　　　　C.巴纳德　　　　　　D.德鲁克

（4）计划工作的特征是（　　）。

A.目的性与首位性　B.普遍性　　　　　C.效率性　　　　　　D.创新性

（5）"管理科学"理论的基础是（　　）。

A.滚动计划法　　　　　　　　　　　B.投入产出法

C.运筹学方法　　　　　　　　　　　D.计量经济学方法

（6）在计划的诸多表现形式中，不允许有斟酌自由和回旋余地的是（　　）。

A.政策　　　　　　B.程序　　　　　　C.规章　　　　　　　D.规划

（7）目标的构成要素是（　　）。

A.目的　　　　　　B.衡量指标　　　　C.指标水平　　　　　D.时间表

（8）按照计划的期限不同，可以将计划分为（　　）。

A.灵活性计划　　　B.短期计划　　　　C.中期计划　　　　　D.长期计划

（9）目标管理的理论基础是（　　）。

A.权变管理理论　　B.科学管理理论　　C.行为科学理论　　　D.经验管理理论

（10）计划工作应遵循的原理是（　　）。

A.限定因素原理　　B.许诺原理　　　　C.灵活性原理　　　　D.改变航道原理

2.判断题

（1）计划工作与其他管理职能居于同等重要的地位。　　　　　　　　　　（　　）

（2）好的目标应体现先进可行的特点。　　　　　　　　　　　　　　　　（　　）

（3）目标管理重视过程考核。　　　　　　　　　　　　　　　　　　　　（　　）

（4）计划工作是管理的首要职能。　　　　　　　　　　　　　　　　　　（　　）

（5）滚动计划法是一种编制长期计划的方法。　　　　　　　　　　　　　（　　）

（6）程序是一种最简单的计划。　　　　　　　　　　　　　　　　　　　（　　）

（7）目标管理被称为"管理中的管理"。　　　　　　　　　　　　　　　（　　）

（8）规章规定了问题的解决方法和步骤。　　　　　　　　　　　　　　　（　　）

（9）泰罗、甘特、厄兰等人的研究都可以被看作最早的运筹学研究。　　　（　　）

（10）定性目标是用"多好"的标准来衡量的。　　　　　　　　　　　　（　　）

◆ 技能题

一、规则复习

1.掌握计划工作的程序。

2.掌握目标管理的过程。

3.编制计划的方法。

二、操作练习

1. 掌握按照计划的表现形式划分计划类型并编制计划。

2. 掌握目标管理的实施要领与注意的问题。

◆ 能力题

一、图解实训

建桥过河	
形式	10~12人一组（适用于15~25人的团队，分A和B两组同时进行）
时间	2小时
材料	每组：长竹（3米）2条，短竹（2米）5条，长绳（20米）2条，短绳（2米）10条
场地	草地
应用	(1) 理解团队内和团队之间合作的重要性 (2) 有效的沟通是合作成功与否的重要因素
目的	(1) 让学生体会团队合作的重要性 (2) 让学生体会时间管理和计划的重要性
程序	(1) 有一条宽6米的小河 (2) 河岸一边的人（A组）要全部渡到河的另一边；河岸另一边的人（B组）要全部渡到河岸的这一边 (3) 河中有一船夫（由老师扮演），可帮助搬运3件东西（包括人），每次1件
讨论	(1) 在游戏过程中，两组的成员是如何进行沟通的？ (2) 资源如何进行分配？如何达到资源的有效利用？ (3) 两个小组如何进行协调合作？

资料来源 众行管理资讯研发中心. 管理培训游戏全案 [M]. 广州：广东经济出版社，2003：214.

二、案例分析

案例1

ZD家具公司的5年计划

ZD家具公司是威利在20世纪中期创建的。该公司开始时主要经营卧室和会客室家具，取得了相当大的成功。随着规模的扩大，公司自21世纪开始又进一步经营餐桌和儿童家具。2006年，威利退休，他的儿子汤姆继承父业，不断拓展卧室家具业务，扩大市场占有率，使得公司产品深受顾客欢迎。到2018年，公司卧室家具方面的销售量比汤姆接手时增长了近2倍；但公司在餐桌和儿童家具的经营方面一直不得法，面临着严重的困难。

ZD家具公司自创建之日起便规定，每年12月份召开一次公司中高层管理人员会议，研究讨论战略和有关的政策。2018年12月14日，公司又召开了每年一次的例会，会议由董事长兼总经理汤姆主持。他在会上首先指出了公司存在的员工思想懒散、生产效率不高的问题，并对此进行了严厉的批评，要求迅速扭转这种局面。与此同时，他还为公司制定了之后5年的发展目标，具体包括：（1）卧室和会客室家具销售量增加20%；（2）餐桌和儿童家具销售量增长100%；（3）总生产费用降低10%；（4）减少补缺职工人数3%；（5）建立一条庭院金属桌椅生产线，争取5年内达到年销售额500万美元。

这些目标主要是想增加公司收入，降低成本，获取更大的利润。公司副总经理鲍勃跟随威利工作多年，虽然了解董事长汤姆制定这些目标的真实意图，但他认为这些目标并不适合本公司的情况，打算会后找董事长就公司发展目标问题谈谈自己的看法……

问题：

（1）你认为董事长汤姆为公司制定的发展目标合理吗？为什么？你能否从本案例中概括出制定目标需注意哪些基本要求？

（2）假如你是鲍勃，如果董事长在听取了你的意见后同意重新考虑公司目标的制定，并责成你提出更合理的公司发展目标，你将怎么做？

案例 2
北斗公司的目标管理出了什么问题？

北斗公司刘总经理在一次职业培训中学到很多目标管理的内容。他对于这种理论简单清晰的逻辑及预期的收益印象非常深刻，因此，他决定在公司内部实施这种管理方法。首先，他需要为公司的各部门制定工作目标。刘总经理认为：由于各部门的目标决定了整个公司的业绩，因此应该由他本人为他们确定较高的目标。确定了目标之后，他就把目标下发给各个部门的负责人，要求他们如期完成，并口头说明在计划完成后要按照目标的要求进行考核和奖惩。但是他没有想到的是，中层经理在收到任务书的第二天，就集体上书表示无法接受这些目标，致使目标管理方案无法顺利实施。刘总经理对此感到很困惑。

问题：

（1）目标管理的中心思想是什么？

（2）刘总经理的做法存在哪些问题？

（3）刘总经理应该如何更好地实施目标管理？

三、网上调研

1.利用电子图书馆和互联网搜集有关计划工作与目标管理的资料与案例，巩固所学知识与技能。

2.在网上调查企业在计划与目标的制定过程中遇到的难题或成功的做法。

四、单元实践

为一项活动设计计划方案，活动主题与内容可以由教师指定或由学生自选。选题尽量与所学专业的业务相关联，计划方案确定后进行小组交流。

第7章

战略管理与决策

学习目标

◆ 知识目标：掌握战略与战略管理的含义、组织基本战略的内容、决策的含义与特征、决策的原则。

◆ 技能目标：掌握战略分析的方法、决策的方法。

◆ 能力目标：培养环境分析的能力、运用决策理论进行决策的能力。

引 例

孙子曰："兵者，国之大事，死生之地，存亡之道，不可不察也。"

历史上，战争是国家的大事，除了关系到人民生死、国家存亡，还涉及政治、经济、文化、法制等社会各个方面。所以，运筹谋划是决定战争胜负的首要因素和前提条件。

春秋末年，越王攻灭吴国之战，就全面体现了谋划的重要性。公元前494年，越国进攻吴国而战败，越王勾践在危急关头，决定委屈求和保存国土，以谋东山再起。他根据本国国情和吴国情况，制定了一系列救国复兴、转败为胜的战略，即"破吴七计"。勾践卑言慎行，忍辱负重，一方面收买吴国重臣，麻痹夫差；一方面改革内政，发展生产，恢复国家元气，深受百姓拥戴。他同时利用外交活动，实行离间计，挑拨夫差与伍子胥之间的关系。最后，他知人善用，抓住时机，终于完成了长达13年之久的灭吴计划。

一个组织如果想求得长期生存与发展，就必须时刻关注环境的变化，在战略、技术、结构等方面不断调整。组织环境的复杂性与多变性要求组织在制定战略和实施战略管理时，必须明确组织使命、分析外部环境的机会与威胁以及内部条件的优势与劣势，审时度势，科学地进行决策。

7.1　战略管理

7.1.1　战略的含义与特征

美国哈佛商学院的安德鲁斯教授认为，企业总体战略是一种决策模式，决定和揭示企业的目的和目标，提出实现目的的重大方针与计划，确定企业应该从事的经营业务，明确企业的经济类型与人文组织类型，以及决定企业应对职工、顾客和社会作出的经济与非经济的贡献。

美国达特茅斯学院的管理学教授魁因认为，战略是一种模式或计划，它将一个组织的主要目的、政策与活动按一定的顺序结合成一个紧密的整体。

美国著名战略学家安绍夫认为，经营战略关注企业外部胜于关注企业内部，特别是企业生产的产品构成和销售市场、决定企业干什么事业以及是否要干。

加拿大麦吉尔大学管理学教授明茨伯格认为，战略是由5种规范的定义阐明的，即计划、计策、模式、定位和观念构成了战略的5P。值得强调的是企业战略仍只有1个，这5个定义只不过是从不同角度对战略加以充分阐述。

根据以上学者从不同的角度对战略所下的定义可以看出，因时代、角度的不同，学者对战略的理解也不同。结合以上学者的观点，我们认为战略是对组织全局的、长远的和重大问题所作出的运筹规划。按照这一定义，战略具有以下特征：

（1）全局性。战略是以组织的全局为对象，根据组织总体发展需要制定的，它的着眼点是组织全局的发展和组织的总体行动。

（2）长期性。战略着眼于组织的未来，谋求的是组织的长远发展，关注的是组织的长远利益，因此，是对组织未来较长时期（5年以上）如何生存和发展进行统筹规划的结果。

（3）适应性。战略要根据组织内部条件和外部环境的变化适时调整，以适应各种变化因素，化劣势为优势，不断寻求新的发展机遇。

（4）竞争性。战略谋求的是在未来竞争中与对手的比较优势，因而要保证能充分发挥自己的优势，扬长避短，不断扩大自身实力，保证组织的生存与发展。

（5）指导性。尽管战略的内容大都是原则性、概括性的规定，但具有行动纲领的意义，对组织的一切行动都具有指导性作用。

7.1.2　战略管理的重要性

战略管理是指组织的高级管理层对战略的制定、执行和控制进行的管理活动。战略管理在组织管理过程中发挥着重要的作用，主要体现在：

（1）使组织适应环境变化，立于不败之地。加强战略管理，通过环境分析预测未来变化，作出全局性的谋划，使组织内部条件更好地适应外部环境的要求，避免盲目性，以免临时措手不及，陷于混乱而导致失败。战略的失误是最大的失误，因此要有所预谋才足以应变。组织战略目标的确定必须使内部条件与外部环境相适应，才能保证战略目标切实可行。如果对外部环境没有把握，闭门造车，则可能导致失败。

（2）它对整个组织的运行起导向作用，发挥组织的协同效应。以战略引导组织活动的全过程被称为战略导向。战略往往是组织活动的起点和归宿，组织的一切活动都是从战略要求出发，最后以实现战略目标为依据。根据战略需要才能规划组织模式，具体组织各个部门的活动，进行资源配置，拟订实施短期的策略和计划，使各部分协调一致，发挥出协同效应，取得更好的效果。

（3）它使组织扬长避短，取得竞争优势。组织实行战略管理要进行优劣势分析，充分利用优势，扬长避短，以己之长克敌制胜，这也是战略的指导思想。它贯穿于组织活动的全过程。一切战略的最终归宿都是扬长避短、趋利避害，使自己在竞争中取胜。

（4）它为组织成员确立奋斗目标，统一全体成员行动，有助于调动全体人员的积极性、主动性和创造性，塑造良好的组织文化和组织形象。

拓展阅读7-1

根据管理层次划分的战略类型

处于不同管理层次的管理者关注的战略是不同的，通常可以将战略分为：

（1）公司层战略，是指拥有不止一条业务线的公司的总体方向，其关注的核心在于进入哪些业务领域、获得或卸去业务的途径、资源在各项业务之间如何配置以及加强业务之间学习和协调的途径。

（2）业务层战略，是指为了实现特定目标而进行资源配置并采取行动，其核心在于利用组织当前和不断发展的核心组织能力，保证组织的竞争力。

（3）职能层战略，是指为组织的运转、营销、人力资源、财务、法律服务、审计和其他职能区域确定的相关行动和资源投入。

7.1.3 战略环境分析

1.战略环境分析的内容

管理环境是指存在于社会组织内部与外部，影响管理实施和管理功效的各种力量。从这个意义上讲，组织的外部环境和内部环境构成了组织的战略环境。其中，组织的外部环境包括总体环境（宏观环境）、行业环境（中观环境）和竞争环境（微观环境）。

（1）组织总体环境分析。

组织总体环境是指组织外部环境中的宏观环境，包括以下方面：

①政治和法律环境，主要是由在不同层次上影响各类组织活动的政府的政治活动、法律、法规、政策以及各种措施等形成的复杂体。虽然在市场经济条件下，政府不应当直接干预企业的经营与管理，但是政府作为社会秩序的管制者，可以通过各种经济政策、税收法律和法规或一些特定的立法来对企业或其他组织的行为产生影响，规范或限制其所能做和不能做的事情。例如，通过有关劳动保护和职业安全与健康等方面的法律、法规来保证劳动者权益、安全与健康；通过《中华人民共和国产品质量法》《中华人民共和国消费者权益保护法》等法律、法规来约束企业行为和保护消费者利益。有关环境保护的法律、法规则是许多企业在生产经营中必须认真考虑的因素，否则将受到法律的制裁。组织运行所在国的政治条件和国家的总体稳定性，以及政府官员对组织所持的态度是政治和法律环境影响力另一方面的表现。尤其值得注意的是，由于政治条件能够影响管理决策和行动，因

此，管理者应当努力预测其所在国的主要政治变化。

②经济环境，是指组织所面临的宏观经济环境和微观经济环境。宏观经济环境主要指一个国家的人口数量及增长趋势，国民收入、国民生产总值及其变化情况，以及通过这些指标能够反映的国民经济发展水平和发展速度。微观经济环境主要指组织所在地区或服务地区的服务对象的收入水平、消费偏好、储蓄情况等。经济环境对所有类型的组织，包括营利性的和非营利性的组织都会产生影响。因为不论是工商企业还是学校、医院甚至国家，任何组织的有效运转都必须有足够的资金来源或者说资本。利息率和通货膨胀率会影响到资本的成本和可获得性。消费者购买力、社会总体物价水平则会影响到对组织所提供的产品或服务的需求。失业率、劳动力价格等会影响到组织所需劳动力的成本和可获得性。股票市场难以预测的起伏变化，更是使得工商企业所处的环境愈加复杂化。需要注意的是，经济环境诸因素对组织的影响往往不是单独作用或是仅仅产生某一方面影响，它们经常是相互影响或连锁反应，并且这种影响也经常是广泛的，即可能影响到处于其中的所有组织，而不一定仅仅影响某一特定的组织。例如，通货膨胀不仅带来物价水平的变动，而且对企业的投入或产出都可能产生严重影响。由于通货膨胀会影响就业、原材料供应、消费者购买力等诸多方面，因而几乎对各类组织产生极大的干扰。

③社会文化环境，是由生活在一定社会中的人口因素（包括人口的地理分布、人口密度、年龄结构、受教育程度）以及相应的人们的态度、要求、期望、信念等构成的。至于人们经常提到的社会历史文化、民族风俗等则是社会文化环境的一种具体表现。一些社会习惯和整个社会所持有的价值观以及为人们所普遍接受和实际实行的行为准则，构成了组织的道德环境。这些内容如果以法律条文的形式规定下来，就具有了法律的效力。社会文化环境对组织的影响，一个很现实的例子就是组织中不同身份地位、不同职务、不同层次甚至不同籍贯的人，他们的社会态度、信念和价值观都是各不相同的，因此对于同样的管理方式、组织绩效，他们很难产生同样的满意度和满足感。

管理小故事7-1

④科技环境，是组织总体环境中最活跃的因素。我们生活的时代是一个科学技术不断变化的时代，新产品、新机器、新工具、新材料乃至新服务层出不穷，给人们带来了更高的生产率、更高的生活水平和更加多样化的产品，当然随之也带来了交通拥堵、环境污染、能源短缺等一系列问题。科技的进步带来"游戏规则"的变化，每一个身处其中的企业和其他所有的组织，都必须认真地考虑如何应对这种变化，否则将会面临生存的危机。事实上，技术的变革正从根本上影响着组织构建的基本方法以及管理者的管理方式。我们已经看到，那些充分利用了技术优势的企业和其他各类组织，在激烈的竞争中占据着领先的地位。

⑤自然环境，主要指组织所处的地理位置及其气候条件、资源禀赋状况等自然因素。它影响组织资源取得的成本，进而影响组织的竞争力。

（2）组织行业环境分析。

行业环境是指组织外部环境中的中观环境。与宏观环境相比，行业环境对竞争优势和超额利润的影响更为直接。波特认为，制定竞争战略的本质就在于把企业与其所处的产业环境联系起来，因此，行业环境是组织所面临的最关键的环境，对组织行业环境的分析主要是对行业竞争结构的分析。

迈克尔·波特开发的五力分析模型是进行行业竞争结构分析的常用工具。他认为一个行业内部的竞争状态取决于5种基本竞争力的作用（如图7-1所示）。一个组织的竞争战略目标是使组织能在行业内进行恰当定位。

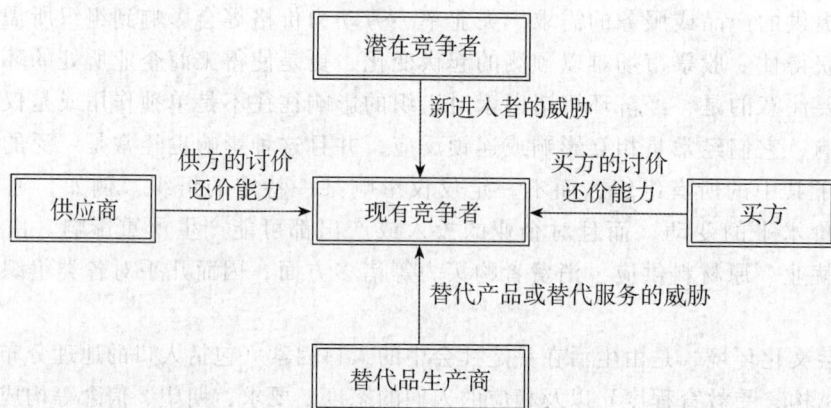

图7-1　五力分析模型

第一，现有竞争对手分析。其主要包括如下分析：

拓展阅读7-2

市场竞争者的类型

从所处的市场地位角度看，竞争者可分为市场领导者、市场挑战者、市场追随者和市场补缺者。

从消费需求的角度看，竞争者可分为愿望竞争者、普通（属类）竞争者、产品形式竞争者和品牌竞争者。

从应对反应模式的角度看，竞争者可分为从容型竞争者、选择型竞争者、凶狠型竞争者和随机型竞争者。

从行业的角度看，竞争者可分为现有竞争者、潜在竞争者、替代竞争者。

---

①竞争对手基本情况分析，主要分析竞争对手的数量有多少，分布在什么地方，它们有哪些活动，各自的规模、资金、技术力量如何，其中哪些对自己的威胁特别大。基本情况分析的目的是找到主要竞争对手。为了在众多的同种产品的生产厂家中找出主要竞争对手，必须对它的竞争实力及其变化情况进行分析和判断。反映企业竞争实力的指标主要有销售增长率、市场占有率和产品的获利能力。

②主要竞争对手分析，主要比较不同企业的竞争实力，找出主要竞争对手后，还要分析其能对本企业构成威胁的主要原因，是技术力量雄厚、资金多、规模大，还是其他原因。主要竞争对手分析的目的是找出主要竞争对手的竞争实力的决定因素，以帮助企业制定相应的竞争策略。

③竞争对手的发展动向分析，包括市场发展或转移动向、产品发展动向。要搜集有关资料，密切注视竞争对手的发展动向，分析竞争对手可能开辟哪些新产品、新市场，使企业在竞争中争取主动地位。

管理小故事7-2

第二，潜在竞争者分析。潜在竞争者进入行业变成实际竞争者。它的新的业务能力和充裕的资源，将导致行业竞争更加激烈，其结果可能是产品价格被压低或从业者的经营成本上升，从而导致行业利润率下降。某一行业被入侵的威胁大小取决于行业进入障碍、行业产品价格水平、行业对入侵者的报复能力和入侵者对报复的估计。

影响行业进入障碍的因素主要有：

①规模经济。这表现为在一定时期内产品的单位成本随总产量的增加而降低。规模经济表明企业经营只有达到一定规模，才能收回经营过程中的各种耗费。规模经济的存在阻碍了对行业的入侵，因为它迫使进入者或者一开始就进行大规模生产并承担原有企业强烈抵制的风险，或者进行小规模生产而接受产品成本方面的劣势，这两者都不是进入者所期望的。

②产品差别化。其意味着现有的公司由于过去的广告、顾客服务、产品特点或第一个进入该行业而获得商标及顾客信誉上的优势。差别化迫使入侵者耗费大量资金克服原有的顾客忠诚，这种努力通常带来初始阶段的亏损，并且常常要延续一个时期。这种建立一种品牌的投资具有特别大的风险，因为一旦失败将血本无归。

③转移成本，是指买方从向某一供应商购买产品转移到向另一供应商购买产品时所遇到的一次性成本。这种成本包括雇员重新培训成本、新的辅助设备成本、检查和考核新资源所需的时间及成本、由于技术依赖而需要帮助的成本、建立新关系的心理代价等。如果这种成本较大，则新进入者必须在成本或经营服务上作重大改进以吸引购买者接受这种购买转移。

④资本需求。

⑤在位优势，其是由行业中已在位的厂商由于一段时间的经营而积累起来的，包括掌握销售渠道、专有的产品技术、最佳原料来源控制、政府补贴、学习或经验曲线等。

⑥政府政策。对于进入的行业，政府往往采取限制、封锁或鼓励、补贴的政策；影响行业对入侵者的报复能力的因素主要有行业所处的发展阶段、行业的集中程度以及行业的退出障碍。影响入侵者对报复估计的因素主要有行业过去对入侵者的行为反应以及入侵者对自身能力的估计。行业进入扼制价格是指入侵者设想的克服进入壁垒及遭到报复的风险同入侵带来的潜在报酬平衡时的价格水平。行业进入扼制价格依赖于入侵者对未来而不是现在条件的预期。如果行业现行价格水平高于行业进入扼制价格，则入侵者预计入侵将有利可图。所以说，行业的定价水平是影响入侵威胁的重要因素之一。

第三，替代品生产商分析。这一分析主要包括两方面：①判断哪些产品是替代品；②判断哪些替代品可能对本企业经营构成威胁。前者较易进行，后者较为复杂。在判断威胁最大的替代品时，应特别重视对容易导致价格改善的替代品和现行盈利率很高的替代品的分析。

第四，买方的讨价还价能力分析。

买方在两个方面影响行业内企业的经营：

①买方对产品的总需求决定了行业的市场潜力，从而影响行业内所有企业的发展边界。

②不同买方的讨价还价能力会诱发企业之间的价格竞争，从而影响企业的获利能力。

买方的讨价还价能力的影响因素主要有：

①买方是否大批量或集中购买。

②买方这一业务在其购买额中的份额大小。

③产品或服务是否具有价格合理的替代品。

④买方面临的购买转移成本的大小。

⑤本企业的产品、服务是否是买方在生产经营过程中的一项重要投入。

⑥买方是否采取后向一体化。

⑦买方行业的获利状况，如果利润微薄，买方具有较强的谈价能力；反之，亦然。

⑧买方对产品是否拥有充分信息。

第五，供方的讨价还价能力分析。因为企业生产所需的许多生产要素是从外部获得的，从而提供这些生产要素的经济组织也制约着企业的经营。

①供应商能否根据企业的需要按时、按质、按量地提供所需生产要素，影响企业生产规模的维持和扩大。

②供应商提供货物时所要求的价格决定了企业的生产成本，影响了企业的利润水平。

供方的讨价还价能力的影响因素主要有要素供应方行业的集中化程度、要素替代品行业的发展状况、本行业是否是提供方集团的主要客户、要素是否是该企业的主要投入资源、要素是否存在差别化或转移成本是否低、要素供应者是否采取前向一体化。

拓展阅读 7-3

两种供应商管理模式

1. 竞争关系模式

该模式是由价格驱动的，体现了传统的竞争关系，主要表现在：

（1）买方同时向若干供应商购货，通过供应商之间的竞争获得价格好处，同时保证供应的连续性。

（2）买方通过在供应商之间分配采购数量对供应商加以控制。

（3）买方与供应商保持的是一种短期合同关系。

2. 双赢关系模式

该模式体现的是合作关系，最先在日本企业中采用，强调在合作的供应商和生产商之间共同分享信息，通过合作和协商协调相互的行为。

（1）制造商对供应商给予协助，帮助供应商降低成本、改进质量、加快产品开发进度。

（2）通过建立相互信任的关系提高效率，降低交易、管理成本。

（3）用长期的信任合作取代短期合同。

（4）进行较多的信息交流。

准时化采购采用的就是合作性的关系模式，供应链管理思想的集中表现就是合作与协调。

（3）竞争环境分析。

作为行业环境的深化，竞争环境分析的重点集中在与企业直接竞争的每个对手身上。相对于行业环境着眼于行业整体的中观分析而言，竞争环境分析是从个别企业的视角去观察、解剖竞争对手实力的微观分析，即竞争者分析。

竞争者分析包括一般包括以下几个主要步骤：

①识别企业的竞争者。企业的竞争者一般是指那些与本企业提供的产品或服务相类似并且具有相同目标市场和相似价格的企业。传统的观点多从产品和企业的视角出发，将生产和销售一种或同一类相互密切替代的产品的企业作为对手，如蒙牛和伊利是彼此的竞争对手。而现代的观点则在此基础上，从市场和顾客需求的视角出发，将能够满足相同顾客需求或服务于同一顾客群的企业也称为竞争对手，如通过文字处理软件能获取书写能力，这种需求可以由钢笔、铅笔、计算机等予以满足，因此，这类产品的制造商就成为文字处理软件商的竞争者。

②判断竞争者的战略和目标。一是判断竞争者的战略。通常情况下，企业最直接的竞争者是那些在相同目标市场上实施相同战略的企业，即处在同一战略群体内的企业竞争最为激烈。此外，不同战略群体之间因为客户交叉、产品差异不大或者试图拓展业务时也会存在竞争。二是判断竞争者的目标。尽管努力追逐利润并据此采取行动是所有竞争者的共同目标，但不同企业在长短期利润、利润满意水平等方面的重视程度和看法会有所不同。另外，竞争者都有不同侧重点的目标组合，企业必须要了解每个对手的目标态度和重点是什么，才能正确估计其对竞争行为的反应。

③比较竞争者的优势和劣势。竞争者的目标能否实现，取决于其资源和能力。因此，分析竞争者还需要搜集竞争者业务上的关键数据，并运用应用属性分等排列和重点变量监测进行分析评价，估计竞争者在核心能力、增长能力、快速反应能力、持久力等方面的优势和劣势。在分析对手弱点时，要特别注意对手对市场或自身的判断是否存在错误，从中寻找市场机会。

④预测竞争者的反应模式。每个竞争者都有其特定的企业背景、文化特点和起主导作用的经营指导思想，因此，企业需要建立竞争情报系统，一方面进行顾客价值动态分析，测定顾客在目标市场期望得到的利益和他们对相互竞争的供应商所提供产品的相对价值的认知动态，做到有的放矢；另一方面深入了解竞争者的经营哲学、内在文化、主导信念和心理状态，有效地预见竞争对手可能作出的反应，力求做到胸有成竹。

⑤选择进攻和回避的竞争者，即决定自己的行动对策，明确选择进攻谁、回避谁。选择的依据通常有三个：一是竞争者的强弱，即选择弱者还是强者展开进攻。二是竞争者的相似度，即选择相似的还是有差别的企业发动攻势。三是竞争者的好坏，即选择"良性"还是"恶性"企业进行竞争。

总之，竞争对手是企业的一面镜子。制定战略的实质是获取相对于竞争对手的持久的竞争实力和竞争优势；要达到这一目的，就必须对竞争对手进行分析，做到"知己知彼，百战不殆"。

（4）组织内部环境分析。

市场上的顾客在变化，满足顾客需求所需要的技术也在变化，以外部为中心不能为企业制定长期战略奠定牢固的基础。因此在外部环境多变的情况下，企业本身的资源和能力将是更稳固的基础。也就是说，用有能力来定义企业，比用要满足什么需求来定义企业，可能为制定战略提供更为持久的基础。企业内部环境分析，需要搜集企业的管理、营销、财务、生产作业、研究与开发以及计算机信息系统运行等方面的信息，从中分析企业的优势和劣势。

企业的核心能力是竞争对手无法迅速模仿的能力，是企业获得竞争优势的关键。核心能力表现在：具有建立电子商务网络和系统的技能、迅速把新产品投入市场的能力、更好的售后服务能力、生产高质量产品的技能、开发产品特性方面的创新能力、对市场变化作出快速反应、准确且迅速地满足顾客订单的系统和整合各种技术创造新产品的技能等。

有关内部分析的方法有许多，如波特提出了价值链模型，如图7-2所示。企业的经营活动可以分为基本活动和辅助活动。基本活动包括原材料供应、生产加工、成品运输、市场营销和售后服务等；辅助活动包括采购、研究与开发、人员配备管理和基础结构等。他认为企业的经营活动实际上是价值增值的活动，企业所创造的价值增值如果超过了成本，便有盈利；如果超过竞争对手，便拥有了更多的竞争优势。

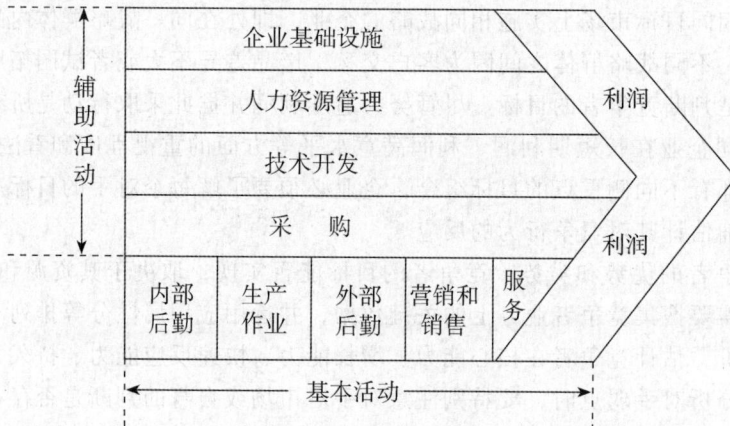

图7-2　价值链模型

2.战略环境分析的方法

对战略环境进行分析的方法，除了前面介绍的行业竞争模型以外，常用的方法还有SWOT分析法和波士顿矩阵分析法。行业竞争模型主要用来进行行业竞争结构的分析；SWOT分析法主要用来进行组织内外环境、机会与威胁关系的分析；波士顿矩阵分析法主要用来进行战略选择的分析。

（1）SWOT分析法。

这是一种综合考虑组织内部条件和外部环境的各种因素，进行系统评价，从而选择最佳经营战略的方法。SWOT分析框架最早是由美国哈佛商学院著名的管理学教授、战略设计学派主要代表人物肯尼思·安德鲁斯创立的。S（strength）是指组织内部的优势；W（weakness）是指组织内部的劣势；O（opportunity）是指组织外部环境的机会；T（threat）是指组织外部环境的威胁。

组织内部的优势和劣势是相对于竞争对手而言的，一般表现在组织的资金、技术设备、员工素质、产品、市场、管理技能等方面。判断组织内部的优势和劣势一般有两项标准：一是单项的优势和劣势。例如，组织资金雄厚则在资金上占优势，市场占有率低则在市场上占劣势。二是综合的优势和劣势。为了评估组织的综合优势和劣势，应选定一些重要因素加以评估打分，然后根据其重要程度加权确定。

小思考 7-1

组织内部优势的关键是什么？

答：组织内部优势的关键在于核心能力。核心能力是指能为客户带来特殊效用，使组织别具一格并且更具有竞争力的力量。从业务层次来讲，核心能力可以分为三个主要组成部分：卓越的技术诀窍、可靠的程序以及与外部利益相关者的密切关系。

组织外部的机会是指环境中对组织有利的因素，如政府支持、高新技术的应用、良好的购买者和供应者关系等。组织外部的威胁是指环境中对组织不利的因素，如新竞争对手的出现、市场增长率缓慢、购买者和供应者讨价还价能力增强、技术老化等。这些是影响组织当前竞争地位或影响组织未来竞争地位的主要障碍。

SWOT分析法依据组织的目标，对组织生产经营活动和发展有重大影响的内部及外部因素进行评价，按因素的重要程度加权并求和，然后根据所确定的标准，从中判定出组织的优势与劣势、机会与威胁，组织在此基础上选择战略（如图7-3所示）。

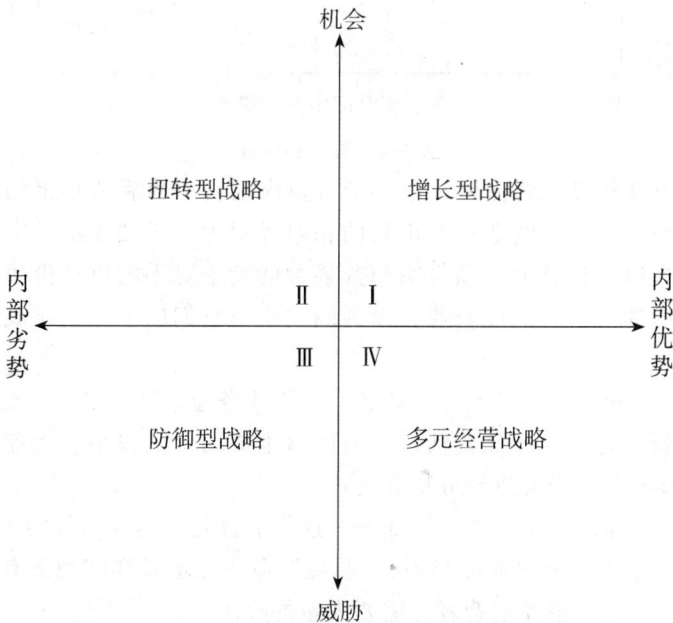

图 7-3 SWOT 分析矩阵

第Ⅰ类组织具有很好的内部优势以及众多的外部机会，应当采取增长型战略，如开发市场、增加产量等。第Ⅱ类组织面临巨大的外部机会，却受到内部劣势的限制，应采用扭转型战略，充分利用环境带来的机会，设法清除劣势。第Ⅲ类组织内部存在劣势，外部面临强大威胁，应采用防御型战略，进行业务调整，设法避开威胁、消除劣势。第Ⅳ类组织具有一定的内部优势，但外部环境存在威胁，应采取多元经营战略，利用自己的优势，在多样化经营上寻找长期发展的机会。

（2）波士顿矩阵分析法。

这是美国波士顿咨询公司提出的一种统筹分析方法，它把组织经营的全部产品或营业的组合作为一个总体进行分析，适用于具有多种产品和市场的组织。在这种组织中，每一个产品和市场都分别作为单独的营业或利润中心进行管理，不存在任何起支配作用的产品和市场，如图7-4所示。

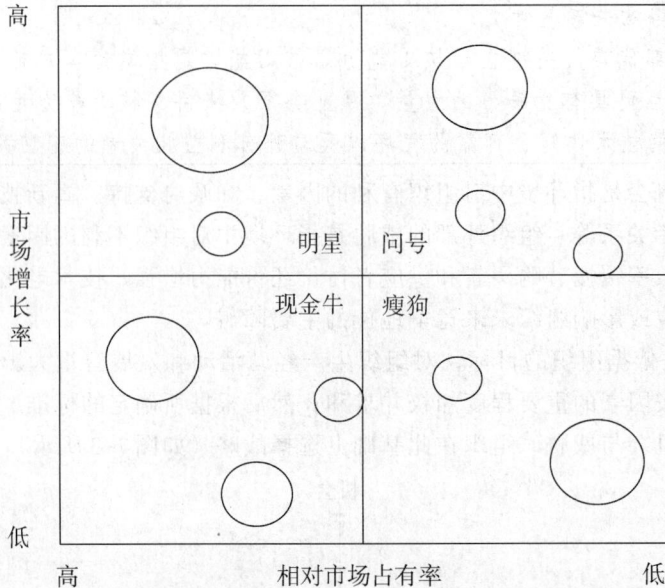

图7-4　波士顿矩阵

波士顿矩阵中纵轴表示营业增长率，指行业内某营业前后两年市场销售额增长的百分比。这一增长率表示每个营业所在市场的相对吸引力。横轴表示组织在行业中的相对市场份额地位，指组织自己的市场份额与其最大的竞争对手的市场份额之比。横纵坐标的交叉点表示组织的一个产品或营业，而圆圈大小与它们的销售金额成正比。四个象限分别为：

①高增长、低竞争地位的"问号"业务。这类业务通常处于最差的现金流量状态。组织需要大量的投资支持其生产经营活动，但能够生成的资金很小。因此，组织在对"问号"业务的进一步投资上需要进行分析和选择。

②高增长、强竞争地位的"明星"业务。这类业务处于迅速增长的市场之中，占有很大的市场份额。在组织的全部业务当中；"明星"业务在增长和获利上有着极好的长期机会，但它们是组织资源的主要消费者，需要大量的投资。

③低增长、强竞争地位的"现金牛"业务。这类业务处于成熟的、低速增长的市场之中，市场地位有利，盈利率高，能为组织提供大量资金。

④低增长、弱竞争地位的"瘦狗"业务。这类业务竞争激烈，可获利润非常低。如果这类经营业务还能自我维持，就应当缩小经营范围，加强内部管理。如果这类业务已经彻底失败，就应及早清理业务或退出经营。

波士顿矩阵的目的在于帮助确定组织的总体战略，组织中比较理想的组合是有较多的"明星"和"现金牛"业务，只有少量的"问号"业务和极少数的"瘦狗"业务。它指出了每个经营业务在竞争中的地位，从而有选择地、集中地运用组织有限的资金，简单明了地判定当前面临的主要战略问题和组织未来在竞争中的地位。

7.1.4　战略设计与选择

通过战略环境分析认识了组织所面临的机遇和威胁，了解了组织的优势与劣势。在此基础上，组织应该选择恰当的战略，从而扬长避短、趋利避害和满足顾客。可供组织选择的基本战略有成本领先战略、特色优势战略和目标集聚战略（见表7-1）。组织在确定了基本战略以后，当组织竞争力比较雄厚时，可以根据实际情况选择组织内扩张战略（见表7-2）或组织外扩张战略（见表7-3），而当竞争力比较差或业务没有发展前途时，可以选择防御战略（见表7-4）。组织最重要的战略是基本战略。当组织审视了外部环境的历史变化及现状，并运用科学的技术和方法对其未来变化发展的趋势有了准确的认识和把握，组织最高决策层就需要根据其内部条件，对组织今后较长时期里的战略作出科学的规划设计。选择不同的战略时应该注意每种战略的适用条件，要根据战略的适用条件合理确定组织的战略。

表7-1　　　　　　　　　　　**可供组织选择的基本战略**

战略名称	含　义
成本领先战略	组织强调以低单位成本价格为用户提供标准化产品，其目标是成为其行业中的低成本生产组织
特色优势战略	在行业内组织力求在顾客广泛重视的一些方面独树一帜。它选择许多客户重视的一种或多种特质，并赋予其独特的地位以满足客户的要求
目标集聚战略	组织选择行业内一种或一组细分市场，量体裁衣，集中组织的核心力量为这一市场提供服务

表7-2　　　　　　　　　　　**可供组织选择的组织内扩张战略**

战略名称		含　义
一体化战略	前向一体化战略	组织获得分销商或零售商的所有权或加强对它们的控制
	后向一体化战略	组织获得供应商的所有权或加强对它们的控制
	横向一体化战略	组织获得生产同类产品的竞争对手的所有权或加强对它们的控制
多元化战略	同心多元化战略	组织增加新的但与原有业务相关的产品与服务
	横向多元化战略	组织向现有顾客提供新的、与原有业务不相关的产品或服务
	混合多元化战略	组织增加新的、与原有业务不相关的产品或服务
加强型战略	市场渗透战略	组织通过加强市场营销提高现有产品或服务在现有市场上的市场份额
	市场开发战略	组织将现有产品或服务打入新的区域市场
	产品开发战略	组织通过改进或改变产品或服务提高销售

表7-3　　　　　　　　　　　**可供组织选择的组织外扩张战略**

战略名称		含　义
加强型战略	战略联盟	组织与其他组织在研究与开发、生产运作、市场营销等方面进行合作，以相互利用对方资源
	虚拟运作	组织通过合同、股权、优先权、信贷帮助、技术支持等方式同其他组织建立较为稳定的关系，从而将组织价值活动集中于自己的优势方面，而将非专长方面外包出去
	出售核心产品	组织将价值活动集中于自己的少数优势方面，产出产品或服务，并将产品或服务通过市场交易出售给其他生产者进行进一步生产加工

表7-4　　　　　　　　　　　　　　　　　可供组织选择的防御战略

战略名称	含　　义
收缩战略	通过减少成本和资产对组织进行重组，以加强组织基本的和独特的竞争能力
剥离战略	组织出售分部、分公司或任一部分，以使组织摆脱那些不盈利、需要太多资金或与公司其他活动不相适宜的业务
清算战略	组织为实现其有形资产价值而将公司资产全部或分块出售

1.基本战略选择的原则和适用条件

（1）选择成本领先战略的原则和适用条件：①一种先发制人的战略；②持续的资本投资和良好的融资能力；③能够大规模化生产的技能；④对工人严格监督；⑤低成本的分销系统；⑥结构和责任分明的组织；⑦严格以定量目标为基础的激励制度；⑧严格的成本控制和经常、详细的控制报告。

（2）选择特色优势战略的原则和适用条件：①既可以是先发制人的，也可以是后发制人的战略；②强大的生产营销能力；③敏锐的创造性鉴别能力；④很强的基础研究能力；⑤具有质量或技术领先的公司声誉；⑥悠久的传统或独特的业务组合；⑦产品研究与开发、市场营销部门之间密切协作；⑧重视主观评价、创新精神而不仅仅以定量指标为基础的激励制度；⑨轻松愉快的工作环境和企业文化，吸引高技能人才。

（3）选择目标集聚战略的原则和适用条件：①一种具有自我约束能力的战略；②公司的实力不足以在产业更广的范围内竞争；③公司能够以更高的效率、更好的效果为某一狭窄的战略对象服务，能在该范围内超过竞争对手；④针对不同的成本或特色目标，相应地对上述原则进行组合。

2.组织内扩张战略选择的原则和适用条件

（1）选择前向一体化战略的原则和适用条件：①企业现在合作的经销商，或成本高昂，或不可靠，或不能满足企业需要；②可利用的高质量销售商数量有限；③企业所在行业明显快速增长或预期快速增长；④企业具有销售自己产品所需的资金和人力资源；⑤稳定的生产对企业十分关键；⑥现在合作的经销商或零售商有丰厚的利润。

（2）选择后向一体化战略的原则和适用条件：①企业现在利用的供应商，或成本高昂，或不可靠，或不能满足企业需要；②可利用的供应商数量少且需求方数量多；③企业所在行业明显快速增长或预期快速增长；④企业具有自己生产原材料所需的资金和人力资源；⑤原材料价格稳定和供货稳定对企业十分关键；⑥现在利用的供应商有丰厚的利润；⑦企业需尽快获取所需资源。

（3）选择横向一体化战略的原则和适用条件：①企业所在行业目前较零散，但具备集中的基本经济条件；②企业在一个成长的行业中进行竞争；③规模扩大，有利可图；④企业具备管理更大的组织的能力；⑤竞争者由于管理原因或资源限制而停滞不前。

（4）选择同心多元化战略的原则和适用条件：①企业所在行业增长或缓慢，或为零；②增加新的但相关的产品将会显著地促进现有产品的销售；③企业有能力提供具有竞争力的新的相关产品；④新的但相关的产品需求和生产的季节性正好与现有产品具有互补性；⑤企业现有产品处于产品生命周期的衰退期；⑥企业拥有强有力的管理队伍。

（5）选择横向多元化战略的原则和适用条件：①增加新的不相关的产品可显著地增加现有产品的盈利；②企业所在行业属于高度竞争或停止增长的行业，其表象为低产业盈利和低投资回报；③企业可以利用现有销售渠道销售新产品；④新产品的生产与销售波动和企业现有产品正好互补。

（6）选择混合多元化战略的原则和适用条件：①企业的主营业务产业处于成熟期或衰退期；②企业拥有增加业务所需的资金和管理人才；③企业有机会收购不相关但发展前景良好的企业；④并购来的企业与本企业存在资金上的互补性；⑤避免反垄断法指控。

（7）选择市场渗透战略的原则和适用条件：①企业特定产品与服务在目前市场中还未达到饱和；②现有顾客对产品的使用率还可以明显提高；③在整个产业的销售额增长时主要竞争对手的市场份额却在下降；④产业历史显示，销售额与营销费用高度正相关；⑤规模的提高可以带来很大的竞争优势。

（8）选择市场开发战略的原则和适用条件：①企业可以获得新的、可靠的、高质量的、经济的销售渠道；②企业在所经营的领域极其成功；③存在未开发或未饱和的市场；④企业拥有扩大经营所需的资金和管理人才；⑤企业存在过剩的生产能力；⑥企业所经营的主业属于区域扩张型或全球化的产业。

（9）选择产品开发战略的原则和适用条件：①企业拥有成功的但处于产品生命周期成熟期的产品；②企业所在行业属于快速发展的高技术行业；③竞争对手实施竞争性定价；④竞争对手不断进行产品开发；⑤企业所在行业属于高速增长的行业；⑥企业拥有较强的研究与开发能力。

3.组织外扩张战略选择的原则和适用条件

（1）选择战略联盟的原则和适用条件：①合作对手的价值活动比自己做得更好，而这些价值活动是企业需要的；②企业已经建立了保护自己核心能力的壁垒；③企业自己单独进行某价值活动的风险太大；④某些价值活动具有较高的外部性，且易被对手模仿，从而难以专有。

（2）选择虚拟运作的原则和适用条件：①企业在外包出去的价值活动上不具备竞争优势；②外包出去的价值活动需要较高的投资和较多的沉淀资本；③外包出去的价值活动不是价值链系统中最重要的活动；④在顾客价值创造中，企业所集中的价值活动具有关键地位；⑤行业中存在大量可以承担企业外包出去的价值活动的企业。

（3）选择出售核心产品的原则和适用条件：①进行一体化经营增加了企业经营的成本，且降低了经营灵活性；②行业技术进步迅速，产品生命周期短；③企业有能力保持核心产品的行业领先地位；④企业核心产品具有较高的附加值；⑤企业核心产品在行业生产中具有关键地位。

4.防御战略选择的原则和适用条件

（1）选择收缩战略的原则和适用条件：①企业具有明显而独特的竞争优势，但在一定时期内并未充分发挥其优势；②企业在特定行业的竞争中属于弱者；③企业业绩在持续一段时间内较差；④企业管理出现失误；⑤企业已迅速地发展成为大型企业，从而需要大规模地改组。

（2）选择剥离战略的原则和适用条件：①企业已采取了收缩战略但未收到成效；②分公司为保持竞争优势而需投入的资源大大超出公司的供给能力；③分公司失利使公司整体业绩不佳；④分公司与公司其他组织不相适宜；⑤政府反垄断法已对公司构成威胁。

（3）选择清算战略的原则和适用条件：①公司已经采取收缩和剥离战略，但均未成功；②公司除清算外的唯一选择是破产；③企业股东可通过出售企业资产而将损失降至最小。

7.2　决　策

7.2.1　决策的含义与特征

许多管理学家都对决策的定义进行过探讨，尽管众说纷纭，但基本内涵大致相同。美国学者亨利·艾伯斯认为，决策有广义和狭义之分。狭义地说，进行决策是在几种方案中作出选择；广义地说，决策还包括在作出决策选择之前必须进行的一切活动。这个广义上的观点基本把握住了决策的含义。我们认为，决策是指管理者为实现组织的目标，运用科学的理论和方法从若干可行方案中选择或综合出优化方案，并加以实施的活动总称。从这个决策的含义中，我们可以分析出决策的特征：

（1）有明确而具体的决策目标。决策就是选择方案，如果决策的目标是模糊的，甚至是模棱两可的，那就无法以目标为标准评价方案，更无从选择方案了。

（2）以了解和掌握信息为基础。一个合理的决策以充分了解和掌握各种信息为前提，即通过组织外部环境和组织内部条件的调查分析，根据实际需要和可能选择切实可行的方案。千万不要在问题不明、条件不清、要求模糊的状态下，急急忙忙作出选择；要坚决反对"情况不明决心大，心中无数办法多"的错误做法。

（3）有两个以上备选方案。决策的本质是选择，因此必须有可供选择的方案，否则决策可能是错误的。人们总结出这样两条规则：一是在没有不同意见前，不要作出决策；二是如果看来只有一种行事方法，那么这种方法可能就是错误的。

（4）对控制的方案进行综合分析和评估。实现目标的每个可行方案，都会对目标的实现发挥某种积极作用和影响，也会产生消极作用和影响，必须对每个可行方案进行综合的分析和评价，即进行可行性研究。可行性研究是决策的重要环节。决策方案不但必须在技术上可行，而且应当考虑社会、政治、道德等各方面的因素，还要使决策结果的副作用缩小到可以允许的范围。通过可行性分析，确定出每个方案的经济效果和所能带来的潜在问题，以便比较各个可行方案的优劣。

（5）追求的是最可能的优化效应。人们做任何事情，都不可能做到完美无缺。对于决策者来说，同样不能以最理想的方案作为目标，而只能以足够好的达到组织目标的方案作为准则，即在若干备选方案中选择一个合理的方案。决策时只有在提出来的若干可行方案中进行比较和优选，才能得到合理方案。决策的可行方案是在人们现有的认识能力制约下提出来的。由于组织水平以及对决策人员能力训练方式的不同，可行方案的多寡和质量都是不同的。由于人们对客观事物的认识是一个不断深化的过程，明天的认识比今天的认识往往深刻得多，因此对于任何目标，都很难提出全部的可行方案，也就很难断定最优方案就在现有方案中。决策者只能得到一个适宜或满意的方案，而不可能得到最优方案。

管理小故事7-3

7.2.2　决策的有效性标准

管理小故事7-4

在管理学界，对于决策的有效性标准问题有三种代表性观点。

第一种代表性观点是由科学管理的创始人泰罗首先提出的，并且是运筹学家和管理学家们一贯坚持的"最优"决策标准。在泰罗看来，任何一项管理工作都存在一种最佳的工作方式。他认为，管理这门学问注定会具有更富于技术性的性质。那些现在还被认为是在精密知识领域以外的基本因素，很快都会像其他工程的基本因素那样被标准化、被制成表格、被接受和利用。泰罗对管理技术所下的定义是：确切知道要别人干什么，并使他们用最好、最经济的方法去干。应该肯定，追求最佳是决策者的一种优良的心理品质，但必须指出的是，并非所有的管理问题和管理工作都能够进行数字模型化，从而求出其最优解来。管理既是科学，又是艺术。对决策来说，也是如此。所谓"最优"，只能是有条件的，并且是在有限的、极为严格的条件下达到的。

第二种代表性观点是西蒙提出的"满意"决策标准。他对运筹学家们的"最优"决策标准提出了尖锐的批评，指出：所谓"最优"，是指在数学模型范围内的最优决策而言……热衷于运筹学的人很容易低估这种方法的适用条件的严格性。这可导致一种名为"数学家失语症"的病。病人将原始问题加以抽象，直到数学难点或计算难点被抽象掉为止（并失去了全部真实的外观），并且将这一简化了的新问题加以求解，然后假装认为这就是他一直想要解决的问题。西蒙因此提出了他的"满意"决策标准。他认为，对于使用运筹学方法来说，不需要什么精确性，只要能够给出一个近似的、比不用数学而单靠常识得出的那种结果要更好的结果来，而这样的标准是不难达到的。然而，西蒙在提出他的"满意"决策标准之后，也注意到了这个概念的模糊性，它容易使人们对决策产生某种误解。因此，他又进一步进行了补充：如果认为某事物在本质上就是定性的，那么在应用数学家作出尝试之前不能将其简化为数学形式，否则将是危险的。

第三种代表性观点是美国管理学家哈罗德·孔茨提出的"合理性"决策标准。他对"合理性"决策标准的解释是：

首先，主管人员必须力图达到如无积极的行动就不可能达到的某些目标；

其次，主管人员必须对现有环境和限定条件下依照什么方针去达到目标有清楚的了解；

再次，主管人员必须有情报资料的依据，并有能力根据所要达到的目标去分析和评价抉择方案；

最后，主管人员必须有以最好的办法解决问题的强烈愿望，并选出能最满意地达到目标的方案。

由于决策的未来环境包含不肯定因素，因此，做到完全合理是很难的。孔茨认为，主管人员必须确定的是有一定限度的合理性，是"有界合理性"。尽管如此，主管人员还是应在合理性的限度内，根据各种变化的性质和风险大小尽其所能地作出最好的决策。

孔茨的"合理性"决策标准的实质，是强调决策过程各个阶段的工作质量最终决定了决策的正确性和有效性，而不仅仅在于进行方案抉择时采用"最优"还是"满意"的决策标准。这个观点是很有指导意义的。

7.2.3　决策的类型

（1）决策按主体构成可以分为个人决策和集体决策。个人决策是指决策者个人在对问题进行分析研究后，对应该做什么和应该如何做所作出的决定。个人决策快速、果断，但易鲁莽、武断。集体决策是由若干人组成的集体共同对问题进行研究，然后确定目标和行动方案。集体决策有利于集思广益，提高方案的有效性，但也会消耗更多的时间和费用，并且可能导致责任不清。

（2）决策按问题的性质和主要程度可以分为战略决策、战术决策和业务决策。战略决策是组织高层对组织的整体发展即大政方针作出的决定。战术决策是组织中层的各部门围绕总体目标确定本部门、本单位的具体目标和行动方案的过程。业务决策是组织中基层主管人员为实现某一具体目标而选定方案的过程。

（3）按决策过程信息的完备程度分类，决策可以分为确定型决策、风险型决策和不确定型决策。确定型决策是指信息完备，而且各变量不随时间的变化而变化的决策。风险型决策是指不能肯定将来的事态，但可以知道各种可能情况发生的概率，根据概率所进行的决策。不确定型决策是指不但不能确定将来的状态，而且不知道各种可能状态的概率，最终的决策结果受决策者个性特征的影响的决策。

（4）按经营管理活动的特点分类，决策可以分为程序化决策和非程序化决策。程序化决策是指按照原来已经规定的程序、处理方法和标准进行的决策；非程序化决策是指对不经常发生的业务工作和管理工作所作的决策。

拓展阅读7-4

创新决策

创新决策是一种基于发现、识别和诊断那些不同寻常的、模棱两可的问题与独特的、有创造性的解决方法的选择。创新决策往往包括一系列小的、相互联系的决策，需要投入几个月甚至几年的时间才能制定出来。

7.2.4　决策的程序

第一步，确定决策目标，拟订备选方案。通常计划的目标就是决策的目标，决策目标明确后，就应该拟订能够达到目标的备选方案。备选方案是指可供进一步选择的可能方案，它具有概括性、典型性、代表性的特点。拟订备选方案的过程中，一个重要的问题就是尽量找出限定性因素，对一些方案进行选择。

管理小故事7-5

第二步，评价备选方案。评价备选方案的标准是看哪个方案最有利于达到决策目标。评价的依据有三个，即经验、实验、分析与研究。评价的尺度有两个：一是必须达成的目标；二是希望达成的目标。评价时还要重视质与量的因素。

第三步，选择方案。对各种备选方案进行总体权衡之后，由组织决策者挑选一个合理的方案。

小思考7-2

评价备选方案的标准有哪些？

答：（1）合法性。管理者必须确保备选方案是合法的，不违反任何国内、国际法律以及政府规定。

（2）合乎伦理。管理者必须确保备选方案是合乎伦理道德的，不会给任何利益相关者带来不必要的损害。

（3）经济可行性。管理者必须确定备选方案在经济上是否可行，即在组织的既定目标下，备选方案能否被完成。

（4）实用性。管理者必须确定它们是否拥有实施备选方案的资源和能力，并确保备选方案的实施不会影响到其他组织目标的实现。

小思考7-3

影响决策有效性的因素有哪些？

答：（1）环境因素，包括环境的稳定性、市场结构、买卖双方在市场上的地位等；

（2）组织自身的因素，如组织文化、组织的信息化程度、组织对环境的应变模式等；

（3）决策问题的性质，包括问题的紧迫性、重要性等；

（4）决策主体的因素，包括个人对待风险的态度、个人能力、个人价值观以及决策群体关系的融洽程度。

7.2.5　决策方法

1.定性决策法

（1）头脑风暴法。头脑风暴法的创始人是英国心理学家奥斯本（A.F.Osborn）。它是一种邀请专家、内行，针对组织内的某一个问题，让大家开动脑筋，畅所欲言地发表个人意见，充分发挥个人和集体的创造性，经过互相启发产生连锁反应，集思广益后进行决策的方法。头脑风暴法的特点是倡导创新思维。

拓展阅读7-5

麦肯锡：头脑风暴的准则

世界著名的咨询公司麦肯锡列举了成功实施头脑风暴的几条准则：

（1）没有坏主意。在召开头脑风暴会议时，不应该有人因为害怕获得"这是个坏主意"的指责而在发表意见时考虑再三。

（2）没有不值得回答的问题。就像没有坏主意一样，对任何问题都要考虑其价值，千万别害怕对事物本身或做事情的方式刨根问底。

（3）准备好扼杀自己的婴儿。无论你的主意有多奇妙，如果在会议结束时没有作为问题答案的一部分，那就得忍痛割爱。

（4）知道什么时候说什么话。头脑风暴是要花费一点时间的，但如果你开这样的会议的时间太长，那么收益就会急剧下降。在气氛转变之前，团队可以忍受的头脑风暴的时间是两个小时；一般而言，最好还是在团队开始困乏之前叫暂停。

（5）好记性不如烂笔头。与通常的会议不同，通常的会议有专人作记录，头脑风暴本身不允许进行详细的记录；但你仍然可以用没有什么技术含量的便笺记录那些高明的好点子。

资料来源　佚名. 麦肯锡：头脑风暴的五条准则［EB/OL］.（2012-07-23）［2019-12-06］. http://blog.ceconlinebbs.com/BLOG_ARTICLE_190926.HTM.

（2）德尔菲法。这是由兰德公司提出的，用来听取有关专家对某一问题或机会的意见。这种方法的第一步是要设法取得有关专家的合作，然后把要解决的关键问题分别告诉专家们，请他们单独发表自己的意见并对实现新技术突破所需的时间作出估计。在此基础上，管理者收集并综合各位专家的意见，再把综合后的意见反馈给各位专家，让他们再次进行分析并发表意见。在此过程中，如遇到差别很大的意见，则把提供这些意见的专家集中起来进行讨论并综合。如此反复多次，最终形成代表专家组意见的方案。德尔菲法有两个显著特点：专家匿名、多次函询。

（3）哥顿法。这种方法的特点是不讨论决策问题本身，而是用类比的方法提出类似的问题，或者把决策问题分解为几个局部小问题。主持会议者不讲明讨论的主题，而是围绕主题提出一些相关问题，以启示专家发表见解；最后，把好的见解集中起来形成决策。

（4）方案前提分析法。这个方法以每个方案都有几个前提假设作为依据。方案是否正确，关键看它的前提假设是否成立，即组织者让与会者只分析讨论方案的前提能否成立，据此判定决策方案。

2.定量决策方法

根据决策过程信息的完备程度来对定量决策方法进行分类，主要分为确定型决策、风险型决策和不确定型决策。

（1）确定型决策。

常用的确定型决策方法有线性规划法、盈亏平衡分析法。

①线性规划法是在一些线性等式或不等式的约束条件下，求出线性目标函数的最大值或最小值的方法。其步骤是：第一，确定影响目标大小的变量；第二，列出目标函数的方程；第三，找出实现目标的约束条件；第四，找出实现目标函数达到最优的可行解。

【例7-1】某企业生产桌子和椅子两种产品，它们需要经过制造和装配两道工序，有关资料见表7-5。假设生产的桌椅都能销售出去，何种产品组合才能使企业的利润最大？

表7-5   **某企业的有关资料**

项　目	桌子	椅子	工序可利用的时间（小时）
在制造工序上的时间（小时）	2	4	48
在装配工序上的时间（小时）	4	2	60
单位产品利润（元）	8	6	——

第一步，确定影响目标大小的变量。在本例中，目标是利润P，影响利润的变量是桌子的数量T和椅子的数量C。

第二步，列出目标函数方程：$P=8T+6C$

第三步，找出约束条件。本例中，工序可利用的时间为约束条件，即

制造工序：$2T+4C \leq 48$

装配工序：$4T+2C \leq 60$

$$T \geq 0$$

$$C \geq 0$$

第四步，求出最优解——最优产品组合。通过图解法（如图7-5所示）求出解为：$T=12$，$C=6$，即生产12张桌子和6把椅子使企业的利润最大，最大利润为132元。

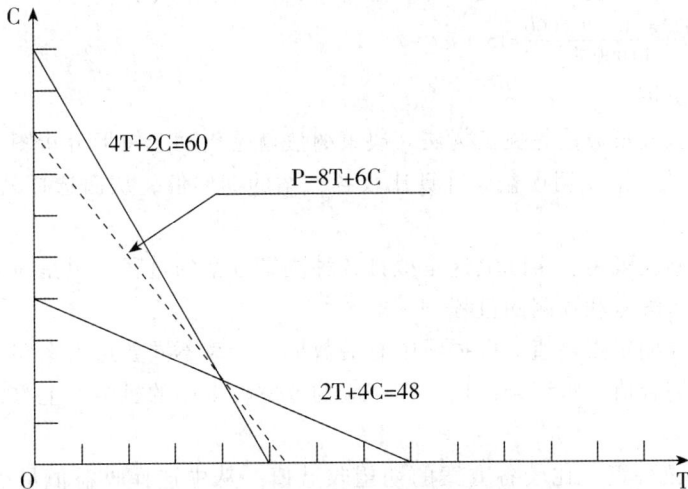

图7-5 线性规划图解法

②盈亏平衡分析法研究生产经营一种产品达到不盈不亏时的产量或收入决策问题。这个不盈也不亏的平衡点即为盈亏平衡点。显然，生产量低于这个产量时，则发生亏损；超

过这个产量时，则获得盈利。如图7-6所示，随着产量的增加，总成本与销售额随之增加，当达到平衡点A时，总成本等于销售额，此时不盈也不亏，对应此点的产量Q即为平衡点产量；销售额R即为平衡点销售额。同时，以A点为分界点，形成亏损与盈利两个区域。此模型中的总成本是由固定成本和变动成本构成的。

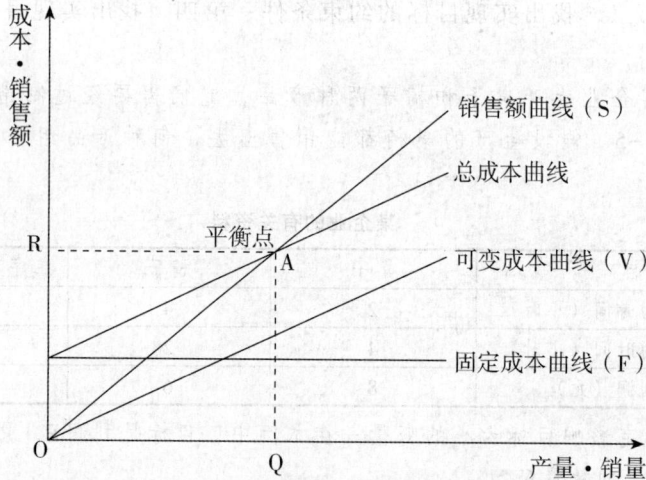

图7-6　盈亏平衡分析基本模型

根据图7-6，盈亏平衡点产量的计算公式为：

$$Q=\frac{C}{P-V}$$

式中：Q为盈亏平衡点产量；C为总固定成本；P为盈亏平衡点价格；V为单位产品变动成本。

【例7-2】某企业生产一种产品，其总固定成本为200 000元，单位产品变动成本为10元，产品销售到40 000件时，企业达到盈亏平衡点，该种产品应定价多少？

根据盈亏平衡点产量计算公式，可得盈亏平衡点的价格为：

$$P=\frac{QV+C}{Q}=\frac{40\,000\times10+200\,000}{40\,000}=15（元/件）$$

（2）风险型决策。

常用的风险型决策方法是决策树法。决策树法就是借助于树形分析图，根据各种自然状态出现的概率及方案预期损益，计算比较各方案的期望值，从而选择最优方案的方法。其决策的步骤是：

第一步，绘制决策树。实际上这是拟订各种决策方案的过程，也是对未来可能发生的各种状况进行周密思考和预测的过程。

第二步，计算期望损益值。根据图中有关数据，计算不同备选方案在不同自然状态下的损益期望值及综合值，将综合值填写在相应的方案枝末端的机会点上方，表示该方案的经济效果。

第三步，剪枝决策。比较各方案的期望收益值，从中选择收益值最大的作为最佳方案，其余的方案枝一律剪掉，最终剩下一条贯穿始终的方案枝，即决策方案。

【例7-3】某公司计划未来3年生产某产品，需要确定产品批量。据预测，这种产品的市场状况的概率是：畅销为0.2，一般为0.5，滞销为0.3。现提出大、中、小3种批量的生产方案，求取最大经济效益的方案。有关数据见表7-6。

表7-6　　　　　　　　　　　　　　　某企业的有关资料　　　　　　　　　　　　单位：万元

项　目	畅销（0.2）	一般（0.5）	滞销（0.3）
大批量	40	30	−10
中批量	30	20	8
小批量	20	18	14

第一步，绘制决策树。首先，从左端决策点（用"□"表示）出发，按备选方案引出相应的方案枝（用"—"表示），每条方案枝上注明所代表的方案；其次，每条方案枝到达一个方案的节点（用"○"表示），再由各方案节点引出各个状态枝（也称概率枝，用"—"表示），并在每个状态枝上注明状态内容及其概率；再次，在状态枝末端（用"△"表示）注明不同状态下的损益值；最后，决策树完成后，在下面注明时间长度，如图7-7所示。

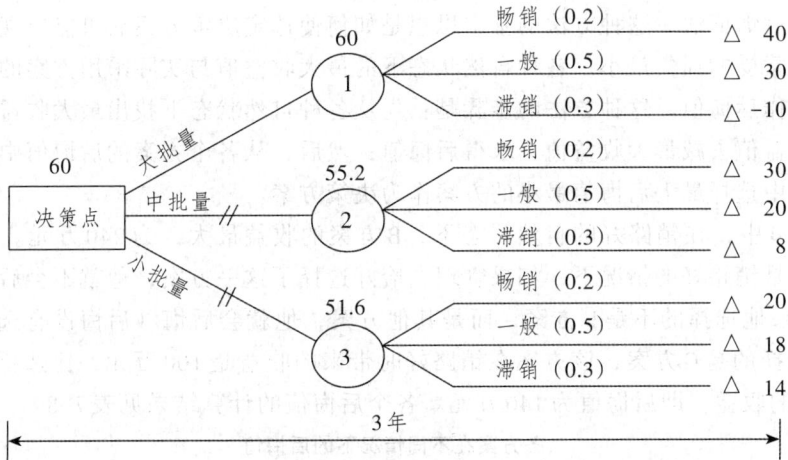

图7-7　决策树图

第二步，计算期望损益值。根据决策树资料，计算如下：

大批量生产期望值=［40×0.2+30×0.5+（−10）×0.3］×3=60（万元）

中批量生产期望值=（30×0.2+20×0.5+8×0.3）×3=55.2（万元）

小批量生产期望值=（20×0.2+18×0.5+14×0.3）×3=51.6（万元）

第三步，剪枝决策。将各方案的期望值标在各个方案的节点上；然后比较各方案的期望值，从中选择期望值最大的作为最佳方案，并把最佳方案的期望值写在决策点方框的上边，同时剪去（用"∥"表示）其他方案枝。此例中，大批量生产期望值最大，所以选择该方案。

（3）不确定型决策。

常用的不确定型决策方法有乐观法、悲观法和最小后悔值法。

①乐观法。该方法是建立在决策者对未来形势的估计非常乐观的基础之上的，即认为极有可能出现最好的自然状态，于是争取好中取好。

【例7-4】某公司计划生产一种新产品。该产品在市场上的销售情况有3种可能：销路好、销路一般和销路差，每种情况出现的概率均无法进行预测。现有如下几种方案：A方案是自己动手改造原有设备；B方案是全部更新，购进新设备；C方案是购进关键设备，其余自己制造。该产品计划生产5年。据测算，各个方案在各种自然状态下的预期损益见表7-7。

表 7-7　　　　　　　　　　各方案在不同情况下的损益值　　　　　　　　单位：万元

项　目	销路好	销路一般	销路差
A 方案	180	120	-40
B 方案	240	100	-80
C 方案	100	70	16

在例 7-4 中，A 方案的最大损益值为 180 万元，B 方案的最大损益值为 240 万元，C 方案的最大损益值为 100 万元。经过比较，B 方案的最大损益值最大，所以选择 B 方案。

②悲观法。这种方法是建立在决策者对未来形势的估计非常悲观的基础上的，故从最坏的结果中选最好的。

在例 7-4 中，A 方案的最小损益值为 -40 万元，B 方案的最小损益值为 -80 万元，C 方案的最小损益值为 16 万元。经过比较，C 方案的最小损益值最大，所以选择 C 方案。

③最小后悔值法。这种方法的基本思想是如何使选定决策方案后可能出现的后悔值达到最小，即蒙受的损失最小。各种自然状态下的最大收益值与实际采用方案的收益值之间的差额被叫作后悔值。这种方法的步骤是：先从各种自然状态下找出最大收益值；再用各个方案的收益值去减最大收益值，求得后悔值；然后，从各个方案的后悔值中找出最大后悔值，并从中选择最大后悔值最小的方案作为决策方案。

在例 7-4 中，在销路好的自然状态下，B 方案的收益最大，为 240 万元。在将来发生的自然状态是销路好的情况下，如果管理者恰好选择了这一方案，他就不会后悔，即后悔值为 0；如果他选择的不是 B 方案，而是其他方案，他就会后悔（后悔没有选择 B 方案）。比如，他选择的是 C 方案，该方案在销路好时带来的收益是 100 万元，比选择 B 方案少带来 140 万元的收益，即后悔值为 140 万元。各个后悔值的计算结果见表 7-8。

表 7-8　　　　　　　　　　各方案在不同情况下的后悔值　　　　　　　　单位：万元

项　目	销路好	销路一般	销路差
A 方案	60	0	56
B 方案	0	20	96
C 方案	140	50	0

由表 7-8 中看出，A 方案的最大后悔值为 60 万元，B 方案的最大后悔值为 96 万元，C 方案的最大后悔值为 140 万元，经过比较，A 方案的最大后悔值最小，所以选择 A 方案。

本章小结

本章首先介绍了战略的含义与特征、战略管理的重要性、战略环境分析的内容与方法、战略设计与选择；然后介绍了决策的含义、特征、有效性标准、类型、程序与方法。

关键概念

战略　战略管理　决策

基本训练

◆ 知识题

一、阅读理解

1.简述战略的含义与特点。

2.试述战略环境分析的内容。

3.简述决策的含义与特征。

4.分析决策有效性的标准。

二、知识应用

1.不定项选择题

（1）提出"合理性"决策标准的是（   ）。

A.泰罗　　　　　　　B.西蒙　　　　　　　C.巴纳德　　　　　　D.孔茨

（2）可供组织选择的基本战略有（   ）。

A.成本领先战略　　B.特色优势战略　　C.目标集聚战略　　D.多元化战略

（3）组织总体环境包括（   ）。

A.政治和法律环境　　　　　　　　B.经济环境

C.社会文化和自然环境　　　　　　D.科技环境

（4）迈克尔·波特认为决定一个行业内部竞争状态的竞争力是（   ）。

A.潜在竞争者　　　　　　　　　　B.替代竞争者

C.现有竞争者　　　　　　　　　　D.上下游的讨价还价能力

（5）当组织具有很好的内部优势和众多的外部机会时，应当采取（   ）。

A.多元经营战略　　　　　　　　　B.扭转型战略

C.增长型战略　　　　　　　　　　D.防御型战略

（6）组织总体环境中最活跃的因素是（   ）。

A.政治和法律环境　　　　　　　　B.经济环境

C.社会文化和自然环境　　　　　　D.科技环境

（7）用于组织内部环境分析的方法是（   ）。

A.价值链分析法　　B.波士顿矩阵分析法　C.SWOT分析法　　D.五力分析模型

（8）在波士顿矩阵中，高增长、强竞争地位的业务是（   ）。

A.问号业务　　　　B.明星业务　　　　　C.现金牛业务　　　D.瘦狗业务

（9）下列决策方法中，（   ）是定性决策方法。

A.德尔菲法　　　　B.哥顿法　　　　　　C.不确定决策方法　D.决策树法

（10）头脑风暴法的创始人是（   ）。

A.孔茨　　　　　　B.西蒙　　　　　　　C.德鲁克　　　　　D.奥斯本

2.判断题

（1）决策的本质是选择。　　　　　　　　　　　　　　　　　　　　　（   ）

（2）具有匿名和多次反馈特征的决策方法是头脑风暴法。　　　　　　　（   ）

（3）行业环境是组织面临的最关键的环境。　　　　　　　　　　　　　（   ）

（4）当组织具有很好的内部优势和较少的外部机会时，应当采取多元经营战略。
　　　　　　　　　　　　　　　　　　　　　　　　　　　　　　　　　　（　　）

（5）企业向现有顾客提供新的、与原来业务不相关的产品或服务属于混合多元化战略。　　　　　　　　　　　　　　　　　　　　　　　　　　　　　　　（　　）

（6）SWOT分析法主要用来进行战略选择的分析。　　　　　　　　　（　　）

（7）头脑风暴法的特点是倡导创新思维。　　　　　　　　　　　　　（　　）

（8）波士顿矩阵分析法考虑的两个分析维度是业务增长率和市场占有率。（　　）

（9）在决策过程中，备选方案应具有概括性、典型性、代表性的特征。（　　）

（10）孔茨提出了决策的"满意标准"。　　　　　　　　　　　　　　（　　）

◆ 技能题

一、规则复习

1.SWOT分析法的运行。

2.波士顿矩阵分析法的分析步骤。

3.决策的程序。

二、操作练习

1.运用波特的五力分析模型分析某一行业的竞争状况。

2.各种决策方法的分析步骤。

◆ 能力题

一、图解实训

头脑风暴	
形式	4~6人一组
时间	10分钟
材料	回形针，可移动的桌椅
场地	教室
应用	（1）理解"头脑风暴"的内容及意义 （2）理解创造性思维的价值 （3）培养和产生创造性的观点
目的	（1）给学生练习创造性地解决问题的机会 （2）启发和引导学生的创造性思维
程序	（1）为了给参与者发挥先天的创造性大开绿灯，我们可以进行头脑风暴的演练。头脑风暴的基本准则是： ①不允许有任何批评意见 ②欢迎异想天开（想法越离奇越好） ③我们所要求的是数量而不是质量 ④我们寻求各种想法的组合和改进 （2）有了这些基本概念后，将全体人员分成每组4~6人的若干小组 （3）他们的任务是在60秒内尽可能多地想出回形针的用途（也可以采用其他任何物品或题目） （4）每组指定一人负责记录想法的数量，而不是想法本身 （5）1分钟后，请各组汇报他们所想到的主意的数量，然后举出其中"最疯狂的"或"最激进的"主意 （6）有时，一些"傻"念头往往会被证实为有意义的
讨论	（1）当你在进行头脑风暴时还存在一些什么样的顾虑？ （2）你认为头脑风暴适合于解决哪些问题？ （3）你现在能想到的在工作中可以利用头脑风暴的地方有哪些？

资料来源　众行管理资讯研发中心. 管理培训游戏全案 [M]. 广州：广东经济出版社，2003：20.

二、案例分析
案例 1

海尔的腾飞

创立于 1984 年、崛起于改革开放大潮之中的海尔集团，是在引进德国利勃海尔冰箱生产技术成立的青岛冰箱总厂基础上发展起来的。在海尔集团首席执行官张瑞敏"名牌战略"思想的引领下，海尔经过艰苦奋斗和卓越创新，从一个濒临倒闭的集体小厂发展壮大成为在国内外享有较高美誉的跨国企业。海尔拥有包括白色家电、黑色家电、米色家电、家居集成在内的 86 个大门类 13 000 多个规格品种的产品群。在全球，很多家庭都是海尔产品的用户。

1984—1991 年"名牌战略"期间，别的企业上产量，而海尔扑下身子抓质量，只做一个冰箱产品。但海尔不断推出新型号和有高新技术的新产品，按照市场细分的原则，平均每隔 7.6 升就开发一种型号，最小间隔只有 1 升。1991 年海尔合并了青岛空调器总厂，同年 12 月成立海尔集团，自此进入了多元化发展的战略阶段。1993 年 5 月 22 日，海尔研制成功国内第一代无氟电冰箱，节能效率达 10% 以上。1997 年海尔以进入彩电业为标志，进入黑色家电、信息家电生产领域，同年兼并了贵州风华电冰箱厂、黄山电视机厂。1997 年 4 月，海尔控股管理青岛第三制药厂；1998 年成立海尔数字技术开发有限公司、北航海尔软件有限公司；1999 年进入电脑业。海尔还相继自我投资设立期货、证券、咨询、广告、出租汽车公司，进入了一个更广阔的发展空间。

问题：
（1）简要分析 1991 年前海尔实行的战略类型和理由。
（2）海尔合并青岛空调器总厂和进入彩电行业分别是什么战略？为什么？
（3）试分析海尔兼并贵州风华电冰箱厂、黄山电视机厂的战略类型和理由。
（4）海尔进入制药、软件、期货、广告等行业是什么战略？为什么？
案例 2

洛克威尔国际公司的艰难决策

在 20 世纪 90 年代，像其他美国国防工业大公司一样，洛克威尔国际公司感觉到了美国军事费用缩减所带来的压力。随着苏联的解体和冷战的结束，美国的武器和设备（如导弹、坦克、卫星等）的购买量仅为 20 世纪 80 年代购买量的 50%。这样的组织外部环境给洛克威尔国际公司的业绩带来了严重的威胁，管理者必须找到一项新战略来应对这一威胁，改善公司业绩。

在公司 CEO 唐纳德·贝尔（Donald Bell）的领导下，洛克威尔国际公司采取了一项带领公司进入 21 世纪的新战略。贝尔于 20 世纪 60 年代加入洛克威尔国际公司，30 岁时开始负责公司的电子部门，1987 年成为公司的 CEO。他是公司从主要依赖军事工业向主要依赖民用工业和消费品转型战略的主要推动者。例如，通过购买诸如 Allen-Bradley 和 Reliance 等实力强大的公司，比尔使洛克威尔国际公司进入了工业自动化领域。每当洛克威尔国际公司购买一家新公司以后，贝尔都会为新公司提供洛克威尔国际公司拥有的大量技术和电子领域的支持，从而使新公司变得更加强大和富有竞争力。洛克威尔国际公司曾经设计、建造了 B-1 轰炸机、阿波罗太空飞船、航天飞机。这家公司在新产品创新方面拥有大量的技术与技能，并拥有一支富有创造力的工程师队伍。贝尔的目标是将洛克威尔国际公司在军事领域所积累的技术应用于众多新领域的产品开发。

一些分析人士对贝尔所作的收购持批评态度，认为贝尔没有一贯的目标和愿景。他们声称，在很多公司决定集中于某一专业领域的时候，贝尔则建立了一个包括军事电子、自动化产品、印刷出版、航天飞机发动机、传真机芯片、塑料、通信等众多领域的多元化王国。分析人士认为贝尔也许过高估计了他运营这样一种高度多元化业务组织的能力。同时，他们也怀疑洛克威尔国际公司是否仅仅依靠其在军事工业上的成功就一定具有成功运作如此众多业务的能力。

贝尔则表示，他和他的管理团队对于洛克威尔国际公司进入何种业务领域有着明确的评价决策标准。首先，他们只收购明显处于领导者地位的行业业务。其次，他们依据长期盈利机会（长达10年或10年以上）概念和技术对每项业务进行评价。批评人士则回应说，环境是高度不确定的，贝尔和他的管理团队不可能预测相关项目未来的回报情况。

但是，洛克威尔国际公司进入自动化领域的行动取得了成功。在洛克威尔国际公司将其高新技术和资金注入 Allen Bradley 和 Reliance 公司后，公司获得了工业电子市场30%的市场份额。后来，这些公司的利润占到了洛克威尔国际公司利润来源的50%以上。这仅仅是一种运气，还是使洛克威尔国际公司成为高科技领头羊的一系列战略胜利的开始呢？

资料来源　琼斯，乔治，希尔. 当代管理学［M］. 李建伟，严勇，周晖，等，译. 2版. 北京：人民邮电出版社，2003：142-143.

问题：

（1）请根据决策的步骤评价贝尔的行动。

（2）贝尔在决策中受到了哪些因素的影响？

（3）你认为贝尔带领洛克威尔国际公司在沿着正确的道路前进吗？他将来可能遇到什么样的机会或威胁？

三、网上调研

利用电子图书馆和互联网搜集有关战略管理和决策的资料与案例，通过整理、归纳与分析，准确把握知识点和技能点，巩固所学知识与技能。

四、单元实践

以小组为单位，利用课余时间选择1~2个企业进行调查访问，就该组织的使命、内外部环境分析、战略目标、战略方案等内容进行调查，形成简要的调查访问报告并进行小组交流。

[第8章]
领导工作

学习目标

◆ 知识目标：掌握领导的含义与实质；试述领导理论；掌握领导权力的类型与特点。

◆ 技能目标：识别领导者与管理者；掌握领导艺术。

◆ 能力目标：培养提高自身权威与有效运用权力的能力；掌握运用领导理论解决管理问题的能力。

引 例

戴维·约翰逊的领导工作

20世纪80年代末，坎贝尔（Campbell）汤料公司被利润下降、市场份额少、领导无方所困扰。1990年戴维·约翰逊接任首席执行官后，公司利润大幅提高，新产品不断问世，销量急剧增加。这些业绩不易取得，因为约翰逊需要出色地领导分布在全球各地的44 000多名公司员工。约翰逊的领导方式是非正式的，他和所有员工打成一片。他定期和员工一起就餐，谈论新产品的开发和工作中遇到的问题。每当员工提出一个开发新产品的建议时，约翰逊就授权员工组成一个工作团队来开发该项新产品。成功后，约翰逊会和员工一起庆祝。为了让公司成为全球食品行业的领导者，约翰逊让员工把注意力集中在数字上，即利润额比竞争对手（如雀巢公司）增长得更快。相应地，员工工资的增长是建立在公司利润额增长的基础上的。同时，员工被鼓励以公司股东的身份来工作与思考。例如，约翰逊要求300名高级主管拥有超过年薪3倍的公司股票，公司董事不拿工资，只分红利。

资料来源 李剑锋. 组织行为管理 [M]. 北京：中国人民大学出版社，2000：242-243.

戴维·约翰逊是一位有效的领导者。他为公司描述了一个愿景，又通过沟通、授权、激励等手段让公司员工为实现这一愿景而努力工作，并赢得了员工的合作、承诺、忠诚和尊敬。本章论述领导的概念与各种领导理论，探索领导有效性的奥秘。

<h1 align="center">8.1　领导概述</h1>

8.1.1　领导的含义与实质

领导是管理者运用权力和影响力引导和影响下属按照企业的目标要求努力工作的过程，是较为直接、具体的管理工作。领导工作主要借助于权力和影响力，是一项推动和运用管理体系的工作，同时，它也与企业文化建设、集团成员的横向作用过程密切相关。从事领导工作需要具备一定的素质，采用适当的领导方式，掌握领导的艺术。

领导是一种职能活动，有时也指具有一定地位的人或群体。在企业组织中，董事、理事、厂长、经理、部门主管等均可归入领导的范畴。关于领导的含义，在有关管理文献中可以见到多种表述方式，如领导是一种对下属进行指挥和控制的统治形式；领导是为达到目标而实施的影响力；领导是一门促进下属满怀热情地完成任务的艺术；领导是权力、责任、服务的统一等。

为便于准确把握领导的内涵，有必要首先明确与领导有关的三个概念，即权力、影响和职权。所谓权力，是指个人所具有的并施加于别人的控制力；影响是人们自觉或不自觉地运用权力对别人施加作用的过程和结果；职权则是企业组织中某一职位所具有的权力。三者之间具有密切的内在联系。由此可以得出结论，领导是个体运用非强迫性手段影响其他人自愿努力去完成群体或组织目标的过程。

从这个定义中我们可以看到，领导的实质性含义包括以下内容：

第一，领导是一种过程，而不是某一个体。担任某一管理职位的人被叫作领导者。通常，很容易根据正式职位或头衔，如总统、市长、总裁、处长、主任、经理、队长等（准确地说，这些人应叫管理者）来识别，然而，不能认为领导者的行为就是领导。

第二，领导的本质是人际影响，即改变其他群体成员的态度或行为。虽然影响下属的方法有多种，但是如果运用强制手段便不能叫领导。领导意味着下属愿意接受影响，听从指挥，付出努力。从这个意义上可以说，最成功的领导是所有下属愿意为他们所爱戴的领导者赴汤蹈火。

第三，领导的目的是群体或组织目标的实现。下属之所以愿意接受领导者的影响是因为他们认识到这有利于群体或组织目标的实现，而群体或组织目标的实现与自己的利益息息相关。

8.1.2　领导与管理的区别

根据上述定义，领导和管理有所区别。一般而论，领导是管理的四大主要活动之一，但是，如果一个管理者仅仅精于计划、组织、协调和控制，那么他可能是一个无效的领导者。从本质上说，管理是管理者依据法定职权规定下属的工作方向和方式，对其工作过程进行计划、组织、协调和控制的活动，而领导则是领导者运用权力、影响和职权引导下属为实现目标而努力的过程，二者的差异主要在于其作用基础不同。因此，在企业组织中，一个人若仅仅利用职权的合法性采用强制手段命令下属工作，则其充其量只是管理者，而不是领导者；只有当他在行使法定职权的同时，更多地依靠自身的权力和影响指挥并引导

下属时，才可能既是管理者又是领导者（如图8-1所示）。显然，卓越的领导能力是成为
有效的管理者的重要条件之一。

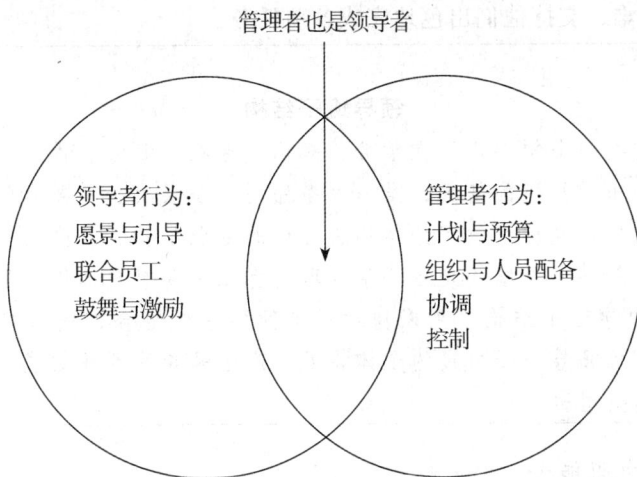

图8-1 领导者与管理者行为

领导与管理在类似活动上的侧重点各不相同（见表8-1）。例如，管理意味着操纵事
情、维持秩序、控制偏差，领导意味着前进、指挥、带领跟随者探索新领域。管理者通过
计划与预算处理复杂问题。他们设置目标、确定完成目标的方法、分配资源等，以实现目
标。相反，领导者首先规划组织的愿景以引导下属的行为，然后开发创新战略等去实现
愿景。

表8-1 领导与管理的区别

活 动	管 理	领 导
制订工作日程计划	计划与预算：建立实现预期结果的详细步骤与时间表，分配必要资源，保证预期结果发生	建立愿景：开发未来愿景以及实现愿景的战略
为完成工作日程计划开发人员网络	组织与人员配置：建立完成计划的结构，配备与结构相应的人员，制定政策与程序，指导员工开展工作	联合员工：运用各种方式与各工作团队的成员沟通，使他们理解与认同愿景和战略
执行计划	控制与问题解决：仔细监控工作结果，识别偏差，纠正偏差	鼓舞与激励：供给员工克服各种障碍的能量，满足他们的各种需要
结 果	产生各种可预测的结果，如按时提供顾客所需产品	产生各种巨大变化，如顾客所需新产品、员工所求的劳资新关系

管理小故事8-1

有效的领导者通过组织与人员配置去完成目标，他们创造组织结构、设计工作职位、
配备合格员工、沟通相关信息，以保证目标实现。领导者招聘、留住那些认同组织愿景的
员工，让员工组成工作团队，自主决定如何达成组织愿景。

此外，管理者通过控制员工行为来保证员工完成目标。他们运用各种形式的报告和会议监控员工的工作绩效，时刻注意工作偏差。有效的领导者需要鼓舞和激励员工团队，帮助他们克服各种困难，支持他们出色地完成各项任务。

拓展阅读8-1

领导班子结构

领导班子结构指一个领导班子在年龄、知识、专业、能力、性别、性格、气质、阅历、风格等方面的布局和搭配情况，是一个多序列、多层次、多要素的动态结合体。最佳的领导班子结构应该是梯形的年龄结构、合理的专业结构、较高的智能结构、协调的素质结构等。衡量领导班子结构是否科学合理的标准主要有整体性、互补性、平衡性和高效性。合理的领导班子结构，可以通过成员间的有效组合，提高领导班子的工作效率，最大限度地发挥领导班子成员的个体能力，产生领导的群体效能，使领导班子的整体效能大于个体效能之和。

8.1.3　领导的职能

卓越的领导者是企业获得成功的重要条件之一。在一定意义上，可以说没有成功的领导者就没有成功的企业。领导者的平庸无能是断送企业发展前途乃至走向衰退的重要因素之一。领导的职能主要表现在：

1.履行集团的职能

领导的职能首先在于履行集团的职能。

第一，确定集团的主要任务、基本职能和奋斗目标。任何层次的领导的首要任务都是明确所在集团一定时期内应完成的主要任务、基本职能和奋斗目标。

第二，确定组织基本价值观和行为规范。价值观和行为规范是制度约束之外统率、引导和影响个人行为的最有力手段。组织对所有行为不可能事无巨细都通过制度规范规定，管理过程中必须借助于价值观的统率作用和非正式行为规范的约束力量。

第三，指示工作任务和方法。领导的另外一项重要工作是对直接下属的工作任务、方法给予指导和帮助。上级领导者不应包办下级管理者职责范围内的工作，但必要的指导、建议和帮助是必需的。

第四，给集团及下属以有效的激励。指望所有下属都热忱地、满怀信心地为实现企业目标作出贡献是不现实的，很少有人会以持续的热情和长久的高昂士气去工作。领导的作用就在于对下属进行有效的激励、引导或劝说，让其以最大的努力自觉地为实现企业目标作出贡献。

第五，对集团及下属的行为进行恰当的评价和奖惩。领导者需要在适当的时机对下属一个时期内的工作给予恰当的评价和相应的奖惩，充分肯定成绩，根据下属表现采取适当的手段表明组织鼓励、提倡的行为和反对的行为。

2.维持和提高集团的经营能力

领导的职能不仅在于要做好眼前的工作，更重要的是维持和提高集团的经营能力，为企业未来的发展打下坚实的基础。因此，在日常管理过程中，要注意促进集团知识和经验的积累，注重集团学习过程、学习机制的培育和维持，维护组织的一体感和活力，形成良好的集团气氛，为企业下一步发展奠定基础。

3.构建管理框架体系，酝酿企业文化

领导的功能还在于构建和维持一个良好的组织管理框架，促进和提高企业组织的运转水平。合理的组织结构、严密的管理制度，以及鼓励员工积极向上的激励、评价、薪酬体系是保证企业正常运转的基本条件，但是要使企业组织的运转状态达到高度有效与和谐的水平，还有赖于企业文化建设。领导者要善于创造和形成一种适合本企业特点和追求的文化氛围。仅有正式、明确规定的组织管理框架，还只是具备一套干巴巴的规则和程序，而没有"血肉"。有了企业文化，有了协调的人际关系、畅通的内部沟通网络，员工之间形成融洽的相互作用的"场"，企业的各个组成部分才能达到高度整合的状态。

管理小故事8-2

4.协调外部关系

代表集团对外交涉，维护集团利益，协调集团与外部的关系，是领导应担负的另一项职能。任何层次的领导都或多或少要承担这方面的职能，企业主要领导担负着重要的对外交涉、对外协调责任。协调外部关系，树立企业形象，对企业发展有非常重要的促进作用。

5.联结上下级集团

联结上下级集团是大多数管理者都要承担的职能。除了高层管理者必须自己承担决策责任、独立负责外，其他层次的管理者都要或多或少担负起联结上下级集团、协调横向关系的任务，中层管理者在这一点上表现得尤其突出。中层管理者既要协调下级单位关系，又要满足上级管理者的要求，还要协调同级其他部门的关系，往往处在各种差异、矛盾、冲突的焦点上，联结、协调的特点表现得最为突出。

小思考8-1

领导工作应遵循哪些原理？

答：（1）指明目标原理，即领导工作越是能够使全体人员明确理解组织的目标，则人们为实现组织目标所作的贡献就会越大。

（2）目标协调原理，即个人目标与组织目标越协调一致，人们的行为就越趋向统一，从而为实现组织目标而取得的效率就会越高，效果就会越好。

（3）命令一致原理，即主管人员在实现目标过程中下达的各项命令越是一致，个人在执行命令中发生的矛盾就越少，领导者与被领导者双方对最终成果的责任感就越大。

（4）直接管理原理，即主管人员同下级的直接接触越多，所掌握的各种情况就会越准确，领导工作就会越有效。

（5）沟通联络原理，即主管人员与下属之间越是有效、准确、及时地沟通联络，整个组织就越会成为一个真正的整体。

（6）激励原理，即主管人员越是能够了解下属的要求与愿望并给予满足，就越能调动下属的积极性，使之为实现组织目标而作出更大贡献。

8.1.4 领导权力

领导权力是指领导者有目的地影响下属心理与行为的能力。领导权力是领导的基础，也是领导者发挥职能的基本条件。在组织中，各级领导者之所以能对下级员工施加影响，率领和引导员工为实现组织目标而努力，原因就在于他们拥有相应的领导权力。

拓展阅读8-2

关于权力起源的几种观点

（1）神权论。这是一种关于权力来源的愚昧主张，认为权力来源于上帝，进而创造出"神权论"或者"君权神授论"，为封建专制统治辩护并服务。

（2）德仁论。该学说主张权力是一种来自道德教化的影响力。中国古代孔子的"德治"、孟子的"仁政"等思想，都属于此类学说。

（3）智慧论。古希腊思想家苏格拉底、柏拉图提出了权力来源于知识的"哲学王"学说；近代英国思想家培根提出的"知识就是力量"及现代学者提出的"科技治国"等主张，都属于此类学说。

（4）暴力论。该观点主张权力应以法律、军队等暴力工具为依托。中国古代的韩非子、西方中世纪末的思想家马基雅维利是该主张的重要代表。

（5）契约论。该观点的主要代表者为卢梭与孟德斯鸠等人。他们认为，国家是人类根据自己的需要通过契约建立起来的，国家的权力来自人民，而人民的权力则是天赋的。

（6）资源论。该观点把权力的来源归结为对组织资源的拥有与控制。这里的资源包括金钱、信息、武力、社会地位、立法权、投票权等。人们只要掌握了一定的资源，便具有了影响他人的力量。

（7）接受论。该观点是由巴纳德首次系统阐述的，认为"应从组织成员是否接受一项命令、指示或建议的角度来考察权力"。此外，西蒙的权威论也包含接受论的主张。

组织中的领导权力通常可以分为两大类七种类型（如图8-2所示）。其中，职位权力是指在组织中担任一定的职务而获得的权力，非职位权力是指与组织的职位无关的权力。

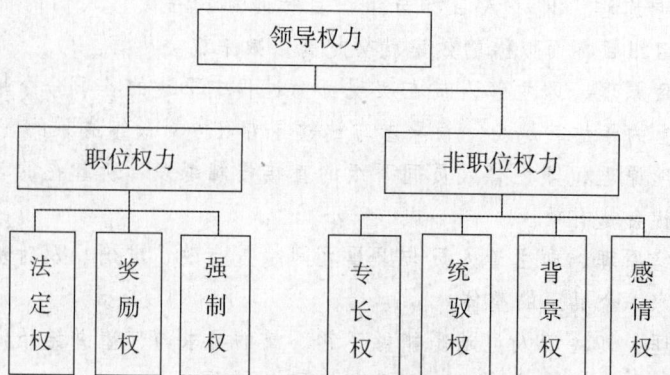

图8-2 领导权力的类型

1.法定权

这是企业内各等级的领导职位所具有的正式权力，通常由企业组织按照一定程序和形式赋予领导者。法定权力的作用基础是职位的权威性，凡是处于某一职位上的领导者都拥有一定的法定权力，可在其职权范围内行使运用有关权力，被领导者亦必须服从领导者依权发布的指示、命令。但是，法定权力不一定必须由领导者本人来实施，通过制定有关政策和规章制度也可以达到行使法定权力的目的。

2.奖励权

这是决定给予还是取消奖励、报酬的权力。奖励的范围包括增加工资和奖金、提升职务、表扬、提供培训机会、分配理想工作、改善工作条件等。奖励权建立在利益性遵从的基础上，当下属认识到服从领导者的意愿能带来更多的物质或非物质利益的满足时，就会自觉接受其领导，领导者也因此享有相应的权力。在企业组织中，领导者对奖励的控制力越大，其在下属人员奖励方面拥有的权力就越大。

3.强制权

这是一种对下属在精神或物质上施加威胁，强迫其服从的权力。这种权力建立在惧怕惩罚的基础上，实质上是一种惩罚性权力。当下属意识到违背上级的指示或意愿会导致某种惩罚，如降薪、扣发奖金、分配不称心的工作、免职等，就会被动地遵从其领导。但是研究表明，领导者对下属采用的强制性权力越多，强制性措施越严厉，下属对其的不满和敌意就会越强烈。

4.专长权

这是由于具有某种专门知识、技能而获得的权力，这种权力以敬佩和理性崇拜为基础。领导者本人学识渊博，精通本行业务，或具有某一领域的高级专门知识与技能，就能获得一定的专长权。专长权的大小取决于领导者的受教育程度、掌握运用知识的能力以及实践经验的丰富程度。领导者拥有的专长权越丰富，越容易赢得下属的尊敬和主动服从。

5.统驭权

这是因领导者的特殊品格、个性或个人魅力而形成的权力，这种权力建立在下属对领导者的尊重、信赖和感性认同的基础上。企业领导者公正无私、胆略过人、勇于创新、知人善任、富有同情心、具有感召力、善于巧妙运用领导艺术，则易获得下属的尊重和依从，获得统驭他人的权力。

6.背景权

背景权是指个体由于以往的经历而获得的权力。例如某人是战斗英雄、劳动模范等，只要人们知道他的特殊背景和荣誉，在初次见到他的时候就倾向于听从他的意见，接受他的影响。

7.感情权

感情权是指个体由于和被影响者感情较融洽而获得的权力。如果多年的老朋友提出要求、请求一些帮助，无论在工作上有没有关系，人们都会感到难以拒绝，从而接受他的影响。

为了从总体上更深刻地了解两大类七种领导权力，我们将其归纳为来源、过程、下属与领导者的关系以及要求的条件等方面（见表8-2）。

表 8-2   **领导权力的总体分析方面**

领导权力的来源	领导权力的过程	下属与领导者的关系	要求的条件
奖励权→奖励 强制权→惩罚	服从	想从领导者那里得到有利的反应，避免惩罚性的反应	领导者必须对下属实施监督
统驭权→吸引力 背景权→相关性 感情权→相关性	辨认	发现与领导者有满意的关系，希望与领导者建立和保持关系	领导者必须在下属比中占有显著地位
法定权→合法的 专长权→专业的、可信的	内在化	因为内在价值观的一致性，与领导者相处得很好	领导者与下属有相似的价值观

小思考8-2

在实践中，领导者如何有效地获取权力？

答：在实践中，领导者有效获取权力的主要途径有：（1）同有权力的人形成联盟；（2）施惠；（3）不激怒别人；（4）从危机中获益；（5）谨慎地寻求顾问；（6）争取最关键的工作；（7）不断地提高自己的能力。

小思考8-3

领导者使用权力会引发员工出现哪些行为反应？

答：领导者使用权力能在员工中引发下面几种不同类型的行为反应：承担义务、顺从和反抗。

（1）承担义务的员工有热情达到领导的期望，尽力去完成任务。

（2）那些顺从领导要求的员工，则仅仅做那些必须完成的事情——通常没有多少热情。

（3）反抗的员工在大多数情况下会通过阳奉阴违甚至是有意拖延或破坏计划等行为体现出来。

8.2 有关领导的理论

8.2.1 领导性格理论

20世纪70年代以来，有关领导者应具备什么样的性格，国外学者进行了大量的研究。因为研究的角度不同，各种研究得出的结论也包罗万象、各有特色，甚至有所矛盾。

1.斯托格迪尔的观点

拉尔夫·斯托格迪尔（Ralph Stogdill）通过调查总结出领导者的品格包括：

（1）5种身体特征——精力、外貌、身高、年龄、体重；

（2）2种社会性特征——社会经济地位、学历；

（3）4种智力特征——果断、说话流利、知识广博、判断分析能力强；

（4）16种个性特征——适应、进取心、热心、自信、独立性、外向、机警、支配、有主见、急性、慢性、见解独到、情绪稳定、作风民主、不随波逐流、智慧；

（5）6种与工作有关的特征——责任感、事业心、毅力、首创性、坚持、对人的关心；

（6）9种社交特征——能力、合作、声誉、人际关系、老练程度、正直、诚实、权力的需要、与人共事的技巧。

2.鲍莫尔的观点

美国普林斯顿大学的鲍莫尔（W. J. Baumol）提出了作为一个企业家应具备的10个条件：合作精神、决策能力、组织能力、精于授权、善于应变、敢于求新、勇于负责、敢担风险、尊重他人和品德高尚。

3.皮奥特维斯基和罗克的观点

皮奥特维斯基（Piotwisky）和罗克（Roke）两位管理学家在1963年出版的《经理标尺：一种选择高层管理人员的工具》中，对成功经理的个人特性列举如下：

（1）能与各种人士就广泛的题目进行交谈；

（2）在工作中既能"动若脱兔"地行动，又能"静若处子"地思考问题；

（3）关心世界局势，对周围生活中发生的事也感兴趣；

（4）在处于孤立环境和困难局势时充满自信；

（5）待人处事机巧灵敏，而在必要时也能强迫人们拼命工作；

（6）在不同的情况下根据需要有时幽默灵活，有时庄重威严；

（7）既能处理具体问题，也能处理抽象问题；

（8）既有创造力，又愿意遵循惯例；

（9）能顺应形势，知道什么时候该冒险，什么时候该谋求安全；

（10）作决定时有信心，征求意见时谦虚。

4.吉赛利的观点

吉赛利（E. Ghiselli）在其《管理才能探索》一书中研究了8种个性特征和5种激励特征，具体包括：

（1）个性特征，包括才智、首创精神、洞察能力、自信心、适应性、决断能力、男性-女性、成熟程度；

（2）激励特征，包括对工作稳定的需求、对金钱奖励的需求、对指挥别人的权力的需求、对自我实现的需求、对事业成功的需求。

拓展阅读8-3

5种有效的领导者的特征

美国管理学家德鲁克（P. Drucker）在《卓有成效的管理者》一书中指出了如下有效的领导者的特性，并指出它们是可以通过学习掌握的：

（1）知道时间该花在什么地方。领导者支配时间常属于被动地位，所以有效的领导者都善于系统地安排与利用时间。

（2）致力于最终的贡献。他们不是为工作而工作，而是为成果而工作。

（3）重视发挥自己的、同事的、上级领导者的和下属的长处。

（4）集中精力于关键领域，确立优先次序，做好最重要的和最基本的工作。

（5）能作出切实有效的决定。

我国学者从20世纪80年代初开始对领导者的品质进行了一系列的研究，许多专家和学者都撰写文章，提出领导者应具备的素质。概括起来，领导者应具备如下方面的素质：

（1）精神素质。领导者应具备良好的精神品质和工作作风，即要具有强烈的事业心和责任感；要有创新精神、拼搏精神、奉献精神；要有竞争意识、人才观念、效益观念；要具有良好的生活作风，遵纪守法，品行端正，不搞特殊化等。

（2）知识素质。领导者在从事管理工作的时候，面对的是各种各样的人和事，而人和事都具有很多不确定性，涉及多方面的知识，这就要求领导者具有广博的知识，掌握有关的法规和政策，具备经济学、管理学、心理学、社会学、领导学及某些必备的科技专业知识。对于不同层次的领导者的知识方面的要求也是不同的，越是高层次的领导者，知识面就要越宽。

（3）能力素质。能力在领导者素质中占有重要地位，一个人能否成为优秀的领导者，除了精神素质外，主要取决于能力。能力来源于学习、实践和经验。领导者起码应具有良好的决策能力、与人共事的能力、识人用人的能力和较强的自我控制能力。

（4）身体素质。领导者要体魄健全、精力充沛，能够负担繁忙的工作。

8.2.2　领导行为理论

对领导的行为研究始于20世纪40年代，主要研究领导者实际做什么、如何做。下面介绍几项比较著名的研究。

1.领导行为四分图理论

从1945年开始，美国俄亥俄州立大学工商企业研究所发起了对领导行为的研究，由著名学者斯托格迪尔主持，利用领导者行为描述问卷（LBDQ）来识别领导行为的基本维度。通过统计分析，发现领导行为可分成关怀（consideration）和定规（initiative structure）两个方面。前者是指关心下属的感受，尊重下属的想法；后者是指明确上下级各自的角色，通过计划、沟通、日程安排、分派任务、给予指示等方式指导群体完成任务。从高度关怀（或定规）到低度关怀（或定规）之间有无数不同程度的关怀（或定规）。以关怀为纵坐标、以定规为横坐标，以高低为分界点形成的一个二维构面大致把领导行为分为四种方式：高关怀、低定规，高关怀、高定规，低关怀、低定规，低关怀、高定规。俄亥俄州立大学的研究还指出，最有效的领导者是那些在关怀和定规两方面做得都好的人。

2.利克特的领导方式理论

20世纪40年代末，在著名学者利克特的带领下，密歇根大学的研究人员开始识别导致有效群体绩效的领导行为模式。通过对众多高效或低效群体的比较，他们发现领导行为有两种基本形式：生产中心和员工中心。前者是指领导者主要关心任务的完成，后者是指领导者主要关心员工的福利。利克特假设了用以研究和阐明他的领导原则的4种领导方式：利用-命令式的领导方式、温和-命令式的领导方式、商议式的领导方式、集体参与的领导方式。利克特提倡员工参与管理，指出以员工为中心的领导者比为生产中心的领导者更有效。

拓展阅读8-4

勒温的领导方式理论

关于领导方式的研究最早是由美国心理学家勒温（P. Lewin）进行的，他以权力定位为基本变量，通过各种试验，把领导者在领导过程中表现出来的工作方式分为3种基本类型：

（1）专制型领导方式，是指以"力"服人，靠权力和强制命令让人服从的领导方式。它把权力定位于领导者个人手中。

（2）民主型领导方式，是指以理服人、以身作则的领导方式。它把权力定位于群体。

（3）放任型领导方式，是指工作事先无布置、事后无检查，权力定位于组织中的每一个成员，一切悉听尊便，毫无规章制度的领导方式。它实行的是无政府管理。

根据试验结果，勒温认为，放任型领导方式的工作效率最低，只达到社交目标而完不成工作目标；专制型领导方式虽然通过严格的管理达到了工作目标，但群体成员没有责任感，情绪消极，士气低落，争吵较多；民主型领导方式的工作效率最高，不但完成工作目标，而且群体成员之间关系融洽，工作积极主动，有创造性。

3.管理方格理论

1965年，布莱克（Robert Blake）和莫顿（Jane Monton）在俄亥俄州立大学和密歇根大学的研究成果的基础上，根据关心生产（concern for production）和关心人（concern for people）两个维度构建了关于领导行为类型的管理方格（Managerial Grid）理论（如图8-3所示）。因为每一维度都有9个等级，理论上应有81种领导方式，但常见的主要有：

（1.1）贫瘠管理（impoverished management）：管理者既不关心生产，也不关心人，是一种放任式管理。

（9.1）任务管理（task management）：管理者只关心生产，注重工作效率，而不关心人。

（1.9）乡村俱乐部管理（country club management）：管理者只关心人，而不关心工作。

（9.9）团队管理（team management）：管理者既高度关心生产，又高度关心人。

（5.5）中庸之道管理（middle-of-the-road management）：管理者对工作和人都同样程度地关心，寻求两者的平衡。

在5种典型的领导方式中，团队管理为最佳领导方式。

4.情景领导理论

赫西（Paul Hersey）和布兰查德（Kenneth Blanchard）提出的情景领导理论（Situational Leadership Theory）认为，领导者的关系行为（relationship behavior）和任务行为（task behavior）的水平要适应跟随者的成熟度（maturity）或准备（readiness）状态。赫西和布兰查德将下属的成熟度划分为由低到高的4种类型（或阶段），与4种成熟度相对应可分别采用4种领导方式（如图8-4所示），即如果下属既无能力也无意愿完成任务（R_1），应采用指示（telling）型方式；如果下属有意愿但无能力完成任务（R_2），应采用推

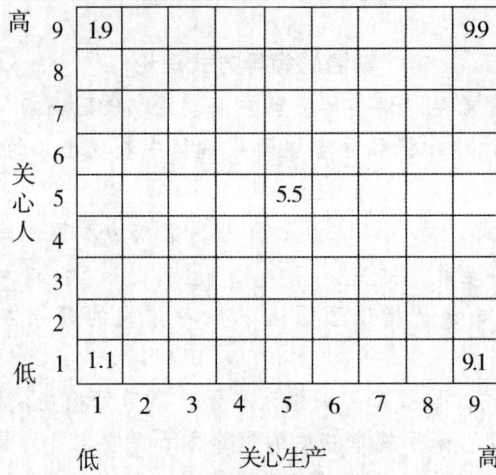

图 8-3　管理方格图

销（selling）型方式；如果下属有能力但无意愿完成任务（R₃），应采用参与（partici-
pating）型方式；如果下属既有能力也有意愿完成任务（R₄），应采用授权（delegat-
ing）型方式。

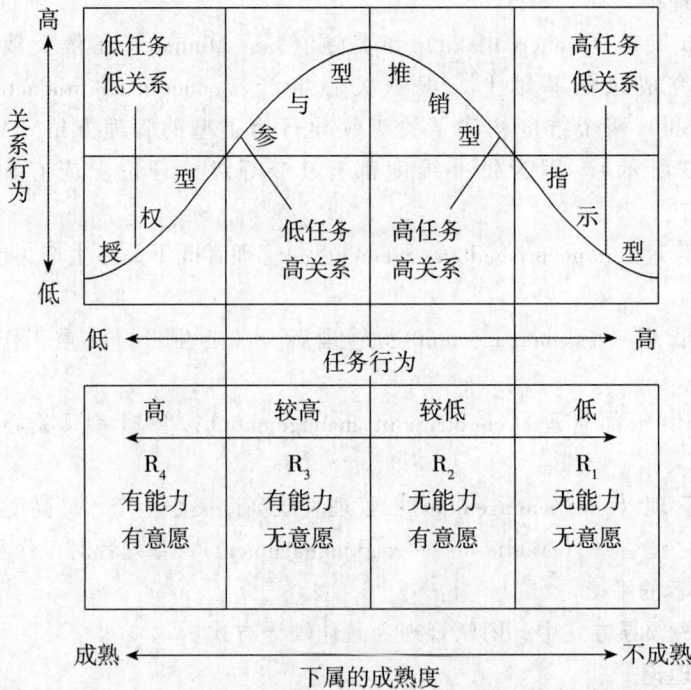

图 8-4　情景领导理论示意图

小思考 8-4

情景领导理论中的"成熟度"有什么含义？

答：成熟度是对下属特征的一种度量，是指个体对自己的直接行为负责任的能力和意愿。其包括：

（1）工作成熟度，衡量一个人的知识和技能，多指某人在从事某一特定目标或任务时所展现的相关知识和技能。工作成熟度高的下属得到良好的教育和培训，拥有足够的知识和能力，经验丰富，能够不需要他人指导而独立完成工作任务。

（2）心理成熟度，衡量一个人做某事的意愿和动机，多指某人针对特定目标或任务时的积极性与信心。心理成熟度高的下属自信心强，工作积极主动，不需要太多的外部激励，而主要靠内部动机的激励。

赫西和布兰查德将下属的成熟度划分为由低到高的 4 种类型或阶段，实际上反映了一个员工从不成熟到成熟的成长过程。

5.领导行为连续统一体理论

这种理论是组织行为学家坦南鲍姆（Robert Tannenbaum）与施密特（Warren H. Schmidt）于 1958 年提出来的。他们指出，领导有多种多样的作风，从以领导者为中心到以下属为中心，民主与独裁仅是两个极端的情况（如图 8-5 所示）。

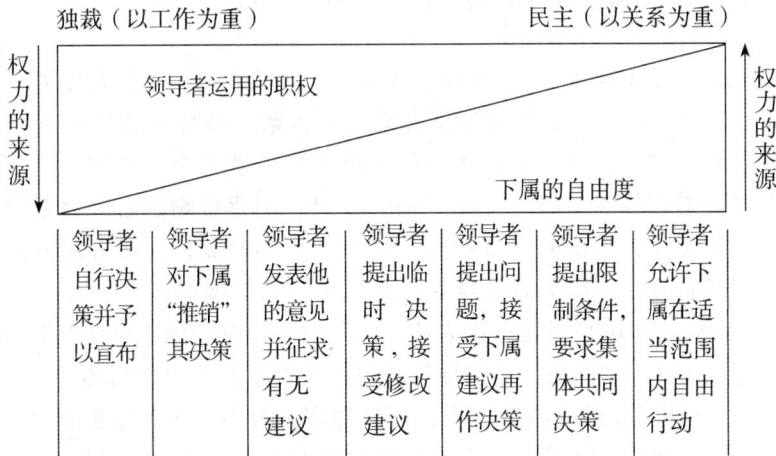

图 8-5 领导行为连续统一体理论示意图

图 8-5 的左端是独裁的领导行为，右端是民主的领导行为。形成这两个极端的原因是：

首先，基于领导者对权力的来源和人性的看法不同。独裁的领导者认为权力来自于职位，人生来懒惰而没有潜力，因而一切决策均由领导者作出；民主的领导者则认为，权力来自于群体的授予和承认，人受到激励能自觉、自治、发挥创造力，因此决策可以公开讨论，集体决策。

其次，独裁的领导者比较重视工作，并运用权力支配影响下属，下属的自由度较小；民主的领导者重视群体关系，给予下属较大的自由度。领导行为连续统一体从左至右，领导者运用的职权逐渐减少，下属的自由度逐渐加大，从以工作为重逐渐变为以关系为重。

图 8-5 的下方依据领导者把权力授予下属的程度不同、决策的方式不同，形成了一系列领导方式。因此可供选择的领导方式不是民主与独裁两种，而是多种。

坦南鲍姆与施密特认为，不能说哪种领导方式是正确的、哪种领导方式是错误的，领导应当根据具体情况，考虑各种因素选择图 8-5 中的某种领导行为。在这个意义上，领导行为连续统一体理论也是一种情景理论。何种领导作风合适，取决于领导者、被领导者和情景。

领导行为连续统一体理论根据权力的来源和应用、下属参与决策的程度，划分出多种领导行为，这对我们研究领导方式是有益的。但是，图 8-5 中把独裁和以工作为重同民主和以关系为重联系在一起并且等同起来；将以工作为重与以关系为重、领导者运用的职权与下属的自由度互相对立起来，而且仅根据领导的决策过程、群众的参与程度来划分领导方式，这是不全面的。

8.2.3 领导权变理论

1.菲德勒的领导权变理论

领导权变理论的最典型代表人物是弗雷德·菲德勒（Fred Fiedler）。领导权变理论认为不存在一种普遍适用的领导方式，领导工作强烈地受到领导者所处的客观环境的影响，或者说，领导和领导者是某种既定环境的产物，即

$S=f (L, F, E)$

式中：S 代表领导方式；L 代表领导者特征；F 代表追随者特征；E 代表环境。

领导方式是领导者特征、追随者特征和环境的函数。领导者特征主要指领导者的个人品质、价值观和工作经历等。追随者特征主要指追随者的个人品质、工作能力、价值观等。环境主要指工作特征、组织特征、社会状况、文化影响、心理因素等。工作是具有创造性还是简单重复，组织的规章制度是比较严密还是宽松，社会时尚是倾向于追随服从还是推崇个人能力等，都会对领导方式产生强烈的影响。

菲德勒的领导权变理论是比较有代表性的一种权变理论。该理论认为各种领导方式都可能在一定环境下有效，这种环境是多种外部与内部因素的综合作用体。

菲德勒将领导权变理论具体化为 3 个方面，即职位权力、任务结构和上下级关系。职位权力是指领导者所处的职位具有的权威和能力的大小，或者说领导的法定权、奖励权、强制权的大小。权力越大，群体成员遵从领导的程度越高，领导的环境也就越好；反之，则越差。任务结构是指任务的明确程度和下属对这些任务的负责程度。这些任务越明确，而且下属责任心越强，则领导环境越好；反之，则越差。上下级关系是指下属乐于追随的程度。下级对上级越尊重，并且乐于追随，则上下级关系越好，领导环境也越好；反之，则越差。

菲德勒设计了一种名为最难共事者（least-preferred co-worker，LPC）问卷来测定领导者的领导方式是以任务激励为中心还是以关系激励为中心。该问卷的主要内容是询问领导者对最不与自己合作的同事的评价。如果领导者对这种同事的评价大多用敌意的词语，则该领导者趋向于工作任务型的领导方式（低 LPC 型）；如果评价大多用善意的词语，则该领导者趋向于人际关系型的领导方式（高 LPC 型）。

菲德勒认为环境的好坏对领导的目标有重大影响。低 LPC 型领导者比较重视工作任务

的完成。如果环境较差，他将首先保证完成任务；当环境较好、任务能够完成时，他的目标将是搞好人际关系。高 LPC 型领导者比较重视人际关系。如果环境较差，他将把人际关系放在首位；如果环境较好，人际关系也比较融洽，他将追求完成工作任务（如图 8-6 所示）。

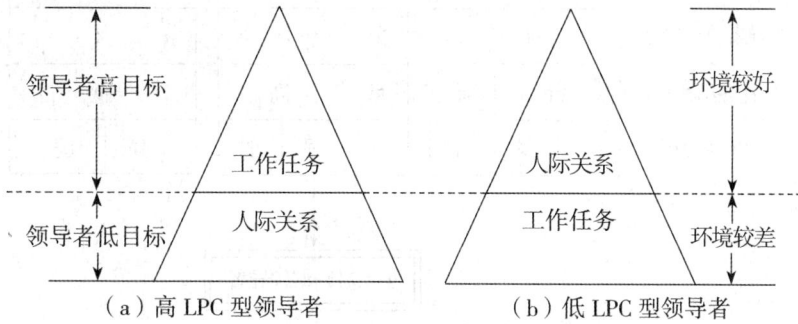

图 8-6　领导目标与环境关系示意图

　　任务激励型领导者和关系激励型领导者的领导有效性如何，取决于他们对情景的控制度。所谓情景控制度是指领导者决定与影响群体成员的工作内容与工作结果的程度。情景控制度有高、中、低 3 种水平，与下述 3 种情景因素的状况有关：

　　（1）领导者-成员关系（leader-member relation），是指下属和领导者的个人关系是否亲密，如是否相互信任、尊敬与关心。

　　（2）任务结构（task structure），是指任务的目的、方法和绩效标准的清楚程度，可通过目标的明确性、目标-途径的多重性、结果的确定性和决策的可验证性 4 个方面来衡量。若目标明确、职责分明、有可依循的程序和规则，则任务结构性高。

　　（3）职位权力（position power），是指领导者有无分派工作、决定奖惩、推荐晋升等权力。

　　菲德勒的领导权变理论预言当情景控制度高或低时，低 LPC 型领导者的领导绩效优于高 LPC 型领导者；当情景控制度为中等时，高 LPC 型领导者的领导绩效优于低 LPC 型领导者。为什么呢？在低情景控制条件下，群体需要大量的有关如何开展工作的具体指示，低 LPC 型领导者最可能提供相关的指导；在高情景控制条件下，低 LPC 型领导者由于认识到工作条件良好、绩效达成有保证，而把注意力放在改善和下属的关系上，且经常会放手让员工去工作。同时，在中等情景控制条件下，通常需要领导者把注意力集中在良好的人际关系上。此时，高 LPC 型领导者具有明显优势。菲德勒的领导权变理论可以用图 8-7 表示。

2.路径-目标理论

　　路径-目标理论是由多伦多大学的组织行为学教授罗伯特·豪斯（Robert House）等人提出的，他们把激发动机的期望理论和领导行为理论结合起来，创造了该理论模型。路径-目标理论认为：领导者的工作是通过指明实现目的的途径来帮助和鼓励下属实现组织目标和个人目标的。领导者应该根据不同的环境因素（下属特征和任务特征）来调整自己的领导方式，在不同的情境中，对不同的下属要选用不同的领导风格，领导风格应该适合下属特征和任务特征。

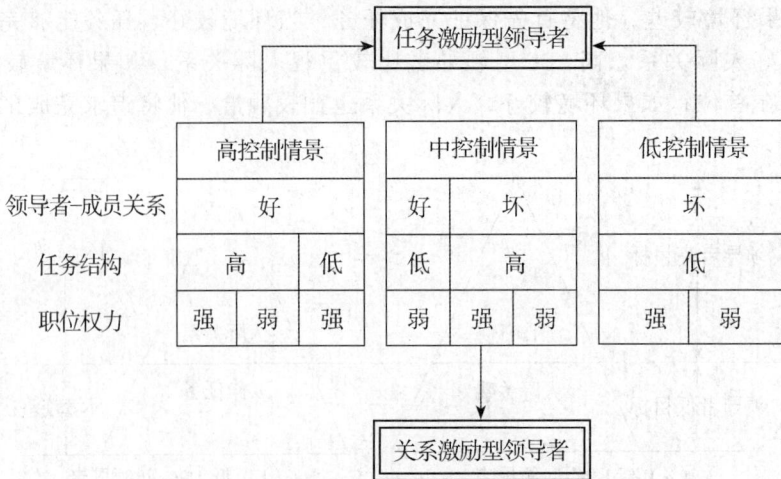

图 8-7 菲德勒领导权变理论示意图

（1）下属特征。其包括下属的受教育程度、对成就的需要、领悟能力、愿意承担责任的程度、对独立的需求程度等。下属的需求是经常变化的，当他们对这些方面的需求强烈时，对指令型领导的需求就会下降。

（2）任务特征。其包括组织的正式权力系统、下属的任务结构设计、工作群体等，这些特征共同对下属起激励作用。在已经建立了权力系统并且已经具有明确的结构层次任务和严格的团队规范的情景下，可以不强调领导行为；反之，则需要。

4种领导行为包括：

（1）指令型领导。领导者对下属需要完成的任务进行说明，包括对他们有什么希望、如何完成任务、完成任务的时间限制等。指令型领导者能为下属制定出明确的工作标准，并将规章制度向下属讲得清清楚楚，指导和规定都不厌其详。

（2）支持型领导。领导者对下属的态度是友好的、可接近的，他们关注下属的福利和需要，平等地对待下属，尊重下属的地位，能够对下属表现出充分的关心和理解，在下属有需要时能够真诚帮助。

（3）参与型领导。领导者邀请下属一起参与决策，进行工作探讨，征求他们的想法和意见，将他们的建议融入团体或组织将要执行的那些决策中去。

（4）成就取向型领导。这种领导者为下属制定的工作标准很高，寻求工作的不断改进，还非常相信下属有能力制定并完成具有挑战性的目标。

在现实中究竟采用哪种领导方式，要根据下属特性、环境变量、领导活动结果的不同因素，以权变观念求得与领导方式的恰当配合。

拓展阅读 8-5

领导理论的发展

1.魅力型领导理论

魅力型领导理论是指领导者利用其自身的魅力鼓励追随者并作出重大组织变革的一种领导理论。20世纪初，德国社会学家韦伯提出"charisma"，即"魅力"这一概念。20世纪70年代后期开始，一些学者对这一概念作了重新解释和定义，充实了新的内容。

1987年，麦吉尔大学（McGill University）的康格（J. A. Conger）与卡纳果（R. N. Kanun-go）对魅力型领导者进行了系统的研究，概括出魅力型领导者区别于无魅力领导者的9个特征：

（1）反对现状并努力改变现状；

（2）设置与现状距离很远的目标前景；

（3）对自己的判断力和能力充满自信；

（4）能深入浅出、言简意赅地向下属说明自己的理想和远大目标，并使之认同；

（5）采取一些新奇、违背常规的行为，当他们成功时，会引发下属的惊讶和赞叹；

（6）对环境的变化非常敏感，并采取果断措施改变现状；

（7）经常依靠专长权力和参照权力，而不仅仅使用合法权力；

（8）经常突破现有秩序的框架，采用异乎寻常的手段达到远大的目标；

（9）被认为是改革创新的代表人物。

2. 交易型领导理论

交易型领导理论是根据领导者与下属之间的交换概念而提出的。领导者把为下属提供资源和奖励作为对下属高工作积极性和高效率的交换。这种交换和提供临时任务奖励的概念是众多激励、管理与领导理论和实践的核心。该理论的基本假设是：领导者与下属间的关系是以两者一系列的交换和隐含的契约为基础的。在该领导行为中，当下属完成特定的任务后，便给予承诺的奖赏，整个过程就像一项交易。交易型领导主要采取以下两种方式开展工作：一是临时任务奖励；二是例外管理。交易型领导的特征是强调交换，在领导者和下属之间存在一种契约式的交易。在交换中，领导者给下属提供报酬、实物奖励、晋升机会、荣誉等，以满足下属的需要与愿望；下属则以服从领导者的命令指挥、完成其交给的任务作为回报。

3. 变革型领导理论

该理论把领导者和下属的角色相互联系起来，并试图在领导者与下属之间创造出一种能提高双方动力和品德水平的过程。拥有变革型领导力的领导者通过自身的行为表率，关心下属需求，优化组织内的成员互动；同时，通过对组织愿景的共同创造和宣传，在组织内营造出变革的氛围，在富有效率地完成组织目标的过程中推动组织的适应性变革。变革型领导行为具有4个特点：

（1）理想化影响力。这是指能使他人产生信任、崇拜和跟随的一些行为。它包括领导者成为下属行为的典范，得到下属的认同、尊重和信任。这些领导者一般具有公认较高的伦理道德标准和很强的个人魅力，深受下属的爱戴和信任。大家认同和支持他所倡导的愿景、规划，并对其成就一番事业寄予厚望。

（2）鼓舞性激励。领导者向下属表达对他们的高期望值，激励他们加入团队，并成为团队中共享梦想的一分子。在实践中，领导者往往运用团队精神和情感诉求来凝聚下属的努力以实现团队目标，从而使所获得的工作绩效远高于员工为自我利益奋斗时所产生的绩效。

（3）智力激发。这是指鼓励下属创新、挑战自我，包括向下属灌输新观念，启发下属发表新见解和鼓励下属用新手段、新方法解决工作中遇到的问题。通过智力激发，领导者可以使下属在意识、信念以及价值观的形成上产生激发作用并使之发生变化。

（4）个性化关怀。这是指关心每一个下属，重视个人需要、能力和愿望，耐心细致地倾听，以及根据每一个下属的不同情况和需要区别性地培养和指导每一个下属。这时变革型领导者就像教练和顾问，帮助下属在应付挑战的过程中成长。

8.3　领导艺术

领导艺术是领导者在工作方法和方式上表现出来的有利于达到管理目标的技巧。领导艺术是富有创造性的领导方法的体现，它建立在主管人员个人经验、素质和洞察力的基础上。讲求领导艺术既有助于密切上下级关系，又有助于提高工作的有效性，从而促进组织的发展。

8.3.1　领导人的艺术

领导工作首先是做人的工作。在组织的所有资源中，第一位是人力资源，管理是以人为本的管理。领导者面对的是人，通过一系列的措施了解、掌握人的需要，从而有目的地引导、指挥和协调人的行为，千方百计地通过提高员工的满足感来调动员工的积极性。可见领导与激励有着非常密切的关系。领导者在处理与人的关系中，一项非常重要的工作是识人和用人，即发现人的长处，用好人的长处。世间没有完人，每个人均有长处，也有短处，识人、用人的关键在于发现人的长处，敢于、善于用人的长处。

拓展阅读8-6

诸葛亮的《知人性》

夫知人之性，莫难察焉。美恶既殊，情貌不一；有温良而为诈者，有外恭而内自欺者，有外勇而内怯者，有尽力而不忠者。

然知人之道有七焉：一曰问之以是非而观其志；二曰穷之以辞辩而观其变；三曰咨之以计谋而观其识；四曰告之以祸难而观其勇；五曰醉之以酒而观其性；六曰临之以利而观其廉；七曰期之以事而观其信。

领导人的艺术的关键在于培养对人的洞察力。领导者可以通过有意识地注意一些因素，逐渐内化成习惯，养成一种正确有效的态度，即神入、自知和客观。

所谓神入，是指能从别人的观点出发去考虑问题。领导者要激励下属，并从下属那里获得有益的信息，必须有"神入"于下属的能力。领导者推行改革时，如果只是自己觉得这种计划很好，而不顾改革影响到的各种人的感觉，那么改革失败的可能性是极大的。虽然领导者不必赞同他人的价值体系和思维定论，但他必须了解它们，这是神入的基础。

自知与神入一样，是领导者不可缺少的。他必须清楚地意识到自己的特殊影响；他必须意识到自己的个性、偏好、弱点和别人对自己的看法；他也应该知道自己的某个具体行动会给别人留下什么印象。

客观地对待事物，这是好的领导者必需的态度。通常我们对别人的行为的反应都带有自己的情绪，不够冷静，缺乏分析，但情绪往往会影响正确的决策和恰当的行为。领导者的目标应该是实际的，而不是情绪化的，与自己最关心的人和事必须保持恰当的心理距离，这样才能明智地处理事务。

在具体的领导过程中，高明的领导者要巧妙地运用待人艺术，正确处理上下、左右各种复杂的人际关系，形成一股有利于达到目标的最佳合力。领导者的待人艺术主要包括以下方面：

1.对待下级的艺术

（1）知人善用的艺术。用人之长是同下级搞好关系的诀窍。领导者善于用下级之长，使下级的才干得以充分发挥。下级得到组织和领导者的承认，自然就乐于在其领导者手下工作，上下级关系也就很融洽；否则，如果领导者用其所短，硬要下级干他不善于干的工作，这样下级就很难干好本职工作，领导者也会不满意，他本人也感到委屈，久而久之，上下级的关系也就必然紧张。

（2）批评教育的艺术。对下级的缺点和错误给予批评教育是完全必要的，但对下级的批评教育必须掌握方式和方法，注意分寸。开展批评时，要区别不同对象，采取不同形式。开展批评要考虑下级的处境、态度，下级一时不能接受，领导者可以转开话题，缓和气氛。批评下级要诚恳，领导者不能采用讽刺、挖苦的口吻。批评错了，不能怕有失体面，领导者要敢于主动认错，消除隔阂，以利于团结。

管理小故事8-3

（3）关心、爱护的艺术。善于尊重、关心、爱护、体贴下级，是处理上下级关系的一个技巧。领导者要善于用爱抚、亲和艺术，理解、关心、信任、包容和尊重下级，着意创造心情舒畅的氛围，发挥情谊的作用。

管理小故事8-4

（4）助人发展的艺术。"人往高处走"是一般人的心理倾向，领导者应该关心下级的进步和成长。那些紧紧吸引着下级的领导者，大多是尽力帮助下级向上发展的人。那种怕"红杏出墙"、远走高飞的潜意识，那种以本位利益为出发点、不给下级提供施展更大才能机会的目光短浅的做法，那种嫉贤妒能、生怕下级超过自己的领导者，很难指望下级能把自己的全部精力倾注于工作。所以，领导者不仅要让下级感到领导者理解他、信赖他，而且要让他感到领导者有鼓励人才脱颖而出的襟怀与热忱。

（5）上下沟通的艺术。上下沟通是指领导者与下级之间传达和交流思想、情感、信息的过程。上下沟通是实施领导的基本条件，也是统一下级意志不可缺少的领导艺术。领导者必须了解下级的需要和期望，尽可能把领导意图、工作目标和下级的需要、期望联系起来。在布置任务时，领导者要设身处地为下级着想，充分考虑到下级工作的辛苦和困难，这样，领导意图就容易为下级所理解和接受。此外，领导者必须注意搜集下级工作情况的反馈信息，深入基层，了解情况，听取工作汇报和群众反映，使上下级之间彼此了解、互相支持，共同搞好工作。

2. 对待同级的艺术

领导者正确处理同级关系，应当特别注意方法、讲究艺术。一般应做到：既齐心协力积极开展工作，又不越位擅权，不插手别人分管的工作；要尊重其他部门和其他领导者的职权，维护他们的威信，不干预和随便评论别人的工作；不插手别人职权范围内的工作，不打乱别人的部署，不影响别人的工作，不伤害别人的感情和自尊心，防止引起别人的不满。因此，必须做到属于别人职权范围内的事绝不干预，属于自己的责任也绝不推卸，在别人需要帮助时，一定要掌握好分寸和尺度、时机和方法，避免产生负效应。这就要求具体做到：

（1）明辨是非而不斤斤计较。同级领导者在工作中，因在某些事情上意见、态度、看法不一致而发生分歧，甚至会出现争吵，这是正常的，必须正确处理；如处理不好，久而久之就会形成隔阂，影响合作。要求每个领导者都要顾全大局，从维护团结的良好愿望出发，坚持"是非问题弄清楚，一般问题不在乎"的原则。对大是大非问题，一方面要坚持原则不妥协、不让步，另一方面要讲究方式、方法，以理服人，避免用言辞伤害对方的感情。最后还要注意内外有别，不要把矛盾公开化，避免把领导者之间的分歧扩展到下级和群众中去。对一些无关紧要的"小事"，应采取不细究、不计较的态度，对己严、待人宽，谦和忍让、豁达大度。

（2）见贤思齐而不嫉贤妒能。处理好同级关系，不仅要有容人之短的度量，而且要有容人之长的胸怀，见贤思齐，不怕别人超过自己，虚心学习别人的长处，增长才干，共同进步。

（3）相互沟通而不怨恨猜忌。同级之间应经常沟通思想，建立和谐的感情氛围。实践证明，善于沟通的领导者容易获得对方的理解和信任，彼此之间的心理防线也容易迅速消除；相反，领导者之间缺乏相互沟通，彼此各揣心事，最容易发生心理冲突、怨恨猜忌，造成僵局。

（4）支持帮助而不揽功推过。同级之间常常会遇到一些工作上的交叉，对这些交叉工作，同级之间应当相互支持。其他领导者在工作中遇到困难时，要积极主动帮助、排忧解难；当对方出现失误或差错时，应当主动补台，不能看人家笑话，更不能落井下石。不能好大喜功，有了功劳往自己身上揽，有了过错往别人身上推。如果真正做到了权力不争、责任不推、困难不让、有功不居、有过不诿，领导者之间的关系就会更加密切、融洽，真正做到同舟共济。

3. 对待上级领导的艺术

正确认识和评价自我，找准自己的角色和位置，是领导者处理好与上级关系的前提条件。在社会关系中，每个人总是处于某一特定的位置，这种位置要求人们的行动必须与这种位置相吻合，才能与其他社会角色的关系处于常态，保持相对和谐。领导者在同上级相处的时候，扮演的是下级的角色，这就要求领导者必须按照自己的身份，把握好自己的位置，既要尽心尽责地做好本职工作，又要做到出力而不越位。其具体做到：善于领会上级的意图；适应上级的特点和习惯开展工作；在上级面前守规矩又不拘谨；运用"等距外交"，避免交往过密或亲疏不一；把处理好与上级关系的着眼点放在努力将自己所承担的工作做好等。

8.3.2 处理事务的艺术

任何一个组织或群体，均有一定的存在目的，为实现目的要进行大量工作。领导的一个职能就是处理这些事务，特别表现在制定各种决策、进行现场指挥方面，使各项工作有条不紊地进行。为了使工作有效，领导者应有一套判断标准，用来决定哪些事应该优先去做，哪些事应该稍后去做，哪些事不应由自己去做。所以，领导者处理事务的艺术的关键在于坚持合理的工作次序，为此，领导者应该做好以下几点：

1.领导者必须干领导的事

领导者干领导的事，这是提高领导者工作效率的第一条。领导者必须时时记住自己的工作职责，不能消耗不必要的精力与时间。这就要做到不干预下一领导层次的事，不越级指挥。国外许多关于提高领导者工作效率的论著中都强调指出："凡是可以授权给他人做的事，自己不要去做。""当你发现自己忙不过来的时候，你就要考虑自己是否做了下属可做的事，那就把权分派下去。"另外，不要颠倒工作主次，领导者要抓具有全局性的重大决策问题，带领群众前进，而不是代替群众前进。

2.任何工作都要问3个"能不能"

美国威斯汀豪斯电器公司前董事长兼总经理唐纳德·C.伯纳姆是一位享有声誉的管理专家，他在其名著《提高工作效率》中提出了提高工作效率的3条原则，即当你处理任何工作时，必须自问：（1）能不能取消它？（2）能不能与别的工作合并？（3）能不能用更简便的东西代替？这就可以节省大量时间和精力，提高工作效率。更简便的方法包含着更高的效率，即先将一项工作分解成若干小部分，然后对每个小部分问3个"能不能"，这样效率就可以大大提高了。

3.要不断总结经验教训

善于从自己的工作实践中总结经验、吸取教训，更是提高领导者工作效率的一条重要方法。恩格斯曾指出：伟大的阶级，正如伟大的民族一样，无论从哪方面学习都不如从自己所犯错误的后果中学习来得快。许多外国专家在回答我们关于中国如何赶超世界先进水平的提问时都说："从历史教训中学习，凡是我们犯的错误，你们不要再重犯，前进的步子就快了。"无论大事还是日常工作都要进行总结，这样就可以提高时间的利用率，并不断地提高领导能力。

4.提高会议效率

在现代管理中，充分利用开会的方式来进行互通信息、安排、协调、咨询等工作是十分必要的，但是会议占用时间太多、会议效果不好也是目前常见的弊病。对于提高会议效率，如何组织好会议是十分重要的。要开必要的会议，要开好会议。做到精简会议应当实行会议"六戒"：没有明确议题的不开；议题过多的不开；没有充分准备的不开；可用其他方式替代的不开；没有迫切需要的不开；会议成本过高的不开。此外，要做好会前准备，包括议题的拟定、议程的安排、资料的准备、搞好会场会务等。另外，领导者主持好会议也是开好会议的关键。要开好会议，必须有一套驾驭会议的艺术，即要始终抓住会议的主题，注重激发与会者的思维，把握会议的时间。

> **小思考8-5**
>
> 领导者在处理事务的时候应该遵循哪些原则?
>
> 答：（1）着眼未来的原则。因为昨天已经过去，昨天不会再带来成果。过去的决策往往给现在带来麻烦，虽然领导者着力去解决过去遗留的问题，但绝不应把主要精力放在这方面，而应该检讨自己、吸取教训、面向未来，避免在今后的工作中再犯类似的错误。
>
> （2）例外原则。领导者只负责处理条例、规章、制度没有规定的例外事情。事必躬亲是领导者忙于日常事务的一大弊病，只有适当地把权力下放，才能使自己从繁忙的日常事务工作中解脱出来。
>
> （3）不将压力作为工作次序标准的原则。如果以压力来决定做事的先后次序，必然会导致过分重视紧急事项，忽视开拓性工作。领导者的工作内容之一是先行，为了更美好的未来，必须把面向未来的开拓性工作放在领导工作的首位。

8.3.3 协调时间的艺术

一方面，领导需合理安排个人和组织的时间，有计划、有条理地根据轻重缓急的原则安排组织的各项活动，从而充分有效地利用时间，达到组织目标；另一方面，领导是面向未来的工作，需要预测未来，走在时间的前面，真正做到把握时机，使组织持续发展。高效、合理地利用时间是有效的领导者最重要的特点之一。因为时间无法再生，是最稀缺的资源，时间没有替代品，过去了就没有了，做任何事又都少不了时间这种资源，所以领导者必须善于安排自己的有限时间，把它用在最主要的工作上。领导者能否合理地利用时间，对整个组织的成败关系极大。

> **拓展阅读8-7**
>
> 时间管理定律
>
> 帕金森定律："太多时间反而会让你消磨时间……"工作会自动膨胀占满所有的时间。
>
> 墨菲定律：所有的事情花费的时间都比预计的要多，任何事情都没有想象中那么简单。
>
> 伊利赫定律：几个小时之后，效率会下降，越来越难以集中精力。
>
> 卡尔森定律：持续从事一项任务比分次从事该任务花费的时间要少。
>
> 弗雷赛定律：时间是主观的，美好的时光总是转瞬即逝的，而痛苦的时刻似乎永远没有尽头。
>
> 帕累托定律：重要事情所花的时间只占到所有时间的20%，而其他次要的事情占了80%的时间。

在时间管理方面，领导者应做好以下工作：

1.记录时间

连续几天或几周记录自己每天的时间消耗情况，以每10分钟或30分钟为1个单位；可以自己记，也可以请人帮忙记。别以为不靠记录凭记忆也可清楚地意识到自己是如何利用时间的，因为记忆相当不可靠。

2.分析时间

根据记录找出不必做的事、可以请人代办的事以及浪费别人时间的事，并停止再做这些事；还要找出由于缺乏合理的计划、制度或预见性造成时间浪费的因素，以及因为组织不健全而造成时间浪费的因素，并着手加以改变。

拓展阅读8-8

时间管理优先矩阵

时间管理优先矩阵（Prioritization Matrix）是一种新一代的时间管理理论，把时间按其紧迫性和重要性分成 ABCD 四类，形成时间管理的优先矩阵，如图8-8所示。其中，紧迫性是指必须立即处理的事情，不能拖延；重要性是指与目标息息相关的事情，有利于实现目标的事务都称为重要，越有利于实现核心目标，就越重要。

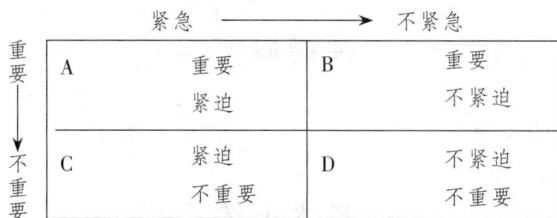

图8-8　时间管理优先矩阵

有些事情紧迫且重要，如有限期压力的计划；有些事情紧迫但不重要，如不速之客或者某些电话；有些事情重要但不紧迫，如学习新技能、建立人际关系、保持身体健康等；有些事情不重要也不紧迫，如琐碎的杂事、无聊的谈话等。

对各类事情的安排以及对时间调整和运用的不同做法，会让你可能成为以下4种人（如图8-9所示）：（1）压力人，认为每件事情都很重要且很紧迫；（2）从容人，认为应该有条不紊地去完成重要工作；（3）无用人，忙于做那种时间紧急但不重要的事务；（4）懒惰人，总在应付一些杂事，做不重要又不紧迫的事。忙于处理哪些事务的选择权和决定权都在于自己，注重于哪一类事务，你就会成为哪一种人。

A.压力人	B.从容人
C.无用人	D.懒惰人

图8-9　时间管理的4种人

3.合理安排时间

在分析了时间利用情况、消除了各种浪费时间的做法与因素后，我们就可以找到自己可以自由利用的时间，并加以合理安排，把其用于解决真正重要的问题上。

小思考8-6

有效利用时间的方法有哪些？

答：（1）处理公事切忌先办小的后办大的，一定要先办当天最重要的事情，然后再办其他的事情。（2）用大部分时间去处理最难办的事情。（3）把一部分工作交给秘书去办。（4）少写书面文字，电话能处理的事务打电话即刻办理；必须使用书面方式解决的，建议用便笺类工具，言简意赅。（5）减少会议。（6）拟好安排工作的时间表。（7）分析自己利用时间的情况，看有多少时间被浪费掉了。（8）减少不必要的报告文件。（9）把传阅的文件减少到最低限度。（10）尽量利用空闲时间看文件。

时间总是常数，人的精力也是有限的，但只要领导者能够运用得当，就能从时间的利用中获得巨大的经济效益。

本章小结

本章首先介绍了领导的含义与实质、领导与管理的区别、领导的职能以及领导权力；其次分析了领导性格理论、领导行为理论和领导权变理论；最后阐述了领导人的艺术、处理事务的艺术和协调时间的艺术等内容。

关键概念

领导　领导权力　领导艺术

基本训练

◆ 知识题

一、阅读理解

1.简述领导的职能。

2.试述领导理论。

3.简述利克特的4种领导方式理论。

二、知识应用

1.不定项选择题

（1）领导的基础是（　　）。

A.控制　　　　　　　B.影响力　　　　　　　C.职位　　　　　　　D.权力

（2）领导行为理论包括（　　）。

A.管理方格理论　　　　　　　　　　　B.情景领导理论

C.领导行为四分图理论　　　　　　　　D.领导行为连续统一体理论

（3）菲德勒认为，影响领导有效性的情景因素主要有（　　）。

A.上下级关系　　　　B.外部环境　　　　　　C.任务结构　　　　　D.职位权力

（4）构成领导权力的职位权力是（　　）。

A.统御权　　　　　　B.法定权　　　　　　　C.奖励权　　　　　　D.强制权

（5）侧重于研究领导者的素质、品质等方面的特征，把个人的品质和特点作为区别一个领导者是否成功的标志的领导理论是（　　）。

A.领导行为理论　　　B.领导权变理论　　　　C.领导性格理论　　　D.领导系统理论

（6）利克特倡导的领导行为方式是（　　）。

A.利用-命令式　　　B.温和-命令式　　　　C.商议式　　　　　　D.集体参与式

（7）情景领导理论的代表人物是（　　）。

A.赫西　　　　　　　B.布兰查德　　　　　　C.坦南鲍姆　　　　　D.菲德勒

（8）在管理方格理论中，乡村俱乐部型的领导方式是（　　）。

A.（1.1）型   B.（1.9）型   C.（9.1）型   D.（9.9）型

（9）吉塞利认为属于激励特征的要素是（   ）。

A.工作稳定需求   B.自我实现与事业成功需求

C.首创精神与决策需要   D.指挥他人与金钱奖励的需要

（10）勒温总结的领导方式类型是（   ）。

A.专制式作风   B.民主式作风   C.放任式作风   D.温和式作风

2.判断题

（1）领导的本质是选择。   （   ）

（2）领导艺术要求严格按照惯例、规律办事。   （   ）

（3）管理方格理论的代表人物是利克特。   （   ）

（4）教练对运动员、教师对学生的影响属于法定权力的影响。   （   ）

（5）背景权和奖励权属于非职位权力。   （   ）

（6）领导者对最难共事的同事的评价多用敌意的词语，则表明该领导者趋向于高LPC型。   （   ）

（7）领导艺术是富有创造性的领导方法的体现。   （   ）

（8）赫西和布兰查德认为，领导者的关系行为和任务行为的水平要适应跟随者完成某一具体任务的能力。   （   ）

（9）领导行为的四分图理论用关怀和定规两个维度来研究领导行为方式。   （   ）

（10）领导者的行为侧重于创新，管理者的行为侧重于维持。   （   ）

◆ **技能题**

一、**规则复习**

1.理解领导与管理的区别。

2.掌握管理方格图中的5种领导方式的特点。

二、**操作练习**

1.培养灵活运用领导艺术的能力。

2.领导权变理论的应用。

◆ **能力题**

一、**图解实训**

时间管理	
形式	个人完成
时间	10分钟
材料	两个储物桶，若干水果
场地	教室
应用	（1）了解时间管理的重要性 （2）时间管理的正确方法
目的	（1）说明对时间管理的方式不同可能导致不同的结果 （2）启发学生在工作中如何对有限的时间进行合理的分配，以取得最大的工作成绩

程序	（1）桌上有一个装了半桶小豆子的储物箱及若干水果。这些水果分别代表着幸福、金钱、大客户、机遇、爱情、伴侣、旅游、朋友、升职机会、主要目标、名誉、良好的人际关系、成功感、生命、快乐、目标、地位、别人的认可等 （2）请一位学生上台，让他把水果尽可能多地放入箱内，并能把箱盖盖好 （3）当桌上还有几个水果时，箱子已经装满，使这几个水果无法放进去 （4）这时，我们再选用另外一种方法：先将水果全部放入箱内，再将小豆子倒入。这时，全部的水果和小豆子就都被放进了箱内
讨论	（1）为什么开始的时候我们无法把水果全部放进箱内？ （2）当我们尝试另外一种方法时，为什么就可以把全部水果都放进去了？这让我们想到了什么？

资料来源　众行管理资讯研发中心. 管理培训游戏全案［M］. 广州：广东经济出版社，2003：237.

二、案例分析

案例1

部门经理的领导方式

对一家中等规模的汽车配件公司的3个重要部门经理进行了有关领导类型的调查。

一、姜勇涛

姜勇涛对他本部门的产出感到自豪。他总是强调对生产过程、产出量控制的必要性，坚持下属必须很好地理解生产指令，以得到迅速、完整、准确的反馈。姜勇涛遇到小问题时，会放手交给下属去处理；当问题很严重时，他则委派几个有能力的下属去解决问题。通常情况下，他只是大致规定下属的工作方针、完成怎样的报告及完成期限。姜勇涛认为只有这样才能有更好的合作，避免重复工作。

姜勇涛认为对下属采取敬而远之的态度对一个经理来说是最好的行为方式，所谓的"亲密无间"会松懈纪律。

据姜勇涛说，管理中的最大问题是下属不愿意承担更多的责任。他认为，他的下属可以有机会做许多事情，但他们并不是很努力地去做。他不能理解以前他的下属如何与一个毫无能力的前任经理相处。他认为他的上司对他们现在的工作运转情况非常满意。

二、李锋

李锋认为每个员工都有人权，他偏重于管理者有义务和责任去满足员工需要的学说。他常为他的员工做一些小事，如给员工两张下月在美术馆举行的艺术展览的入场券。他认为，虽然每张门票只有20元，但对员工和他的妻子来说远远超过20元。这种方式也是对员工过去几个月工作的肯定。

李锋每天都要到工厂去一趟，与至少25%的员工交谈。李锋不愿意为难别人，他认为姜经理的管理方式过于死板，姜经理的员工也许并不那么满意，但除了忍耐别无他法。

李锋已经意识到在管理中有不利因素，但大都是由生产压力造成的。他的想法是用一个友好、粗线条的管理方式对待员工。他承认在生产率上不如其他单位，但他相信他的员工有很高的忠诚度与士气，并坚信他们会因他的开明领导而努力工作。

三、刘庆国

刘庆国说他面临的基本问题是与其他部门的职责分工不清。他认为不论任务是否属于他的部门都被安排在他的部门，上级似乎并不清楚这些工作应该由谁做。

刘庆国承认他没有提出异议，他说这样做会使其他部门的经理产生反感。他们把刘庆国看成了朋友，而刘庆国不这样认为。

刘庆国说过去在不平等的分工会议上，他感到很窘迫，但现在适应了，其他部门的领导也不以为然了。

刘庆国认为纪律就是使每个员工不停地工作，预测各种问题的发生。他认为一个好的管理者，没有时间像李锋那样握紧每一个员工的手，告诉他们正在从事一项伟大的工作。他相信如果一个经理声称为了将来的提薪与晋职而对员工的工作进行考核，那么员工则会更多地考虑他们自己，由此而产生很多问题。

他主张，一旦给一个员工分配了工作，就让他以自己的方式去做，取消工作检查。他相信大多数员工知道自己怎样把工作做好。

如果说存在问题，那就是他的工作范围和职责在生产过程中混淆了。刘庆国的确希望公司领导把他叫到办公室，听听他对某些工作的意见，然而他并不能保证这样做不会引起风波并使情况有所改变。他说他正在考虑这些问题。

问题：

（1）你认为这 3 个部门经理各采取什么领导方式？这些方式各将产生什么结果？

（2）是否每一种领导方式在特定的环境下都有效？为什么？

案例 2

微软公司的管理系统出了什么问题？

据历史数据，微软公司曾经每年的利润增长率为 30%，平均每个雇员的收入为 25.7 万美元（而当时普通公司员工的收入大约为 1.7 万美元），公司有 220 亿美元流动资金，股票价值总额有 4 140 亿美元。可以说，微软公司是很成功的企业。

随着微软公司规模的不断扩大，管理系统变得缓慢且官僚化。第一，一些高层管理人员因为决策层办事效率太低而辞职。第二，雇员们对公司的长远目标及战略方针并不了解，作为如此庞大的复杂系统和产品的生产者来说，这种现象并不奇怪。微软公司似乎要往 50 个不同的方向发展，就是微软公司的雇员也不确定到底公司要往何处走。令人觉得讽刺的是，微软公司的广告标语是："今天你要往何处去？"很明显，连微软人自己都不知道。第三，微软公司几乎所有的决定，大到软件的基本特性，小到技术员在多长时间内回答客户的问题，都要经过批准。

问题：

（1）结合资料分析，微软公司的领导层存在什么问题？

（2）若你是领导者，会有哪些改进措施？

三、网上调研

1.利用电子图书馆和互联网搜集有关领导理论与艺术的资料与案例，进行整理、归纳与分析，巩固所学的知识与技能。

2.专题调查：组织领导者在员工心目中的影响力强或弱的原因。

四、单元实践

以小组为单位，实地调查访问多家组织负责人，就该组织负责人的领导方式进行观察和访问，形成简要的调查小结并进行小组交流。

[第9章]

激 励

学习目标

◆ 知识目标：掌握激励的含义与要素；试述激励理论的内容；简述有效激励的要求。

◆ 技能目标：掌握激励的过程；掌握各种人性假设的内容。

◆ 能力目标：识别组织中员工的人性观；培养激励员工的能力。

引 例

斯通的感情激励管理

1980年1月，在美国旧金山一家医院，一位老者正在与护士死磨硬缠地商量要探望一名因痢疾住院治疗的女士，但是护士严守规章制度毫不退让。

这位护士怎么也不会想到，这位衣着朴素的老者竟是通用电气公司的总裁，曾被评选为"世界最佳经营家"的斯通先生。护士也根本无从知晓，斯通探望的女士并非他的家人，而是加利福尼亚州销售员哈桑的妻子。

哈桑后来知道了这件事，感激不已，每天工作达16小时，以此报答斯通的关怀。加利福尼亚州的销售业绩一度在全美各地区评比中名列前茅。正是这种有效的感情激励管理，使得通用电气公司的事业蒸蒸日上。

资料来源 佚名. 通用电气的"情感管理"[EB/OL]. [2016-08-05]. http://oxford.icxo.com/html-news/2005/09/02/658654.htm.

管理工作要创造和保持一种有利环境，使在群体工作中的人们能为完成共同的组织目标而做出良好的成绩，就必须掌握激励理论，善于运用各种激励手段和方法，充分发挥激励的功能。

9.1 激励的过程

9.1.1 激励概述

1.激励的含义

从字面上理解，激励就是激发和鼓励的意思。在管理工作中，激励被定义为调动人们积极性的过程，即为了特定目的而去影响人们的内在需要或动机，从而强化、引导或改变人们行为的反复过程。它含有激发动机、鼓励行为、形成动力的意义，具有如下特性：

（1）目的性。任何激励行为都具有目的，这个目的可能是一个结果，也可能是一个过程，但必须是一个现实的、明确的目的。所以从这个意义上讲，虽然一般来说激励是领导者的工作，但任何希望达到某个目的的人都可以将激励作为手段。

（2）主动性。激励是对人的需要或动机施加影响，从而强化、引导或改变人们的行为。作为激励对象的人类行为都是由某种动机引起的，而人类有目的的行为的动机都是出于对某种需要的追求。激励活动正是对人的需要或动机施加影响，从而强化、引导或改变人们的行为。因此，从本质上说，激励所产生的人的行为是主动、自觉的行为，而不是被动、强迫的行为。

（3）持续性。激励是一个持续反复的过程，是导向满足某些需要或动机的行为。未满足的需要是产生激励的起点，进而产生某种行为。行为的结果可能使需要得到满足，之后再产生对新的需要的追求。满足了一个需要可能会引起满足更多需要的愿望。激励是一个由多种复杂的内在、外在因素交织起来持续作用和影响的复杂过程，而不是一个互动式的即时过程。

（4）引导性。激励是人们内心对某种需要的追求，所以说在激励过程中内因起着决定作用。但人不是孤立的，而是生活在特定的社会环境中，这个环境对人的行动也起着影响作用。可以把人的行为（B）看成其自身的特点（P）及所处环境（E）的函数，即

B=f（P，E）

因此，为了引导人的行为从而达到激励的目的，领导者既可以在了解人的需要的基础上，创造条件促进这些需要的满足，也可以通过采取措施改变个人行动的环境。

2.激励的作用

（1）有利于组织目标的需要。前面谈到人的需要不仅复杂，而且有时相互矛盾。不仅不同种类的需要之间存在矛盾，而且同类需要之间也存在矛盾。激励工作要强化的是那些有利于组织目标实现的人的需要，从而使其产生有利于组织目标的行为。事实上，人们作出的选择往往是多种需要的调和与相互妥协。如何能在这种调和中去强化最有利于组织目标的需要，这就涉及激励的艺术技巧问题。

（2）将动机引导到对组织目标有利的行为上来。强化了需要不一定就能得到预期的行为，因为可能有多种行为都能实现同一满足。例如，组织某一成员想要得到更多的报酬，他可以更加努力地工作，也可以考虑保持现状而业余再做一份工作，甚至可以跳槽到另一家收入更高的公司；他也有可能违反公司的纪律，以不正当的手段谋取更高的收入。这时管理者可以通过说服教育以及相应的激励措施来杜绝其不良动机，从而将其动机引导到对组织目标有利的行为上来。

（3）为组织目标的实现提供有利于行动的必备条件。要鼓励人行动就应该为他们的行动提供条件，帮助他们实现目标。任何组织成员在实现组织目标的过程中，都需要组织向他提供必要的工作条件；当缺乏某些工作条件时，组织成员的工作情绪就会受到极大的影响。激励的目的在于调动组织成员的工作积极性，进而为实现组织目标创造良好的条件。在激励过程中，调动组织成员积极性的同时就是向其提供工作条件和改善其工作条件的过程。可见，为人们提供行动条件也是激励工作的重要作用。

3.激励的要素

构成激励的要素主要包括：

（1）动机。这是构成激励的核心要素。动机是推动人从事某种行为的心理动力。人们在管理中所采取的各种行动都是由动机驱使的，有什么样的动机就会产生什么样的行为。激励的关键环节就在于使被激励者产生所希望的动机，以引起有助于组织目标实现的行为，所以激励的核心要素就是动机，关键环节就是动机的激发。

（2）需要。需要是激励的起点与基础。需要是人对一定客观事物或某种目标的渴求或期望。促进动机产生的原因有两个：驱力与诱因。诱因是指外部条件，驱力则指人的内在需要。在外部条件刺激下，人产生强烈的需要并导致动机的产生。人的需要是人的积极性的源泉和实质，而动机则是需要的表现形式。

（3）外部刺激。这是激励的条件。它是指在激励过程中，人们所处的外部环境中诸种影响需要的条件与因素。在管理激励中，外部刺激主要指管理者为实现组织目标而对被管理者采取的种种管理手段以及相应形成的管理环境。

（4）行为。这是激励的目的。这里所说的行为，是指在激励状态下，人们为动机驱使所采取的实现目标的一系列动作。被管理者采取有利于组织目标实现的行为是激励的目的，也是激励能否取得成效及成效大小的衡量标准。

动机、需要、外部刺激与行为这些要素相互组合与作用，构成了对人的激励。

拓展阅读9-1

内部激励和外部激励

激励可以来自内部，也可以来自外部。内部激励行为是一种为了自己的行为，激励的源泉是实实在在地受到激励的行为，激励来自所做工作本身。外部激励行为是一种为了获得物质或社会报酬或避免惩罚的行为，激励的源泉是行为的结果，而不是行为本身。人们可以分别受到内部激励、外部激励，或者同时受到两种激励。

4.激励的过程

一般来讲，人的激励过程从需要或动机出发，由此产生了要求，这种要求一时不能得到满足时，心理上会产生一种不安和紧张状态，这种不安和紧张状态会促成一种导向某种行为的内在驱动力，这就是动机。所谓人的动机，就是诱发、活跃、推动并指导和引导行为指向目标的一种内在状态。当人有了动机以后，就会引发一系列寻找、选择、接近和达到目标的行为。这个行为的结局可能有两种情况：第一，实现了目标，满足了需要，这就会产生心理和生理上的满足，也为新的需要提供强化。原来的需要满足了，在新的刺激下又会产生新的需要，从而引发人的新的行为。第二，行为没有实现目标也会有反馈，引起了挫折感。这时又可能产生两种行为：一是可能采取建设性行为，以继续实现目标；二是可能采取防御性行为，放弃原有的目标（如图9-1所示）。

图9-1中的模式清楚地表明，人的行为是由需要引起的，而行为的目标是满足需要。如果我们能够满足人的需要，并使人看到满足需要的可能性，那么我们就可以激励行为。实际上，激励就是一种使人产生行为动机的过程。一方面，激励可以产生有指向的行为，促使人们为实现目标而努力；另一方面，激励可以减少防御性行为，增加建设性行为。

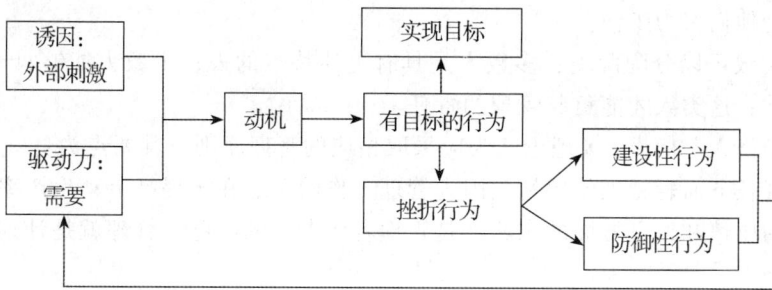

图 9-1 激励过程模式

9.1.2 管理中的人性假设

激励的对象是人,管理者在实施激励手段之前必须对激励对象有一个清楚的认识,只有这样才能有针对性地实施激励手段。管理者对人的认识,主要是指对人性的认识。在不同的时期,社会学家和管理学家曾经有过各种不同的"人性"假设,在不同的假设指导下,管理者会采取不同的方法和手段来激励人。

1. "经济人"假设

"经济人"又称"实利人""唯利人"。这一理论从享乐主义的观点出发,认为人的一切行为都是为了最大限度地满足个人的利益,工作的动机是获得经济报酬,也就是说,"人不为己,天诛地灭"。

这种假设起源于享乐主义哲学和亚当·斯密关于劳动交换的经济理论。亚当·斯密认为,人是利己主义者,人们所追求的——尤其是在他们的经济行为中——完全是自己的私人利益。每个人的私人利益仅仅为其他许多人的私人利益所限制。除此以外,不存在其他限制。就是说,每个利己主义者不得不顾及其他利己主义者的利益,而相互共同的利益即社会利益就由此产生出来。在亚当·斯密看来,这是十分自然的。因为每个人为了利己的需要要求他人的帮助,而给予帮助的人本身为了利己的目的同样需要这种帮助。互助,归根到底是从自利出发,是为了自利。亚当·斯密在《国富论》中把这种利己主义立场描述得十分透彻,认为人是经常需要自己的亲近者帮助的;但如果一个人完全要靠别人的恩惠来获得这种帮助,那一定是靠不住的。与其如此,还不如让他去打动人家的利己主义,并且向他们表明,为了他们自己的利益,应该做他所要求的事情——这样他反而容易达到自己的目的。

美国心理学家麦格雷戈在他 1960 年出版的著作《企业的人性面》里提出了两种对立的观点,即 X 理论与 Y 理论。X 理论就是以"经济人"的假设为基础而提出来的管理观点,它的主要内容包括以下几点:

(1) 多数人天生是懒惰的,他们都尽可能逃避工作。

(2) 多数人都没有雄心大志,不愿负任何责任,而心甘情愿受别人的指挥。

(3) 人生来以自己为中心,对组织的要求和目标并不关心,多数人的个人目标都是与组织目标相矛盾的,所以只有用强制的、惩罚的办法,才能迫使他们为达到组织的目标而工作。

(4) 多数人干工作都是为了满足自己的生理和安全的需要,因此只有金钱和其他物质利益才能激励他们努力工作。

（5）人大致可以分为两类：多数人是具有上述特点的人；少数人能够自己鼓励自己，克制感情冲动，这类人才能负起管理的责任。

基于"经济人"假设，X理论认为应采取相应的管理原则。其要点为：

（1）重视任务而轻视人的感情。因为管理工作的重点在于提高劳动生产率、完成生产任务，而人的感情和道义方面的东西不是管理者要考虑的问题，管理就是计划、组织、协调和控制。

（2）管理工作是少数人的事，与广大员工无关。员工的责任就是工作，只要能听从管理者的指挥就行。换言之，工人无权参与管理。

（3）在奖励制度方面，严格制定定额，用金钱来刺激员工的工作积极性；同时，对消极怠工者采取严厉的惩罚措施，也就是说采用物质奖励和物质惩罚的手段。

这里需要说明的是，麦格雷戈是反对X理论、主张Y理论的。传统管理即泰罗制的管理原则就是以"经济人"假设为基础的。传统管理强调提高劳动生产率，而对工人的思想感情漠不关心。其在管理方法上制定了一套严格管理工人的制度，用奖金、计件工资制等刺激工人努力提高工作效率；同时，有一套严格的惩罚制度，对完不成定额者进行制裁。泰罗主张把管理者与工人严格区分开来，反对工人参与管理。列宁有两篇文章的题目就形象地说明了泰罗制的本质——《榨取血汗的"科学"制度》《泰罗制是用机械奴役人的制度》。

管理小故事9-1

2. "社会人"假设

"社会人"又称"社交人"。这一假设认为，人们在工作中得到的物质利益，对于调动人们的生产积极性只有次要意义。人们最重视的是在工作中与周围的人友好相处。良好的人际关系是调动人的工作积极性的决定因素。

"社会人"的理论基础是人际关系学说，这是梅奥在霍桑试验中得出的经验总结。梅奥把这种重视社会需要和自我尊重需要而轻视物质利益的人称为"社会人"。梅奥在《工业文明中人的问题》一书中概述了他的观点：

（1）传统管理把人假设为"经济人"，认为金钱是激发工人积极性的唯一动力。霍桑试验证明，人是"社会人"。影响人的生产积极性的因素除物质条件之外，还有社会心理因素。

（2）传统管理认为，生产效率主要取决于工作方法和工作条件，而霍桑试验表明，生产率的高低主要取决于员工的士气，而士气又取决于员工的家庭、社会生活以及在企业中人与人之间的关系。

（3）传统管理只注意正式群体问题，如组织结构、职权划分、规章制度等。霍桑试验发现在正式群体之外，还存在非正式的群体。这种非正式的群体有其自己的行为规范，并影响着群体成员的行为表现。

（4）霍桑试验提出了新型领导的问题。这种新型领导应该善于倾听和沟通员工的意见，并注意把正式群体的需要和非正式群体的需要加以协调，以取得平衡。

可见，由霍桑试验结果提出的"社会人"假设，重视了人的社会需要，认为人与人之间的关系在调动劳动者积极性上起决定作用。正是从这种观点出发，梅奥提出了"人际关系学说"。

根据"社会人"假设，相应的管理原则为：

（1）管理人员不应只注意完成工作任务，而应把注意力放在关心人、满足人的需要上。

（2）实行奖励时，提倡集体的奖励制度，培养集体精神，不主张个人奖励制度。

（3）管理人员的职能也应该改变，不要把注意力放在计划、组织等过程上，而应在上下级之间起联络作用，既要倾听员工的意见、了解员工的思想感情，又要向上级呼吁、反映。

根据"社会人"的观点，梅奥提出了"参与管理"的新型领导方法。参与管理是指让员工或下级在不同程度上参加企业决策的研究和讨论。参与管理比传统的任务管理更有成效，它使员工感到自己与管理者处于平等地位，增强了主人翁意识，满足了被尊重等社会性的需要，因而也提高了工作效率。

3."自动人"假设

"自动人"又称"自我实现的人"。这是根据马斯洛的需要层次理论提出来的。马斯洛认为人类的高级需要是最有激励作用的，其顶峰就是自我实现的需要。但马斯洛并未把它的理论应用于管理研究，是麦格雷戈借用了这个名词并把它作为人性的特质，从而提出了著名的Y理论。其基本观点是：

（1）一般人都是勤奋的，如果环境条件有利，人们工作起来就如同休息和娱乐一样自然。

（2）控制和惩罚不是实现组织目标的唯一方法，人们在执行工作任务中能够自我指挥和自我控制。

（3）在正常情况下，一般人不仅乐于接受任务，而且会主动地寻求责任。怕负责任、胸无大志、明哲保身常常是经验的结果，不是人的本性。

（4）在人群中广泛存在高度的想象力、智谋和解决组织中问题的创造性。

（5）在现代社会状态下，一般人只发挥了其智力资源的一小部分，人的智力还蕴藏着极大的潜力。

Y理论主张创造条件、挖掘潜力、克服障碍、鼓励成长和提供指导，这种管理方法并不是放弃领导或降低要求。Y理论与X理论的主要区别在于X理论强调外来的控制，而Y理论着重于人们的自我控制和自我管理。

根据"自动人"的人性观形成的Y理论，其管理方法同在"经济人"和"社会人"的人性假设基础上形成的管理方法比较，有很大不同：

（1）管理重点的改变。"经济人"假设的重点是只重视物质因素，强调工作任务的完成，轻视人的作用和人际关系。"社会人"假设重视人的因素和人际关系，把经济因素置于次要地位。"自动人"假设的重点是重视工作环境因素，但重视环境因素与"经济人"的重视工作任务不同。重视环境因素是为了发展人的潜力，实际上是更加重视人的价值、尊严的发展，也就是说，"自动人"假设的出发点是创造适宜的工作环境、工作条件，其目的是使劳动者在这种条件下能够充分地发挥自己的潜力和才能，充分发挥个人的特长和创造力。

（2）管理人员职能的改变。在"经济人"假设中，管理者是生产的指挥者和控制者；在"社会人"假设中，管理者是人际关系的调节者；在"自动人"假设中，管理者是一个采访者，他们的主要任务是创造适宜的环境和条件，使员工充分发挥自己的聪明才智和创造力，消除和减少员工在发挥自己潜能时所遇到的障碍和困难。

（3）奖励方式的改变。奖励分为内在奖励和外在奖励两个方面。金钱、福利、赞誉、表彰、社会接纳与拒绝等属于外在奖励；工作本身对个人发展的可能性、成就、重视、希望获得知识、施展才能等属于内在奖励。"经济人"假设和"社会人"假设都属于外在奖励；"自动人"假设属于内在奖励。只有内在奖励才能满足自我实现的需要，才能在深层次上调动劳动者的积极性。员工在满足工作本身，从中受到激励时，对外部环境引起的不满也能产生高度的忍耐力。麦格雷戈说："管理的任务只是创造一个适当的环境——一个可以允许和鼓励每一个员工都能从工作中得到'内在奖励'的环境。"

（4）管理制度的改变。根据"自动人"假设，人有自动、自治的工作特性，管理制度应该保证劳动者充分施展自己的才能，使工作变得更具有挑战性，即在完成工作中能充分利用自己的潜力并获得期望的成就。换言之，组织应给员工一些适当的重任，而不能总是让员工从事一些重复单调的工作，具体的措施就是工作的丰富化和扩大化。

4. "复杂人"假设

"复杂人"是20世纪60年代末70年代初，由美国学者沙因（E. H. Schein）等人提出来的人性理论。他们认为，人既不是"经济人"，也不是"社会人"，也不是"自动人"。上述3种人性假设都是根据人的某方面的需要，把人当作各自单纯而普遍化的概念。其实，人的需要和动机是十分复杂的。一个人的需要在不同的年龄、不同的时间、不同的地点会有不同的表现形式。人的需要和潜力随着年龄的增长、知识的积累、地位的改变以及人与人之间关系的变化，也在不断地变化。"复杂人"理论就是以这样的事实为基础的，以求合理地说明人的工作动机。"复杂人"理论的基本要点是：

（1）人的需要是多种多样的，而且这些需要随着人的发展和生活条件的变化而发生变化。每个人的需要各不相同，需要的层次也因人而异。

（2）人在同一时期内有各种需要和动机，它们会发生相互作用并结合为统一的整体，形成复杂的动机模式。

（3）人在组织中的工作和生活条件是不断变化的，因此会不断地产生新的需要和动机。

（4）一个人在不同单位或同一单位的不同部门工作，会产生不同的需要。

（5）人可以依自己的动机、能力和工作性质适应各种不同的管理方式，但是没有任何一种管理方式能适用于大千世界中形形色色的人。

小思考 9-1

以"复杂人"假设为基础的管理原则是什么？

答：以"复杂人"假设为基础的管理原则概括地说就是因人制宜、权变管理。这也就是通常所说的"具体问题具体分析"。"复杂人"假设并不是要求人们完全放弃"经济人""社会人""自动人"假设，而是要求管理人员根据具体情况，灵活地采用不同的管理措施。

拓展阅读 9-2

Z 理论和超 Y 理论

1.Z 理论

Z 理论是日裔美国学者威廉·大内在1981年出版的《Z 理论》一书中提出的代表日本式管理的理论，其研究内容为人与企业、人与工作的关系。该理论的提出是鉴于当时美国企业面临着日本企业的严重挑战。威廉·大内选择了日、美两国的一些在本国及对方国家中都设有子公司或工厂的典型企业进行研究，在比较了日本企业和美国企业的不同特点之后，参照 X 理论和 Y 理论提出了所谓的 Z 理论，将日本的企业文化管理加以归纳。Z 理论强调管理中的文化特性主要由信任、微妙性和亲密性所组成，认为一切企业的成功都离不开信任、敏感与亲密，主张以坦白、开放、沟通作为基本原则来实行"民主管理"。《Z 理论》一书在出版后立即得到了社会的广泛重视，成为20世纪80年代初研究管理问题的名著之一，并与《成功之路》《日本和管理艺术》《公司文化》一起被称为美国管理"四重奏"。

2.超 Y 理论

超 Y 理论是1970年由美国管理心理学家约翰·莫尔斯（John J. Morse）和杰伊·洛希（Jay W. Lorsch）根据"复杂人"假设提出的一种新的管理理论。该理论主要见于1970年《哈佛商业评论》杂志上发表的《超 Y 理论》一文和1974年出版的《组织及其他成员：权变法》一书中。该理论认为，没有什么一成不变的、普遍适用的最佳管理方式，必须根据组织内外环境自变量和管理思想及管理技术等因变量之间的函数关系，灵活地采取相应的管理措施，管理方式要适合于工作性质、成员素质等。超 Y 理论是在对 X 理论和 Y 理论进行实验分析比较后提出的，既结合 X 理论和 Y 理论，又不同于 X 理论和 Y 理论。它是一种主张权宜应变的经营管理理论，其实质是要求将工作、组织、个人、环境等因素作最佳的配合。

其基本观点是：

（1）人们带着许多不同的需要和动机加入组织，但最主要的是实现其胜任感；

（2）由于人们的胜任感有不同的满足方法，所以对管理的要求也不同，有人适用 X 理论管理方式，有人适用 Y 理论管理方式；

（3）组织结构、管理层次、职工培训、工作分配、工资报酬和控制水平等都要随着工作性质、工作目标及人员素质等因素而定，这样才能提高绩效；

（4）一个目标达成时，就会产生新的更高的目标，然后进行新的组合，以提高工作效率。

9.2　有关激励的理论

9.2.1　内容型激励理论

1.马斯洛的需要层次理论

亚伯拉罕·马斯洛提出需要层次理论（Hierarchy of Needs Theory），认为人类的需要是以层次的形式出现的，由低级的需要开始逐级向上发展到高级的需要。他认为，人的行为受主导性需要支配，当一组需要得到满足时，这组需要就不再成为激励因素了。他将人的需要分为生理需要、安全需要、社交需要、尊重需要以及自我实现需要（如图9-2所示）。由于每个人的需要各不相同，因此主管人员必须用具体问题具体分析的方法来对待人们的各种需要。在工作中，主管人员要注意决定这些需要的人的个性、愿望和欲望。在任何时候，主管人员都应考虑到人们的各种需要。因为在绝大多数人中，尤其是在现代社会，都具有马斯洛需要层次中所列的全部需要。

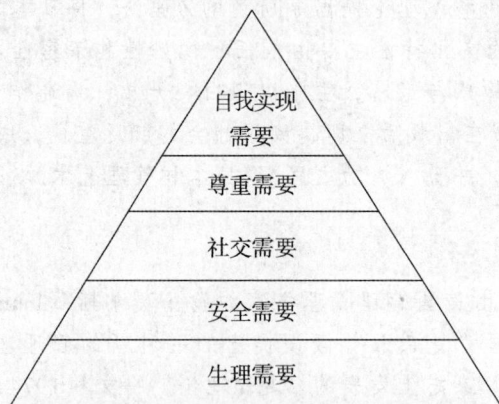

图9-2　马斯洛的需要层次模型

需要层次以生理需要为基础。生理需要支持生命之所必需，包括衣、食、住、行等项。一个人倘若缺少了基本生活必需品，那么生理需要将是他主要的激励。马斯洛曾说过："一个人如果同时缺少食物、安全、爱情及价值等项，则其最为强烈的渴求，当推对食物的需要。"生理需要得到了基本的满足之后，安全需要便将接踵而至了。安全需要通常包括人身安全、经济安全，以及有秩序、可预知的环境，如工作及职业的稳定。人的生理需要和安全需要得到了基本的满足后，社交需要便将成为重要的激励因素了。人都需要别人的接受、友谊和情谊，也都需要对别人付出其接受、友谊和情谊。人都需要感受别人对他的需要。

人在生理需要、安全需要、社交需要方面均已获得了基本的满足后，尊重需要就成为最突出的需要了。尊重需要是双重的：一方面，当事人必须自己感到自己的重要性；另一方面，也必须获得他人的认可，以支持他自己的这种感受。他人的认可特别重要，如果不能获得他人的认可，那么当事人也许会觉得他自己是在孤芳自赏了。如果在他周围，人人都明确地表示他确实重要，他就能由此产生自我价值、自信、声望和力量的感受。

在这份尊重需要有了基本的满足之后,自我实现需要就出现了。自我实现是什么?马斯洛认为这是一种欲望,即人希望能成就他独特性的自我的欲望,或是人希望能成就其本人所希望成就的欲望。在这个需要层次中,人希望能实现其全部的潜力,他重视的是自我满足,是自我发展和创造力的发挥。

应该注意的是,马斯洛所列举的各需要层次,绝不是一种刚性结构。所谓层次并没有截然的界限,层次与层次之间往往相互叠合。某一种需要的强度逐渐降低,则另一种需要也许将随之上升。此外,可能有些人的需要始终维持在较低层次上,而马斯洛提出的各种需要的先后顺序不一定适合每个人,即使两个行业相同的人,也并不见得有同样的需要。

总之,马斯洛的这一理论的最大用处在于它指出了每个人均有需要。主管人员为了激励下属,必须了解其下属要满足的是什么需要。但是,不论主管人员采取什么途径,其措施总是以他对下属所持的假定及对需要与满足的假定为基础的。

管理小故事9-2

2.赫兹伯格的双因素理论

双因素理论是由美国心理学家赫兹伯格(F. Herzberg)提出的。他在对200多名工程师和会计师的调查研究中发现,使员工对工作感到满意和不满意的因素是不同的(见表9-1)。当员工对工作感到满意时,则往往归于左列的激励因素;当他们感到不满意时,则常常抱怨右列的保健因素。据此,他提出了双因素理论,其要点为:

表9-1 激励和保健因素

激励因素	保健因素
成就	监督
承认	公司政策
工作本身	与监督者的关系
责任	工作条件
晋升	工资、奖金
成长	同事关系
	个人生活
	与下属的关系
	保障

(1)修正了传统的关于"满意"与"不满意"的观念。传统观念认为"满意"的对立面是"不满意"。赫兹伯格认为这是不正确的,他提出一个新观念:满意的对立面是"没有满意",而不是"不满意","不满意"的对立面是"没有不满意",而不是"满意"。他认为"满意"与"不满意"是质的差别,而不是量的差异。他把使员工感到非常满意的因素称为激励因素,将使员工感到非常不满意的因素称为保健因素。缺少保健因素,员工会

感到"不满意",有了保健因素,员工并不会感到"满意",而是"没有不满意";有了激励因素,员工会感到"满意",没有激励因素,员工不会感到"不满意",而是"没有满意"。这一观念可用图9-3表示。

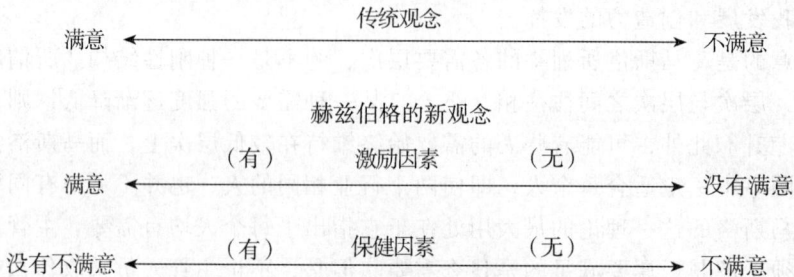

满意 ←――――――――传统观念――――――――→ 不满意

赫兹伯格的新观念

（有）　　　激励因素　　　（无）

满意 ←――――――――――――――――――→ 没有满意

（有）　　　保健因素　　　（无）

没有不满意 ←――――――――――――――――→ 不满意

图9-3　赫兹伯格的新观念与传统观念的对比

（2）不是所有的需要得到满足后都能激励起人们的积极性,只有那些被称为激励因素的需要得到满足后,人们的积极性才能得到极大的调动。

（3）员工在不具备保健因素时会产生许多不满意,但是在具备时并不一定会调动员工强烈的积极性;具备激励因素时会引起员工强烈的积极性和满足,但缺乏时并不会引起员工很大的不满。

（4）激励因素是以工作为核心的,也就是说,激励因素是在员工进行工作时发生的。由于工作本身就有报酬,因此执行工作时也就有可能调动内在的积极因素。倘若报酬是在执行工作之后或是离开工作场所以后有意义或有价值,则在进行工作时即使有积极性,也只能提供极少的满足。

根据双因素理论我们可以看到:员工在受到很大的激励时,对由外部因素引起的不满具有很强的忍受力,而当他们经常处于"保健"状态时,则常常会对周围事物感到极大的不满意。激励因素与保健因素的区别类似于心理学家所称的内部激励因素与外部激励因素。内部激励因素是工作的一部分,产生于员工进行工作时。所以,从事有潜在内部激励因素的工作时,本身就是激励。外部激励因素则是外部的奖励,这种奖励只是在做好工作以后或在工作场所以外的地方才有意义和价值。在工作进行过程中,外部激励因素只能提供极少的满足。有鉴于此,赫兹伯格把工资、奖金划为保健因素。

拓展阅读9-3

奥尔德弗的ERG理论

美国耶鲁大学的克雷顿·奥尔德弗（Clayton Alderfer）在马斯洛提出的需要层次理论的基础上,进行了更接近实际经验的研究,提出了一种新的人本主义需要理论。奥尔德弗认为,人们共存在3种核心的需要,即生存（existence）的需要、相互关系（relatedness）的需要和发展（growth）的需要,因而这一理论被称为ERG理论。生存的需要与人们基本的物质需要有关,它包括马斯洛提出的生理和安全需要。相互关系的需要即指人们对保持重要的人际关系的要求,这种社会和地位需要的满足是在与其他需要的相互作用中达成的,与马斯洛的社交需要和尊重需要分类中的外在部分相对应。发展的需要被独立出来表示个人谋求发展的内在愿望,包括马斯洛的尊重需要分类中的内在部分和自我实现需要中所包含的特征。

　　除了用3种需要替代了5种需要以外，奥尔德弗的ERG理论还表明：人在同一时间可能有不止一种需要起作用；如果较高层次需要的满足受到抑制，那么人们对较低层次的需要的渴望会变得更加强烈。需要层次理论建立在"满足–上升"的基础上，ERG理论不仅体现了"满足–上升"的方面，而且提到了"受挫–回归"这一方面。"受挫–回归"说明当一个人在某一更高等级的需要层次受挫时，作为替代，他的某一较低层次的需要可能会有所增加。ERG理论认为较低层次的需要满足之后，会引发出对更高层次需要的愿望。与需要层次理论不同，ERG理论认为人的各类需要次序不是一个刚性结构，而是可以越级的，有时还可以有一种以上的需要。该理论认为多种需要可以同时作为激励因素而起作用，并且当满足较高层次需要的企图受挫时，人们会向较低层次的需要回归。因此，管理者应随着人的需要结构的变化而作出相应的管理措施改变，并根据每个人不同的需要制定出相应的管理策略。

　　资料来源　佚名．ERG理论［EB／OL］．［2019-12-11］．https://wenku.baidu.com／view／add37b9f195f312b3069a51c.html.

小思考9-2

　　内容性激励理论对管理者的指导意义有哪些？

　　答：内容性激励理论对管理者的指导意义主要表现为有助于管理者掌握以下人的需要的特征：

　　（1）人的需要是多种多样的，不同时期可能有不同的需要，同一时期也可能存在多种不同的需要，因此激励时应注意人的不同需要，注意激励手段的多样化。

　　（2）人的需要不是静止不变的，而是处于动态发展之中，当一种需要满足之后，人们会不断地产生新的更高层次的需要。因此，在激励工作中激励手段不应一成不变，而应随着人们的需要不断发展变化，采取与之相适应的新的激励手段。

　　（3）人的需要具有潜在性，一种需要在一个人身上表现不强烈，往往不是因为他没有这种需要，而是因为这种需要可能正隐藏在另一种需要之下，一旦那种需要得到相对满足，这种需要很可能就会显现出来，因此在激励工作中管理者应该具有前瞻性的眼光，适时推出新的激励措施以提高激励效果。

9.2.2　过程型激励理论

1.弗鲁姆的期望理论

　　1964年，美国心理学家弗鲁姆（V. Vroom）在他的著作《工作与激励》中首先提出了期望理论（Expectancy Theory）。该理论一出现就受到国外管理学家和实际管理工作者的普遍重视。目前，人们已经把期望理论作为最主要的激励理论之一。

　　期望理论认为：人是理性的人，对于生活与事业的发展，他们有既定的信仰和基本的预测；一个人决定采取何种行为与这种行为能够带来什么、结果对他来说是否重要有关，人就是根据他对某种行为结果实现的可能性和相应奖酬的重要性的估计来决定其是否采取某种行为的。某一活动对某人的激发力量或激励力取决于他所能得到结果的全部预期价值乘以他认为达成该结果的期望概率，公式为：

$$M = V \cdot E = V \cdot (E_1 \cdot E_2)$$

式中：M为激励力，即动机的强度，指一个人愿意为达到目标而努力的程度。V为效价，是指某人对目标价值的估计，反映了一个人对某一结果的偏爱程度。E为期望值，是指个人对通过行动实现某一特定目标的可能性判断。这里的期望值又可以分解为两级：第一级期望值E_1是指个人对付出努力后能达到组织所期望的绩效水平（组织目标）的主观概率；第二级期望值E_2是指个人达到组织所期望的绩效水平后能得到其所需要的结果（个人目标）的主观概率。

该公式是整个期望理论的核心内容，指出了影响激励力的两个关键因素，即效价与期望值。弗鲁姆的期望理论模型如图9-4所示。

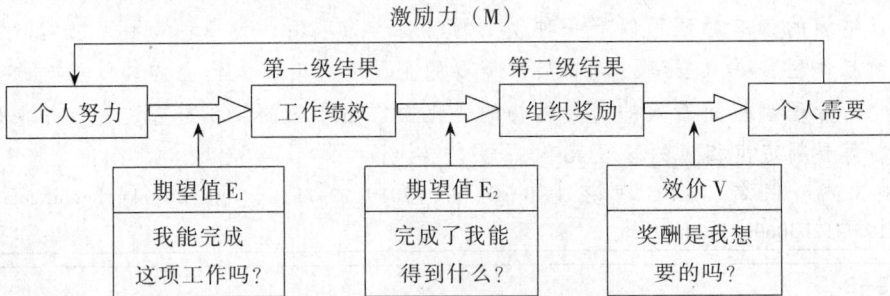

图9-4　弗鲁姆的期望理论模型

从图9-4和公式中可以看到，只有当期望值和效价都比较高时，较大的激励力量才会产生。也就是说，只有当事人认为自己的努力可以取得较好的绩效，好的绩效又能带来某种特定的奖励，且这种奖励对本人具有很大吸引力时，激励作用才最大。

弗鲁姆的期望理论模型提供了关于激励过程具有较大综合性、动态性和应用价值的理论框架，也提醒管理者在进行激励时要处理好3个方面的关系，即调动人们工作积极性的条件：

（1）努力–绩效的关系。人总是希望通过一定的努力达到预期的目标，根据过去的经验来判断一定行为能够产生某种结果或满足某种需要的可能性的大小。如果个人主观认为通过自己的努力达到预期目标的概率较高就会有信心，他就可能被激发出很强的工作力量；但是如果他认为目标太高，通过努力也不会有很好的绩效，他就失去了内在的动力，导致工作消极。所以，管理者在制定目标时，要注意目标实现的期望值。

（2）绩效–奖励的关系。人总是希望取得成绩后能够得到奖励，这种奖励是广义的，既有多方面的物质奖励，又包括精神方面的奖励，还包括像提拔到较重要的工作岗位上去等物质与精神兼而有之的奖励。如果他认为取得绩效后能够获得合理的奖励，他就有可能产生工作热情；否则，就可能没有积极性。

（3）奖励–满足个人需要的关系。人总是希望自己所获得的奖励能满足自己某方面的需要。然而由于人们在年龄、性别、资历、社会地位和经济条件等方面都存在差异，因此他们对各种需要得到满足的程度就不同。效价这个指标可以反映这个问题。某人对某种结果越是向往，此结果的效价对该人而言就越接近于1；如果这一结果对他来说无足轻重，他对结果也漠不关心，那么此结果的效价对他来说接近于0；如果他害怕这一结果的出现，那么效价就是负值。因而对于不同的人，采用同一种办法给予奖励能满足的需要程度不同，能激发出来的工作动力也就不同。

后两方面关系告诉管理者要有效地进行激励就必须提高活动结果的效价，要提高效价就必须使活动结果满足个人最迫切的需要。

期望理论

在学术界，期望理论已经成为解释工作激励过程的广为流传的理论，并引起了大量的调查研究。一般认为，此模式避免了马斯洛和赫兹伯格研究方法中某些简单化的缺陷，更切合实际的激励过程。它有助于管理者理解和分析员工们的激励状况，并识别有关的变量因素。但是，这一理论也被认为存在一些问题：

（1）它强调报酬或奖赏，我们需要假设组织所提供的奖励能够与个体的需要保持一致。这一理论的基础是自我利益，它认为每一个员工都在寻求最大的满足感。

（2）期望理论强调管理者应该知道为什么某些结果对员工有吸引力，而另一些结果则无吸引力。在这个基础上我们对员工评价积极的结果给予奖赏。

（3）期望理论注重被期望的行为，可是员工知道他们被期望的是什么吗？他们如何对此进行评估？

（4）期望理论关心的是知觉，而与实际情况不相关。个体对工作绩效、奖赏、目标满足的知觉而不是客观情况本身决定了其努力程度。

2.亚当斯的公平理论

公平理论是美国心理学家亚当斯（J. S. Adams）于20世纪60年代首先提出的，也被称为社会比较理论，主要讨论报酬的公平性对人们工作积极性的影响。其基本观点是，当一个人获得了成绩并取得了报酬之后，他不仅关心报酬的绝对量，而且关心报酬的相对量。亚当斯认为奖励与满足的关系不仅在于奖励本身，还在于奖励的分配上。个人会自觉或不自觉地将自己的付出与所得的报酬同心目中的参照系比较。这种比较可用以下公式说明：

$$\frac{Q_P}{I_P} = \frac{Q_X}{I_X}$$

式中：Q_P为P自身对所获报酬的感觉；I_P为对P自身的付出的感觉；Q_X为对X参照系的报酬的感觉；I_X为对X参照系的付出的感觉。

这里的报酬可能包括工资、组织对其的承认和尊重程度、职位的提升、人际关系的变化及心理上的报酬（如感到被承认、更安全、更快乐）等。所谓的付出，可以包括时间、教育、经验、努力程度和负责精神等。但是应该特别强调的是，这里的报酬和付出都是个人的主观感觉，都是客观事物经过主观的加工处理后所得到的印象。每个人感知的精确度不同，每个人判别的标准不同，因而可能对同一种报酬和付出产生不同的感觉。

这里的参照系可能是"他人""制度""自我"。"他人"可能包括组织中的其他成员以及朋友、邻居、同行等；"制度"则包括组织中的报酬政策以及这种政策的实际运作等；"自我"则是自己在过去的工作中所得报酬与付出的比例。

虽然这样得出的报酬与付出的比例是非常不精确的，但个人的态度会受到很大影响，比较下来无非会有以下结果：①当公式中间为等号时，P个人会觉得自己的报酬与X参照系相同，是合理的、公平的，其心态就比较平衡，继续维持原行为，不作改变。②当公式中间为小于号时，P个人会觉得自己的报酬低于X参照系，是不公平的，因而会改变行为，设法消除这种不公平，通常会要求增加报酬或者减少工作任务；如果不能做到，则会产生抱怨情绪，降低工作积极性，用减少付出的办法来求得心理平衡，如消极怠工、拆台、内讧甚至辞职等。③当公式中间为大于号时，P自己的报酬水平高于X参照系，性价比高，感到满意，从而加大行为的频率和力度，导致行为改变。

公平理论第一次把激励和报酬的分配联系在了一起，说明人是要追求公平的，从而揭示了现实生活中的许多现象。管理者在激励工作中不应用孤立的眼光看待某个人，而应该考虑其参照对象，充分运用公平理论的原理。此外，公平理论表明公平与否都源于个人感觉，个人判别报酬与付出的标准往往都会偏向于对自己有利的一方，这对组织是不利的。因此，管理者应能以敏锐的目光察觉个人认识上可能存在的偏差，适时做好引导工作，确保个人工作积极性的发挥。

3.波特-劳勒的激励模型

美国心理学家、管理学家波特（L. W. Porter）和劳勒（E. E. Lawler）在期望理论基础上引申出了一个实际上更为完善的激励模型（如图9-5所示），并把它主要用于对主管人员的研究。

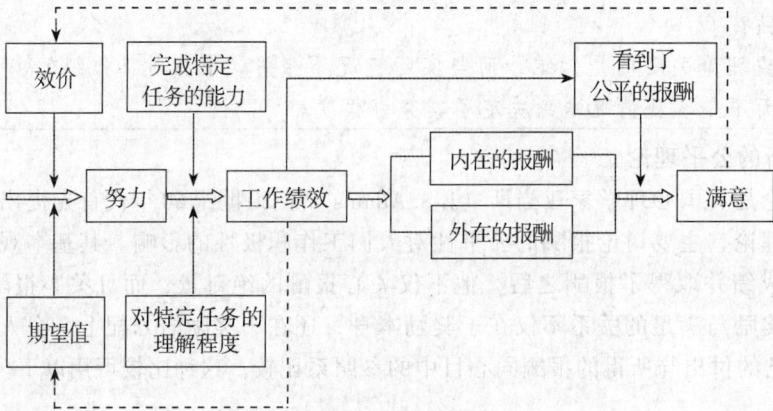

图9-5 波特-劳勒的激励模型

努力是指个人所受到的激励强度和由此产生的对工作付出的主动程度。一个人的努力程度取决于效价（对报酬价值的认识）和期望值（对努力、绩效、报酬之间关系的认识）。个人对报酬价值的主观评价和个人对可能获得报酬的期望概率决定了一个人的努力程度。很明显，假如人们知道自己能做某项工作或者已经做过这项工作，他们就能更好地评价所需作出的努力，并更好地了解得到报酬的可能性。

工作绩效是指一个人的工作表现和取得的实际成果，它主要取决于一个人的努力程度。另外，它在很大程度上受到一个人做该项工作的能力与素质（知识和技能）、他对所做工作的理解程度（工作条件、对目标及活动所要求的角色感知）的影响。由于个人在上述方面存在差异，可能会出现即使付出了同等努力，其工作成果也不会相同的情景。而工作绩效的取得与否和难易程度又会影响未来个人对该类工作期望值的认识。如果由于个人的努力取得了预期的工作成果，通过信息反馈，就会提高他对该项目标的预期概率，进而提高该任务目标对他的激励强度。

报酬来自于工作成果和绩效，它包括内在报酬和外在报酬。前者指工作本身产生的报酬，如尊重、自我实现、成就感等需要的满足；后者指工作之外的报酬，如薪酬、工作条件、职业保障等需要的满足。内部报酬和外部报酬同个人对报酬的公平感（看到了公平的报酬）结合在一起，影响个人的满足。其中，公平感又受个人对工作成果自我评价的影响，个人最终的满意程度取决于所得到的报酬以及个人对公平程度的认识，而这个满意程度又会影响在下一轮工作中对效价的认识。

满意是指个人的一种内在的认知状态,表明个人在实现了预期的目标和报酬后的心理肯定感觉。个人在从实现目标和报酬中得到了满足时,就会提高对此项目标所得报酬的评价,进而又会提高此项目标对个人的激励力,使其对此项目标更加努力。

从这个模式中可以看到,激励不是一种简单的因果关系。主管人员应该仔细地评价他们的报酬结构,并通过周密的计划、目标管理和良好的组织结构所明确的职责,把努力-成绩-报酬-满足这一连锁关系结合到整个管理系统中去。波特和劳勒提出了以下几个步骤来改进主管人员的激励工作:(1)判断出每个人想要的结果;(2)确定组织目标需要怎样的业绩表现;(3)确认这个业绩是可以达到的;(4)把个人想象的结果和组织所需的工作表现相联系;(5)对各种冲突、矛盾的预期情形作全面的分析;(6)确保优厚的报酬;(7)确保整个制度的公平性。

波特-劳勒激励模型是迄今为止一种比较全面的激励模型,其中的许多观点已被相当多的人接受和采用,并取得了很好的效果,但在实践中也存在不少问题,如难以确切地对效价和期望值加以说明等。

9.2.3　行为改造型激励理论

1.斯金纳的强化理论

强化理论是由美国心理学家斯金纳(B.F.Skinner)首先提出的。这种理论观点主张对激励进行有针对性的刺激,只看员工的行为及其结果之间的关系,而不是突出激励的内容和过程,认为人的行为是其所受刺激的函数。如果这种刺激对他有利,则这种行为就会重复出现;若对他不利,这种行为就会减弱直至消失。因此管理要采取各种强化方式,以使人们的行为符合组织的目标。根据强化的性质和目标,强化可以分为正强化和负强化两大类型。

(1)正强化,就是奖励那些符合组织目标的行为,以使这些行为得到进一步加强,从而有利于组织目标的实现。正强化的刺激物不仅包含奖金等物质奖励,还包含表扬、提升、改善工作关系等精神奖励。为了使强化达到预期的效果,还必须注意实施不同的强化方式。有的正强化是连续的、固定的,譬如对每一次符合组织目标的行为都给予强化,或每隔一段固定的时间给予一定数量的强化。尽管这种强化有及时刺激、立竿见影的效果,但久而久之,人们就会对这种正强化有越来越高的期望,或者认为这种正强化是理所应当的。管理者要不断加强这种正强化,否则其作用会减弱,甚至不再起到刺激行为的作用。有的正强化是间断的、时间和数量都不固定的,管理者根据组织的需要和个人行为在工作中的反映,不定期、不定量地实施正强化,使每次正强化都能起到较好的效果。实践证明,后一种正强化更有利于组织目标的实现。

(2)负强化,就是惩罚那些不符合组织目标的行为,以使这些行为削弱甚至消失,从而保证组织目标的实现不受干扰。实际上,不进行正强化也是一种负强化。譬如,过去对某种行为进行正强化,现在组织不再需要这种行为,但基于这种行为并不妨碍组织目标的实现,这时就可以取消正强化,使行为减少或者不再重复出现。同样,负强化也包含着减少奖酬或罚款、批评、降级等。实施负强化的方式与正强化有所差异,应以连续负强化为主,即对每一次不符合组织目标的行为都应及时予以负强化,消除人们的侥幸心理,降低直至消除这种行为重复出现的可能性。

总之，强调行为是其结果的函数，通过适当运用即时的奖惩手段，集中改变或修正员工的工作行为。强化理论的不足之处，在于它忽视了诸如目标、期望、需要等个体要素，而仅仅注重人们采取某种行动会带来什么样的后果，但强化并不是员工工作积极性存在差异的唯一解释。

2.海德的归因理论

归因理论是美国心理学家海德（F. Heider）首先提出的，后由美国斯坦福大学的罗斯（L. Ross）等人加以发展。目前，归因理论的研究着重在两个方面：一个方面是把行为归结为外部原因还是内部原因；另一个方面是人们获得成功或遭受失败的归因倾向。人们的行为获得成功还是遭受失败可以归因于以下要素：努力程度（相对不稳定的内因）、能力（相对稳定的内因）、任务难度（相对稳定的外因）以及机遇（相对不稳定的外因）。这些要素可以按以下方面来划分：

（1）内因或外因：努力程度和能力属于内因，任务难度和机遇属于外因。

（2）稳定性：能力和任务难度属于稳定因素，努力程度和机遇属于不稳定因素。

（3）可控性：努力程度是可控因素；能力在一定条件下是不可控因素，但人们可以提高自己的能力，这种意义上的能力又是可控的；任务难度和机遇是不可控的。

人们把成功和失败归因于何种因素，对以后的工作态度和积极性有很大影响。例如，把成功归因于内因，会使人感到满意和自豪；归因于外因，会使人感到幸运和感激。把失败归因于稳定因素，会降低以后的工作积极性；归因于不稳定因素，可能提高以后的工作积极性。

归因理论给管理者带来很好的启示，即当下属在工作中遭受失败后，如何帮助他寻找原因（归因），引导他继续保持努力行为，争取下一次行为的成功。

3.挫折理论

挫折理论是由美国心理学家亚当斯提出的。挫折理论专门研究人们遇到挫折后会有什么行为反应，研究阻碍人们发挥积极性的各种因素，了解挫折产生的原因、挫折的表现以及应付挫折的方法；研究管理者应如何针对员工遇到的挫折采取相应措施，引导员工行为，走出挫折阴影，积极努力地对待工作。

挫折有两种含义：一是指阻碍个体动机性活动的情况；二是指个体遭受阻碍后的心理状态。总的来说，挫折可表述为：个体在从事有目的的活动时，在环境中遇到阻碍或干扰，致使其动机不能获得满足时的情绪状态。

引起挫折的原因是多种多样的，人们受挫折的程度也各不相同，但归纳起来不外乎有两种原因，即客观原因和主观原因。由客观原因产生的挫折是指由于外界事物或情况阻碍人们达到目标而产生的挫折，包括自然环境和社会环境两个方面。由主观原因产生的挫折是指个人所具备的条件以及个人动机的冲突。

挫折是一种普遍存在的社会心理现象，任何人都不可能一生中事事一帆风顺，因而挫折的产生是不以人的意志为转移的。通常一个人在受到挫折后，心理上、生理上都将产生种种反应，从而影响他的生活和工作的正常进行。面对挫折，有的人采取积极态度，有的人却采取消极态度，甚至是对抗态度。

挫折理论提出采用改变环境、分清是非、心理咨询等多种方法引导人们在挫折面前避免消极的甚至是对抗的态度，而采用积极的态度，以使人们的行为朝积极方向发展。

挫折理论对管理工作实践有较强的实用价值，作为管理者应耐心细致地帮助受挫折者分析挫折原因，及时给予他们关心、劝慰和鼓励，使他们重新振作精神，以利再战；当受挫折者的行为不理智时，要有容忍的态度，弄清事实真相，先缓解挫折因素，再分析他们的防卫机制，以理服人；对犯错误的员工要创造一种情境，使他们感到集体的温暖，感到自己不会受到集体的排斥，可以被集体成员所接受；也可采取精神发泄方法或谈心活动等，使受挫折者自由表达他们压抑的情感，从而摆脱阴影，由紧张情绪恢复到理智状态等。

9.3 激励的方式与要求

9.3.1 激励的方式

有效的激励必须通过适当的激励方式来实现。按照激励中诱因的内容和性质，可将激励的方式大致划分为三类：物质利益激励、社会心理激励和工作激励。

1.物质利益激励

物质利益激励是指以物质利益为诱因，通过调节被管理者的物质利益来刺激其物质需要的方式，主要包括以下具体形式：

（1）奖酬激励。奖酬包括工资、奖金、各种形式的津贴及实物奖励等。虽然对于一些收入水平较高的人来说，工资、奖金等已不是主要的激励因素，但对于相当一部分收入水平较低的人来说，工资、奖金等仍是重要的激励因素。

①设计奖酬机制与体系要为实现工作目标服务，这是决定奖酬能否发挥激励作用及作用大小的最重要的因素。也就是说，奖酬的形式、奖酬与贡献挂钩的办法、奖酬发放的方式等，都要根据有助于促进工作目标实现的原则来设计和实施，而其中的关键又是奖酬与贡献直接挂钩的科学化与定量化。管理者必须善于将奖酬的重点放在管理关注的重点上，以引导下属为多得奖酬而多干工作，从而通过利益驱动实现组织目标。脱离目标与贡献来发放奖酬，就不会产生激励作用，甚至会南辕北辙，起负面作用。

②要确定适当的刺激量。用奖酬手段进行激励，必然涉及刺激量的确定。奖酬刺激量一是表现为奖酬绝对量，即工资、奖金等的数量大小；二是表现为奖酬的相对量，即工资、奖金等在同一时期的不同人之间的差别以及同一个人在不同时期的差别。奖酬激励作用主要取决于相对刺激量，即同一时期的不同人之间的奖酬差别以及个人不同时期的奖酬变化幅度。这正体现了公平理论的要求。要依工作完成情况、人的贡献、总体奖酬水平等，公平合理地确定奖酬的增长水平和不同人之间的差别。在实践工作中，既要有选择地实行重奖，以期引起轰动和奖励效应，又要防止不适当地扩大刺激量，导致员工产生不公平心理。

③奖酬要同思想政治工作有机结合。奖酬的作用是重要的，但也不能搞金钱万能，必须注意辅以必要的思想工作及其他激励形式，尽可能限制物质刺激的副作用。

（2）关心照顾。管理者对下属在生活上给予关心照顾，是激励的有效形式。它不但使下属获得物质上的利益和帮助，而且能获得受尊重和归属感上的满足，从而可以产生巨大的激励作用。一个平时不关心下属的管理者，遇有紧急工作时，下属不会积极地给予合作与支持。日本企业的经理重视给员工过生日，就是采用这种关怀激励的方式。对下属的关心照顾，包括提供员工集体福利，关心和帮助解决员工各种思想、工作及生活等方面的困难。

（3）处罚。在经济上对员工进行处罚是一种管理上的负强化，属于一种特殊形式的激励。运用这种方式时要注意：必须有可靠的事实根据和政策依据令其心服口服；处罚的方式与刺激量要适当，既要起到必要的教育与震慑作用，又不要激化矛盾；要同深入细致的思想工作结合，注意疏导，化消极为积极，真正起到激励作用。

2.社会心理激励

社会心理激励是指管理者运用各种社会心理学方法，刺激被管理者的社会心理需要的方式。这类激励方式是以人的社会心理因素作为激励的诱因的，主要包括以下一些具体形式：

（1）目标激励。它是以目标为诱因，通过设置适当的目标激发动机、调动积极性的方式。员工在管理中的自觉行为都是追求目标的过程，正是一个个目标引导着员工去采取一个又一个行动，因此追求目标是满足需要的可行途径，目标成为管理激励中极为重要的诱因。激励目标主要有三类：工作目标、个人成长目标和个人生活目标。管理者可通过对这三类目标的恰当选择与合理设置有效地调动员工的积极性。

拓展阅读9-5

目标设定理论

美国马里兰大学管理学兼心理学教授埃德温·洛克（E. A. Locke）和休斯（C. L. Hughes）在研究中发现，外来的刺激（如奖励、工作反馈、监督的压力）都是通过目标来影响动机的。目标能引导活动指向与目标有关的行为，使人们根据难度的大小来调整努力的程度，并影响行为的持久性。于是，在一系列科学研究的基础上，洛克于1967年最先提出目标设定理论（Goal Setting Theory），认为目标本身就具有激励作用，能把人的需要转变为动机，使人们的行为朝着一定的方向努力，并将自己的行为结果与既定的目标相对照，及时进行调整和修正，从而能实现目标。这种使需要转化为动机，再由动机支配行动以达成目标的过程就是目标激励。目标激励的效果受目标本身的性质和周围变量的影响。

资料来源　佚名. 目标设定理论［EB/OL］.［2019-12-06］. https://wiki.mbalib.com/wiki/目标设定理论.

①尽可能增大目标的效价。根据弗鲁姆的期望理论，激发力量的大小取决于效价及概率。管理者在设置目标时，一要选择下属感兴趣、高度重视的内容，使所选择的目标尽可能满足下属的需要；二要使目标的实现与相应的奖酬或名誉、晋升挂钩，加大目标实现的效价；三要做好说明、宣传工作，使下属能真正认识到目标的社会心理价值及其实现所带来的各种利益。

②增加目标的可行性。只有通过努力能够实现的目标，才能真正起到激励作用。目标水平要先进合理，具备相应的实现条件，具有可操作性，并做好必要的说明和解释工作，使下属充分认识到实现的可能性。

（2）教育激励。这是指通过教育方式激发动机、调动下属积极性的方式，具体包括：

①政治教育。例如，通过世界观教育、爱国主义教育、敬业爱岗教育等，提高下属的觉悟，激发他们的政治热情和工作积极性。

②思想工作。要通过个别沟通、谈心等多种方式，做深入细致的思想工作，以收到好的激励效果。做好思想工作的关键在于深入探索人的思想规律，提高思想工作的科学化程度，克服言行不一致的、空洞的政治说教现象，以求实效。

（3）表扬与批评。其既可以被看作指挥手段，也可以被看作激励形式。要讲究表扬与批评的艺术，因为它将直接关系到表扬与批评的效果。表扬与批评主要应注意以下几点：

①坚持以表扬为主、以批评为辅。以表扬为主，能够满足人们受尊重的心理需要，易于为下属所接受，效果较好；但必要的批评也必须有，放弃批评，就是对违纪的放纵，没有利用好权力。

②必须以事实为依据。无论是表扬还是批评，都必须严格尊重事实；如果失实，将产生负面作用。

③要讲究表扬与批评的方式、时机、地点，注重实际效果。例如，当众批评可能对别人的震慑作用大，教育效果明显，但也会引起受批评者的强烈反感。管理者要根据问题的性质、受表扬与批评者的身份与心理特点，科学地选择适宜的方式；还要注意表扬与批评的时机与场合等因素。

④批评要对事不对人。针对某人的过失批评，他会心服口服，但如果因一个过失，就批评这个人本身，涉及其人格，甚至更多地在动机上指责，则极易引起受批评者的反感，从而引起对立与冲突，使批评失败。

⑤要限制批评的次数，尽量减少批评的次数；否则，会冲淡教育效果。同时，要一事一评，切不可批评一次，将过去发生的多个问题一起算总账，这样，不但重点不突出，而且会引起受批评者的反感和抵触。

⑥表扬与批评适当结合。批评一个人的缺点时，应首先肯定其优点与成绩，这样，受批评者觉得受到公正对待，容易接受批评。有时，如有必要，在表扬一个人的时候，也可以提示一下其缺点，这样可使其心悦诚服地克服缺点。

（4）感情激励。它是以感情作为激励的诱因，调动人的积极性。现代人对社会交往和感情的需要是强烈的，感情激励已成为现代管理中极为重要的调动人的积极性的手段。感情激励主要包括以下几方面内容：

①在上下级之间建立融洽和谐的关系。管理者对下级的一个重要影响力来源是亲和力。这就要求管理者高度重视与下级的个人关系，使关系融洽或有较深的友谊，以增强亲和影响力。

②促进下级之间关系的协调与融合。组织中各成员之间的关系也会影响组织目标的实现。它也包括对非正式组织关系的积极引导，以尽可能满足各成员社会交往的需要。

③营造健康、愉悦的团体氛围，满足组织成员的归属感。管理者应注意以维系感情为中心，组织开展各种健康、丰富多彩的组织文化活动，营造愉悦的团体氛围，使每个成员因置身于这一团体而感到满意和自豪，造就一种高质量的社会生活，满足其归属感，从而实现有效激励，令其自觉地、心情愉快地为实现组织目标努力工作。

（5）尊重激励。随着人类文明的发展，人们越来越重视尊重的需要。管理者应利用各种机会信任、鼓励、支持下级，努力满足其尊重的需要，以激励其工作积极性。

①要尊重下级的人格。上下级只是管理层次和职权的差别，彼此之间是平等的。管理者应尊重自己的下级，特别是尊重其人格，使下级始终获得受到尊重的体验。

②要尽力满足下级的成就感。要尊重下级自我实现的需要，创造条件鼓励和支持下级实现自己的工作目标，追求事业的成功，以满足其成就感。

③支持下级自我管理、自我控制。管理者要授权于下级，充分信任他们，放手让下级实行自我管理、自我控制，以满足其自主心理。

管理小故事9-3

（6）参与激励。它以让下级参与管理为诱因，调动下级的积极性和创造性。下级参与管理有利于集中群众意见，以防决策的失误；有利于下级受尊重心理的满足，从而受到激励；有利于下级对决策的认同感，从而激励他们积极自觉地去推进决策的实施。

实施下级参与管理（或称民主管理）主要应注意以下几点：

①增强民主管理意识，建立参与的机制。管理者与被管理者双方都要树立民主管理既是员工政治权利又是现代管理方式的意识，自觉地推进其实施；同时，要建立科学、可行的员工参与管理的制度、结构、程序和方法，从制度方法体系上保证民主管理的实施。

②真正授权于下级，使下级实实在在地参与决策和管理过程。绝不能把民主管理作为摆设，走过场，必须充分发挥员工民主管理的作用。

③有效利用多种参与形式，鼓励全员参与。在我国国有企业中，民主管理的形式主要有职工代表大会、合理化建议制度、目标管理、基层民主管理活动等，要依实际需要加以运用；同时，采取措施鼓励全体人员在各个管理层次和各个管理环节上，全面参与管理活动，以最大限度地开发员工的潜能，调动其积极性和创造性。

（7）榜样激励。"榜样的力量是无穷的"，管理者应注意用先进典型来激发下级的积极性。榜样激励主要包括以下两方面：

①先进典型的榜样激励。管理者要注意发现和总结先进事迹和先进人物，以他们的感人事迹来激励下级。应用中，要注意事迹的真实性，与下级人员工作的可比性、可学性等，真正令下级服气，感动并激励下级。

②管理者自身的模范作用。管理者号召和要求下级做到的，自己首先要做到，应身先士卒、率先垂范，以影响、带动下级。实践中，一定要实实在在，而不是做表面文章；是始终一贯，而不是一时心血来潮。

（8）竞争（竞赛）激励。人们普遍存在争强好胜的心理，这是由人谋求实现自我价值、重视自我实现需要所决定的。管理者结合工作任务，组织各种形式的竞赛，鼓励各种形式的竞争，就会极大地激发员工的热情、工作兴趣和克服困难的勇气与力量。在组织竞赛、鼓励竞争的过程中，注意以下几方面：

①要有明确的目标和要求，并加以正确的引导。这样，确保竞争能沿着正确的轨道进行，防止偏离组织目标。

②竞争必须是公平的。竞争的基础、条件、起点、过程、结果衡量与对待，都必须是

公平合理的。

③竞争的结果要有明确的评价和相应的奖励。尽可能增加竞争结果评价或奖励的效价，以加大激励作用。

管理小故事9-4

3.工作激励

按照赫兹伯格的双因素理论，对人最有效的激励因素来自于工作本身，即满意于自己的工作是最大的激励。因此，管理者必须善于调整和调动各种工作因素，千方百计地使下级满意于自己的工作，以实现最有效的激励。实践中一般有以下途径：

（1）工作适应性。工作的性质和特点与从事工作的员工的条件和特长相吻合，能充分发挥其优势，引起其工作兴趣，从而使员工高度满意于工作。既定的一批不同性质的工作岗位同既定的一批不同素质、特点的员工，如果组合好了，就会使大家都满意于工作，积极性高涨；如果组合不好，人的长处与兴趣都受到压抑，大家会都不满意于工作，工作情绪低落。正因为如此，当有的人将无所作为的废才称为"垃圾"时，有的人则针锋相对地提出："'垃圾'是放错地方的人才。"可见，科学合理的人与事的配合是有效激励的重要手段。管理者要善于研究人与工作的性质和特点，用人所长，用人之兴趣，科学调配与重组，实现人与事的最佳配合，尽可能地使下级对工作满意。

（2）工作的意义与工作的挑战性。员工怎样看待自己所从事的工作，直接关系到其对工作的兴趣与热情，进而决定其工作积极性的高低。人们愿意从事重要的工作，并愿意接受有挑战性的工作，这反映了人们追求实现自我价值、渴望获得别人尊重的需要。因此，激励员工的重要手段就是向员工说明工作的意义，并增加工作的挑战性，从而使员工更加重视和热衷于自己的工作，达到激励的目的。

管理小故事9-5

（3）工作的完整性。人们愿意在工作实践中承担完整的工作，从一项工作的开始到结束，都是由自己完成的，工作的成果是自己努力与贡献的结晶，从而可获得一种强烈的成就感。管理者应根据工作的性质与需要以及人员情况，尽可能将工作划分成较为完整的单元分派给员工，使每个员工都能承担一份较为完整的工作，为他们创造获得完整工作成果的条件与机会。

（4）工作的自主性。人们出于自尊和自我实现的需要心理，期望独立自主地完成工作，自觉不自觉地排斥外来干预，不愿意在别人的指使或强制下被迫工作。这就要求管理者能尊重下级的这种心理，通过目标管理等方式，明确目标与任务，提出规范与标准，然后大胆授权，放手使用，让下级进行独立运作、自我控制。工作成功后，完全归功于下级的自主运作，这样，下级将受到巨大激励，会对自主管理的工作高度感兴趣，并以极大的热情全身心投入，以谋求成功。

（5）工作扩大化。影响工作积极性的最突出因素是员工厌烦自己所从事的工作，而造成这种现象的基本原因之一就是工作的单调乏味或简单重复。为解决这一问题，管理者应开展工作设计研究，即如何通过工作调整，克服单调乏味和简单重复，千方百计地增加工作的丰富性、趣味性，以吸引员工。工作扩大化旨在消除单调乏味的状况，增加员工工作的种类，令其同时承担几项工作或周期更长的工作。其具体形式有：①兼职作业，即同时承担几项工作或几个工种的任务。②工作延伸，即前向、后向地接管其他环节的工作。③工作轮换，即在不同工种或工作岗位上进行轮换。这既有利于增加员工对工作的兴趣，又有利于促进员工的全面发展，是重要的工作激励手段。

（6）工作丰富化。它是指让员工参与一些具有较高技术或管理含量的工作，提高其工作的层次，从而使员工获得一种成就感，使他们的尊重需要得到满足。其具体形式包括：将部分管理工作交给员工；吸收员工参与决策和计划；对员工进行业务培训；让员工承担一些较高技术水平的工作等。

小思考9-3

工作扩大化与工作丰富化的关系是什么？

答：两者之间既有相同之处，也有不同之处。相同之处在于：两者都克服工作的单调乏味，增加工作的内涵和员工的工作兴趣。不同之处在于：工作扩大化是指从横向上增加工作的种类，而工作丰富化则是指从纵向上提高工作的层次。

（7）及时获得工作成果反馈。人们对于那种工作周期长、长时间看不到或根本看不到工作成果的工作很难有大的兴趣，而对于只要有投入就能立竿见影看到产出的工作兴趣较浓。这也是人们追求成就感的一种反映。管理者在工作过程中应注意及时测量并评定、公布员工的工作成果，尽可能早地使员工得到工作的反馈，及时看到他们的工作成果，这就会有效地激发其工作积极性，促其努力扩大战果。例如，在生产竞赛中及时公布各组的生产进度会对所有员工产生明显的激励作用。

管理小故事9-6

9.3.2 有效激励的要求

1.奖励组织期望的行为

美国著名管理学家米切尔·拉伯夫经过20年的调查和研究，总结出这样一条规律——"人们会去做受到奖励的事情"，因而把奖励组织所期望的行为称为现代行为管理的基本原则。事实证明，组织中许多不合理的行为都是由奖励不当造成的。根据在激励方面组织常犯的错误，拉伯夫提出，组织应特别注意奖励以下行为：①奖励彻底解决问题而不是只图眼前见效的行为，以确保组织的长远利益；②奖励承担风险而不是回避风险的行为；③奖励善于用创造力的行为，而不是愚蠢的盲从行为；④奖励果断的行动，而不是光说不做的行为；⑤奖励多动脑筋，而不是一味苦干；⑥奖励使事情简化，而不是使事情不必要地复杂化；⑦奖励沉默而有效率的人，而不是喋喋不休者；⑧奖励有质量的工作，而不是匆忙草率的工作；⑨奖励忠诚者，而不是跳槽者；⑩奖励团结合作，而不是互相对抗。

2.善于发现和利用差别

组织激励的一个重要原理是利用利益差别向组织成员传递组织期望的行为的信息。奖惩分明是自古以来人们所信奉的一个管理原则。利益的差别可以推动竞争。心理学的实验显示，竞争可以增加50%甚至更多的心理创造力。利益差别也体现公平的一个方面。各级主管人员必须坚持物质利益原则和按劳分配原则，通过考核人们的行为及绩效的差别，奖勤罚懒、奖优罚劣，切忌搞平均主义。在利用利益差别激励下属时，必须明确指出下属的贡献或不足，使之心服口服。为了避免员工间的矛盾，应尽量用预先规定的工作标准来衡量员工的实际表现，不要直接进行人与人的对比。

3.掌握好激励的时间和力度

激励要掌握时机。比如，好人好事应及时表扬；下属做了错事，为防止扩大损失，固然应及时制止，但不一定马上进行批评，以防矛盾激化。对于反复出现的积极行为，不能反复表扬，而应当出其不意，使人们有所期待和有所争取。

激励要注意力度。奖励、惩罚、表扬、批评都有一个限度，心理学上称其为阈值。低于阈值的激励是不起作用的，如轻描淡写的批评、漫不经心的表扬等作用都不大。但是激励力度也不能过分，过度奖励和过度惩罚都会产生不良后果。

4.激励时要因人而异

员工有不同的需要、不同的思想觉悟、不同的价值观与奋斗目标，因此激励手段的选择及应用要因人而异。为此，主管人员在进行激励时，要定期对员工的需要进行调查，分析不同年龄、性别、职务、地位、受教育程度的员工最迫切的需要，实行所谓的"弹性报酬制度"。对不同的员工给予不同的激励，在总激励费用不变的前提下，能获得更好的激励效果。

5.系统设计激励策略体系

激励策略要优化组合，在空间上相辅相成，在时间上相互衔接，形成"综合治理"的格局及积极性的良性循环。人的积极性、运动机制的复杂性、影响因素的众多性和交叉性，决定了激励必须采取"综合治理"的方式，也就是要根据影响积极性的各种因素的相互联系和相互制约的特点，以及系统理论的要求，使若干激励措施同步配套地实行。这是因为各种影响因素同时对员工的积极性起作用，不是受控制的，就是自发的，既有积极的，也有消极的。如果只抓一方面而不顾及其他，就容易产生相互抵消的情况。这就要求主管人员在运用激励手段时，既抓物质的，也抓精神的；既抓内部激励，也抓外部激励，特别要抓好内部激励；既抓组织内部的因素，也抓组织外部的因素，处理好组织内部条件和外部环境的关系。

本章小结

本章首先分析激励的含义、作用、要素、过程，以及管理中的人性假设；其次介绍了内容型激励理论、过程型激励理论和行为改造型激励理论；最后阐述了物质利益激励、社会心理激励和工作激励等方式以及有效激励的要求等内容。

关键概念

激励　强化　社会人假设

基本训练

◆ 知识题

一、阅读理解

1.简述有效激励的要求。

2.试述激励理论。

3.简述经济人假设的内容。

二、知识应用

1.不定项选择题

（1）激励的核心要素是（　　）。

A.需要　　　　　　B.动机　　　　　　C.外部刺激　　　　D.行为

（2）马斯洛认为人的需要分为（　　）等层次。

A.生理需要　　　　B.安全需要　　　　C.尊重需要　　　　D.自我实现需要

（3）期望理论的提出者是（　　）。

A.赫兹伯格　　　　B.波特　　　　　　C.亚当斯　　　　　D.弗鲁姆

（4）激励的条件是（　　）。

A.需要　　　　　　B.动机　　　　　　C.外部刺激　　　　D.行为

（5）"复杂人"的概念是由（　　）提出的。

A.沙因　　　　　　B.马斯洛　　　　　C.亚当斯　　　　　D.弗鲁姆

（6）内容型激励理论有（　　）。

A.双因素理论　　　B.需要层次理论　　C.期望理论　　　　D.公平理论

（7）期望理论认为，激励水平取决于（　　）和期望值的乘积。

A.工作绩效　　　　B.目标的客观概率　C.目标的主观概率　D.效价

（8）根据双因素理论，（　　）属于激励因素。

A.工作本身　　　　B.工作条件　　　　C.承认　　　　　　D.责任

（9）波特-劳勒激励模型是在（　　）的基础上完善发展的。

A.双因素理论　　　B.需要层次理论　　C.期望理论　　　　D.公平理论

（10）属于行为改造型激励理论的是（　　）。

A.归因理论　　　　B.强化理论　　　　C.公平理论　　　　D.挫折理论

2.判断题

（1）动机是激励的起点和基础。　　　　　　　　　　　　　　　　　　（　　）

（2）监督属于保健因素。　　　　　　　　　　　　　　　　　　　　　（　　）

（3）强化理论是由海德提出的。　　　　　　　　　　　　　　　　（　　）

（4）挫折理论是由美国心理学家亚当斯提出的。　　　　　　　　　（　　）

（5）公平理论认为人们获得成绩并取得了报酬之后会关心报酬的绝对量。　（　　）

（6）期望理论认为人是理性的人，他们对于生活和事业的发展有既定的信仰和基本的预测。　　　　　　　　　　　　　　　　　　　　　　　　　　　　　（　　）

（7）赫茨伯格认为满意的对立面是没有满意。　　　　　　　　　　（　　）

（8）马斯洛认为已经得到满足的需要没有激励力。　　　　　　　　（　　）

（9）Y理论的观点认为人是"社会人"。　　　　　　　　　　　　（　　）

（10）"胡萝卜加大棒"的管理方式是X理论的观点。　　　　　　　（　　）

◆ **技能题**

一、规则复习

1.理解激励的要素。

2.掌握激励的原则。

二、操作练习

1.运用激励理论调动员工积极性的能力。

2.掌握激励的过程。

◆ **能力题**

一、图解实训

购买奖品	
形式	集体参与
时间	20分钟
材料	不限
场地	教室
应用	（1）通过物质或精神上的刺激，达到想要的效果 （2）团队沟通 （3）员工激励
目的	鼓励学生踊跃发言，并尽量使自己的发言既有深度又有广度
程序	（1）准备一些可以分发给大家当货币用的玩具钞票或扑克筹码，事先把红、白、蓝、黄各色筹码所代表的价值确定下来 （2）开列一份清单，把一些对学生而言具有潜在价值的奖品列在上面，包括：公司咖啡厅的礼品券，从免费咖啡到免费午餐不等；一个印有公司标志的咖啡杯；一本与议题有关的书籍，如比特尔和纽斯特洛姆的著作《管理者宝鉴——基层管理的全方位指南》等；董事长在经理餐厅共进午餐；两张免费戏票；免费打一次高尔夫球等。要有创意 （3）告诉学生你希望他们积极参与，再告诉他们会有哪些奖品 （4）如果学生按照你的要求去做了，就把玩具钞票或扑克筹码当场奖给他们 （5）等该游戏模式建立起来以后，你可以通过追加奖品或者为某种行为（如分析式反应与机械式反应）颁发团体奖（每人发几元）的办法来进一步鼓励大家踊跃发言 （6）会议结束时，给学生几分钟时间浏览一下他们的"所获奖品清单"，告诉他们必须用有创意的想法或建议等来"购买"他们所要的东西 （7）用5分钟时间说明游戏规则，最后用10~15分钟时间"出售"奖品
讨论	（1）奖品在多大程度上能够刺激你发言的积极性？ （2）奖励制度有没有使你分心？其对你学习以及巩固所学的知识起了多大作用？ （3）你的老师有没有对你的学习进行过适当的激励？他一般采用的是什么方式？你对这些激励形式有什么感觉？

资料来源　众行管理资讯研发中心. 管理培训游戏全案 [M]. 广州：广东经济出版社，2003：409.

二、案例分析

案例1

失效的"激励"

某民营企业的老板通过学习有关激励理论，受到很大启发，并着手付诸实践。他授予下属员工更多的工作和责任，并通过赞扬和赏识来激励下属员工。结果事与愿违，员工的积极性非但没有提高，反而对老板的做法强烈不满，认为他是在利用诡计来剥削员工。

问题：

（1）请根据所学习的有关激励理论，分析该老板做法失败的原因。

（2）请为该老板提出建议。

案例2

赵阳的困惑

赵阳已经进入不惑之年，回首二十几年的奋斗经历，很为自己早年自强不息、艰苦奋斗的日子感叹不已。想当初，自己和妻子都没有稳定的工作，收入微薄，尽管妻子精打细算，但一家人还是常常为生计发愁。后来，通过几年努力，他终于考上并读完了成人自学考试的全部课程，顺利获得了毕业证书。毕业后，赵阳通过招聘终于找到了一份固定的工作。在那段日子里，他以公司为家，忘我地为公司工作，很快就被提升为项目经理、部门经理以至今天的生产部长，成为企业生产的总指挥。他的付出也给他带来了丰厚的回报，他的工资收入已经大大超过一般的小康家庭的标准，使他能在很好的地段买了一套200多平方米的房子，他的妻子及亲朋好友也很为他的成就和地位感到骄傲，就连他自己在一段时间内也曾沾沾自喜过。

可是现在赵阳感到有些困惑：回想这二十几年的奋斗，虽然没日没夜地干，但是自己并没有成就什么，仅仅是按照公司的计划去完成任务罢了。特别是最近一段时间，企业的销售额连年下降，作为生产总指挥的他很想在开发新产品方面为公司作出更大的贡献，可是他在研发和销售方面并没有什么权力，他多次给企业领导提交的改革报告都犹如石沉大海，毫无音信，看来领导就压根没有这方面的想法。

因此，赵阳有了"跳槽"的想法，想换一个职位不必太高、薪水能够说得过去，但能够真正发挥出自己潜能的单位。但又一想，自己已经四十有余，"跳槽"又谈何容易？

问题：

（1）请运用管理学的有关理论，对赵阳所走过的历程中所体现的个人满足情况以及他目前的困惑进行分析。

（2）如果赵阳有意"跳槽"到你所领导的公司，你同意接收他吗？

（3）请说明如果同意接收赵阳，你准备在哪些方面、采取什么样的措施吸引他？

案例3

表扬引起的争论

某公司最近召开了一年一度的夏季商品交易会，会前办公室为会议召开作了充分的准备，同时各职能科室和行政管理人员主动自觉地到各科帮忙。会议最终圆满成功，成交额大大超出了会前预计水平。

在总结大会上，公司领导充分肯定了这次会议取得的成功，对全体员工的贡献进行了表扬，还特别赞扬了团委书记和组织部长在会议期间的表现。

对于领导的表扬，员工们议论纷纷："交易会的成功、销售额的增加，首先归功于一线业务人员的辛勤劳动，为什么不表扬最累的业务人员？"

也有的赞成领导的这种表扬："业务人员贡献是大，但这是分内工作，并且领导也是肯定了的。而政工干部去送水，事虽小，但这是工作职责以外的。如果正常工作都点名表扬，怎么能表扬过来呢？"

还有人提出反对意见："如果分内工作做得好不表扬，领导只表扬做分外工作的，那么谁还重视分内工作呢？"

问题：

（1）请结合资料，对该公司领导的表扬进行评价。

（2）你认为应该注意哪些要求以更好地发挥表扬的作用？

三、网上调研

1.搜集有关组织激励的资料与案例，并整理、归纳与分析，巩固所学的知识与技能。

2.调查组织激励中常见的问题。

四、单元实践

1.访问某一组织的负责人，了解该组织常用的激励方式，分析该组织激励中存在的问题。

2.调查某组织员工对本组织有关激励问题的看法与建议。

[第 10 章]
沟 通

学习目标

◆ 知识目标：掌握沟通的含义；了解沟通的目的与作用；掌握沟通的类型与特点。

◆ 技能目标：掌握沟通的原则与障碍；了解沟通的过程。

◆ 能力目标：掌握有效沟通的途径；领会有效沟通的技能。

引 例

王经理与员工的沟通

海鸣公司王经理在实践中深深体会到，只有运用各种现代科学的管理手段，充分与员工沟通，才能调动员工的积极性，使企业充满活力，在竞争中立于不败之地。

首先，王经理直接与员工沟通，避免中间环节。他告诉员工自己的电子信箱，要求员工大胆反映实际问题，积极参与企业管理，多提建议和意见。他每天上班时先认真阅读来信，并进行处理。

其次，为了建立与员工的沟通体制，公司又建立了经理公开见面会制度，定期见面，也可因重大事情临时召开见面会。参加会议的员工是员工代表、特邀代表和自愿参加的员工。每次会议前，员工代表都广泛征求群众意见，提交给经理，方便经理在公开见面会上解答。有一年，调资晋级和分房两项工作刚开始时，员工的议论较多。公司及时召开了会议，王经理就调资和分房的原则、方法和步骤等作了解答，使部分员工的疑虑得以澄清和消除，保证了这两项工作的顺利进行。

资料来源　佚名. 张经理的沟通经验［EB/OL］.（2009-09-24）［2019-12-11］. http://guan-li.100xuexi.com/ExamItem/ExamDataInfo.aspx？id=9A5084FC-65D8-4244-9A71-E55E3B887999.

组织运行离不开组织成员的分工协作，离不开经常地审视自己的行为以及和组织其他成员的行为关系是否恰当，进一步判断是否需要调整自己的行为，最终有效地达成组织的既定目标。由于组织成员性格各异、习惯不同、背景不同，要想共同生活或共同努力，通过实现组织目标来实现每个人的个人目标，就必须加强相互间的信息沟通。组织成员的分工合作以及行为协调有赖于相互之间的信息沟通，并了解这些信息的意思。组织成员间如果缺乏在分工合作以及行为协调等方面的相互沟通，不了解这些信息的意思，不仅难以进行协调与合作，还会给组织运行造成障碍，甚至导致组织失败。因此，沟通是组织管理的

重要领导手段。

10.1 沟通的类型

10.1.1 沟通的含义

沟通可以从多个方面来理解。

库芬（Coffin）和肖（Shaw）认为，沟通就是理解的交换。他们的定义有两个根据：（1）该定义暗示单独一个人是无法沟通的，换句话说，要形成一个完整的沟通过程，至少需要两个人；（2）这些人进行交流时不一定非要通过语言或图形，但是他们如果不能体会交流的信息及含义，沟通则无法存在。

奥斯古德（Osgood）认为，每当一个系统（信源）通过它和另一个系统（信宿）之间的某一渠道操作信号对其施加影响时，沟通就产生了。这个定义主要强调两点：（1）沟通并不一定非得发生在个人与个人之间，它也可以发生在组织与组织之间；（2）强调媒体的重要性。

麦金森（Megginson）以组织沟通为背景，指出沟通是使组织成员从上到下、从下到上以及在平行方向上融为一体的理解链条。该定义的一个重要之处在于提出了沟通能够在所有方向上进行。

通过以上学者对沟通下的定义我们可以看出，沟通就是指为了一定的目的，将信息、思想和情感在个人、群体或组织之间进行传递和交流的过程。这个定义包含以下含义：

1.沟通是双方的行为，还要有中介体

从一般意义上讲，"双方"既可以是"人"，也可以是"机"，所以沟通就存在人机沟通、人人沟通和机机沟通三种表现形式，但是从管理学的角度看，沟通特指人人沟通。人与人之间的沟通过程有不同于其他沟通过程的特殊性，主要表现为：

（1）人与人之间的沟通主要是通过语言（或语言的文字形式）来进行的。

（2）人与人之间的沟通不仅是信息的交流，而且包括情感、思想、态度、观点的交流。

（3）在人与人之间的沟通过程中，心理因素有着重要意义。在信息的发出者与接收者之间，需彼此了解对方进行信息交流的动机和目的，而信息交流的结果是会改变人的行为的。

（4）在人与人之间的沟通过程中会出现特殊的沟通障碍，这种障碍不仅是由于信息渠道（传递）的失真或错误，而且是由于人所特有的心理障碍。例如，人由于知识、经历、职业、政治观点等不同，对同一信息可能有不同看法和不同理解。

管理小故事 10-1

2.沟通是一个过程

完整的沟通过程包括沟通主体、编码、媒体、沟通客体、译码、反应和反馈环节，其联络过程如图10-1所示。

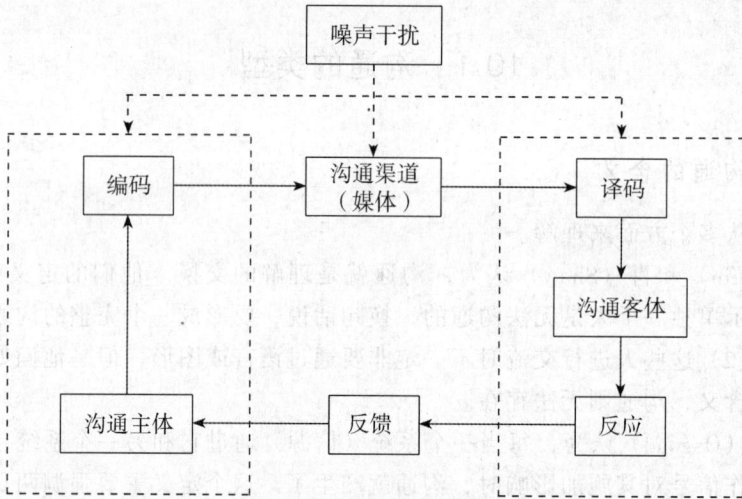

图10-1 沟通的联络过程

沟通主体就是信息的发送者，他把头脑中的想法进行编码而生成了信息；编码是指沟通主体采取某种形式来传递信息的内容；媒体也称沟通渠道，是指传递信息的媒介物；译码是指沟通客体对收到的信息作出解释并理解；沟通客体就是信息的接收者；反应是沟通客体接收到信息以后所体现出的变化，体现出沟通的效果；反馈是沟通的最后一个环节，把信息返回给沟通主体，并对信息是否被理解进行核实。

此外，信息沟通过程还会不断受到噪声的干扰。这里的噪声主要指信息传递过程中的干扰或妨碍性因素，典型的噪声包括难以辨认的字迹、电话中的静电干扰、接收者的疏忽大意等。噪声包括内部噪声和外部噪声。内部噪声来自沟通者的内部，包括生理性噪声（由于生物性因素而干扰信息的接收，如生病、疲倦、听力障碍等）和心理性噪声（因正确了解信息能力的不同所造成的内在干扰力量，如一位学生因考试失常、心情沮丧而无法清楚地理解自己是在哪里出了错）。外部噪声来自沟通者的外部，如有人在你附近喧哗、充满烟味的拥挤房间等。噪声可能在沟通过程中的任何环节造成信息失真，特别是外部噪声，对沟通有效性的影响是显而易见的。

3.编码、媒体和译码是沟通联络过程取得成效的关键环节

编码、媒体和译码始于主体发出信息，终于得到反应。用语言、文字表达的信息，往往含有"字里行间""言外之意"的内容，甚至会造成"言者无意，听者有心"的结果。

拓展阅读10-1

德鲁克论有效沟通

彼得·德鲁克曾经提出："管理就是沟通、沟通，再沟通。"他在考查企业沟通的难度时，提出了几项基本的沟通原则：

（1）沟通是理解力。在沟通时，无论采用何种媒体，第一个必须回答的问题是：这一沟通在接收者的范围之内吗？他能收到它吗？他如何理解？只有被接收到并被理解了的信息才能被沟通。

（2）沟通是期望。人们喜欢听他们想听的话，排斥不熟悉和具有威胁性的语言。要是实现有效沟通，只能通过理解你的听众的兴趣和期望，才能使他们接受或者从新的角度来看待某个问题。

（3）沟通创造要求。沟通的目的总是要求接收者成为某人、做某些事、相信某些话。换句话说，发信者通常请求接收者给予注意、理解、支持信息和其他东西。最重要的是，沟通需要时间，这是许多人最有价值的商品。因此，在沟通前，你必须问自己：我为什么要在这上面花时间？是什么使他人把宝贵的时间送给我，在结束时他们相信物有所值吗？

（4）信息不是沟通。信息和沟通是不同的。在人类历史上有过大量的沟通，但留下的信息微乎其微。而今天，或许正相反，大量的信息使人们不知所措。你需要明白：你何时需要沟通？想披露什么信息？对泛滥的信息怎样区分主次？

资料来源 德鲁克. 管理——任务、责任和实践：第3部 [M]. 刘勃，译. 北京：华夏出版社，2008.

10.1.2 沟通的目的与作用

1.沟通的目的

沟通是组织中必不可少的活动，其主要目的就是促进变革，主要表现为：

（1）设置并传播组织目标。组织目标的内容要通过沟通传达到每个成员，使其知道、理解，这样才能明确每个成员的工作方向、工作重点和工作目标。缺乏沟通特别是有效的沟通，会导致组织成员对组织目标的不了解、不理解，从而就无法做到方向明确和步调一致地努力工作。

（2）以最有效的方式来组织人力资源及其他资源。组织人力资源的指挥、引导和调动、激励，在很大程度上要靠领导者通过沟通的方式来进行，要通过良好的人际沟通，使组织成员明确任务和目标，以及在组织中受到重视。

（3）控制组织目标的实现。组织目标的实现程度及效果，要通过逐级的沟通来反馈，缺乏沟通，管理者便无法对工作进度及完成情况有准确的掌握和了解，也就无法控制组织目标的实现。

2.沟通的作用

组织内沟通的目的从根本上说是在组织内通过成员间的相互沟通，增进相互了解，有效判断自己现时的行为活动状况，从而进行行为协调，形成巨大合力，有效实现组织既定的目标。从这一根本目的上可看到，人际沟通实际上还起到如下效用：

（1）创造和谐的氛围。一个组织是否吸引人，组织的成员在其间是否乐得其所、甘愿为之奋斗，并不仅仅在于有宏伟诱人的愿景，还在于这个组织内是否具有和谐的人际氛围。和谐的人际氛围就是指组织成员间友好相处，彼此互相敬重，彼此相知，即便产生了一些矛盾，各方也一定会妥善地当面处理，而不是剑拔弩张，或背后搞小动作。人际关系的和谐尽管首先与组织成员的素质、修养有很大关系，但没有良好的沟通渠道和沟通方式，组织内和谐的氛围也难以维持。通过沟通使成员互相了解，进而调整自己的行为，就容易友好相处、共同工作。

（2）使行为协调。组织的成员在各自的岗位上按照分工要求不变样、不偏离地工作，但组织的环境发生变化，组织成员的思想、心理均发生变化，因此其行为就有可能发生一定变异。这种变异有的是很好的，符合岗位任务完成的高效率要求，有的则会给其他相关成员的工作造成障碍，更何况符合岗位任务完成的最佳要求未必符合组织的整体配合性要求，故组织在实现目标的过程中时刻保持成员的行为协调是非常必要的，就好像一部机器要运转良好，就必须使所有零部件没有问题且配合完好。行为协调的前提是组织成员知道自己干了什么、正在干什么，别人干了什么、正在干什么，大家应该如何合作，而这必须通过有效的沟通才能实现。沟通可以使组织成员明白自己之所为和他人之所在，明白与目标的差异，从而调整各自的行为，进行团体协作。

（3）上行下达，使管理有效率。管理是一种以行政机制配置资源的方法，它对资源整合的效率表现在这种行政机制的有效性。在现实的组织中，行政机制的有效性取决于：

①组织规模导致的管理层次的多寡。管理层次愈多，组织内上行下达的命令、请示、反馈等信息的传递就愈需要经过多层次送达。且不说这样的送达过程会导致信息的失真，光层层传递就要耗费大量时间，进而使组织运作行为迟钝、效率降低。

②信息沟通渠道的设置与运作的有效性。信息沟通需要渠道，没有渠道就没有办法进行沟通。因此，重要的是有没有沟通渠道以及这些渠道安置的有效性。当渠道不多而且不够宽甚至有障碍时，高层管理者的指挥命令就难以迅速传至下级，而下级的行为偏差，上级也无法及时知道，这样就有可能使组织丧失机遇，发生偏差。

哈罗德·孔茨曾指出，组织的沟通主要具有以下作用：①设置并传播一个企业的目标；②制订实现目标的计划；③以最有效果和效率的方式来组织人力资源及其他资源；④选拔、培养、评价组织中心成员；⑤领导、指导和激励人们，并营造一个人人想要作出贡献的环境；⑥控制目标的实现。在孔茨看来，信息沟通的目的和职能可用图10-2表示。

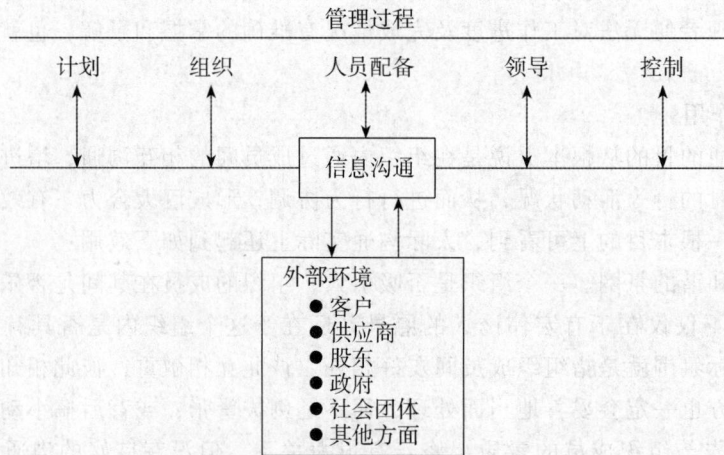

图 10-2　信息沟通的目的和职能

10.1.3 沟通的类型

> **小思考10-1**
>
> 在管理活动中，常见的沟通分类有哪些？
>
> 答：按照沟通载体的不同，沟通可分为语言沟通和非语言沟通。其中，语言沟通又可分为口头沟通和书面沟通，非语言沟通又可分为身体语言沟通（包括身体动作姿态、服饰仪态和空间位置等）、副语言沟通和物体的操纵。
>
> （1）按照沟通途径的不同，沟通可分为正式沟通和非正式沟通。
>
> （2）按照沟通信息反馈的不同，沟通可分为双向沟通和单向沟通。
>
> （3）按照沟通主体的不同，沟通可分为人际沟通、群体沟通、组织沟通和跨文化沟通。
>
> （4）按照沟通信息流向的不同，沟通可分为下向沟通、上向沟通、横向沟通和外向沟通。

在一个组织内，成员间所进行的沟通，可因其途径的不同分为正式沟通与非正式沟通。正式沟通是通过组织正式确定的结构或层次来进行的沟通，近些年已发展为具体的信息系统。非正式沟通则是通过正式系统以外的途径来进行的纯粹个人性质的沟通。

1.正式沟通

正式沟通一般指在组织系统内，依据组织明文规定的原则进行的信息传递与交流，如组织与组织之间的公函来往，组织内部的文件传达、召开会议、上下级之间的定期情报交换等。

（1）沟通的流向。

正式沟通按照信息的流向可分为下向沟通、上向沟通、横向沟通和外向沟通，如图10-3所示。

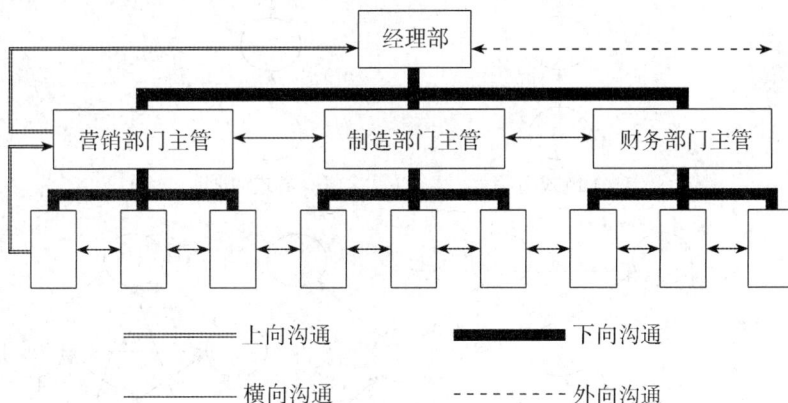

图10-3 组织正式沟通流向

下向沟通是传统组织内最主要的沟通流向，一般以命令方式传达上级组织或其上级所决定的政策、计划、规定之类的信息，有时颁发某些资料供下属使用等。如果组织的结构包括多个层次，则通过层层传达，其结果往往使下向信息发生扭曲甚至遗失，而且过程迟缓，这些都是在下向沟通中经常发生的问题。

上向沟通是下属依照规定向上级所提出的正式的书面或口头报告。除此以外，许多机构还采取某些措施以鼓励上向沟通，如意见箱、建议制度以及由组织举办的征求意见座谈会、态度调查等。

横向沟通是指同层次不同业务部门之间的沟通。由于传统的组织结构的影响，在正式组织内部这种横向沟通的机会并不多。若采用委员会和会议方式，往往所费时间、人力甚多，而沟通的效果并不理想。因此，组织为顺利进行沟通，必须依赖非正式沟通以弥补正式沟通的不足。

外向沟通是指组织的代表或经组织代表授权的组织成员代表组织与组织外部所进行的沟通。从一定意义上讲，外向沟通属于组织的对外联系，不属于组织系统内沟通的研究范畴。

正式沟通的优点是沟通效果好、比较严肃、约束力强、易于保密、可以使信息沟通保持权威性。重要的消息和文件的传达、组织的决策等一般都采取这种方式。其缺点在于，因为依靠组织系统层层传递，所以很刻板，沟通速度较慢，存在信息失真或扭曲的可能。

（2）正式沟通的形态。

组织内部进行沟通时形成了错综复杂的沟通网络，这些沟通网络产生了沟通的不同形态。正式沟通的主要形态有链式沟通、Y式沟通、环式沟通、轮式沟通和全通道式沟通，如图10-4所示。

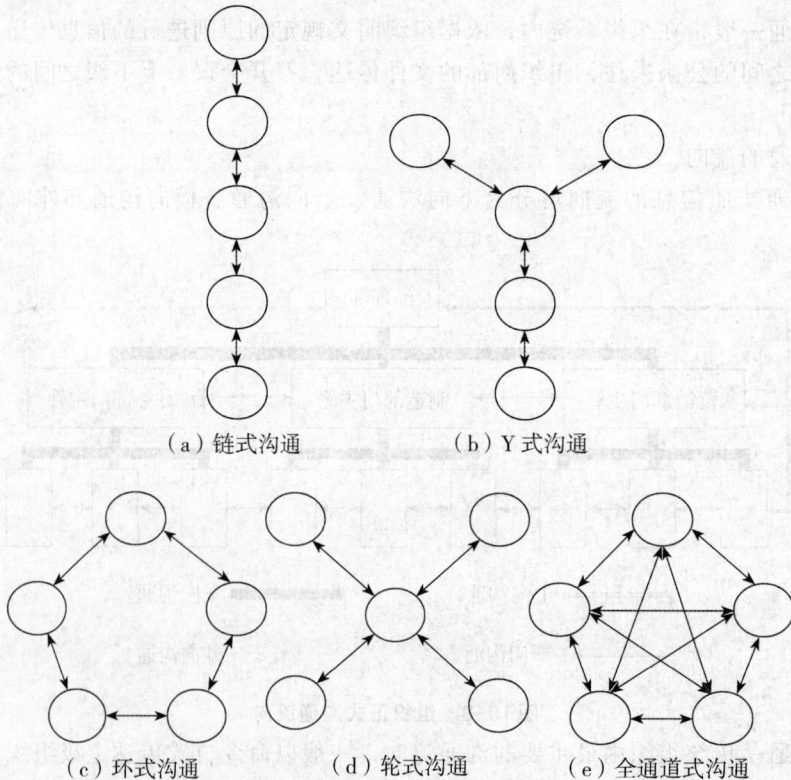

(a) 链式沟通   (b) Y式沟通

(c) 环式沟通   (d) 轮式沟通   (e) 全通道式沟通

图10-4 正式沟通的主要形态

链式沟通形态是一个平行网络，其中居于两端的人只能与内侧的一个成员联系，居中的人则可分别与两人沟通信息。在一个组织系统中，它相当于一个纵向沟通网络，代表一个5级层次，逐级传递，信息可自上而下或自下而上进行传递。在这个网络中，信息经层层传递、筛选容易失真，各个信息传递者所接收的信息差异很大，平均满意程度有较大差距。此外，这种网络还可表示组织中管理人员和下属之间居中的管理者的组织系统，属控制型结构。

Y式沟通形态是一个纵向沟通网络，其中只有一个成员位于沟通的中心，成为沟通的媒介。在组织中，这一网络大体相当于组织领导、秘书组再到下级管理人员或一般成员之间的纵向关系。这种网络集中化程度高，解决问题速度快，组织中领导人员预测程度较高。除中心人员外，组织成员的平均满意程度较低。此网络适用于管理人员工作任务十分繁重、需要有人选择信息、提供决策依据、节省时间而又要对组织实行有效控制的情况，但此网络易导致信息曲解或失真，影响组织中成员的士气，阻碍组织提高工作效率。

环式沟通形态可以看成链式形态的一个封闭式控制结构，表示5个人之间依次联络和沟通，其中每个人都可同时与两侧的人沟通信息。在这个网络中，组织的集中化程度和领导人的预测程度比较低，畅通渠道不多，组织中的成员具有比较一致的满意度，组织士气高昂。如果在组织中需要创造出一种高昂的士气来实现组织目标，环式沟通则是一种行之有效的措施。

轮式沟通形态属于控制型网络，其中只有一个成员是各种信息的汇集点与传递中心。在组织中，大体相当于一个主管领导直接管理几个部门的权威控制系统。此网络集中化程度高，解决问题的速度快，管理人员的预测程度很高，但沟通的渠道很少，组织成员的满意程度低，士气低落。轮式网络是加强组织控制、争时间、抢速度的一个有效方法。如果组织接受紧急攻关任务，要求进行严密控制，则可采取这种网络。

全通道式沟通也称星式沟通，是一个开放式的网络系统，其中每个成员之间都有一定的联系，彼此了解。此网络中组织的集中化程度及管理人员的预测程度均很低。由于沟通渠道很多，组织成员的平均满意程度高且差异小，所以士气高昂，合作气氛浓厚，这对于解决复杂问题、增强组织合作精神、提高士气均有很大作用。但是，这种沟通形态的渠道太多，易造成混乱，而且费时，影响工作效率。

表10-1反映的是这5种正式沟通形态的特点及优缺点。

表10-1   5种正式沟通形态的特点及优缺点比较

特点及优缺点 / 沟通形态	解决问题的速度	信息准确度	集中化程度	领导预测度	士气	工作变化弹性
链式	较快	较高	中等	中等	低	慢
Y式	较快	较低	高	高	不一定	较快
轮式	快	高	很高	很高	很低	较慢
环式	慢	低	低	低	高	快
全通道式	最慢	最高	很低	很低	最高	最快

（3）正式沟通的方法。

在组织沟通的过程中，常用的方法有发布指示或命令、请示、汇报、会议沟通与个别交谈等。

在组织中，上级管理者向下级人员发布指示或命令是一种比较常见的沟通方法，上级管理者一般要把传递的信息变成指示或命令，通过组织的层级职权隶属关系，并借助于组织内部的信息传递网络向下级传递，从而达到沟通的目的。作为发送信息的上级管理者，在发布指示时要注意指示或命令内容的准确性、可理解程度，还要注意发布的方式。

请示是下级向上级表达要求的一种常用的沟通方法，它可采用书面与口头两种方式。简单的内容可采用口头方式，但如果内容比较复杂且涉及面较广，一般应采用书面形式。

汇报是下级在执行上级指示及完成工作任务过程中，将其所遇到的困难与问题、工作的进展情况等向上级反映或提出设想的一种沟通方法。汇报可采用口头汇报或书面汇报两种方式。内容比较复杂、影响面较宽或涉及比较重要的内容，应采用书面形式。

会议沟通是指通过召开各种会议（如座谈会、讨论会等）进行信息的沟通。会议是自古以来就有的一种沟通方法。人们之所以要聚会，是因为会议可以满足人们的某种需要，沟通信息，交流思想，统一认识。即使在人类步入信息时代的今天，会议这种沟通方法也没有被完全取代，这主要是因为会议的作用是无法取代的。

个别交谈是指在组织内或组织外，人们利用正式的或非正式的形式，同沟通对方进行面对面的直接交谈。这种方法由于是面对面且参加者极少，因而比较直接，也容易达到沟通目的。但在个别交谈时，要注意不能带有个人成见，不要先入为主，要善于启发诱导并耐心听取对方的意见，同时最好营造一种融洽、亲和的谈话氛围，这样会使谈话的效果更佳。

2.非正式沟通

非正式沟通是指正式组织途径以外的信息流通过程，沟通途径非常多且无定式。例如同事之间任意交谈，甚至通过家人之间传递等，都属于非正式沟通。因此，非正式沟通与个人间非正式关系、非正式组织往往平行存在。

管理小故事10-2

非正式沟通和正式沟通不同，它在沟通对象、时间及内容等各方面，都是未经计划和难以辨别的。非正式组织是由于组织成员的感情和动机上的需要而形成的，其沟通途径是组织内的各种关系，这些关系超越了部门、单位以及层次。在一定程度上说，非正式沟通带来的信息交流为组织决策提供了支持。在许多情况下，来自非正式沟通的信息更受到信息接收者的重视。由于传递信息一般以口头方式进行，不留证据，不负责任，许多不愿通过正式沟通传递的信息，却可能在非正式沟通中迅速传递。

过分依赖这种非正式沟通途径也有很大危险，因为信息发生歪曲或错误的可能性相当大，而且无从查证。不实消息的散布往往给组织造成较大的困扰，但是，任何组织都或多或少地存在这种非正式沟通途径。对于这种沟通方式，管理人员既不能完全依赖它获取必需的信息，也不能完全忽视它。

小思考 10-2

非正式沟通的优缺点有哪些?

答:非正式沟通的优点是:沟通形式不拘一格,直接明了,速度很快,容易及时了解到正式沟通难以提供的"内幕新闻";能够发挥作用的基础是组织中良好的人际关系。其缺点是:难以控制,传递的信息不确切、容易失真;可能导致小集团、小圈子,影响组织的凝聚力和人心稳定。

(1)非正式沟通形态。

非正式沟通形态依照从最常见至较少见的顺序排列有集群沟通、密语沟通、随机沟通和单线沟通,如图10-5所示。

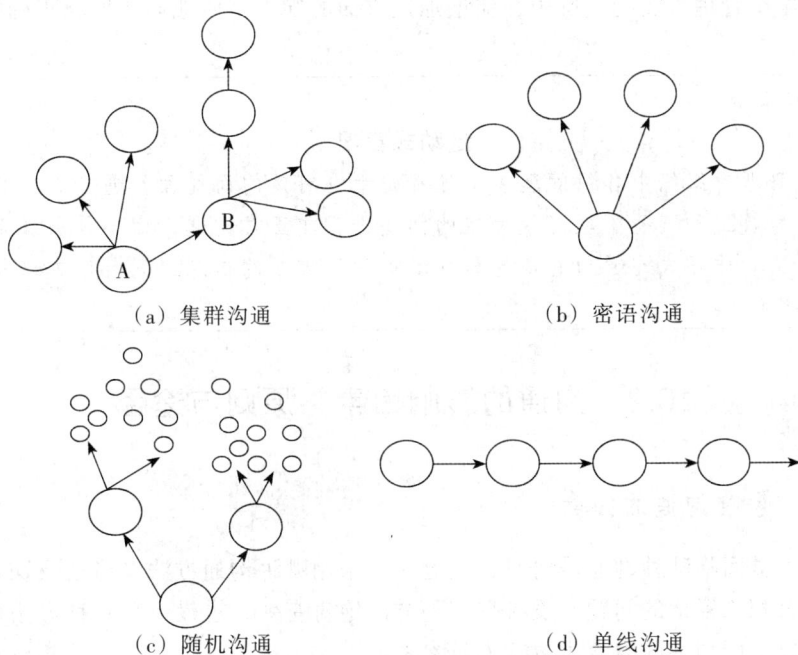

(a)集群沟通　　　　　(b)密语沟通

(c)随机沟通　　　　　(d)单线沟通

图10-5　非正式沟通的形态

①集群沟通。在沟通过程中,可能有几个中心人物,由他们转告若干人,而且有一定的弹性。如图10-5(a)中的A和B两人就是中心人物,代表两个集群的"转播站"。

②密语沟通。由一人告知所有其他人,如同独家新闻,如图10-5(b)所示。

③随机沟通。碰到什么人就转告什么人,并无一定中心人物或选择性,如图10-5(c)所示。

④单线沟通。由一人转告另一人,另一人也只再转告一个人,这种情况最为少见,如图10-5(d)所示。

传统的管理及组织理论并不承认这种非正式沟通的存在,即使发现这种现象,也要将其消除或减少到最低程度。但是,当代的管理学者认为,非正式沟通的存在是无法消除的,应该给予了解、适应和整合,使其有效担负起沟通的重要作用。不过,过分利用非正式沟通,就会冷落或破坏正式沟通系统,甚至破坏组织结构。

(2)对于非正式沟通应采取以下立场和对策:

①非正式沟通的产生和蔓延，主要是由于人们得不到他们所关心的信息。管理者越是故作神秘、封锁消息，则背后流传的谣言越加猖獗。管理者如果使组织内沟通系统较为开放或公开，种种不实的谣言会自然消失。

②要想阻止已经产生的谣言，与其采取防卫性的驳斥，或指出其不可能的道理，不如正面提出相反的事实更为有效。

③闲散和单调乃是造谣生事的温床。为避免发生谣言扰乱人心、士气的情况，管理者应注意，不要使组织成员过分闲散或工作过分单调枯燥。

④最基本的做法是培养组织成员对管理者的信任和好感，这样他们就比较愿意听组织提供的消息，也较能相信这些消息。

⑤在对组织管理人员的训练中，应增加这方面的知识，使他们有比较正确的观念和处理方法。

拓展阅读 10-2

走动式管理

走动式管理对组织中各级管理者来说都是十分有效的面对面沟通方式。管理者在工作区走动，与员工和其他管理者就存在的问题进行非正式沟通，而不是通过正式会议与下属沟通。这种非正式沟通为管理者和下属提供了重要的信息，同时双方培养了积极的关系。

10.2 沟通的影响因素、原则与途径

10.2.1 影响沟通的因素

当主管人员面临某种沟通需要时，究竟应该采用哪种沟通方法（途径及媒体）最为适当？这是一个相当复杂的问题，没有哪一种方法绝对有效，也没有哪一种方法可以应用于所有情况。以下所列举的因素供主管人员参考。

1.沟通的性质

沟通的性质是一种相当广泛的说法，因此我们可以按不同的标准对沟通的性质予以分类。

首先，按照沟通任务复杂性由简而繁，可以分为传达命令、给予或要求信息或资料、达成一致意见或决定。当产生意见分歧时，达成一致意见或决定的任务尤其复杂。此时，应该先行分析不同意见间有何共同点，通过非正式沟通先行协调，然后再将私下（非正式）商量的结果，经由正式途径加以肯定；反之，如果一开始便企图经由正式途径讨论，可能使分歧意见公开化，不同意见双方的立场和态度硬化。即使由于正式职权的行使，勉强达成决议，但因此可能造成关系上的裂痕，影响以后的合作。

其次，按沟通内容的合法性，可以分为两类：第一，沟通内容是依照规章或惯例行事，大家视为当然。第二，沟通内容与法规或惯例颇有出入，如对公司政策采取变通或弹性的措施之类。在这种情况下，究竟应采取正式还是非正式沟通、书面还是口头形式，也是颇有讲究的，但是似乎并无一种标准的答案。

最后，按沟通所涉及资源的多少分类。如果一项要求、命令或决议，涉及大量人力和财力的动用，将来必须有人负责这种资源支出及效果。因此，有关人员为求责任分明，就希望此种沟通能通过正式和书面的途径进行。当然，这种希望的程度又和上述沟通内容的合法性有密切关系，愈是属于变通或弹性的处理性质，可能愈要求有正式和具体的根据。

2.沟通人员的特点

沟通人员包括信息发出者、接收者、中间传达者（媒体），以及他们的上级主管人员。这些人的特点对于沟通方法的选择也有密切的关系。主要特点如下：

（1）目标或手段导向。有的人做事的基本导向是达成目标或任务，在这种导向下，可以变更或不按规定及手续。有的人却坚持必须合乎规定或手续，甚至到后来，以规定及手续作为工作的目的。后一类人倾向于正式和书面的沟通；目标导向的人则比较愿意采取非正式和口头的沟通方式。

（2）能否信任的程度。这是指沟通的媒介或接收者，对于所沟通的信息能否正确解释并促成其有效沟通，甚至增添某些有用的信息。如果在沟通过程中能找到这种媒介，将会增进沟通效能；反之，如果媒介不能正确了解和传送沟通信息，那么就要设法避开他，而要靠书面和口头并用加以补救。

（3）语文能力。沟通者的语文能力是选择沟通方法的重要因素。除此之外，语文能力也影响到沟通的内容及表现方式。

管理小故事10-3

3.人际关系的协调程度

这是指沟通过程所涉及的人群间的关系如何。高度协调者是指成员间接触频繁，关系密切，互助合作。在这种状况下，沟通常常采用口头而非正式的方法。如果个人间极少往来，则沟通只能依赖正式及书面的方法进行。

4.沟通渠道的性质

沟通渠道的性质对选择沟通方法的影响主要表现为：

（1）速度。不同渠道的沟通速度相差颇大。例如，一般认为，口头及非正式的沟通方法比书面与正式的沟通方法速度快。

（2）反馈。利用不同的沟通方法所得到的反馈速度和正确性也都不同。例如，面对面交谈可以获得即时反应；书面沟通有时得不到反馈。

（3）选择性。这是指对于信息的沟通能否加以控制和选择以及其程度如何。例如，在公开场合宣布某一消息，对于沟通范围及接收对象毫无控制；反之，选择少数可以信任的人，利用口头传达某种信息则富于选择性。

（4）接收性。同样的信息经由不同的渠道可能造成不同的被接收程度。例如，接收者十分重视正式书面通知；反之，在社交场合所提出的意见会被对方认为讲过就算了，并不加以重视。

（5）成本。选用不同的渠道，也可能涉及不同的人力、物力、费用。例如，在地区相隔远而分散的情况下，利用口头亲自传达，可能费用高昂，但利用信件则所费无几。

（6）责任建立。信息的沟通常常也代表责任的托付，如动用资源、完成任务等。随着所使用渠道的不同，这种责任的建立或交代的严格程度也会不同。利用正式书面方式所传达的责任，其严格与清晰程度最高。所以有时即使为了速度的需要，开始先利用非正式的口头沟通，接着仍需利用正式书面的渠道再加确定，这就是为了建立明确的责任。

小思考10-3

沟通网络对组织活动有何影响？[①]

答：沟通网络是指在组织中沟通渠道的结构和形式，区分不同网络的基本特征是渠道数量、分布和沟通方向（如图10-6所示）。最集权化的网络是轮形和Y形，最分权化的网络是星形。分权化的网络有利于成员之间的信息交换和充分利用资源，适合于完成比较复杂的任务；集权化的网络通过一个中心人物传递声音，节省时间，故比较适合于完成比较简单的工作。另外，员工比较满意于分权化的网络，有利于自己的参与；领导者一般喜欢集权化的网络，有利于自己的决断，维护自己的权益。

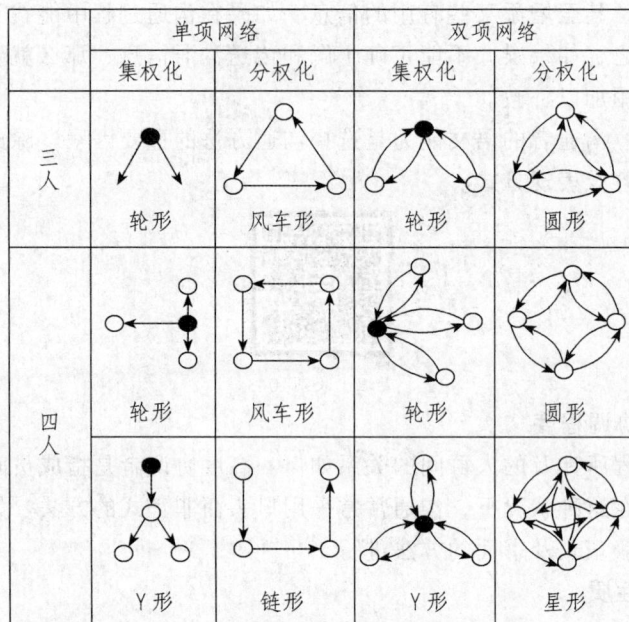

		单项网络		双项网络	
		集权化	分权化	集权化	分权化
三人		轮形	风车形	轮形	圆形
四人		轮形	风车形	轮形	圆形
		Y形	链形	Y形	星形

● 表示中心任务，可能是领导或者地位较高的人物

→ 表示沟通的方向

图10-6　沟通网络示意图

资料来源　芮明杰. 管理学——现代的观点［M］. 上海：上海人民出版社，1999：362.

10.2.2　有效沟通的原则

1.明确沟通的目标

管理沟通作为一种有意识的自觉行为，必须在沟通之前规定明确的目标。沟通的目标，决定沟通的具体内容与沟通渠道、方式、方法。整个沟通过程都要按目标要求来设定。

---

① 黑尔里格尔，杰克逊，斯洛克姆. 管理学——能力培养取向［M］. 张燕，刘小涛，栗晓虹，译. 9版. 北京：中信出版社，2005：497.

2.具备科学的思维

思维是沟通的基础。只有进行正确的思维，才会有有效的沟通。进行科学的思维，一是要正确处理信息，检验信息的真实性，认识事物的本质，抓住问题的关键；二是要形成清晰的沟通思路，构思出周密的沟通方案。

3.管制信息流

沟通过程中，信息不足不行，而信息过多也不行。要对所沟通的信息进行科学处理，提高信息的质量，特别是真实性、准确性；同时，要对信息进行必要的过滤，去掉无关紧要的信息，以保证所传递的信息质量高、数量适当。

4.选择恰当的沟通渠道与方式、方法

进行有效沟通，就要根据沟通目标、沟通内容和沟通对象等方面的需要，正确地选择沟通渠道、媒介及相应的沟通方式与方法，从而保证传递过程中的效率和质量。

5.讲究语言艺术

语言是管理沟通最基本的手段，能否正确、有效地使用语言，对沟通效果的影响极大。管理者要讲究语言艺术，提高沟通语言的简练性、准确性、针对性和趣味性，以提高沟通的有效性。

管理小故事10-4

6.了解沟通对象，增强沟通针对性

沟通对象的需要、心理、知识、个性等因素对沟通效果的影响也是很大的。如果不了解沟通对象的情况，沟通时就如"盲人骑瞎马，夜半临深潭"，必然导致沟通失败。管理者在沟通前，应利用多条渠道，尽可能多地了解沟通对象多方面的情况，真正做到"知己知彼"，然后有针对性地进行沟通，方会取得成功。

7.及时运用反馈

反馈可以排除噪声和信息失真，增强沟通的有效性。特别是在面对面的直接沟通中，更应及时注意反馈，随时把握沟通对象的反应、心态及沟通效果，及时调整沟通策略与方法，以实现更为有效的沟通。

拓展阅读10-3

渠道的信息丰富性

渠道的信息丰富性是指信息从发送者到达接收者的路径中传输信息的能力。研究表明，不同渠道在传输信息时其信息的丰富性是不同的（如图10-7所示）。

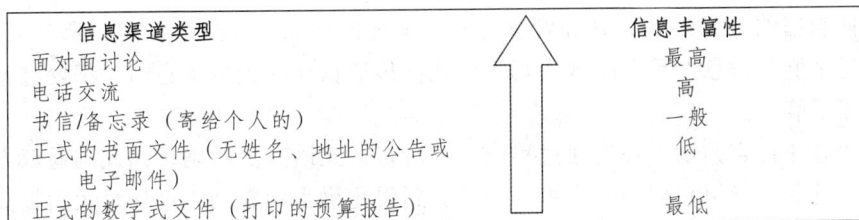

信息渠道类型	信息丰富性
面对面讨论	最高
电话交流	高
书信/备忘录（寄给个人的）	一般
正式的书面文件（无姓名、地址的公告或电子邮件）	低
正式的数字式文件（打印的预算报告）	最低

图10-7 渠道的信息丰富性

10.2.3　有效沟通的途径

小思考10-4

什么是沟通障碍？常见的沟通障碍有哪些？

答：沟通障碍是指信息在组织或个人之间传递过程中的失真或中断。组织中常见的沟通障碍主要有：

（1）发送者方面的障碍，也称原发性障碍，一般是由于发送者对信息含义理解不同、表达不够清楚、编码失误等造成的。

（2）沟通媒介方面的障碍，即由于沟通媒介选择与信息信号选择不匹配、传递渠道过差或负荷过重、传递技术有问题等而产生的信息传递失误。

（3）接收者方面的障碍，即接收者在接收信息时因社会文化、个人经历、知识水平、心理状态等自身原因造成的沟通障碍。

（4）沟通反馈方面的障碍，即沟通双方在沟通过程中因为反馈滞后、反馈失控或根本没有反馈而产生的沟通障碍。

1.克服沟通障碍

沟通障碍是客观存在的，同时会影响沟通的效果，因此，如何克服这些障碍就成为管理的一项重要任务。根据美国管理学者斯蒂芬·P.罗宾斯的研究，克服沟通障碍要注意以下问题：

（1）运用反馈。实践证明，很多沟通问题是直接由误解或理解不准确造成的；如果管理者在沟通过程中使用反馈，则会减少这些问题的发生。所谓运用反馈，就是在沟通过程中注意反问对方是否明白信息的内容并倾听对方的意见。

（2）简化语言。由于语言可能成为沟通障碍，因此管理者应选择措辞并组织信息，以使信息清楚明确，易于被接收者理解。同时，管理者要考虑到信息所指向的听众，以使所使用的语言适合于接收者。

（3）积极倾听。沟通常常是沟通双方互动的过程，在这一过程中，沟通双方或数方如果能够认真倾听各方所述问题和意见，就能减少许多由不够认真倾听所致的误解，从而减少沟通过程中的障碍。所谓积极倾听，就是对信息进行积极主动的搜寻，并理解信息的真实含义。

管理小故事10-5

（4）抑制情绪。如果认为管理者总是以完全理性化的方式进行沟通，那就太天真了。我们知道情绪能使信息严重受阻或失真，因此在传递信息和接收信息时，都要注意使自己的情绪恢复平静。

（5）注意非语言提示。在沟通过程中，有时行动比语言更明确，因此沟通双方一定要注意对方的行动，确保它们和语言相匹配并起到强化语言的作用，这样可大大提高沟通的效果。

拓展阅读10-4

增强信息发送者编码能力的原则

（1）恰当。认真选择所要运用的词语、符号和手势，以使信息有意义并且效果显著。

（2）简洁。将信息用尽可能简单的语言表达出来，减少那些用来表达想法和感受的词语、符号和手势。

（3）组织化。将信息排成一个系列以便于理解；在讲解一条信息时，一定要完成一点之后再开始下一点。

（4）重复。要将所表达信息的要点至少重复两次。重复在口头沟通中尤其重要，因为所说的话第一次发出后可能没有被清晰地听到或没有被完全理解。

（5）强调。对信息的必要方面或关键点进行强调，让信息变得清晰并且避免不必要的详细解释。在口头沟通中，通过改变说话的语调、停顿、打手势或者使用恰当的面部表情来强调意义重大之处。在书面沟通中，通过在关键句型、词组、词语下划线或者用斜体字来达到强调的目的。

2.增强发送者传递信息的技能

信息发送者传递信息的技能在整个沟通过程中具有至关重要的作用，对沟通效果也有重要影响，因此，必须增强发送者传递信息的技能。这主要包括以下几方面：

（1）正确地编码，即把信息内容进行有效的整理，并编成信息码；

（2）有效地发布信息，即在沟通过程中，要根据情况来发布信息，掌握合适的发布频率；

（3）正确地使用语言和符号，要做到让信息接收者理解、明白信息的意思；

（4）提高信任度，即提高信息接收者对发送者的信任程度，缩短"信任差距"，建立相互信任的氛围。

3.增强信息接收者接收信息的技能

作为信息接收者，具备较高的接收技能也是提高沟通效果的重要环节。

（1）要有较强的信息解码技能，即能准确无误地把所传递的信息译成自己能理解的信息；

（2）要了解沟通者可能使用的媒介，掌握多种媒介沟通技术；

（3）在信息反馈方面，学会正确地反馈信息，使发送者知晓接收者准确无误地接收到了信息；

（4）提高接受者的知识、语言及符号技能，确保其能正确理解信息的内容。

4.改善沟通网络

实现有效沟通的方法之一就是加强信息沟通检查，改善信息沟通网络。如果把沟通看成实现组织目标的一种方式，而不是为了沟通而沟通，那么就可以把组织内外的沟通看成与组织目标相关的一组沟通因素（如图10-8所示）。

组织需要加以检查的四大信息沟通网络如下：

（1）属于政策、程序、规则和上下级关系的管理网络或同任务有关的网络。

（2）包括解决问题、会议和提出改革建议等方面的创新活动网络。

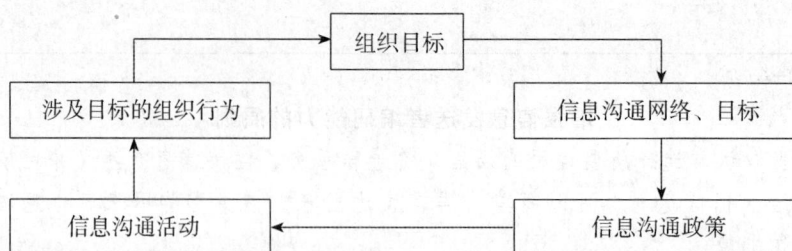

图 10-8   沟通因素与组织目标的关系

（3）包括表扬、奖赏、提升以及联系企业目标和个人所需事项在内的整合性网络。

（4）包括组织出版物、布告栏和小道新闻在内的新闻性和指导性网络。

信息沟通检查是一种工具，用来分析它所涉及的许多关键性管理活动中的沟通。这种检查方法不仅用于出现问题之际，也可用于事前防范。有多种检查方式可供使用，如可以采取观察、问卷调查、会晤访谈以及对书面文件的分析等。虽然对信息沟通系统的初次检查颇为理想，但是仍需要继续进行检查，定期提交报告。

10.3   沟通的技能

10.3.1   自我沟通的技能

成功沟通的前提是成功的自我沟通。在一般情况下，无论从管理民主性看，还是从激励理论看，每个个体的积极性发挥来自于自身对工作的认同。管理者自身和下属共同认同工作价值的过程，实际上是一个自我沟通前提下的人际沟通过程，是一个主体和客体认知趋同的过程。自我沟通的目的是在取得自我内在认同的基础上，更有效率、更有效益地解决外在的现实问题，因此，自我沟通技能的开发与提升是成功管理者的基本素质。

小思考 10-5

自我沟通的特点是什么？

答：自我沟通除了在过程上与一般人际沟通具有相似性外，在具体要素和活动上还有其自身的特殊性，主要表现在：

（1）主体与客体的同一性。自我沟通中，沟通的主体和客体都是"我"本身，"我"同时承担信息的编码和解码功能。

（2）自我沟通的目的在于说服自己，而不是说服他人。因此，此沟通常常在面临自我的原来认知和现实外部需求出现冲突时发生。

（3）沟通过程中的反馈来自于"我"本身——主我。由于信息输出、接收、反应和反馈几乎同时进行，因此这些基本活动之间没有明显的时间分隔，它们几乎同时进行，也同时结束。

（4）沟通中的媒体也是"我"本身。沟通渠道可以是语言（如自言自语）、文字（如日记、随感等），也可以是自我心理暗示。

---

1. 自我沟通技能的发展阶段

自我沟通作为一种特殊的人际沟通方式，也是主体为了某种目标输出信息，由客体接收并作出反馈的过程。

小思考10-6

自我沟通的要素策略有哪些？

答：自我沟通的要素策略主要包括受众策略、信息策略、媒体策略等。

（1）受众策略分析就是自我认识的过程。

（2）信息策略制定是指如何通过学习，寻找各种依据和道理对自我进行说服。这种信息可能来自于自身的思考，也可能来自于他人的经验或书本知识。

（3）媒体策略选择是每个个体根据自己的生理、心理特点以及所处的社会环境特点来选择相应的沟通渠道，如写日记、冥思苦想、看书等。

不同的人面临同样的问题，或者同一个人在不同阶段面临相同的问题，其解决方式总是不一样的。之所以出现这样的不同，从自我沟通的角度看就是自我沟通的技能在进行动态的变化。从每个人的成长过程看，随着阅历增加和不断学习，自我沟通技能得以不断提高。自我不断学习和交流、不断思考和总结，使自身的沟通技能得以不断提高的过程，被称为沟通技能的自我修炼。正如自我的发展是一个认识自我、提升自我、超越自我的过程一样，自我沟通技能的提升也是一个不断认识自我、提升自我、超越自我的三阶段过程（如图10-9所示）。

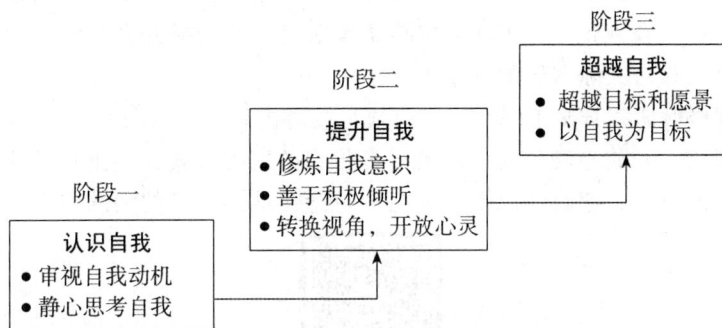

图10-9 自我沟通技能的发展阶段过程

资料来源 魏江，严进. 管理沟通——成功管理的基石 [M]. 北京：机械工业出版社，2006：97.

2. 认识自我的技能

认识自我就是人在社会实践中，对自己（包括自己的生理、心理、社会活动和整个主观世界）以及周围事物的认识。它包含在人的自我观察、自我体验、自我感知、自我评价等活动中。

（1）审视自我动机。要客观地评价动机的社会性、纯正性和道德性，唤起自己残缺的内在动机，激发对工作的兴趣，认识自我在工作中的价值，从而以饱满的精神投入到工作中去。当管理者从社会自我认知和精神自我认知两个方面解剖自己，从尊重他人的角度审视自身在社会中所处的地位以及自身行为的道德水平时，就会合理地寻求解决问题的办法，从而获得沟通的成功。

小思考10-7

自我认知的组成要素是什么？

答：自我认知包括以下组成要素：物质自我认知、社会自我认知、精神自我认知。物质自我认知是主体对自己的身体、仪表、家庭等方面的认知。社会自我认知是主体对自己在社会活动中的地位、名誉、财产以及与他人的相互关系的认知。精神自我认知是主体对自己的智商水平、道德水平等内在素质的认知。

（2）静心思考自我。首先要善于创造安静的空间。通过自己的主动创造和心灵创造规划出自己的空间，把自己从烦琐的事务中解脱出来，从他人的干扰中解脱出来。其次要努力在时间上延伸自我的价值，充分地把握时间，给自己时间去反省自我（包括自我需求、自我动机和自我行为等），做自己时间的主人。

小思考10-8

以效果为目的的时间管理原则是什么？

答：一是学会把时间花在重要的而不是紧急的事情上；二是学会分清相对重要的事和相对紧急的事；三是时间管理策略上应注重结果而不是过程；四是在必须说"不"的时候，不要感到内疚。

3.提升自我的技能

（1）修炼自我意识。通过自我意识的修正和提升，达成与外部对象的良好沟通绩效。自我意识的核心包括自我价值的定位、面临变革的态度、人际需要的判断以及认知风格的确立等方面。修炼自我意识就是从4个核心要素出发，不断提升自我的价值观、面临变革的态度、认知风格和对人际需要的洞察力。

（2）善于积极倾听。详见10.3.2部分的倾听技能内容。

（3）转换视角，开放心灵。通过转换自己传统的思维方式，跳出自我约束，用开放的视角，打开心灵的窗户，把新的思绪、思想和观念接纳到自己的大脑中来。

管理小故事10-6

4.超越自我的技能

（1）超越目标和愿景。一是具有目标和愿景的导向意识；二是科学地设定目标和愿景；三是具有不断否定"原我"（原来的目标和愿景）的气魄和胆略。超越自我是不断超越原先设定的目标和愿景的过程，唯有永不停止地学习并在学习过程中不断"扬弃"自我，才能不断地得到升华。

（2）以自我为目标。从纵向的、历史的角度去设定目标和愿景，通过"原我"和"新我"的比较来确定目标、评判自我，通过不断自我激励和向他人学习来超越自我。

10.3.2 个人沟通的技能

1.书面沟通技能

按照沟通目的划分，书面沟通可分为通知型书面沟通、说服型书面沟通、指导型书面沟通和记录型书面沟通；按照沟通用途划分，书面沟通可分为通用文书、事务文书、专用文书、生活文书和涉外文书；按照沟通渠道划分，书面沟通可分为纸张沟通和电子沟通。

（1）书面沟通的写作过程。书面沟通很重要的一个方面就是如何进行写作。一般而言，写作过程包括三个阶段：

一是准备阶段，包括确定写作目的、分析读者、搜集信息、列出大纲等步骤。

二是正式写作阶段，即把自己的观点和大纲中提出的内容通过文字的形式表达出来。它是整个写作的核心环节。

三是编辑修改阶段，即对现有内容的写作目的、方法和整个文本进行重新检查修订后最终定稿。它是一个精益求精的过程。

（2）常用的书面沟通写作技能。

①商业信函写作技能。商业信函包括备忘录、信件和电子邮件，其是商务沟通中最常用的书面沟通方式，特点是简洁和目的明确。例如，备忘录是内部传递信息的方式，包含日期、主题、送交和发送4个要素，有时还包括复印件和附件两个要素（如图10-10所示）。商业信函可用于多种主题和各种形式。

```
┌─────────────────────────────────────────┐
│                备忘录                    │
│   日期：                                 │
│   主题：                                 │
│   送交：                                 │
│   发送：                                 │
│   复印件：                               │
│   附件：                                 │
└─────────────────────────────────────────┘
```

图10-10 备忘录的构成要素

商业信函的写作应关注如下技巧：

一是写信当如面谈，使读者如见其人，引人入胜。

二是注意信函的开头与结尾。开头吸引对方注意，结尾表达友好的祝愿，格式规范。

三是书写工整，注意礼貌。信函一般使用蓝色或黑色的钢笔书写，字体工整、洁净，用词妥当；注意来信回复及时。

四是信封书写格式规范。

②商业报告写作技能。商业报告属于随机翻阅的文件格式，读者多根据自己的需要或从自己擅长的领域出发去阅读其中的一部分。因此，撰写者应该在全文中大量地使用主标题和副标题，以使读者容易找到自己关心的内容。报告的基本结构要素一般包括内容简介、报告正文和最后部分（见表10-2）。短小报告最简单的格式是信函式或便签式，也可以采用纲要式或混合式，一般不需要用目录。长篇正式报告文件的典型结构通常包括以下内容：前页（如扉页、前言或引言、致谢、摘要等）、主报告（如内容简介、事实与讨论、结论和建议）、附页（如参考文献、附录、索引）。

表10-2   报告的基本结构要素

部　分	要　素
1.内容简介	授权调查的范围和目的
	程序和方法
2.报告正文	主要的事实
3.最后部分	结论
	建议（如果要求的话）
	附录（如果必要的话）

拓展阅读10-5

商业文书的写作要点

商业文书的写作要点见表10-3。

表10-3   商业文书的写作要点

类　型	内部使用	外部使用	原　则
商业信函	备忘录	信件	按照商业习惯；交谈式的；段落短
行动指南	政策/程序	操作指令	操作程序的主要步骤标题化；特定的操作说明索引化；使用祈使语气；使用大量表格
	建议书	建议书	要解决的问题提纲化，主要内容标题化；有明确的解决方案；把大量的细节附于附录中，而不是一个详细的总报告
随机翻阅的文件	工作报告	年度报告	对较长的章节使用标题或副标题；大量使用表格和图片；细节收入到附录中
	内部研究	论文	专业格式下的标题与副标题；约定俗成的顺序；积极的第三人称
	新闻通讯	新闻通讯	醒目；内容丰富；多种标题的使用；段落短；易于浏览栏目的形式
合法性文件	认可书	规章报告	相应政府部门规定的格式
营销类文件	通告	小册子	醒目；渲染色彩；对后续信息的关注

2.面谈沟通技能

面谈是人际沟通的重要形式，它可以在沟通者之间一对一进行，也可以通过一对多的口头沟通形式进行。管理中的面谈沟通与工作有关，因此具有目的性、计划性、控制性、双向性和即时性等特点。与书面沟通相比，面谈沟通有更高的技巧性要求。

（1）面谈的步骤。一般来说，面谈可分解为以下步骤：

一是确立面谈目的，即考虑面谈要解决的具体问题（如搜集信息、劝说、提供建议、评估对方绩效等）和交谈者之间的关系如何处理，以选择面谈的策略、时间、地点等；

二是设计面谈问题，即提出好的问题以鼓励信息共享，如提出什么问题、以开放式问题提问还是以封闭式问题提问等；

三是安排面谈结构，包括设计面谈指南（面谈提纲）、问题提问和过渡；

四是控制面谈环境，即根据面谈目标选择一个适当的面谈地点，营造一种有利于实现目标的面谈氛围；

五是预测面谈情景，即提前预见面谈可能遇到的各类问题并进行预警准备，以增加面谈成功的概率；

六是面谈实施与评估，包括按照预先设计的内容进行面谈、情况变化的面谈调整和面谈结束后的总结评价等。

面谈每一个阶段的认真准备和设计对面谈的成功都有着十分重要的意义。

（2）主要的面谈沟通技巧。

①信息搜集面谈技巧。信息搜集面谈一般适用于组织需要搜集关于某个话题的事例或在能解决问题的情况下需要帮助时的情景。此类面谈作为一种能选择内行人的面谈，在遵循面谈一般步骤的基础上还需要关注以下要点：

一是认真选择面谈对象，尽量与能够提供你所需要的信息和愿意提供该信息的人进行面谈；

二是营造轻松的氛围，尽量选择能够鼓励对方说话的自然环境进行交谈；

三是选择漏斗型问题的提问顺序进行交谈，以利于马上引出总体信息和面谈对象对该主题的感受。

②招聘面谈技巧。招聘面谈既要试图评价求职者是否适合进入本组织以及他们是否具有从事某项工作的合适技能，也要向社会和求职者宣传自己的组织。因此，招聘面谈应关注以下要点：

一是招聘人员应具有较高素质，能够对外传递组织形象的信息；

二是面谈者要根据工作的性质和求职者的个性来决定选择哪些话题进行重点交流；

三是灵活地询问问题，如多涉及具体的经历，注意所提问题的平衡性，注意面谈过程中的"PEOPLE"原则。

小思考 10-9

面谈过程中的"PEOPLE"原则是什么？

答："PEOPLE"原则是指准备（prepare）、营造友好氛围（establish rapport）、获取信息（obtain information）、提供信息（provide information）、结尾（lead to close）和评价（evaluate）。

---

③绩效评估面谈技巧。绩效评估面谈作为组织专业评估系统的一个组成部分，其目的是评价组织成员实现目标的程度，同时将提高工作绩效的方法反馈给下属。做好此项工作的要点是：事先做好书面材料和面谈结构的准备，建立关系并将被访问者引向主题，根据绩效面谈目标选择适当的绩效面谈方式进行面谈，面谈结束时要明确说明下一步应该做什么事，与被访问者讨论具体的改善或改变计划。

拓展阅读 10-6

绩效评估面谈的方式

（1）告知-说服型面谈，用于对员工的绩效评价，其做法是经理们将评价告诉员工，并劝说员工遵循推荐的方式，以提高绩效。

（2）告知-倾听型面谈，用于对员工绩效的评价，其做法是经理们将评价告诉员工，接着以不作判断的方式去接收员工的反应。

（3）问题解决型面谈，用于帮助员工的职业发展，其做法是经理们并不给出评价，而是让员工找出薄弱环节并和员工一道提出改进计划。

（4）混合型面谈，同时用于绩效评价和员工的职业发展，其做法是经理们从解决问题开始，以更直接的告知-说服方式结束。

3.倾听技能

倾听是人们将注意力集中于当前声音的有意识的行为状态，具有个体主观努力的特征，是一种主动的行为。美国明尼苏达大学 Nichols 教授和 Stevens 教授认为，一般人每天有70%的时间用于各种形式的沟通，在用于沟通的所有时间中，45%用于倾听，30%用于交谈，16%用于阅读，9%用于书写，由此可见倾听的重要性。

倾听是一个极为复杂的过程，环境因素、语言因素、生理差异和倾听者本人因素等都会影响到倾听的效果。鉴于倾听中的许多问题常来源于过度关注自我而非信息本身，管理者可以通过停、看、问、听4个步骤来改善倾听技能（见表10-4）[①]。

表10-4   改善倾听技能

倾听技能	定　义	行　动
停	关闭那些分心的、矛盾的信息	增强对分心的意识，运用自我对话保持关注
看	意识到讲话者的非言语线索；监控自身的非言语线索，对讲话者表现出兴趣	保持目光接触，避免坐立不安或做其他事情，用眼睛来"听"
问	有不知道或不明白的事情及时请人解答	在不打断对方思路的前提下适可而止、彬彬有礼地提问，可以用开放式或封闭式问题
听	理解事实的含义和细节	注意心理概括；把细节与核心观念联系起来

4.演讲技能

演讲是演讲者运用姿态、声音，劝说、鼓励受众的有组织的陈述。它作为一种现实性口语表达形式，可以达到信息交流、传授知识、说服和影响受众对某个事物的观点，以及表现演讲者、吸引他人注意、职业晋升等目的。成功的演讲需要注意以下事项：

（1）做好充分的演讲准备。演讲者事前应分析演讲的目的和受众特点，进行演讲选材，设计演讲稿结构和时空安排，选择演讲风格，做好问题预测和解答设计，做到防患于未然。

（2）掌握并熟练运用各种演讲技能，如克服演讲焦虑、做好开场白、控制情绪与仪表、把握现场节奏、运用非语言技能、巧妙"补白"和解答、利用视听辅助手段。

10.3.3　组织沟通的技能

1.会议沟通技能

会议作为群体决策的一种重要方式，具有群体性、有效性、约束性、从众行为、耗时费力等特点。一个富有成效的会议通常是目标、与会者、组织、领导、信息、会议时间和会议地点等7个要素的有机协调配合。从更严格的意义上说，有效的会议应符合目标有价值、短期内实现目标和与会者对会议满意的要求。

（1）会议组织流程。一个好的会议通常要经历以下几个阶段：确认会议的必要性、确

---

①　孙健敏，徐世勇.管理沟通［M］.北京：清华大学出版社，2006：131.

定会议主题与目标、确定会议议程、选择与会者、安排会议时间、选择会议地点、布置会议场所、发放会议通知、召开会议和进行会后评价。

(2) 会议中的角色技能。

一是主持的技能。成功的主持人会通过他的精彩陈述、巧妙发问、时间控制、冲突现象处理、结束会议等多方面技能的有效发挥，取得会议预期的效果。

二是参与者的技能。首先，做好会前准备工作，了解会议的基本内容，做好会前疏通；其次，慎选座位，除非会议已安排好座位次序，否则就应在不失礼的前提下力争使自己的座位处于相对有利的位置；再次，讲求参会文明，注意个人形象；最后，控制发言和答辩，以理服人，情理并用。

三是记录的技巧。良好的会议记录应反映会议的精华并为今后留下书面证据。因此，会议记录首先要做到简明扼要，宜早不宜迟；其次是主次清晰、工整规范。

2.谈判技能

组织谈判是现代领导者必备的管理技能。评价谈判成功的主要标准是：目标的实现程度、谈判的效率、互惠合作关系的维护程度。谈判一般可以分为准备与计划、开局、阐述与辩论、谈判结束与实施4个阶段。除了遵循谈判的基本原则和采用有效的谈判策略外，谈判者还需掌握以下谈判技巧：(1) 尽量争取在自己熟悉的环境里谈判；(2) 运用初始谈判技巧；(3) 适当地运用身体语言传递信息；(4) 攻克谈判首脑人物；(5) 表达愤怒和不满；(6) 运用文件战术；(7) 运用其他深入战术。

3.危机沟通技能

危机是一种使组织遭受严重损失或面临严重损失威胁的突发事件，一般具有意外性、公众性、破坏性、紧迫性、动态性等特点。组织经常面临的危机有人力资源危机、产品/服务危机、领导危机、财务危机、安全危机、公共危机等。在危机管理中，沟通是危机处理最基本的手段和工具。有效的危机沟通应关注以下两个方面：

(1) 掌握危机沟通的原则。尽管危机是组织生存和发展中的一种普遍现象，但如果处理不当，就会给组织带来巨大的负面影响。因此，危机沟通应以真诚原则、利益相关者定向原则、快速反应原则、核心立场原则、信息对称原则、计划性原则为指导，妥善处理具体问题。

(2) 抓住不同阶段危机沟通的重点。危机管理大师诺曼·R.奥古斯丁将危机管理过程分为6个阶段，各阶段的沟通应对措施有所不同。

①危机预防阶段，主要是建立预警机制并采取相应措施，消除危机可能爆发的隐患和潜在因素；

②危机管理准备阶段，要求组织做好各项准备和应对工作，凡事要作最坏的打算，但朝着最好的方向努力；

③危机确认阶段，确认预想的危机是否是真的危机；

④危机控制阶段，从一个大范围统筹的概念出发解决组织如何控制住危机；

⑤危机解决阶段，要求组织以最快的速度、积极诚恳的态度和灵活的反应力解决危机；

⑥从危机中获利阶段，主要是总结经验和教训。

拓展阅读 10-7

企业形象修补危机沟通战略

美国的威廉·班尼特（William Benoit）认为个人或组织是追求声誉最大化的，他们总是在不断提高声誉，减少负面影响。公众可能会包括各种不同的利益主体，需要对他们实施不同的战略措施，而媒体作为沟通组织和公众的中间因素，对引导舆论及公众观念有至关重要的作用。基于此，班尼特提出了危机处理的五大战略：

1.否认

这是指明确表示某事件对社会造成的危害并非企业所为。但作为补充，企业一般都会加上一句：若该事件是企业所引起的，企业必然会负起相关的责任。否认战略又进一步分为两种：

一是简单否认，即表示企业未曾做过危害消费者或社会大众的事，所以企业不承担不该承担的责任；

二是转移责难，即企业在危机爆发后，立即采取其他行动，以转移大众或利益相关者的注意力，亦即只代表个人的行为，并不能代表一个组织的行为。

2.逃避责任

这是指在危机发生后，企业企图逃避危机事件中应该承担的责任，前提是符合道德原则。根据危机传播的具体情景，逃避责任的战略有以下操作方式：

（1）被激惹下的行为。这是指企业所为仅仅是对外在挑衅的防御和正当防卫，是被迫的、可以谅解的，希望将责任归咎于对方的挑衅。

（2）不可能的任务。该行为非企业不愿意处理，而是力所不能及，希望将风险与责任分给其他相关部门。

（3）事出意外。这是指企业承认是自己的行为，但是并非有意为之，希望得到一定的理解，并愿意承担一部分责任。

（4）纯属意外。这是指企业行为完全出于公益或善意的基础，危机发生绝非企业意图，但企业愿意承担一部分的责任。

3.减少敌意

如果明确了是自己的错误导致的危机，组织可采取以下策略减少外界对自己的指责和负面舆论，以保护自身的声誉和形象：

（1）支援与强化，即表示愿意承担责任，同时运用自己过去的绩效和社会贡献等良好形象来获得利益相关者的情感和支持，借此消减社会公众的负面情绪和不良影响。

（2）趋小化，即尽量将事态和舆论控制在最小范围内，防止事态进一步扩大，淡化危机。

（3）差异化，即以竞争对手为基点作参考，表明自己处理危机的能力和方式比对手更周全和优越，希望利益相关者可以知足。

（4）超越，即在危机时期让利益相关者明白企业对社会的贡献、对利益相关者利益的维护远远超出企业对社会或消费者的无意伤害，获取谅解。

（5）攻击原告，即以攻击作为最好的防御，以攻代守，再辅助配合以拖待变的战略。

（6）补偿，即勇于承担责任，对受害者进行补偿。这是最符合诚实和道德原则的沟通策略。尽管此举会让企业承担很大的代价，但企业勇于担当的良好表现对其长久形象的塑造不无裨益。

4.亡羊补牢

这是指企业表示会采取恢复危机前状态的行动，出台相关的规章制度，以降低以后类似事件发生的概率。亡羊补牢战略一般都是针对未来的。

5.自责

这是指企业主动认错、忏悔和承担责任，并期待和寻求原谅。班尼特认为这项战略可以单独操作。

资料来源　佚名. 企业危机传播策略研究 ［EB/OL］. ［2019-12-11］. https://www.docin.com/p-2010786822.html.

4.跨文化沟通技能

跨文化沟通泛指不同文化背景的成员、群体以及组织之间的沟通，也称交叉文化沟通，是组织沟通中更复杂的形式。跨文化沟通具有沟通各方文化共享性差，各种文化差异程度不同，无意识地先入为主，误解、矛盾与冲突增多，文化变异性增强等特点。有效地解决跨文化沟通障碍的做法是：

（1）增强跨文化沟通的意识。在跨文化沟通中，沟通者应了解其他文化，避免刻板印象，采取平等的立场，充分运用语言的作用，重视非语言沟通的作用。

（2）灵活运用跨文化沟通的技能，如主动沟通、不轻易作出判断、尊重与包容、移情、注意细节、简化语言等。

本章小结

本章首先阐述了沟通的含义、目的、作用与类型；其次分析了影响沟通的因素、有效沟通的原则与途径；最后介绍了自我沟通、个人沟通以及组织沟通的技能。

关键概念

沟通　正式沟通　非正式沟通

基本训练

◆ **知识题**

一、阅读理解

1.简述影响沟通的因素。

2.试述沟通的类型与特点。

3.如何理解沟通的含义？

二、知识应用

1.不定项选择题

(1) 沟通的目的是（   ）。

A.促进变革   B.联络   C.实现目标   D.管理

(2) 沟通的障碍主要来自于（   ）。

A.发送过程   B.发送者   C.接收者   D.反馈过程

(3) 正式沟通的主要形态有（   ）。

A.链式   B.轮式和Y式   C.环式   D.全通道式

(4) 属于上向沟通的做法是（   ）。

A.意见箱   B.征求意见座谈会

C.发布通知   D.态度调查

(5) 解决问题速度慢、信息准确性高、集中化程度低、士气高、工作变化弹性大的沟通类型是（   ）。

A.链式   B.轮式和Y式   C.环式   D.全通道式

(6) 正式沟通的方法是（   ）。

A.发布指示   B.请示与汇报   C.会议沟通   D.个别交谈

(7) 在自我沟通中，属于提升自我阶段的活动是（   ）。

A.审视自我动机   B.修炼自我意识

C.善于积极倾听   D.转换视角，开放心灵

(8) 评价谈判成功的主要标准是（   ）。

A.目标实现程度   B.谈判效率

C.互惠合作关系的维护程度   D.准备工作

(9) 自我认知的构成要素是（   ）。

A.物质自我认知   B.社会自我认知

C.精神自我认知   D.综合自我认知

(10) 常见的沟通障碍是（   ）。

A.发出者方面的障碍   B.沟通媒介方面的障碍

C.接收者方面的障碍   D.沟通反馈方面的障碍

2.判断题

(1) 管理学中的沟通特指人与人的沟通。   （   ）

(2) 轮式沟通利于解决复杂问题，增强组织合作精神。   （   ）

(3) 传统组织内最主要的沟通流向是上向沟通。   （   ）

(4) 沟通的主体是信息发出者。   （   ）

(5) 全通道式沟通属于控制型沟通。   （   ）

(6) 集群沟通、密语沟通、随机沟通都属于非正式沟通。   （   ）

(7) 属于目标导向的员工比较愿意采取非正式的和口头的沟通方式。   （   ）

(8) 在信息渠道类型中，选择电话交流时，其信息的丰富性最高。   （   ）

(9) 跨文化沟通是组织沟通中更复杂的形式。   （   ）

(10) 思维是沟通的基础。   （   ）

◆ 技能题

一、规则复习

1.阐述沟通的原则。

2.组织有效沟通的途径有哪些？

3.阐述影响沟通的因素。

二、操作练习

1.掌握沟通的技能。

2.掌握沟通的过程。

◆ 能力题

一、图解实训

对指示的不从与从	
形式	集体参与
时间	5~10分钟
材料	如图10-11所示的卡片
场地	教室
应用	(1) 沟通技巧培训 (2) 领导技巧培训
目的	(1) 向学生演示在向下级下达指示时往往会含糊不清，因此需要特别解释 (2) 演示在接受上级指示时必须认真倾听，对任何不清楚的地方应予以澄清
程序	(1) 将如图10-11所示的卡片发给每个学生，请他们按顺序完成老师快速下达的针对每个象限的任务 ①象限Ⅰ：在字母C上画一个点 ②象限Ⅱ：在空白处写上abcde ③象限Ⅲ：园子里有一只公牛爸爸FB，有一只公牛妈妈MB，还有一只公牛宝宝BB。谁不在那里呢？请圈出来 ④象限Ⅳ：请圈出与其他各字词不是同类的字词 图 10-11　象限 (2) 关于这些象限的正确答案是： ①象限Ⅰ：尽管大多数人会在C的上方加一个点，但实际上，应该在C字本身上加一个点 ②象限Ⅱ：很多人会在划线处写上abcde，但按要求，应当在划线的空白处写上a-b-c-d-e ③象限Ⅲ：不可能存在公牛妈妈，所以应该是圈出MB ④象限Ⅳ：很多人会选择"鼓"，但正如一位学生所说："你可以打小狗、打孩子或打鼓，但你不可能打性别。"因此正确答案是"性别"
讨论	(1) 为什么我们会答错？ (2) 作为老师或学生，这个游戏对我们有哪些启发？

资料来源　众行管理资讯研发中心.管理培训游戏全案［M］.广州：广东经济出版社，2003：154-155.

二、案例分析

案例1

老板和员工的沟通

美国老板：完成这份报告要花费多少时间？

希腊员工：我不知道完成这份报告需要多少时间。

美国老板：你是最有资格提出时间期限的人。

希腊员工：10天吧。

美国老板：你同意在15天内完成这份报告吗？

希腊员工没有作声。（认为是命令）

15天过后。

美国老板：你的报告呢？

希腊员工：明天完成。（实际上需要30天才能完成）

美国老板：你可是同意今天完成报告的。

第二天，希腊员工递交了辞职书。

问题：

（1）请从沟通的角度分析美国老板和希腊员工的对话，说明希腊员工辞职的原因。

（2）如果你是老板，你该怎么做？

案例2

厉害的传闻

斯塔福德航空公司是美国北部一家发展迅速的航空公司，然而在其总部发生了一系列的传闻：公司总经理波利想卖出自己的股票，但又想保住自己总经理的职务，这是公开的秘密。波利为公司制订了两个战略方案：一是把航空公司的附属单位卖掉；二是利用现有的基础重新振兴发展。他自己曾对这两个方案的利弊进行了认真的分析，并委托副总经理本杰明提出一个参考意见。本杰明为此起草了一份备忘录，随后叫秘书比利打印。比利打印完后即到员工咖啡厅去，在喝咖啡时碰到了另一位副总经理肯尼特，并把这一秘密告诉了他。

比利对肯尼特悄悄地说："我得到了一个极为轰动的最新消息，他们正在准备成立另外一家航空公司。他们虽说不会裁减员工，但是，我们应该联合起来，有所准备啊！"这话又被办公室的通讯员听到了，他立即把这消息告诉他的上司巴巴拉。巴巴拉又为此事写了一个备忘录，给负责人事的副总经理马丁，马丁也加入了他们的联合阵线，并认为公司应保证兑现其不裁减员工的诺言。

第二天，比利正在打印两份备忘录，又被路过办公室的探听消息的摩罗看见了。摩罗随即跑到办公室说："我真不敢相信公司会做出这样的事来，我们要被卖给联合航空公司了，而且要大量削减员工呢！"这消息传来传去，3天后又传回到总经理波利的耳朵里。波利也接到了许多极不友好甚至敌意的电话和信件。人们纷纷指责他企图违背诺言而大批解雇工人，也有的人为与别的公司联合而感到高兴，而波利则被弄得迷惑不解。

资料来源　芮明杰. 管理学——现代的观点［M］. 上海：上海人民出版社，1999：364.

问题：

（1）请解释斯塔福德航空公司在私下传闻中所发生的一切。

（2）总经理波利怎样才能使问题得到澄清？请设想3个方案。

（3）公司内存在非正式沟通渠道，是否有可能将之关闭？如何关闭？

（4）你是否也经常充当小道消息的传递者？你认为这样好吗？

三、网上调研

1.利用电子图书馆和互联网资源搜集有关组织沟通的资料与案例，并进行整理、归纳与分析，巩固所学知识与技能。

2.调查组织沟通中常见的问题。

四、单元实践

1.培养与陌生人交际的能力。预先细心设计一个沟通方案，主动与一位相关专业的陌生人士交流某个专业问题，并在事后进行简要的小结。

2.培养说服别人的能力。针对某项活动，选择某一企业或部门的负责人，恰当地运用沟通理论与方法，达成双方的合作。

[第11章]
控制工作

学习目标

◆ 知识目标：掌握控制工作的含义与特征、控制的原理与内容、管理绩效评价的内容与方法。

◆ 技能目标：掌握控制的程序；分析控制的类型。

◆ 能力目标：掌握有效控制的要求；掌握并能够运用控制的主要方法。

引 例

Sin-Tec

Sin-Tec 企业的总经理乔治·谭就其产品印刷电路板的销路到欧洲同买主建立联系后返回了新加坡。同往常一样，他的邮箱中堆满了信件，但是他没有时间浏览这些信件并处理有关产品发送、抱怨和其他内部问题。

正当乔治埋头于这些信件时，工厂经理和财务经理来到了他的办公室。他们来这儿是由于乔治的盛怒：

"为什么没有任何人告诉我，我们公司究竟发生了什么？为什么我不能知道周围发生了什么？为什么我始终一无所知？我没有时间去浏览所有这些文件并了解问题。没有一个人告诉我我们的企业是如何运作的，而且我似乎从没听说过我们的问题，直到它们变得相当严重。我要求你们两位建立一个系统，从而使我能持续得到信息。我对一无所知已经很厌倦了，特别是那些我必须知道的事情。"

当两位经理返回他们的部门时，工厂经理对财务经理说："每一件乔治想知道的事都在他桌上的那堆报告之中。"

资料来源 普蒂，韦里奇，孔茨. 管理学精要——亚洲篇 [M]. 丁慧平，孙先锦，译. 北京：机械工业出版社，1999：240.

11.1 控制概述

11.1.1 管理控制的含义及与一般控制的比较

1.管理控制的含义

"控制"一词有多种含义,有时表示"限制""约束",有时表示"指挥""命令",有时又表示"核对""检查"。第一种含义将控制理解为如何驾驭别人,使对方受制于自己的权力之下。这种消极的理解容易引起下一级人员的反感、厌恶和对抗,不利于实现组织的目标。第二种含义是将指挥与控制混为一谈,同样含有运用职权使人服从之意。现代管理学认为,控制的含义应该是指第三种理解,就是核对或检查实际工作状况,并与预定的计划相比较,发现偏差时予以纠正,以保证计划的实现。

这个概念正是对管理控制的全面理解,它包含了以下含义:①管理控制有很强的目的性,即控制是为了保证组织中的各项活动按计划进行;②管理控制是通过"监督""纠偏"来实现的;③管理控制是一个过程。在实践中几乎所有的管理者都必须完成控制的职能,因为要保证组织的活动按照计划进行,控制是必不可少的。

管理控制和计划是密不可分的,它们的关系具体表现为:

(1)计划为管理控制提供衡量的标准,没有计划,管理控制就成了无本之木。管理控制是计划得以实现的保证,没有管理控制,计划就是一纸空文。

(2)计划和管理控制的效果分别依赖于对方,计划越明确、全面和完整,管理控制就越容易进行,效果也就越好。管理控制越准确、全面和深入,就越能保证计划的顺利执行,并能更多地反馈信息以提高计划的质量。

(3)一切有效的控制方法首先就是计划方法,如预算、政策、程序和规则等,选择控制方法和设计控制系统时必须考虑计划本身的特点。

(4)计划工作本身也必须有一定的控制,如对计划的程序、计划的质量等实施控制。控制工作本身也必须有一定的计划,如对控制的程序、控制的内容等都必须进行一定的计划。

如果每份计划都能够完全顺利地实施并且达到预期的目的,那么控制工作就不存在了,但问题是几乎所有的计划都不可能完全顺利地实施,这主要是由于以下两方面的原因:

(1)组织内部因素的改变。这是指组织中的人、财、物等资源供给和配置的状况或者人员行为的结果等与计划中的条件或假设不符,具体包括人员能力的发挥、资金的供给、相关部门的配合等各方面组织内部的因素。这些因素与计划中的条件或假设不符就会导致计划不能顺利实施。例如,员工的士气会影响预计的工作进度,资金周转的意外困难会影响整体投资计划的实施等。

(2)外部环境因素的影响。即使组织内部各项因素运行正常,但外部环境的变化,如经济、政治、自然、社会等环境的变化,一样会影响计划的实施,使计划执行的实际过程和结果与计划目标不相符。例如,银行贷款利率的调高会影响一项融资计划,汇率的波动可能要影响原来制订的出口计划等。

2.管理控制与一般控制的比较

管理学中所讲的控制一般是指管理控制，它与一般意义上的控制既有联系又有区别。管理控制是管理工作的一个过程，一般控制是指控制论中所有的控制，他研究的对象是控制体系。两者之间的关系如下：

（1）相同点：

①同是一个信息反馈过程。管理控制的实质也是信息反馈，通过信息反馈，发现管理活动中的不足之处，促进系统进行不断的调节和改革，使其逐渐趋于稳定、完善，直至达到优化状态。

②管理控制也有两个前提条件，即计划指标在管理控制中转化为控制标准；有相应的监督控制机构和人员，根据内外部环境变化进行调整，保持系统处于稳定状态。

③控制也包含三个基本步骤，即拟定标准、衡量成效、纠正偏差。

（2）不同点：

①一般控制实质上是一个简单的信息反馈，它的纠正措施往往是即刻就付诸实施的。在自动控制系统中，一旦给定程序，衡量成效和纠正偏差往往都是自动进行的。而管理控制就要复杂得多。管理者要衡量实际成效，并将之与标准相比较，找出偏差，分析原因，并随之作出必要的纠正。因此，管理者必须为此花费一定的人力、物力和财力，拟订并实施计划，才有可能纠正偏差，达到预期的成效。

②一般控制中的反馈信息是简单的信息，包括能量的机械传递、电子脉冲、神经冲动、化学反应、文字或口头的消息，以及能够借以传递消息的任何其他手段。对于一个简单反馈的控制系统来说，它所反馈的信息往往是比较单纯的。管理控制中的信息是根据管理过程和管理技术而组织起来的，在生产经营活动中产生，并且经过了分析整理后的信息流或信息集，它们所包含的信息种类繁多，数量巨大。这种管理信息（包括管理控制中的信息）和管理系统结合在一起，就形成了一个复杂的系统——管理信息系统，成为决策、科学管理和严格执行计划的有力工具。

③一般控制的目的是设法使系统运行产生的偏差不超出允许范围，使系统活动维持在某一平衡点上，即维持现状。管理控制的目的不仅是要按照原定计划，维持组织的正常活动，实现既定目标，而且要力求使组织有所创新，以达到新的高度，提出和实现新的目标，即打破现状。换句话说，管理活动的过程通过信息反馈，形成了一个闭合回路系统。管理控制一方面要像一般控制一样，使组织活动维持在一个平衡点上；另一方面还要使组织活动在原有平衡点的基础上有所创新，或者称为"管理突破"。

拓展阅读 11-1

控制的作用

在管理实践中，人们都深切地体会到，没有控制就很难保证每个计划的顺利执行，而如果各个计划都不能顺利执行，组织的目标就无法实现，因此控制工作在管理活动中起着非常重要的作用。

（1）可以有效减轻环境的不确定性对组织活动的影响。现代组织所面临的环境具有复杂多变的特点，再完善的计划也难以将未来出现的变化考虑得十分周全。因此，为了保证组织目标和计划的顺利实施，就必须有控制工作，以有效的控制来减少环境的各种变化对组织活动的影响。

（2）可以使复杂的组织活动协调一致地运作。由于现代组织的规模有日益扩大的趋势，组织的各种活动日趋复杂化。要使组织内众多的部门和人员在分工的基础上协调一致地工作，完善的计划是必备的基础，但计划的实施还要以控制为保证手段。

（3）可以避免和减少由管理失误造成的损失。组织所处环境的不确定性以及组织活动的复杂性，会导致不可避免的管理失误。控制工作通过对管理全过程的检查和监督，可以及时发现组织中的问题，并采取纠偏措施，以避免或减少工作中的损失，为执行和完成计划起着必要的保障作用。

小思考11-1

控制的发起者有哪些类型？

答：控制的发起者主要有以下类型：利益相关者、组织本身、各类群体和众多个人。利益相关者控制是指组织外部力量给组织施加压力，迫使其改变行为。组织控制是为了阻止和纠正计划的错误，实现既定目标制定的原则和程序。群体控制指的是群体成员共同享有的规范和价值观以及整个过程中的惩罚和奖励。个人自我控制是指在每个人身上有意识或无意识起作用的引导机制。

11.1.2 控制的内容

控制的内容也就是控制的对象，美国管理学家斯蒂芬·P.罗宾斯将控制的内容归纳为对人员、财务、作业、信息和组织绩效等方面的控制。

1.对人员的控制

组织的目标是要由人来实现的，员工应该按照管理者制订的计划去做，为了做到这一点，就必须对人员进行控制。对人员的控制最常用的方法是直接巡视，发现问题马上进行纠正；另一种有效的方法是对员工进行系统化的评估。通过评估，对绩效好的予以奖励，使其维持或加强良好表现；对绩效差的采取相应的措施，纠正出现的行为偏差。

管理小故事11-1

2.对财务的控制

为保证企业获取利润，维持企业的正常运作，必须进行财务控制。这主要包括审核各期的财务报表，以保证一定的现金存量，保证债务的负担不致过重，保证各项资产都得到有效的利用等。预算是最常用的财务控制衡量标准，因此也是一种有效的控制工具。

3.对作业的控制

所谓作业，就是指从劳动力、原材料等资源到最终产品和服务的转换过程。组织中的作业质量很大程度上决定了组织提供的产品或服务的质量，而作业控制就是通过对作业过程的控制，来评价并提高作业的效率和效果，从而提高组织提供的产品或服务的质量。组织中常见的作业控制有生产控制、质量控制、原材料购买控制、库存控制等。

4.对信息的控制

随着人类步入信息社会，信息在组织运行中的地位越来越高，不精确的、不完整的、不及时的信息会大大降低组织效率。因此，在现代组织中对信息的控制显得尤为重要。对信息的控制就是建立一个管理信息系统，使它能及时地为管理者提供充分、可靠的信息。

5.对组织绩效的控制

组织绩效是组织上层管理者的控制对象，组织目标的达成与否从这里反映出来。无论是组织内部的人员，还是组织外部的人员和组织，如证券分析人员、潜在的投资者、贷款银行、供应商以及政府部门都十分关注组织的绩效。要有效实施对组织绩效的控制，关键在于科学地评价、衡量组织绩效。一个组织的整体效果很难用一个指标来衡量，生产率、产量、市场占有率、员工福利、组织的成长性等都可能成为衡量指标，关键是看组织的目标取向，即要根据组织完成目标的实际情况并按照目标所设置的标准来衡量组织绩效。

11.1.3 控制的要求

有效的控制必须具备一定的条件并遵循科学的原则。一般地说，有效的控制系统通常必须在以下方面达到要求：

1.目的性

良好的控制必须具有明确的目的性。尽管针对不同的组织、不同的组织层次、不同性质的工作、不同的对象，控制的内容、目的不同，但控制都有明确的目的性，这一点是相同的。

2.可理解性

所有的控制机制对于产生或应用它们的管理者和员工而言，必须是易于理解的。有关控制标准的描述，有时候是用简单的语言来表达，这时的控制机制是很直观且易于理解的；有时候需要用到数学公式、复杂的图表和大量的报告，这时的控制标准也必须能够被组织内的人员理解，从而使其发挥作用。

3.精确客观性

控制系统应力求精确，避免模棱两可。控制系统还应该客观，尽量避免主观因素的影响。实现客观的控制，首先，尽量采用客观的计量方法，即尽量把绩效用定量的方法记录或评价，把定性的内容具体化；其次，管理者要从组织目标的角度来观察问题，应避免形而上学的观点，避免个人偏见和成见。

4.经济性

是否进行控制，控制到什么程度，都应该考虑费用问题。将控制活动所需费用同控制所产生的结果进行比较，当通过控制获得的价值大于所需要的费用时，才实施控制。控制的费用是否经济是相对的，因为控制的效益是随业务活动的重要性、业务规模大小的不同而不同的。经济性原则指导管理人员在控制活动中选择重要的业务领域和关键因素加以控制。

管理小故事11-2

5.及时性

信息是控制的基础，如果信息的搜集和传递不及时，信息处理时间又过长，往往会带来不可弥补的损失。这就要求依靠现代化的信息管理系统，及时传递信息，随时掌握工作进度，及时发现偏差，并能及时采取措施加以纠正。

6.灵活性

这是指控制系统在适应变化上具有灵活性，持续地发挥作用。因为外部环境的复杂性和内部环境的多变性，所以当形势发生变化时，控制机制必须变化；否则，控制就会失败。灵活性要求，即使面临计划的变动，出现了未预见到的情况或者计划全盘失误的情况，也能发挥控制系统的作用。

7.突出重点，强调例外

突出重点是指管理人员应把有限的精力放在对重点问题的控制上，并尽可能选择计划的重点作为控制标准，以提高控制的有效性。强调例外是指在一个职责分明的组织机构中，各个部门各司其职，他们权限以外的问题由最高管理者处理。在管理过程中，注意将重点与例外相结合，控制才能更有效率。

管理小故事11-3

11.1.4 控制的原理

主管人员应该充分认识到他们所进行的控制工作，必须针对计划要求、组织结构、关键环节和下级主管人员的特点来设计。在管理活动中，要使控制工作发挥有效的作用，必须遵循一些基本的原理。

1.反映计划要求原理

这条原理可表述为：控制是实现计划的保证，控制的目的是实现计划。因此，计划越明确、全面、完整，所设计的控制系统就越能反映这样的计划，控制工作也就越有效。每一项计划、每一种工作都有其特点，所以，为实现每一项计划和完成每一种工作所设计的控制系统和所进行的控制工作，尽管基本过程是一样的，但在确定什么标准、控制哪些关键点和重要参数、搜集什么信息、如何搜集信息、采用何种方法评定成效，以及由谁来控制和采取纠正措施等方面，都必须按不同计划的特殊要求和具体情况来设计。

2.组织适宜性原理

控制必须反映组织结构的类型。组织结构既然是对组织内各个成员担任何种职务的一种规定，它就成为明确执行计划和纠正偏差职责的依据。因此，组织适宜性原理的第一层含义是，一个组织结构的设计越是明确、完整和完善，所设计的控制系统越是符合组织结构中的职责和职务的要求，就越有助于纠正脱离计划的偏差。组织适宜性原理的第二层含义是，控制系统必须切合每个主管人员的特点，也就是说，在设计控制系统时，不仅要考虑具体的职务要求，还应考虑担当该项职务的主管人员的个性。在设计控制信息的格式时，这一点特别重要。呈递每位主管人员的信息所采用的形式，必须分别设计。

3.控制关键点原理

这是控制工作的一条重要原理，可表述为：为了进行有效的控制，需要特别注意在根据各种计划来衡量工作成效时有关键意义的那些因素。控制住了关键点，也就控制住了全局。控制工作效率的要求，则从另一方面强调了控制关键点原理的重要性。所谓控制工作效率是指，控制方法如果能够以最低的费用或其他代价来探查和阐明实际偏离或可能偏离计划的偏差及其原因，那么它就是有效的。对控制效率的要求既然是控制系统的一个限定因素，自然就在很大程度上决定了主管人员只能在他们认为是重要的问题上选择一些关键因素来进行控制。有效的控制在很大程度上取决于选择控制关键点的能力。

管理小故事 11-4

4.控制趋势原理

这条原理可表述为：对控制全局的主管人员来说，重要的是现状所预示的趋势，而不是现状本身。控制变化的趋势比仅仅改善现状重要得多，也困难得多。一般来说，趋势是多种复杂因素综合作用的结果，是在一段较长的时期内逐渐形成的，并对管理工作成效起着长期的制约作用。趋势往往容易被现象所掩盖，不易被觉察，也不易被控制和扭转。通常，当趋势可以明显地被描绘成一条曲线，或是可以被描述为某种数学模型时，再进行控制就为时已晚了。控制趋势的关键在于从现状中揭示倾向，特别是在趋势刚显露苗头时就敏锐地觉察到，这也是一种管理艺术。

5.例外原理

这一原理可表述为：主管人员越是只注意一些重要的例外偏差，也就是说越是把控制的主要注意力集中在那些超出一般情况的特别好或特别坏的情况上，控制工作的效能和效率就越高。质量控制中广泛地运用例外原理来控制工序质量。工序质量控制的目的是检查生产过程是否稳定。如果影响产品质量的主要因素无显著变化，那么产品质量也就不会发生很大差异。这时我们可以认为生产过程是稳定的，或者说工序质量处于可控制状态。反之，当生产过程出现违反规律的异常状态时，应立即查明原因，采取措施使之恢复稳定。

需要指出的是，只注意例外情况是不够的。在偏离标准的各种情况中，有一些是无关紧要的，而另一些则不然，某些微小的偏差可能比某些较大的偏差影响更大。因此，在实际运用当中，例外原理必须与控制关键点原理相结合。仅仅立足于寻找例外情况是不够的，我们应把注意力集中在关键点的例外情况的控制上。这两条原理有些共同之处，但是，我们应当注意到它们的区别：控制关键点原理强调选择控制点，而例外原理则强调观察在这些点上所发生的异常偏差。

6.直接控制原理

直接控制是相对于间接控制而言的。一个人，无论他是主管人员还是非主管人员，在工作过程中常常会犯错误，或者不能觉察到即将出现的问题。这样，在控制他们的工作时，就只能在出现偏差后，通过分析偏差产生的原因，然后去追究其个人责任，并使他们在今后的工作中加以改正。显而易见，这种控制的缺陷是在出现偏差后才去进行纠正。针对这个缺陷，直接控制原理可表述为：主管人员及其下属的工作质量越高，就越不需要进行间接控制。这是因为主管人员对他所负担的职务越能胜任，也就越能事先觉察出偏离计划的误差，并及时采取措施来预防它们的发生。这意味着任何一种控制的最直接方式，就是采取措施来尽可能地保证主管人员的控制质量。

11.2 控制的过程与类型

11.2.1 控制的过程

1.确定控制标准

控制标准是控制过程中对实际工作进行检查的衡量尺度，是实施控制的必要条件。因此，确定控制标准是控制过程的首要环节。

（1）控制标准的种类。

按标准是否能够直接计量，控制标准一般可分为定量标准和定性标准。

①定量标准是指能够以一定形式的计量单位直接计量的标准。定量标准便于度量和比较，是控制标准的主要表现形式。定量标准主要分为实物标准、财务标准和时间标准。实物标准是指以实物量为计量单位的标准，主要用于在投入和产出方面可用实物计量的场合，反映定量的工作成果，如企业中原材料、能源、劳动力的消耗标准，产品的产量、销售量等；也可用于产品质量的衡量场合，如精确度、强度、可靠性等。实物标准是计划工作的常用指标，也是控制的基本标准。财务标准也称价值标准，是指以货币量为计量单位的标准，主要反映组织在各项活动中在资金效益方面的成果，如企业的产品直接费用和间接费用、投资回收率、流动资产与短期负债的比率、债务与净资产的比率、销售利润等。时间标准是指以时间为计量单位的标准，反映组织在各项活动中在时间利用方面的成果，如工期、生产周期、生产投入期、工时定额等。

②定性标准是指难以用计量单位直接计量的标准。这类标准主要用于服务质量、组织形象、组织成员的工作表现等方面，对于这些方面的标准一般能够作出定性的描述，但都难以定量化。尽管如此，为了使定性标准便于掌握和控制，有时也应尽可能地采用一些可度量的方法。例如，美国著名的麦当劳公司在经营上奉行"质量、服务、清洁、价值"的宗旨。为体现其宗旨，公司制定的工作标准是：95%以上的顾客进店后3分钟内，服务员必须迎上前去接待顾客；事先准备好的汉堡必须在5分钟内热好供应给顾客；服务员必须在就餐人离开后5分钟内把餐桌打扫干净等。如此一来，对服务质量的控制也就有了明确的标准。

（2）确定控制标准应注意的问题。

①要有明确的控制对象。控制对象应是体现组织目标特性、影响目标实现的那些要素。

②控制标准的制定必须以组织计划和目标为依据。控制标准不能脱离组织的计划和目标，但是应看到，控制标准来源于组织目标，并不等于组织目标。在具体控制工作中，笼统地将组织的计划目标作为控制标准是不行的，必须根据具体业务活动的特点来确定。

③控制标准的制定要明确关键控制点。组织活动的计划内容和活动状况是细微和复杂的，控制工作既不可能也没必要对整个计划和活动的细枝末节都确定标准、加以控制，而只需要找出关键点。一般对于实现各级目标有重大影响的因素和环节，才是要加以控制的关键点。在控制过程中，必须对关键点确定相应的控制标准。

④控制标准要具体、可行，便于衡量。控制标准能够量化的必须量化，以便于有明确的衡量尺度。对于定性标准也应尽可能地采用间接度量的方法。

管理小故事 11-5

2.衡量工作成效

衡量工作成效是指控制过程中将实际工作情况与预先确定的控制标准进行比较，找出实际绩效与控制标准之间的差异，以便于找出组织目标和计划在实施中的问题，对实际工作作出正确的评估。

（1）衡量工作成效的目的。

①通过调查、汇报、统计、分析等，比较全面、确切地了解实际的工作进展情况，掌握计划的执行进度。

②找出实际成效与控制标准之间的差异，以便于找出组织目标和计划在实施中的问题，为纠正偏差和改进工作提供依据。

③为主管人员评价和奖励下级提供依据。

（2）衡量工作成效应注意的问题。

①要采用有效的衡量手段和方法。由于组织中的各部门、各项工作都有着不同的性质和要求，即使有了控制标准，也还要根据各自不同的特点，采用适宜的控制手段和方法。有的工作需要在工作完成之后加以衡量、评价；有的工作需要在工作开始之前进行控制；有的工作则需要在工作之中进行即时控制。

②衡量工作成效应具备向前看的思想。衡量工作成效并不能被简单地理解为一项计量工作，只是拿标准与实际进行对比。衡量工作成效的目的既是对计划执行过程的客观反馈，同时要求能够对计划执行过程中的问题作出客观反映。作为一位好的主管人员，应不仅能够通过衡量成效发现已经存在的问题，还应具有超前的意识，善于发现隐藏的、未来可能发生的问题，以便于及时采取措施，避免计划执行过程中出现偏差。

③要重视对各级主管人员工作成效的衡量与评价。组织中的各级主管人员既是计划的执行者，又是计划的制订者和监督者。他们的工作成效与组织目标实现有着更为直接的联系。因此，对各级主管人员的控制必须有系统的观点。要制定各种可行的标准，既要对主管人员的工作成效作出客观的衡量与评价，又要对他们的个人品质和工作能力作出客观的衡量与评价。

3.纠正偏差

纠正偏差是控制工作的关键环节。纠正偏差是在比较分析的基础上，分析偏差产生的原因，制定纠偏措施，进而实施纠正偏差的行动。

（1）对偏差原因进行分析。当发现执行计划的实际情况与计划或标准不一致时，就产生了偏差。通过差异分析，在查明问题原因的基础上，找出解决问题的办法，采取纠偏措施，使组织的活动回到预定轨道上来。偏差可能是在执行任务过程中由工作失误造成的，也可能是由原有计划不周所导致的，必须对这两类不同性质的偏差作出准确的判断，以便采取相应的纠偏措施。

（2）有针对性地采取纠偏措施。在深入分析产生差异的原因的基础上，管理者要根据不同的原因采取不同的措施。主要措施有：

①改进工作方法。达不到原定的控制标准，工作方法不当是重要原因之一。例如，在以生产为中心的企业，生产技术是生产过程中的重要一环，在很多情况下偏差来自于技术上的原因，为此就要采取技术措施，及时处理生产中出现的技术问题。

②改进组织和领导工作。管理控制与组织、领导是相互影响的。组织方面的问题主要有两种：一是计划制订好之后，组织实施方面的工作没有做好；二是控制工作本身的组织体系不完善，不能对已产生的偏差加以及时的跟踪与分析。在这两种情况下，都应改进组织工作，如调整组织结构、调整责权利关系、改进分工协作体系等。偏差也可能是由执行人员能力不足或积极性不高而导致的，那么就需要通过改进领导方式和提高领导艺术来纠正偏差。

③调整或修正原有计划或标准。偏差较大，有可能是由于原有计划安排不当，也可能是由于内外环境的变化，使原有计划与现实状况之间产生了较大的偏差。不论是哪一种情况，都要对原有计划加以适当调整。需要注意的是，调整计划不是任意地变动计划，这种调整不能偏离组织总的发展目标，调整计划归根到底还是为了实现组织目标。

11.2.2　控制的类型

管理小故事 11-6

在组织活动的实际控制过程中，由于工作性质、工作场合、工作要求的不同，所采用的控制也是不同的，应根据不同的适用条件选用不同的控制方法。按照不同分类标准，控制可分为不同类型。

1.按照控制点及控制信息的性质划分，控制可分为现场控制、反馈控制和前馈控制

（1）现场控制，是指在某项活动或工作过程中进行的控制，即主管人员在现场对正在进行的活动给予指导与监督，以保证组织的各项活动按既定的计划进行。现场控制是组织控制工作的基础，是组织的基层管理人员主要采用的控制方法，如对企业生产过程的进度控制、对生产工人正在加工的产品进行抽检等。

现场控制的主要工作内容包括：①对下级人员进行必要的工作指导；②监督下级人员

的工作，以保证计划目标的实现；③对工作中出现的偏差及时采取纠正措施。

要保证现场控制的有效性，应注意以下几个问题：①要授予主管人员相应的权力，使他们能够用经济或非经济的手段对下属施加影响。②要切实把组织的计划、目标、战略、政策、规范和制度等落实到基层，以使基层工作的控制标准更为明确和具体。③要重视主管人员的个人素质、工作作风、指导的表达方式等对下属的影响。

（2）反馈控制，是指根据已发生的情况对现在或未来进行的控制，即主管人员将工作的执行结果与控制标准相比较，从中发现已经出现或即将出现的偏差，在分析偏差产生原因的基础上，采取纠偏措施，以防止偏差的进一步发展或今后再度发生。反馈控制实质上属于一种事后控制，它的工作重点是对事件发生后的结果进行分析，并采取纠偏措施。由于工作结果既定，反馈控制主要对下一个工作过程施加影响。例如，企业对成本报表进行分析，从中分析生产过程中各种资源消耗的合理状况；对企业的产成品进行抽检，分析产品在设计、制造过程中的缺陷；对组织成员的工作成效进行考评，从中分析组织成员在工作中及在能力和素质方面存在的问题等，然后在下一个工作过程中进行改进。

反馈控制与其他控制方法相比存在的最大缺陷是时间的滞后性。这是因为反馈控制属事后控制，在进行纠偏时，实际情况已发生变化，从而降低了控制的有效性。反馈控制虽然存在时间滞后的缺陷，但由于现在组织中的很多活动尚无法进行准确的预测，无法进行预防性控制，因而反馈控制仍然在组织中被大量采用。其中，使用较多的控制方法包括财务报告分析、成本报告分析、质量控制分析和工作人员的绩效考评等。

（3）前馈控制，是指对未来可能出现的结果进行预防性控制，即主管人员运用所能得到的最新信息，包括上一个控制循环中所产生的经验和教训，对可能出现的结果进行预测，然后将其同计划要求进行比较，从而在必要时调整计划或控制影响因素，以确保目标的实现。前馈控制属于一种预防性控制，它的工作重点并不是控制工作的结果，而是提前采取各种预防性措施，包括对投入资源的控制，以防止工作过程中可能出现的偏差。例如，企业为了开发一种能够有效满足消费者需求的产品，预先对消费者的实际需求进行市场调查；对新加入组织的成员进行岗前培训等。

前馈控制较之反馈控制而言，其主要优越性在于：克服了反馈控制中由时间滞后带来的缺陷，使主管人员能够及时预见到工作过程中可能出现的偏差，并采取预防措施，以杜绝偏差的产生。

2.按照主管人员改进他们未来工作的方式不同，控制可分为间接控制和直接控制

（1）间接控制，是指着眼于发现工作中出现的偏差，分析产生偏差的原因，并追究其个人责任，使之改进未来的工作所进行的管理控制过程。间接控制是基于这样一些事实的：人们常常会犯错误，或常常没有察觉到那些将要出现的问题，因而未能及时采取适当的纠正或预防措施。他们往往根据计划和标准，对比和考核实际的结果，追查造成偏差的原因和责任，然后才去纠正。实际上，在工作中出现问题、产生偏差的原因是很多的。制定的标准不正确固然会造成偏差，但如果标准是正确的，则不确定因素以及主管人员缺乏知识、经验和判断力等也会使计划失败。不确定因素包括不能确定的每一件事情。例如，一份活塞制造计划成功与否，不仅取决于已知的各项前提条件，而且取决于这样一些不确定因素：未来的世界状况、已知的和尚未发现的金属材料的竞争，以及会把现有最好的活塞发动机淘汰掉的新的动力技术的发展等。由这些不确定因素造成的管理上的失误是不可避免的，故出现这种情况时，间接控制不能起什么作用；但对由主管人员缺乏知识、经验和判断力所造成的管理上的失误和工作上的偏差，运用间接控制则可以纠正。间接控制还可帮助主管人员总结、吸取经验和教训，增加他们的经验、知识和判断力，提高他们的管理水平。

当然，间接控制还存在许多缺点，最显而易见的是在出现偏差、造成损失之后才采取措施，因此，它的代价是比较大的。

小思考11-2

实行间接控制的假设是什么？

答：（1）工作成效是可以计量的；

（2）人们对工作成效具有个人责任感；

（3）追查偏差原因所需要的时间是有保证的；

（4）出现的偏差可以预料并能及时发现；

（5）有关部门或人员将会采取纠正措施。

小思考11-3

间接控制是一种普遍有效的控制方法吗？

答：间接控制并不是一种普遍有效的控制方法，其假设有时是不能成立的。

（1）有许多管理工作中的成效是很难计量的。

（2）责任感的高低是难以衡量的。

（3）有时主管人员可能会不愿花费时间和费用去进行调查分析，从而造成偏差，这往往会阻碍对明显违反标准的原因进行调查。

（4）有许多偏离计划的误差并不能预先估计到或及时发现，而往往是发现太迟，以致难以采取有效的纠正措施。

（5）有时虽能够发现偏差并能找到产生的原因，却没有人愿意采取纠正措施。大家互相推卸责任，或者即使能把责任固定下来，当事的主管人员却固执己见，不愿纠正错误。

（2）直接控制，是指着眼于培养更好的主管人员，使他们能熟练地应用管理的概念、技术和原理，以系统的观点进行和改善他们的管理工作的管理控制。直接控制所依据的是这样的事实：计划的实施结果取决于执行计划的人。销售额、利润率、产品质量等这些计划目标的完成情况，主要取决于直接对这些计划目标负责的管理部门的主管人员。因此，通过遴选、进一步的培训、完善管理工作成效的考核方法等改变有关主管人员的未来行为，是对管理工作质量进行控制的关键所在。

直接控制是相对于间接控制而言的，它是通过提高主管人员的素质来进行控制工作的。直接控制的指导思想认为，合格的主管人员出的差错最少，他能觉察到正在形成的问题，并能及时采取纠正措施。所谓"合格"，就是指他们能熟练地应用管理的概念、原理和技术，以系统的观点来进行管理工作。因此，直接控制的原则也就是：主管人员及其下属的素质越高，就越不需要进行间接控制。

小思考11-4

直接控制的合理性的假设是什么？

答：（1）合格的主管人员所犯的错误最少；

（2）管理工作的成效是可以计量的；

（3）在计量管理工作成效时，管理的概念、原理和方法是一些有用的判断标准；

（4）管理基本原理的应用情况是可以评价的。

进行直接控制的优点有：

①在对个人委派任务时能有较大的准确性；同时，为使主管人员合格，不断对他们进行评价，实际上也必定会揭露出其工作中存在的缺点，并为消除这些缺点而对其进行专门培训提供依据。

②可以促使主管人员主动采取纠正措施，并使其更加有效。直接控制鼓励自我控制的办法。由于在评价过程中会暴露出工作中存在的缺点，因而这样就会促使主管人员努力去确定他们应负的职责并自觉地纠正错误。

③可以获得良好的心理效果。主管人员的素质提高后，他们的威信也会得到提高，下属对他们的信任和支持也会增加，这样就有利于整个计划目标的顺利实现。

④由于提高了主管人员的素质，减少了偏差的发生，也就有可能减轻间接控制造成的负担，节约经费开支。

3. 从战略层次的角度划分，组织的控制方法有层级控制、市场控制和团体控制

（1）层级控制，也称官僚控制、科层控制，是指利用正式的章程、规则、政策、标准、科层权力、书面文件和其他科层机制来实现规范组织内部门和成员的行为并评估绩效。一个小组织在组建初期，一般不需要很多规范和层级控制。但随着规模的扩大，正式的规范会越来越多，尤其是在政府、军队、银行等讲求程序和正规化的组织中，这些正式的规范是组织内各部门和所有成员职务行为的主要依据，是组织运行和风险管理的重要保障。因此说层级控制是多数中型和大型组织最基本的控制方式。常见的层级控制方法有预算控制、财务控制（比率分析）和审计控制（经营审计）（详见11.3.1、11.3.3和11.3.4部分）。

（2）市场控制，是指组织借助经济力量，通过价格机制来规范组织内部门（单位）和员工的行为。市场控制与内部市场密切相关，就是通过构建组织内部的市场关系，激发员工原始的动力，减少计划管理的主观性和人为色彩，有效地发挥部门（单位）和员工自组织的作用，实现组织总体的目标。内部市场的形式有很多，如内部成品市场、内部中间品市场、内部技术情报市场、内部资本市场、内部劳务市场等。市场控制的动因是企业内部组织管理成本过高。在当今的跨国公司内部，内部市场已经广泛存在。通常情况下，组织内部的市场控制分公司层、部门层和个人层。

（3）团体控制，是指将个人融入团队之中，使个人的价值观与组织的价值观和目标相统一，通过团体的共同行为规范来实现组织成员的自我约束和自我控制。团队控制主要依靠组织文化手段来控制员工的行为，需要组织具有共同的价值观和员工之间的相互信任。团体控制的动因是组织成员和工作性质的变化、控制环境的变化以及雇佣关系的不断变化。组织文化是团体控制的基础，有效的团体控制不仅需要构建创新的组织文化，还需要创建响应顾客需求的文化以及良好的职场精神。

11.3　控制的方法

11.3.1　预算控制

1. 预算的含义

预算是根据计划目标和实施方案具体筹划与确定资源的分配、使用以及相应行动预期结果的数字化形式。预算是各类管理者最基本的一种控制工具，无论是工商企业还是政府、文化组织，都需要借助预算对管理系统的运行进行控制，其突出特点是数字化，可以把组织的目标准确、详尽地表示出来，并能清楚地反映出所采取的各种行动的资源（人力、财力、物力及时间）消耗情况，从而使计划的实施与控制建立在更可靠的基础之上。

预算既是计划的工具，又是控制的工具。当它表示将计划目标与计划方案数字化的时候，它就成为计划的一种形式；当预算作为标定合理使用资源的界限、衡量实际与计划偏差的工具时，它就成为控制的一种形式。

2. 预算的种类

预算在形式上是一整套预计的财务报表和其他附表。按照内容的不同，预算可以分为运营预算、投资预算和财务预算。

（1）运营预算（operational budget），是指企业日常发生的各项基本活动的预算。它主要包括销售预算、生产预算、直接材料采购预算、直接人工预算、制造费用预算、单位生产成本预算、推销及管理费用预算等。运营预算中最基本和最关键的是销售预算，它是销售预测正式的、详细的说明。由于销售预测是计划的基础，加之企业主要是靠销售产品和服务所提供的收入来维持经营费用的支出和获利的，因而销售预算也就成为预算控制的基础。生产预算是根据销售预算中的预计销售量，按产品品种、数量分别编制的。在生产预算编好后，还应根据分季度的预计销售量，通过对生产能力的平衡，排出分季度的生产进度日程表，或称生产计划大纲，在生产预算和生产进度日程表的基础上，可以编制直接材料采购预算、直接人工预算和制造费用预算。这 3 项预算构成对企业生产成本的统计。推销及管理费用预算包括制造业务范围以外预计发生的各种费用明细项目，如销售费用、广告费用、运输费用等。对于实行标准成本控制的企业，还需要编制单位生产成本预算。

（2）投资预算（investment budget），是在可行性研究的基础上对企业固定资产的购置、扩建、改造、更新等编制的预算。它具体反映在何时进行投资、投资多少、资金从何处取得、何时可获得收益、每年的现金净流量为多少、需要多少时间回收全部投资等。由于投资的资金来源往往是任何企业的限定因素之一，而对厂房和设备等固定资产的投资又往往需要很长时间才能收回，因此，投资预算应当力求和企业的战略以及长期计划紧密联系在一起。

（3）财务预算（financial budget），是指企业在计划期内反映有关预计现金收支、经营成果和财务状况的预算。它主要包括现金预算、预计利润表和预计资产负债表。现金预算主要反映计划期间预计的现金收支的详细情况。在完成了初步的现金预算后，就可以知道企业在计划期间需要多少资金，财务主管人员就可以预先安排和筹措，以满足资金的需求。为了有计划地安排和筹措资金，现金预算的编制期越短越好。西方国家有不少企业以周为单位，逐周编制预算，甚至还有按天编制的。预计利润表是用来综合反映企业在计划期间的生产经营的财务情况，并作为预计企业经营活动最终成果的重要依据，是企业财务预算中最主要的预算表之一。预计资产负债表主要用来反映企业在计划期末那一天预计的财务状况。它的编制需以计划期间开始日的资产负债表为基础，然后根据计划期间各项预算的有关资料进行必要的调整。

运营预算和投资预算中的资料，都可以折算成金额反映在财务预算内。这样，财务预算就成为各项经营业务和投资的整体计划，故亦称总预算。

企业的预算实际上是由运营预算、投资预算和财务预算以及各种不同的个别预算所组成的预算体系。各种预算之间的主要关系如图11-1所示。

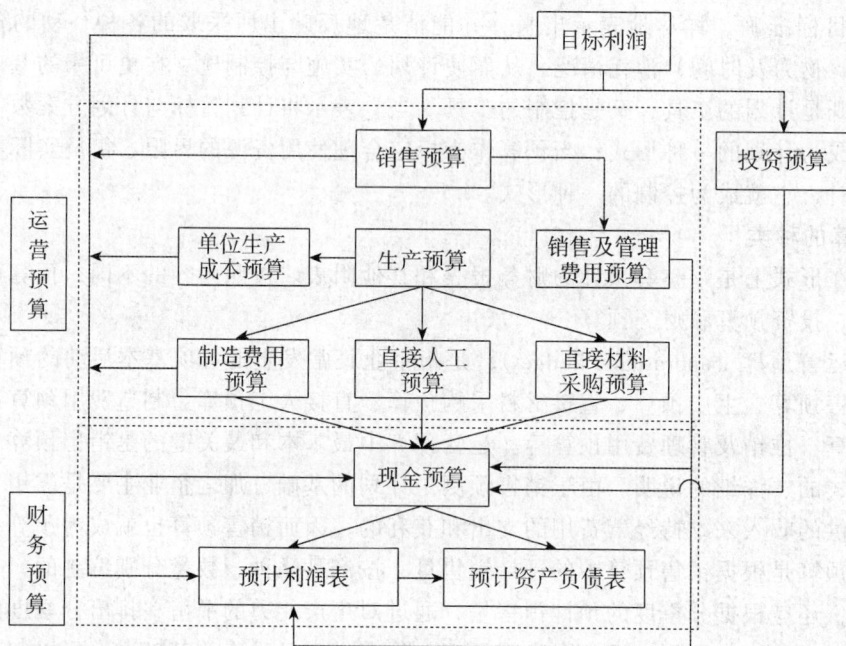

图11-1　企业预算的主要相互关系

3.预算的步骤

预算的编制是有科学程序的系统性工作，一般经过自上而下和自下而上的循环过程，主要有以下步骤：

第一步，由组织的高层管理人员提出组织在一定时期内的发展战略、计划与目标，这是制定预算的基本依据。

第二步，主管预算编制的部门根据组织发展战略、计划与目标，向组织各部门的主管人员提出有关编制预算的建议和要求，并提供必要的资料。

第三步，各部门的主管人员依据组织计划与目标的要求，结合本部门的实际情况编制本部门的预算，并与其他部门相互协调；在此基础上，将本部门预算上报主管部门。

第四步，主管编制预算的部门将各部门上报的预算进行汇总，在认真协调的基础上，编制出组织的各类预算和总预算草案。

第五步，组织的各类预算和总预算草案上报组织的高层管理者进行审核批准，然后颁布实施。

4.预算的局限性

尽管预算是一种普遍使用的、行之有效的计划和控制方法，但它也存在一些不足之处，主要表现在：

（1）容易导致控制过细。某些预算控制计划非常全面和详细，以致束缚了管理者在管理本部门时所必需的自主权，出现了预算工作过细、过死的危险。

（2）容易导致本位主义。预算目标有时会取代组织目标，因为有些管理者只把注意力集中在尽量使自己部门的经营费用不超过预算，而忘记了自己的职责首先是千方百计地实现组织的目标。

（3）效能低下。预算通常是在去年成果的基础上按比例增长来编制，所以许多管理者也常常以过去所花的费用作为今天预算的依据；同时，他们知道他们的申请多半是要被削减的，因而预算费用的申请数总要大于它的实际需要数。

（4）预算的最大缺陷也许是它缺乏灵活性。实际情况常常会不同于预算，这种差异可以使刚编制出来的预算很快过时。若管理者还受预算约束，那么预算的有效性就会减弱。

5.现代预算的方法

（1）弹性预算。为使预算适应将来可能出现变化的环境，在编制预算中必须注意预算的弹性问题。实行弹性预算的方法主要有两种：一是变动预算；二是滚动预算。变动预算是依成本习性不同而将其分解的一种预算方法，即一部分费用与产量大小无关，是固定要发生的，称固定成本；另一部分费用则随产量的变化而变化，称变动成本。由于预算期条件时常变化，生产量可能要相应变动，这就需要相应地调整变动成本（固定成本并不受影响）。根据不同的预期产量编制变动成本不同的预算，这就是一种变动预算的方法。这种控制方法主要用于制造、销售等与产量直接有关的成本系统。滚动预算是指先确定一定时期的预算，然后每隔一定时期就要定期修改，以使其符合新的情况，从而形成时间向后推移一段的新预算。变动预算与滚动预算都保持了较大的灵活性，能较好地适应各种变化。

（2）程序性预算。该方法（制订计划—编制程序—制定预算）是美国前国防部长麦克纳马拉在制定美国国防部 1963 年预算时开始在政府机构中采用的。传统的预算方法是以各项开支为目标制定的。它一般是根据以往开支情况，将资源分配在各个开支项目上，而忽略了开支只是完成计划目标的手段。这样的预算必然导致资源分配的不合理以及不能有效地保证组织或部门目标的特定需要。程序性预算则完全是以计划为基础，按照计划目标的实际需要来分配资源，使资源最有效地保证目标的实现。

（3）零基预算。在传统的预算方法中，人们确定某项职能的成本往往是以过去的实际支出为基础的，再根据新情况的变化作适当增加、减少或维持不动，但很可能这笔支出的调整不适应实际情况的变化，甚至可能是原有的支出就是不合理的。因此，那种以原来支出为准线上下调整的办法是有很多弊端的。零基预算就是在制定某项职能预算时从零起点开始其预算过程，即每次都是重新由零开始编制预算。这样可以打破原有的框架，避免不合理资源分配的延续，使预算更符合实际情况，更能适应情况的变化。零基预算主要使用于支援、参谋等领域，如营销、研究与开发、人事、财务等部门。它们的支出一般无硬性根据，主要是根据目标要求来灵活制定。零基预算的主要做法是：①把每一项支援性活动描述为一个决策的组件，每个组件都包含目标、行动及所需资源；②对每一个组件或活动用成本–效益分析的方法进行评价和安排顺序；③在上一步的基础上，对拥有的资源按照每种职能对实现组织目标所作的贡献大小来进行分配。

11.3.2　时间网络分析

1.时间网络分析法的含义与性质

时间网络分析法也称计划评审法（program evaluation and review technique，PERT），是一种用来观察在时间和项目的推移过程中，如何把计划的各个局部恰当地结合在一起的方法，主要用于一次性大规模复杂性工程项目的整体控制上，也可以应用于部分工程的局部计划。例如在建筑行业、交通部门、联合企业、海洋开发、原子能开发、武器研制及其他许多计划和项目上，该方法都得到了广泛的应用。

图11-2可以说明时间网络分析法的基本性质。图11-2中，每一个圆圈代表一个项目，即一个分计划，它的完成可以按一定的时间来度量；每个箭头代表一种作业，它是一个项目所耗费的时间，也是两个分项活动之间必须作出的努力，箭头的方向代表工作的顺序；作业时间是为完成某一活动所用的必要计划，可写在箭头的上方。

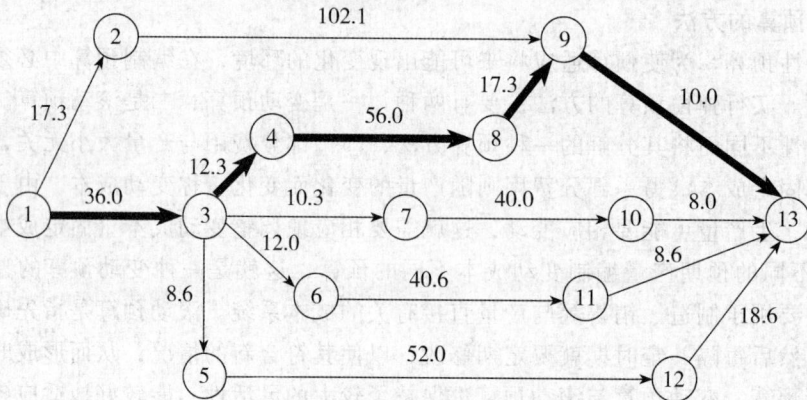

图 11-2　时间网络分析法示意图

图11-2只列出一种时间，但在时间网络分析法中有3种时间估计：

（1）乐观的时间，即假定在任何事情都非常顺利的条件下所需用的时间估计；

（2）最经常可能采用的时间，即项目工程师确实相信完成该项工作所必需的时间估计；

（3）悲观的时间，即合乎逻辑地预料可能会遇到挫折（但不是重大的灾难），并以此为依据所得出的时间估计。

在时间网络分析法中，通常同时列出这3种时间估计，因为对于许多工程项目的进程，难以精确地估计它们所需的时间。在有几种时间估计的情况下，通常使用平均所需的时间，即对最经常可能采用的时间估计给予特定的权数进行加权，然后使用这个时间估计数。

$$时间估计数 = \frac{乐观的时间 + 4 \times 最经常可能采用的时间 + 悲观的时间}{6}$$

下一步的工作是计算关键路径，它是占用时间最长、宽裕时间最少的那个项目活动序列。关键路径的宽裕时间最少。例如，图11-2中的关键路径是由1—3—4—8—9—13组成的那个序列，这条路径总的作业时间是 131.6 个星期。如果预期的交货时间是在 135 个星期之内，那么这条关键路径有 3.4 个星期的宽裕时间，是最少的。另外，还有其他的路径同关键路径一样长，如 1—2—9—13 是 129.4 个星期。这在 PERT 图中是最常见的，因而通常要按其重要程度不同明确几条关键路径。虽然其他项目序列中的关键项目活动发生延迟，会使整个总体项目中的关键路径发生变化，但是必须随时明确各种变化，并密切注视这条关键路径，才能确保总体项目按进度完成计划。

典型的时间网络分析法会涉及成百上千的项目。当项目较少时，时间网络分析法可以采用人工计算；但是据估计，当项目多达 700 个以上时，是无法进行人工计算的。

在习惯上通常以小型网络来概略地阐明大型的和复杂的网络，并为最高主管部门准备简略的网络，以便他们思考问题。譬如，最高主管部门的网络可能只包括 40~50 个项目，但其中每个项目都代表了若干次要的项目。实际上，每个项目既可以归类，又可以进一步细分，从而使时间网络分析法适合各级主管部门的需要。

2.时间网络分析法的优缺点

（1）优点。

①它促使主管人员进行计划工作，因为如果没有计划工作，无法了解各项工作是如何结合在一起的，那么就不可能进行时间与项目活动的分析。

②它促使主管人员将计划的拟订工作交给下级去做，因为每一位下级主管人员都必须对他所负责的项目作出计划。

③它促使主管人员把注意力集中在可能需要采取纠正措施的关键问题上。

④从某种意义上说，它是一种前馈控制，因为如果主管人员不知如何弥补由前面的项目发生延迟而造成的时间短缺，那么它就会影响后续的各个项目，以至整个工程。

⑤使具有分网络的整个网络系统有可能在恰当的时间针对组织结构中的恰当职位和管理层次提出报告，并为采取行动施加压力。

（2）缺点。

因为作业时间的长短对于发挥时间网络分析法的作用具有重要的作用，所以如果规划本身模糊不清和对进度作出不合理的估计，这样的时间网络分析法可能就没有意义。当然，即使在这种情况下，如果支出允许，还是可以通过在某些项目中安排两个或更多的工作小组来保证进度计划的实现的。一般来说，时间网络分析法对于像大量生产这样一类重复活动的日常计划工作是不适用的。其最主要的缺点是只强调时间因素，而不强调费用因素，所以它只适用于注重时间因素的那些计划，或适用于那些时间因素与费用因素有密切的直接关系的规划。

为了克服时间网络分析法仅注意时间因素这个缺点，使用一种考虑费用因素的时间网络分析法，它在时间网络分析中对各个项目进行费用分析。毫无疑问，这种考虑费用因素的时间网络分析法大大增强了解决计划工作与控制问题的管理效能，但对那些大型项目规划来说，复杂性也大大增加了。

11.3.3 比率分析

比率分析是将企业资产负债表和利润表上的相关项目进行对比，形成一个比率，从中分析和评价企业的经营成果和财务状况。利用财务报表提供的数据，可以列出许多比率，常用的有财务比率和经营比率。

1.财务比率

财务比率及其分析可以帮助我们了解企业的偿债能力和盈利能力等财务状况。财务比率主要有流动比率、速动比率、负债比率和盈利比率。

（1）流动比率是企业的流动资产与流动负债之比，反映了企业偿还需要付现的流动债务的能力。一般来说，企业资产的流动性越高，偿债能力就越强；反之，偿债能力则弱，这样会影响企业的信誉和短期偿债能力。因此，企业资产应具有足够的流动性。资产若以现金形式表现，其流动性最强，但要防止为追求过高的流动性而导致财务资源的闲置，以免使企业失去本应得到的收益。

（2）速动比率是流动资产和存货之差与流动负债之比。该比率和流动比率一样是衡量企业资产流动性的一个指标。当企业有大量存货且这些存货周转率低时，速动比率比流动比率更能精确地反映客观情况。

（3）负债比率是企业总负债与总资产之比，反映了企业所有者提供的资金与外部债权人提供的资金的比率关系。只要企业全部资金的利润率高于借入资金的利息，且外部资金不在根本上威胁企业所有权的行使，企业就可以充分地向债权人借入资金，以获取额外利润。

（4）盈利比率是企业利润与销售额或全部资金等相关因素的比例关系，反映了企业在一定时期从事某种经营活动的盈利程度及其变化情况。常用的比率有销售利润率和资金利润率。销售利润率是指销售净利润与销售总额之间的比例关系。它反映企业从一定时期的产品销售中是否获得了足够的利润。资金利润率是指企业在某个经营时期的净利润与该期占用的全部资金之比。它是衡量企业资金利用效果的一个重要指标，反映了企业是否从全部投入资金的利用中实现了足够的净利润。同样一笔资金，投入到企业运营后的净利润收入，至少不应低于其他投资形式（比如购买短期或长期债券）的收入。

2.经营比率

经营比率也称活力比率，是与资源利用有关的比例关系。它反映了企业经营效率的高低和各种资源是否得到了充分利用，主要有库存周转率、固定资产周转率以及销售收入与销售费用的比率。

（1）库存周转率是销售总额与库存平均价值的比例关系。它反映了与销售收入相比库存数量的合理性，表明了投入库存的流动资金的使用情况。

（2）固定资产周转率是销售总额与固定资产之比。它反映了单位固定资产能够提供的销售收入，表明了企业资产的利用程度。

（3）销售收入与销售费用的比率表明单位销售费用能够实现的销售收入，在一定程度上反映了企业营销活动的效率。

11.3.4　经营审计

审计是对反映企业资金运动过程及结果的会计记录及财务报表进行审核、鉴定，以判断其真实性和可靠性，从而为控制和决策提供依据。根据审查主体和内容的不同，审计可分为外部审计、内部审计和管理审计。

1.外部审计

外部审计是由外部机构（如会计师事务所）选派的审计人员对企业财务报表及其反映的财务状况进行独立的评估。为了检查财务报表及其反映的资产与负债的账面情况与企业真实情况是否相符，外部审计人员需要抽查企业的基本财务记录，以验证其真实性和准确性，并分析这些记录是否符合公认的会计准则和记账程序。

外部审计的优点是审计人员与管理当局不存在行政上的依附关系，不需看企业高管的眼色行事，只需对国家、社会和法律负责，因而可以保证审计的独立性和公正性。但是，由于外来的审计人员不了解内部的组织结构、生产流程的经营特点，在对具体业务的审计过程中可能产生困难。此外，处于被审计地位的内部组织成员可能产生抵触情绪，不愿积极配合，这也会增加审计工作的难度。

2.内部审计

内部审计提供了检查现有控制程序和方法能否有效地保证达成既定目标和执行既定政策的手段。根据对现有控制系统有效性的检查，内部审计人员可以提供有关改进公司政策、工作程序和方法的对策、建议，以促使公司政策符合实际情况，工作程序更加合理，作业方法被正确掌握，从而更有效地实现组织目标。

内部审计有助于推行分权化管理。从表面上来看，内部审计作为一种从财务角度评价各部门工作是否符合既定规则和程序的方法，加强了对下属的控制，似乎更倾向于集权化管理；但实际上，企业的控制系统越完善、控制手段越合理，越有利于分权化管理。因为管理者知道，许多重要的权力授予下属后，自己可以很方便地利用有效的控制系统和手段来检查下属对权力的运用状况，从而可能及时发现下属工作中的问题，并采取相应措施。内部审计不仅评估了企业财务记录是否健全、正确，而且为检查和改进现有控制系统的效能提供了一种重要的手段，因此有利于促进分权化管理的发展。

3.管理审计

外部审计主要核对企业财务记录的可靠性和真实性，内部审计在此基础上对企业政策、工作程序与计划的遵循程度进行测定，并提出必要的改进企业控制系统的对策、建议，管理审计的对象和范围则更广，它是一种对企业所有管理工作及绩效进行全面系统的评价和鉴定的方法。管理审计虽然也可组织企业内部的有关部门进行，但为了保证某些敏感领域得到客观的评价，企业通常聘请外部的专家来进行。管理审计的方法是利用公开记录的信息，从反映企业管理绩效及其影响因素的若干方面将企业与同行业其他企业或其他行业的著名企业进行比较，以判断企业经营与管理的健康程度。

小思考11-5

反映企业的管理绩效及其影响的因素主要有哪些？

答：（1）经济功能。检查企业产品或服务对公众的价值，分析企业对社会和国民经济的贡献。

（2）企业组织结构。分析企业组织结构是否能有效地达到企业经营目标。

（3）收入合理性。根据盈利的数量和质量（指盈利在一定时期内的持续性和稳定性）来判断企业的盈利状况。

（4）研究与开发。评价企业研究与开发部门的工作是否为企业的未来发展进行了必要的新技术和新产品的准备、管理当局对这项工作的态度如何。

（5）财务政策。评价企业的财务结构是否健全合理，企业是否有效地运用财务政策和控制来达到短期和长期目标。

（6）生产效率。保证在适当的时候提供符合质量要求的必要数量的产品，这对于维持企业的竞争能力是相当重要的。因此，要对企业生产制造系统在数量和质量的保证程度以及资源利用的有效性等方面进行评估。

（7）销售能力。其影响企业产品能否在市场上顺利销售。这方面的评估包括企业商誉、代销网点、服务系统以及销售人员的工作技能和工作态度。

（8）对管理当局的评估。对企业的主要管理人员的知识、能力、勤奋、正直、诚实等素质进行分析和评价。

拓展阅读 11-2

管理信息系统

管理信息系统是一个以人为主导，利用计算机硬件、软件、网络通信设备以及其他办公设备，由管理者计划和设计的，用来进行信息的搜集、传输、加工、存储、更新和维护，以有效地履行管理职能的人机系统。完整的管理信息系统的逻辑结构通常由输入系统、中央处理系统（包括数据库、方法库、模型库）和输出系统组成。管理信息系统既是支持管理的工具和技术，又是组织管理系统的组成部分。该系统的建立过程通常被称为系统开发，系统开发过程包括系统分析、系统设计和系统实施阶段。

11.4 管理绩效评价与改进

11.4.1 管理绩效评价标准

1.管理绩效评价的含义与内容

管理绩效评价是指管理者采用科学的指标体系与系统化方法对组织的整体运营效果和管理者绩效所进行的概括性考核与评价。管理绩效评价的基本内容有两项：一是对组织运营成果进行考核与评价；二是对组织管理者的绩效进行考核与评价。

小思考 11-6

科学的管理绩效评价的作用是什么？

答：（1）为以出资人为中心的组织利益相关者提供真实、准确的有关组织运营的信息。

（2）为出资人选择、监管、激励组织经营者提供重要依据。

（3）有利于正确引导组织经营行为，把提高组织绩效作为决策的核心标准，促进组织的长远、健康发展。

（4）有利于促使组织投入产出比率的最优化，强化科学管理，并有利于建立以高绩效为追求目标的现代组织管理制度。

2.管理绩效评价的指标

管理绩效评价指标体系是由基本指标、修正指标和评议指标构成的。基本指标反映的是组织绩效评价的基本情况，可以形成组织绩效评价的基本结论，是组织绩效评价的核心指标。修正指标是依据组织有关实际情况对基本指标评价结果进行逐一修正，以形成组织绩效评价的基本定量分析结论。评议指标是对影响组织经营绩效的非定量因素进行排序，以形成组织绩效评价的定性分析结论。

小思考 11-7

如何选择管理绩效评价指标？

答：该指标是用来衡量组织绩效的标准，因此指标体系本身必须体现组织管理的综合要求。一般情况下，所用的指标必须具备以下特点：客观性、可比性、易操作性、综合性。此外，由于管理绩效的考核可以从效力与效率两个方面进行评价，因此评价指标也包含对数量指标和质量指标的要求。数量指标表现为生产经营活动各方面所达到的数量目标，多以销售收入、利润总额等绝对数形式反映；质量指标是组织经营管理活动各方面所达到的效率要求，多以合格率、销售增长率等相对数形式表示。

11.4.2 管理绩效评价的程序与方法

1.管理绩效评价的程序

（1）确定评价对象，下达评价通知书，组织成立评价工作组及专家咨询组。

（2）拟订评价工作方案，搜集基础资料。

（3）评价工作组实施评价，征求专家意见并反馈给组织，撰写评价报告。

（4）评价工作组将评价报告送专家咨询组复核，向评价组织机构（委托人）送达评价报告并公布评价结果，建立评价项目档案。

2.管理绩效评价的方法

（1）组织目标法，是指以组织最终完成其目标的结果来衡量其效果的评价方法。根据目标数量的不同，该评价方法可分为比较单一目标评价法和多元目标评价法。

（2）系统方法，是指集中考虑那些对组织长期生存和发展有影响的重要因素并进行评价的方法。

（3）战略伙伴法，是指假定一个有效的组织能够满足利益相关者的各种要求，并获得它们的支持，从而使组织得以持续生存下去的评价方法。

（4）环境评价法，是指通过委托专门的咨询公司或专人或社会职能部门来了解外部环境对组织的地位及形象的评价的方法。

（5）个人绩效评价方法，是指由组织的人力资源部门对组织员工的工作绩效进行评价的方法，包括关键事件法、书面描述法、评分表法、行为定位评分法、多人比较法、目标管理法等。

拓展阅读 11-3

平衡计分卡——绩效评价的现代方法

1990 年，美国诺顿研究所进行了一项名为《衡量未来组织的绩效》的课题研究。1992 年，哈佛商学院的罗伯特·卡普兰和复兴全球战略集团总裁戴维·诺顿联合发表了

《平衡计分卡——企业绩效的驱动》一文，提出一套全新的绩效评价体系——著名的平衡计分卡，它是对企业绩效评价实践的提炼和升华。

平衡计分卡就是将传统的财务评价与非财务方面的经营评价结合起来，从与企业经营成功关键因素相关联的方面建立绩效评价指标的一种综合管理控制系统和方法。平衡计分卡的核心内容包括财务、客户、内部经营流程、学习与成长4个层面，每一层面都有其核心内容。平衡计分卡通过完整的因果关系链提供了把战略转化为可操作内容的一个框架，反映了财务与非财务衡量方法之间的平衡、长期目标与短期目标之间的平衡、外部和内部的平衡、结果与过程的平衡、管理绩效和经营绩效的平衡，所以能够反映组织的综合经营状况。

平衡计分卡的优点是：①将企业的战略置于核心地位；②使战略在企业上下进行交流和学习，并与各部门和个人的目标联系起来；③使战略目标在各个经营层面达成一致；④有助于短期成果和长远发展的协同和统一。

其不足之处是：①工作量大，实施难度大；②指标数量多，指标间的因果关系很难做到清楚、明确；③各指标权重的分配困难。

因此，采用平衡计分卡法衡量企业绩效应该因地制宜，灵活运用方可取得预期效果。

11.4.3 管理绩效的改进

1.绩效改进的含义与程序

绩效改进是指通过绩效评价，确认工作绩效的不足和差距，查明产生的原因，寻求绩效提高的路径，制定并实施有针对性的改进计划和策略，显著促进绩效不断提高的过程。

绩效改进的程序主要有：

（1）开展绩效问题分析。绩效改进的前提是必须发现绩效中存在的问题。首先，要实事求是地分析绩效中存在的问题，运用绩效目标与绩效实际进行比较，找准问题，并客观地加以描述。其次，要深入分析这些问题产生的原因以及相关的影响因素，这是绩效改进的关键。产生问题的原因找不准，就无法有效地解决问题。最后，要分析解决这些问题所依赖的主客观环境与条件，这是拟定对策的重要依据。

（2）制订绩效改进计划。主要工作如下：一是明确绩效改进的目标；二是寻求科学可行的改进路径；三是制定具体可行的改进措施；四是编制系统的绩效改进计划。

（3）绩效改进的实施与控制。这可以通过沟通与激励、指导与建议、建设更加有效的绩效改进与提高机制、绩效改进效果评估等进行。

2.绩效改进的方法

作为一种学习先进经验的系统、科学、高效的方法，标杆管理法在当代企业管理中得到了广泛的应用。所谓标杆管理法，是指不断寻找和研究同行一流企业的最佳实践，并以此为基准与该企业进行比较、分析、判断，从而使自己的企业得到绩效改进，接近或赶超一流企业，创造优秀绩效的良性循环过程。其核心是向最优秀的企业学习。通过学习，企业重新思考和改进经营实践，创造自己的最佳实践，这实际上是模仿、创新的过程。标杆管理的心理学基础是人的成就动机导向，认为任何个人和组织都应设定既富有挑战性又具有可行性的目标。只有这样，个人和组织才有发展的动力。

管理小故事 11-7

标杆管理法的实施步骤如下：

（1）制订标杆计划。其具体包括：①组建标杆管理项目小组；②明确标杆管理的目标；③通过对组织的衡量评估，确定标杆项目；④选择标杆伙伴；⑤制订数据收集计划；⑥开发测评方案。

（2）数据搜集与分析。这主要包括：①搜集公开发表的信息；②通过调查和实地访问搜集一手研究资料；③分析搜集的有关最佳实践的数据，与自身绩效计量相比较，提出最终标杆管理报告。

（3）实施与调整。

（4）持续改进。

标杆管理法通过设立挑战和赶超对象，并以最关键或最薄弱的因素作为改进内容和标杆控制，全面提升企业的竞争力。但它也有缺陷：一是容易导致企业的竞争战略趋同；二是容易使企业陷入"落后—标杆—落后—标杆"的"标杆管理陷阱"之中。

有效的绩效改进方法应是针对各种绩效不良的原因而采取的具体解决方法。从实际运行情况看，导致组织管理绩效不良的原因有很多，归纳起来主要有外部环境的剧烈变化、组织内部的制度问题、组织观念落后等。因此，从早期的科学管理到现在的 JIT 生产方式、战略管理等都是改进作业绩效或经营绩效的有效方法。这些方法的一个共同前提是创新精神，创新精神落实到组织管理之中就成为一种理论，即管理创新。

目前，流程再造、组织修炼、以人为本、卓越绩效管理、新型价值链、第五代管理、知识联盟、柔性组织、六西格玛管理、全面质量管理等管理理论与方法从不同角度详尽阐述了管理绩效改进的途径。

拓展阅读 11-4

六西格玛管理

六西格玛（6σ）管理概念作为品质管理概念，最早是由摩托罗拉公司的比尔·史密斯于 1986 年提出的。六西格玛管理是一种建立在统计标准基础上，被设计用来减少瑕疵率以帮助降低成本、节约时间和提高顾客满意度的质量控制方法。其宗旨是消除无增值活动，缩短生产周期，提高顾客满意度。六西格玛管理的指导思想是从组织整体的角度，站在顾客的立场上考虑问题，采用科学的方法，在组织经营的所有领域追求无缺陷的质量，最大限度地降低组织的经营成本，提高竞争力。六西格玛管理将组织的注意力同时集中于顾客和组织两个方面，有利于降低成本和缺陷率，缩短生产周期，提高市场占有率和投资回报率，提高顾客满意度。

组织实施六西格玛管理活动的关键是创建一个致力于流程改进的专家团队，并确定团队内的各种角色及其责任，形成六西格玛管理体系。实施六西格玛管理的组织通常由高层管理者、倡导者、黑带大师、黑带、绿带、业务负责人等成员构成，他们各司其职，共同实现预期目标。

　　绝大多数企业在实施六西格玛管理时都是采用边培训边实施的方式，摩托罗拉公司称之为"行动学习（action learning）"，也有一些企业称之为"干中学（learning by doing）"。六西格玛管理改进业务最常用的方法是DMAIC，即界定（define）、测量（measure）、分析（analyse）、改进（improve）、控制（control）。

　　资料来源　佚名.精益六西格玛管理的起源与发展［EB/OL］.［2019-12-11］.http://www.sohu.com/a/317061487_198328.

本章小结

　　本章首先介绍了控制的含义，管理控制与一般控制的关系，控制的内容、要求以及原理；其次分析了控制过程的确定标准、衡量工作成效、纠正偏差三个基本环节的内容，并介绍了控制的基本类型；再次分析了预算控制、时间网络分析、比率分析、经营审核等内容；最后阐述了管理绩效评价的含义、内容、指标、程序、方法以及管理绩效的改进。

关键概念

控制工作　前馈控制　管理审核

基本训练

◆ **知识题**

一、阅读理解

1.简述管理控制与一般控制的区别。

2.掌握控制的内容。

3.试述有效控制的特征。

二、知识应用

1.不定项选择题

（1）时间网络分析的主要环节是（　　）。

A.事项　　　　　　　B.作业　　　　　　　C.项目　　　　　　　D.关键路径

（2）反馈控制工作包括（　　）。

A.财务报告分析　　　　　　　　　B.成本报告分析

C.质量控制分析　　　　　　　　　D.工作人员的绩效考评

（3）控制工作的程序包括（　　）。

A.准备阶段　　　B.确定控制标准　　　C.衡量工作成效　　　D.纠正偏差

（4）管理绩效评价指标体系的构成内容是（　　　）。

A.基本指标　　　　　B.修正指标　　　　　C.评议指标　　　　　D.综合指标

（5）控制工作的关键环节是（　　　）。

A.准备阶段　　　　　B.确定控制标准　　　C.衡量工作成效　　　D.纠正偏差

（6）控制标准中的定量标准是（　　　）。

A.实物标准　　　　　B.时间标准　　　　　C.财务标准　　　　　D.综合标准

（7）按照控制点和控制信息的性质划分的控制类型是（　　　）。

A.间接控制和直接控制　　　　　　　　B.现场控制

C.反馈控制　　　　　　　　　　　　　D.前馈控制

（8）组织控制工作的基础是（　　　）。

A.间接控制和直接控制　　　　　　　　B.现场控制

C.反馈控制　　　　　　　　　　　　　D.前馈控制

（9）属于财务比率分析的项目是（　　　）。

A.流动比率和速动比率　　　　　　　　B.库存周转率

C.盈利比率　　　　　　　　　　　　　D.负债比率

（10）按照内容的不同，预算可分为（　　　）。

A.零基预算　　　　　B.运营预算　　　　　C.投资预算　　　　　D.财务预算

2.判断题

（1）管理控制的主要目的是维持现状。　　　　　　　　　　　　　　　（　　）

（2）前馈控制的重点是防止使用的资源在质和量上出现偏差。　　　　（　　）

（3）控制工作的关键步骤是衡量工作成效。　　　　　　　　　　　　（　　）

（4）直接控制是通过提高主管人员的素质来进行控制工作的。　　　　（　　）

（5）间接控制是一种"亡羊补牢"式的控制类型。　　　　　　　　　（　　）

（6）有效的管理绩效改进方法的一个共同前提是创新精神。　　　　　（　　）

（7）管理绩效评价是对组织整体运营效果的评价。　　　　　　　　　（　　）

（8）运营预算中最基本和最关键的是生产成本预算。　　　　　　　　（　　）

（9）一般控制的目的之一是管理突破。　　　　　　　　　　　　　　（　　）

（10）管理绩效的修正指标是对影响组织绩效的非定量因素进行排序，以形成组织绩效评价的定性分析结论。　　　　　　　　　　　　　　　　　　　　（　　）

◆ 技能题

一、规则复习

1.掌握控制的程序。

2.掌握管理绩效改进的方法。

二、操作练习

1.掌握控制的类型。

2.能够运用控制的主要方法从事组织管理活动。

◆ 能力题

一、图解实训

99.9%怎么样?	
形式	集体参与
时间	5分钟
材料	事先准备好的复印资料
场地	不限
应用	(1) 客户服务满意度 (2) 质量标准
目的	有一种观点,认为"99.9%对我来说已经够好了"或者"顾客对99.9%已经满足了"。引导学生思考这种心态对自己产生的不良影响
程序	(1) 询问学生,如果他们奉命去主管一条生产线,什么样的质量标准可以让他们接受?(质量标准用合格品占全部产品的百分比来表示) (2) 用举手的方式来统计一下学生可以接受的质量标准,填入表11-1

表11-1　　　　　　　　　　　　**举手表示方法**

质量标准(%)	接受的人数
90	
95	
96	
97	
98	
99	
100	

	(3) 告诉学生,现在有些公司正在努力把不合格率从1%降到0.1%,即质量合格率是99.9%!问他们是否认为99.9%的合格率就已经足够了 (4) 逐步举出一组令人震惊的统计数字,说明即使是99.9%的合格率也会造成一些严重的不良后果 (5) 告诉学生,摩托罗拉的承诺是达到"六星级"的质量标准——在每一万件产品中,不合格品应少于3件 (6) 把复印资料分发给每个学生
讨论	(1) 你是否仍然对99.9%的合格率感到满意? (2) 我们的顾客是否会对此标准感到满意?

资料来源　众行管理资讯研发中心. 管理培训游戏全案 [M]. 广州:广东经济出版社,2003:387.

二、案例分析

案例1

查理停车公司的收费方式

如果你在美国好莱坞举办一个晚会,肯定会有一些名人来参加。当然,没有停车服务员,你不可能开一个晚会,而美国南加州停车行业内响当当的名字就是查理。查理停车公司中的雇员有100多人,其中大部分是兼职的。查理停车公司每周至少为几十个晚会承办停车业务;在一个最忙的周六晚上,可能要同时为6~7个晚会提供停车服务,每个晚会可能需要 3~15 个服务员。

查理停车公司是一家小企业，但每年的营业额差不多有100万美元。其业务包含两项内容：一项是为晚会停车；另一项是不断地在一个乡村俱乐部办理停车经营特许权合同。这个乡村俱乐部要求有 2~3 个服务员，每周 7 天都是这样。不过，查理停车公司的主要业务来自私人晚会，他每天的工作就是拜访那些富人或名人，评价道路和停车设施，并告诉他们需要多少个服务员来处理停车的问题。一个小型的晚会可能只要 3~4 个服务员，停车费大约为 400 美元，而一个特大型晚会的停车费用可能高达 2 000 美元。

尽管私人晚会和乡村俱乐部的合同都涉及停车业务，但是它们为查理停车公司提供的收费方式很不相同。私人晚会是以当时出价的方式进行的。公司首先估计大约需要多少个服务员为晚会服务，然后按每人每小时多少钱给出一个总价格。如果顾客愿意"买"公司的服务，公司就会在晚会结束后寄出一份账单。在乡村俱乐部，公司根据合同规定，每月要付给俱乐部一定数量的租金来换取停车场的经营权。公司收入的唯一来源是服务员为顾客服务所获得的小费。因此，在为私人晚会服务时，他绝对禁止服务员收取小费，而在俱乐部服务时小费是服务员唯一的收入来源。

问题：

（1）你是否认为查理停车公司的控制问题在两种场合是不同的？如果确实如此，为什么？

（2）在乡村俱乐部和私人晚会上，查理停车公司可能分别采取哪些控制手段？举例说明。

案例2

AB公司的控制问题

AB公司是赵先生靠5 000元创建起来的一家化妆品公司，从经营指甲油起步，后来逐渐发展成为颇具规模的化妆品公司，资金达8 000万元。5年前，赵先生决定在65岁时退休，他在退休前对公司的发展做了两件大事：一是制定公司向医疗卫生行业发展的目标；二是高薪聘请钱先生接替自己的职位，担任董事长。

钱先生上任后采取了一系列措施，推行赵先生为公司制订的进入医疗卫生行业的计划：在特殊医疗卫生业方面开辟一个新产品，同时开设一个凭处方配药的药店，并开辟上述两个新领域所需的货源、运输渠道。与此同时，他在全公司内建立了一个严格的控制系统，要求各部门制定出每月的预算报告，每个部门在每月月初都要对本部门的问题提出切实的解决方案，每月定期举行一次由各部门经理和顾客参加的管理会议，各部门经理在会上提出自己部门在当月的主要工作目标和经济来往数目。同时，他特别注意资产回收率、销售边际及生产成本等经济动向。他也注意人事、财务收入、降低成本和费用方面的工作。

上述措施的实行使公司获得了巨大成功，前年公司的销售额达20亿元，销售量提高了24%。但同时，钱先生发现公司逐渐出现了问题：去年公司出现了有史以来第一次收入下降的趋势，商品滞销，价格下跌。其主要原因是：（1）化妆品市场的销售量已达到饱和状态。（2）该公司制造的高级香水一直未能打开市场，销售情况没有预测的那样乐观。（3）国外公司对本国市场的占领。（4）公司在国际市场上出现了不少问题：推销员冒进，得罪推销商，公司形象未能很好地树立。

钱先生准备采取有力措施改变公司目前的处境。他计划对国际市场进行总结和调整。公司开始研制新产品，钱先生相信动用大量资金研制的医疗卫生工业品不久也可进入市场。

资料来源　王凤彬，朱克强. 管理学教学案例精选［M］. 上海：复旦大学出版社，1998：231. （有改编）

问题：

（1）钱先生在 AB 公司里采用了哪些控制方法？

（2）假设 AB 公司原来没有严格的控制系统，钱先生在短期内推行这么多控制措施，其他管理人员会有什么反应？

（3）就 AB 公司的目前状况而言，怎样健全控制系统？

三、网上调研

搜集大、中、小型组织或不同行业组织有关管理控制方面的典型事例与做法，分析并归纳成败的原因。

四、单元实践

结合实训基地选择一个组织进行调研，调研内容围绕组织运行过程中存在的问题、存在问题的原因、纠正措施等方面。在形成小组书面意见后，各小组代表发言，组员讨论，最终形成组织诊断报告。

主要参考文献

［1］ROBBINS S P，COULTER M. Management ［M］. 5th ed. New Jersey: Prentice-Hall，1996.

［2］KOONTZ H，O'DONNELL C. Principles of management ［M］. 5th ed. New York: McGraw-Hill Book Company，1972.

［3］MINTZBERG H. The manager's job: forklore and fact ［J］. Harvard Business Review，1975（4）：49-61.

［4］KATZ R L. Skills of an effective administrator ［J］. Harvard Business Review，1974，52（5）：90-102.

［5］焦叔斌，杨文士. 管理学 ［M］. 5版. 北京：中国人民大学出版社，2019.

［6］邢以群. 管理学 ［M］. 5版. 杭州：浙江大学出版社，2019.

［7］周三多. 管理学 ［M］. 5版. 北京：高等教育出版社，2018.

［8］孙成志. 管理学 ［M］. 6版. 大连：东北财经大学出版社，2017.

［9］王利平. 管理学原理 ［M］. 4版. 北京：中国人民大学出版社，2017.

［10］朱舟，周健临. 管理学教程 ［M］. 4版. 上海：上海财经大学出版社，2017.

［11］刘秋华. 管理学 ［M］. 3版. 北京：高等教育出版社，2015.

［12］宋晶，郭凤霞. 管理学原理 ［M］. 4版. 大连：东北财经大学出版社，2014.

［13］魏江，严进. 管理沟通——成功管理的基石 ［M］. 3版. 北京：机械工业出版社，2014.

［14］罗宾斯，德森佐，库尔特. 管理学——原理与实践 ［M］. 毛蕴诗，主译. 8版. 北京：机械工业出版社，2013.

［15］卢西尔. 管理学基础——概念、应用与技能提高 ［M］. 高俊山，戴淑芬，译. 4版. 北京：北京大学出版社，2011.

［16］圣吉，罗伯茨，罗斯，等. 第五项修炼变革篇：上 ［M］. 王秋海，等，译. 北京：中信出版社，2011.

［17］圣吉，罗伯茨，罗斯，等. 第五项修炼变革篇：下 ［M］. 王秋海，等，译. 北京：中信出版社，2011.

［18］威廉姆斯. 管理学 ［M］. 谢永珍，于伟，等，译. 2版. 北京：机械工业出版社，2011.

［19］吴照云. 中国管理思想史 ［M］. 北京：高等教育出版社，2010.

［20］单凤儒，金彦龙. 管理学 ［M］. 北京：科学出版社，2009.

［21］韦里克，孔茨，坎尼斯. 管理学——全球化与创业视角 ［M］. 马春光，译. 12

版．北京：经济科学出版社，2008.

　　［22］罗珉．管理学［M］．北京：机械工业出版社，2006.

　　［23］史金平．管理学［M］．北京：高等教育出版社，2006.

　　［24］孙健敏，徐世勇．管理沟通［M］．北京：清华大学出版社，2006.

　　［25］徐艳梅．管理学原理［M］．2版．北京：北京工业大学出版社，2006.

　　［26］黑尔里格尔，杰克逊，斯洛克姆．管理学——能力培养取向［M］．张燕，刘小涛，栗晓虹，译．9版．北京：中信出版社，2005.

　　［27］芮明杰．管理学——现代的观点［M］．2版．上海：上海人民出版社，2005.

　　［28］琼斯，乔治．当代管理学［M］．郑风田，等，译．3版．北京：人民邮电出版社，2005.

　　［29］刘光起．A管理模式［M］．北京：企业管理出版社，2003.

　　［30］众行管理资讯研发中心．管理培训游戏全案［M］．广州：广东经济出版社，2003.

　　［31］普蒂，韦里奇，孔茨．管理学精要——亚洲篇［M］．丁慧平，孙先锦，译．北京：机械工业出版社，1999.

　　［32］汉普顿．当代管理学［M］．陈星，贾山，增益，等，译．北京：新华出版社，1986.